U0826677

明源地产研究院
明 源 地 产 研 究 系 列 丛 书

房企战略破局

新周期下房企发展新逻辑

明源地产研究院 编著

中信出版集团 | 北京

图书在版编目（CIP）数据

房企战略破局：新周期下房企发展新逻辑 / 明源地产研究院编著. -- 北京：中信出版社，2019.11 (2021. 1 重印)
（明源地产研究系列丛书）
ISBN 978-7-5217-1162-2

Ⅰ. ①房… Ⅱ. ①明… Ⅲ. ①房地产企业－企业发展战略－研究－中国 Ⅳ. ①F299.233.3

中国版本图书馆 CIP 数据核字 (2019) 第 226131 号

房企战略破局——新周期下房企发展新逻辑
（明源地产研究系列丛书）

编 著 者：明源地产研究院
出版发行：中信出版集团股份有限公司
（北京市朝阳区惠新东街甲 4 号富盛大厦 2 座　邮编　100029）
承 印 者：北京通州皇家印刷厂

开　　本：787mm × 1092mm　1/16　　印　张：26　　字　数：315 千字
版　　次：2019 年 11 月第 1 版　　印　次：2021 年 1 月第 4 次印刷

书　　号：ISBN 978–7–5217–1162–2
定　　价：78.00 元

版权所有·侵权必究
如有印刷、装订问题，本公司负责调换。
服务热线：400–600–8099
投稿邮箱：author@citicpub.com

《房企战略破局》
编审委员会名单

总　编： 高　宇

主　编： 徐　颖　夏　凯

编　委： 卞　克　张海欧　吴浪雄　孛一浩　杨雪逸
徐　芳　李雁飞　黄辉华　何科伟

推荐序

很高兴又有机会第一时间阅读明源地产研究院的新作。能让人一气读完不掩卷的书现在已然不多，本书翔实的统计数据、高质量的分析、独特的视角、独立的思考和总结性的建议，都让我颇有收获。

明源地产研究院作为业内智库，长期以来的各类文章都值得精读，因为明源团队对行业外部环境的洞察、对企业战略和业务的理解以及对各个企业的深入剖析在业内都是有口皆碑的。他们对趋势、战略和业务的解构，以及他们提出的方法论、体系做法和方向建议都是我们内部学习的重要资料。

这一期关于房企战略破局的专题研究，正好成书于政策新常态和行业新周期形成之时。在行业何去何从的困惑与焦虑中，明源为房企的破局思考送来了“他山之石”，为房企认清形势、理解常态、思考未来并做出各自的选择和对策指明了方向。

书中对宏观形势的研判、地产常态的总结、行业前景的洞察及房企对策的解读，都值得我们深入思考。

经济新周期

中国经济增速减缓已是一个不争的事实：一方面，中国的经济体量已经达到一定规模，增速减缓本就是客观规律；另一方面，国际环境大不如前，不论是欧美地区及日本等发达国家，还是第三世界国家，经济增长普遍较缓，有些地区甚至动荡不断。与此同时，近年来中国还面临着美国发起的贸易战和科技战。在此形势下，中国哪怕保住6% 的 GDP（国内生产总值）增长，也算得上全球发展最快的经济体之一了。中美贸易摩擦的持续，可能会使中国的经济增长遭受一定影响，但是，足够庞大的内需市场和经济体量使得中国经济仍然可以稳定前行。同时，中央信用和转移支付体系，也能够确保地方政府平稳运转并促进地方经济的发展。通过结构化的分析，中国的房价相对其他国家并没有明显的泡沫，同时，鉴于房价与 GDP 两者的增速同幅度，从长期趋势来看，中国的房价增速也必然会进入一个中速增长期，并且会随着经济的减缓而减缓。

地产新常态

在中增速、慢增长的宏观经济周期下，中央明确了房地产业发展的总体政策方向，带来了五个新常态。其一是宏观视角：中央宏观定调，城市微观定策；宏观风向标看中央经济工作会议，微观风向标看城市房价数据。其二是严控慢松：楼市调控不再像以前一样快上快下、两三年一个周期，而是变成长周期、小波幅。其三是精准调控：有大数据分析、多部委交圈会议；有前置性预警，比如针对地价过热的警示；有点状调控，比如对过热城市进行约谈；也有针对某些下跌幅度较大的地方实行阶段性放松，施政灵活精准且有效。其四是产业共生：地方政府不再单纯地关注土地出让和开发销售，而是更加注重土地的经济坪效，希望引入产业，从而向高质量发展转型并谋求长期发展。其五是城市共生：中央的因城施策不再局限一个城市，而是考量整个城市群，以“粤港澳大湾区”和“长三角一体化”建设为龙头的政策推动，正是中央意图发展城市集群经济的集中体现。

行业新属性

虽然面临经济增长减速和行业政策限制，但是房地产业作为一个拥有十几万亿元经济体量的“大海”，仍然是国民经济结构中的关键产业之一，也是人们追求美好生活的重要载体。同时，中国的宏观经济总体仍在增长，城镇化至少还有20%的发展空间，因此房地产业的前景依然是美好的。

但是，不同区域和城市之间仍然存在发展不平衡的问题，房企布局时要慎重抉择，不应一刀切——按二、三线城市和四、五线城市去选择，而要看一个城市的人口、产业、经济和供需情况等基本面。此外，房地产业的资本属性也在加强，随着去杠杆政策的推进，金融资本成为行业竞争的重要因素。无论是从数量上还是价格上，金融资本都能明显增加企业的竞争优势；而在强势资本通过股权市场介入和控制房企以图实现整合的背景下，行业的游戏规则也要相应调整。

房企新对策

面对新周期、新常态和新属性，房企既不应盲目守旧，也不应慌乱逃避，而应该不断思考、不断探索，去寻找自己的升级与破局之路。我们可以看到，大型房企纷纷发力多产业、多元化布局；中型房企在保持规模增长的同时，加大上下游的关联产业投入；小型房企则在思考小而美的深耕独特打法。总体来看，在房地产业这个“汪洋大海”里，无论是大鱼还是小鱼，都可以有生存的空间，由此形成一个完整的行业生态。但是，无论是大鱼还是小鱼，都离不开进化，都需要在战略升级、产业布局、精细化运营管理、存量资产经营及产品和服务的优化创新等方面进化，唯进化者方得生存。

总体而言，本书理性、客观、专业而系统的分析，加上对企业案例的完整剖析，对各种规模的房企都有所裨益。房企均可以从中选择借鉴，也可以碰撞思考，得出最适合自己的发展新路径。我们要坚信，前途是光明的，而道路是曲折的，走自己的路并坚持下去，就一定能见证国家、行业和企业的发展与未来。

林　峰

旭辉集团执行董事兼行政总裁

2019 年 9 月

序

当前，中国的经济正处于转型升级的关键时期。

在多年的高速增长之后，中国经济增速开始放缓。在此背景下，优化经济结构和提升经济发展质量被提到了前所未有的高度，尤其是在当前中美贸易摩擦不确定的国际环境下，大力发展产业及多产业、多城市并举成了顶层设计的核心导向。

我们再把目光聚焦到中国的房地产市场。在高速的经济增长和快速的城市化进程这一大背景下，尽管房地产市场面临大大小小的调控，但多年来总体呈现出波动中上升的繁荣景象。而当前，在经济结构转型及“房住不炒”的宏观政策导向下，房地产业告别了过去低层次短期循环的调控模式，房地产调控政策步入了新常态。

在政策层面，我们可以看到：本轮调控已接近三年，行业普遍预期或期待的调控放松依然迟迟没有到来，顶层调控的决心异常坚决，持续的调控已经成为一条勒紧房地产市场发展的“看不见的绳索”。那么，房地产调控背后的政策逻辑到底发生了什么变化？房地产业到底面临哪些政策新常态？房企应该如何认清政策形势并顺势而为？

接下来，我们细化到行业层面：在调控高压之下，房地产业整体依然延续了增长态势，销售规模再创新高。但与此同时，行业分化愈加明显，二、三线城市成为房企关注的热点，但土地市场竞争激烈，四、五线城市则进入相对漫长的回暖期。那么，四、五线城市还有机会吗？未来，房企应该如何前瞻性地布局，把握市场周期性的机会？

最后，我们要把目光集中到企业层面。行业集中度越来越高，企业竞争日趋激烈，标杆房企销售增速并没有因为持续的调控而降低——连续三年销售增速最快的前 20 强房企，其平均增速高达 85%。逆水行舟、不进则退，无论是规模房企还是成长型房企，都在思考如何获得企业的可持续发展和壮大。在赛道趋同、战略趋同的竞争格局下，不同规模的房企如何找到适合自己的生存发展之路，从而突破重围实现战略破局呢？

基于业内普遍感到焦虑和困惑的这些问题，明源地产研究院密集走访了全国 300 多家房企的董事长或总裁，深入了解他们对市场的感知和对政策的判断，同时结合自身的深入研究和反复推敲，并站在业内权威与知名学者等“巨人”的肩膀上，推出了本书。我们试图在迷雾重重的当下，站在中国宏观经济的高度，拨云见日，帮助大家洞察房地产与经济的关系，明确房地产调控面临的政策新常态，洞察行业发展趋势，为广大房企在不确定大环境下的战略破局提供参考性建议。

本书的核心内容主要分为以下五个部分。

第一章，从宏观经济的视角深入剖析我们对中国经济的几个典型认知。我们总结了六大核心问题：房地产调控的真正目的是什么？目前中国房价有泡沫吗？ GDP 增速保 6% 意味着什么？房地产与经济是什么关系？房地产市场过热是果还是因？地方债到底会不会产生危机？这些问题长期以来都被各类自媒体文章错误地解读或人为地夸大，从而导致行业对这些问题的认知陷入误区。我们将深入挖掘问题的本质，为读者呈现行业的真相。

第二章，在对六大关键问题有了准确的认知后，我们针对房企普遍关注的政策焦点问题进行了深入的解读，并总结了行业当前乃至未来相当长一段时期面临的五个新常态：宏观视角、严控慢松、精准调控、产业共生和城市共生。

第三章，在持续调控不放松的大环境下，房地产投资与行业整体销售规模仍在不断攀升，但行业分化愈加凸显。二、三线城市政策虽严，但城市基本面优势突出，房地产需求仍有保障；四、五线城市政策宽松，但市场预期回暖慢，资本纷纷撤出，房企也纷纷回归二、三线城市。此外，对于房地产业的资本属性愈加凸显的现状，房企应有深刻的认识，只有这样才能更好地做出投资、拿地和运营管理等多方面的决策，真正发挥资本的力量。

第四章，结合对市场数据的分析，我们发现企业分化同样显著，行业集中度越来越高，销售门槛持续攀升，房企竞争日趋激烈。在城市布局维度，区域深耕成为主流趋势；在产业布局维度，“产业＋地产”成为房企纷纷发力的方向，相应地，通过数字化转型及以中台思维实现多产业的融合打通已成为房企战略落地的必由之路。

第五章，在对经济认知、政策走向、行业形势及企业发展进行深度剖析之后，我们从房企应对之策的角度全面梳理和总结不同规模房企的战略破局之道。同时，通过构建全新的 ROE（净资产收益率）模型，我们从战略运营的动态视角对净利润率、总资产周转率和资产负债率指标进行拆解，并基于与行业标杆的 ROE 对标，从中找到房企自身应该发力的重心。

鉴于本书集诸多专家学者之思和广大标杆房企成功经验之益，我们衷心希望，它能够帮助广大房企洞悉宏观经济形势及政策背后的逻辑，以更高维的视角前瞻性地洞察行业发展趋势和城市投资机会，明确自身的发力重心，苦练内功，从而真正实现战略破局。

徐　颖

明源地产研究院院长

2019 年 8 月

目 录

第五章

后规模时代的房企新对策 251

第一章

对中国宏观经济的六大关键认知

我们近期跟很多房企高管研讨时发现，许多同行都觉得看不懂当下房地产政策出台的逻辑和思路——跟我们以前所熟知的政策出台路径完全不同。

事实上，当前房地产政策出台的路径更多的是顶层定调，然后地方跟进。顶层在设计政策时所参考的指标往往偏宏观。因此，宏观经济与未来房地产政策研判的关联度越来越高，房企必须站在宏观经济的高度，去整体审视行业未来的发展走向。

然而，长期以来，受很多情绪宣泄类的自媒体文章的影响，无论是业内人士还是普罗大众，对于中国宏观经济的认知或多或少都存在误区。经由媒体的大肆渲染和四处传播之后，这些误区还被进一步夸大，从而在社会上造成了恶劣的影响。由于身处与经济密切相关的房地产业，开发商也受此影响而普遍陷入迷茫和焦虑之中。

基于行业密切关注的焦点问题，我们总结了对当前中国宏观经济的六大关键认知，本章我们将对其进行详细解读。它们包括：房地产调控的真正目的是什么？目前中国房价有泡沫吗？ GDP 增速保 6% 意味着什么？房地产与经济是什么关系？房地产市场过热是果还是因？地方债到底会不会产生危机？只有深刻理解并准确认知了这几个宏观经济问题，我们才能认清当前中国的经济大势，进而对房地产业的前景有正确的认识和判断。

第一节
房地产调控的真正目的是什么

自 2016 年 9 月 30 日房地产调控新政颁布以来，新一轮调控已经持续了三年多时间，丝毫没有放松的迹象，房地产业外部环境的不确定性越来越大，房企生存压力骤增。对于调控的认知，人们普遍认为国家严控楼市就是为了防止房价上涨，但事实果真如此吗？

研究发现，只要经济发展，房价就会上涨。因此，我们应正视房价上涨这一客观规律。对于中国的一、二线核心城市而言，房价仍有上涨空间。我们通过以下两条证据链来进行论证（见图 1–1）。

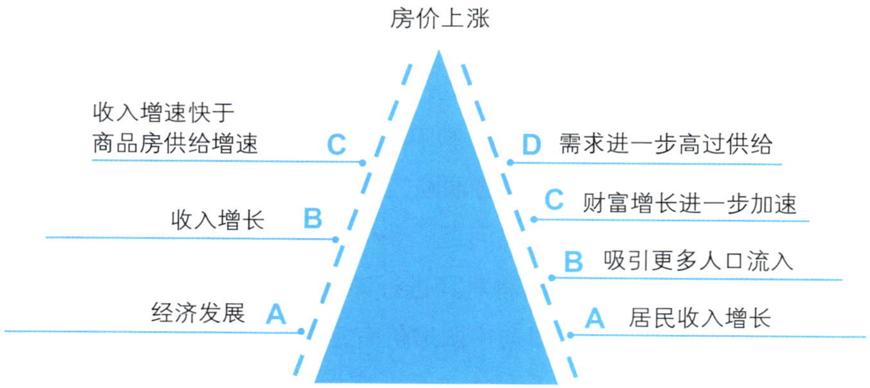

图 1–1　房价上涨的两条证据链

第一，伴随经济的发展，居民收入会相应增长，居民也必然能承担更高的住房价格。同时，全球任何一个国家、任何一个城市，都有一个普遍特点，即居民个人收入增长的速度往往快于商品房供给增加的速度，这必然会导致房地产市场出现一定程度的供不应求。因此，从这个角度来讲，房价自然会上涨。

第二，居民收入增长必然吸引更多的人口流入城市。例如，一个人在一线城市挣了钱，其老家的亲朋好友必然会口口相传，这样就能吸引更多的朋友、同学也来到这个城市发展。因此，伴随新增人口的增加，住房需求也将快速增加，城市居民的财富增长也将进一步加速，住房消费能力也将持续提升，从而推动住房需求高于供给。由此，房价必然进一步上涨。

因此，伴随经济发展，房价本应增长，我们应客观理性地来看待这个事实。不仅如此，从中国的 GDP 增长与房价增长趋势来看，二者也是高度匹配的。排除金融危机等特殊重大事件的影响，房价一般会随着经济的发展而持续上涨（见图 1–2）。

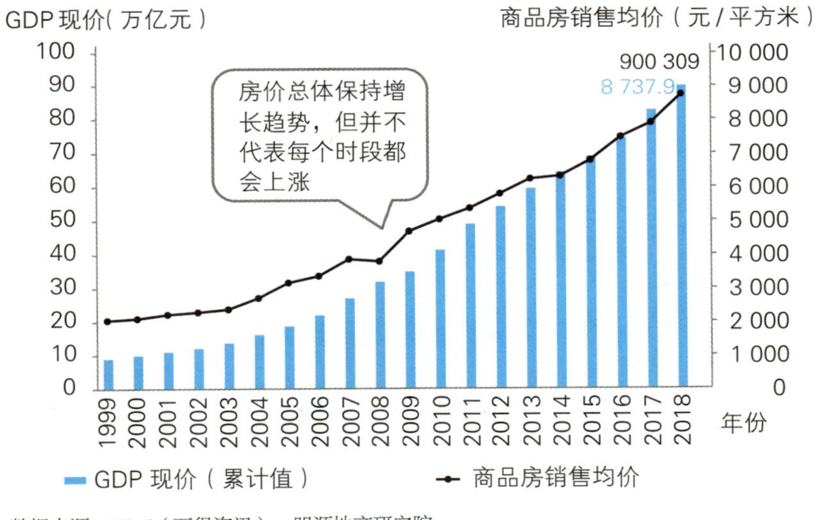

数据来源：Wind（万得资讯）、明源地产研究院。

图 1–2　中国 GDP 与商品房销售均价历年走势对比

世界典型发达城市的经验同样表明，随着经济不断发展，房价上涨是必然趋势。如图 1–3 所示，纽约、伦敦近年房价总体呈上升趋势，尤其是在 2013 年之后，全球经济复苏，发达国家经济整体向好，房价开始加速上行。

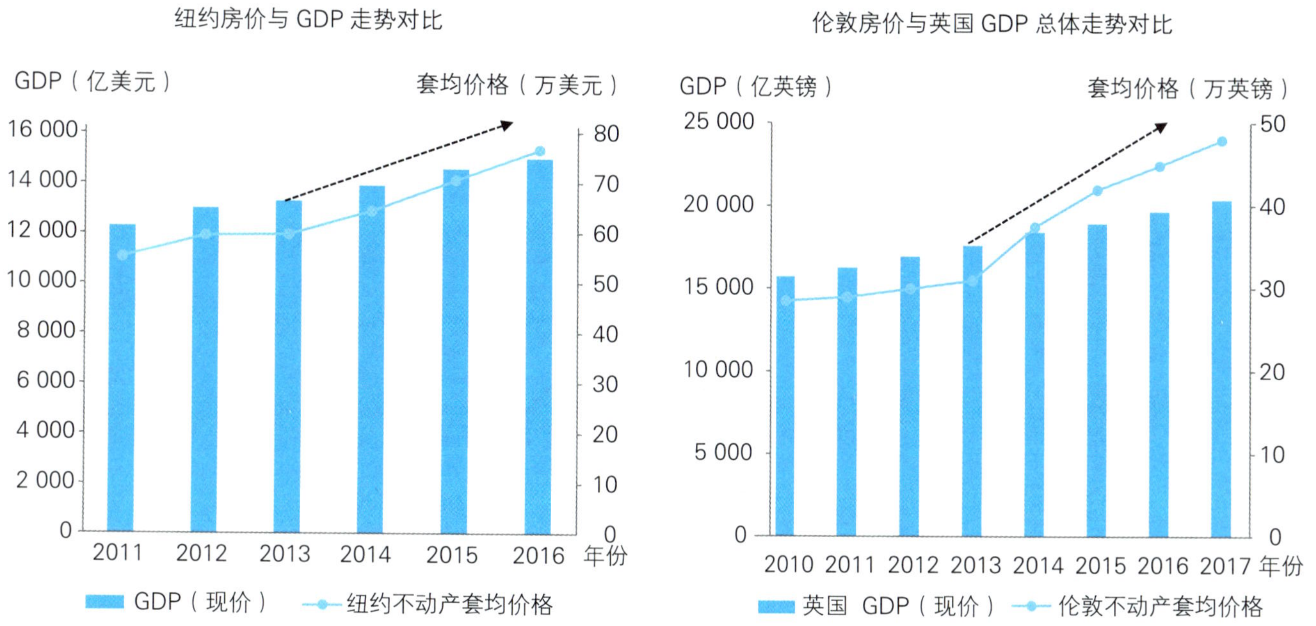

注：伦敦 GDP 暂无数据，因此采用英国 GDP 走势数据侧面论证。

数据来源：Wind、美国线上房地产商 Zillow、英国房地产研究机构 Hometrack、明源地产研究院。

图 1–3　世界典型发达城市房价走势

既然房价上涨与经济增长相伴而生，那么房地产调控并不是为了抑制房价上涨。经过行业内部的探讨以及知名学者的深入研究，我们认为，房地产调控的真正目的有三：一是防止贫富差距过大，保持社会稳定；二是调整不良的经济结构；三是使经济与房地产发展速度相匹配。

一、防止贫富差距过大，保持社会稳定

避免因房价过快上涨而导致社会贫富差距太大，进而增加社会不稳定因素，是国家从更高层面考量的核心问题之一。而贫富差距之所以越来越大，就房地产市场而言，其根本问题在于国民投资思维的普遍欠缺，以及对房价上涨没有正确的认知。

在现实生活中，受新闻媒体报道和社会舆论的影响，太多的人认为“没有只涨不跌的房价”，于是买房的事一拖再拖，他们等来的却是房价的节节攀升，从而不断错失“上车”的机会。他们没有认识到的是，中国的房价上涨并不是泡沫的表现，而是经济增长和城镇化推进带来的自然而然的结果。

那些在房价较低的早期就已购置了房产的人，享受了房价上涨的红利，家庭财富快速增长。对于这类人群，很多人认为他们“不劳而获”，认为这里面的很多人就是靠炒房获利的。但是，深究下来并非如此。

其一，我们所想象的“炒房”群体其实是不存在的。从纯投资的角度来讲，很少有人会对一个城市的楼市一直坚定地看多或看空。也就是说，对于绝大多数投资者而言，“多空转换”一定是一个常态，即“看多”和“看空”是不断转化的。当房价上涨达到其预期获利目标时，他们就会卖掉房产套现，而套现那一刻就意味着他们已经变成了这个城市楼市的“看空派”。所以，假设我们认定这个群体一直看多这个城市，他们就不会卖出手中持有的房产，也就没有二手房交易了，这显然与事实相悖。

其二，认为这个群体“不劳”也是不对的。他们基于投资视角的学

习和尝试，是普罗大众所不理解的。这些年来，他们之所以坚定地选择投资房产，也是因为他们曾经投资过股市、商业或制造业，但投资的经验教训以及最终的市场告诉他们，最靠谱的投资还是房地产。这是一个大浪淘沙的过程，即使这些投资经验教训不是这一代人所经历的，也是其上一代传承的。所以，这个群体，其实是“有劳”，而非“不劳”。

因此，随着房价的继续上涨，“还没上车”的人与“已经上车”的人之间的财富差距还在不断加大，这带来的直接后果就是社会不稳定性因素大大增加。

社会稳定是一切发展的前提，因此政府调控房价的本质其实是财富分配制度的调整。对于已拥有较多财富的阶层，暂时抑制房价上涨并不会对其产生太大的影响，但是对于社会底层而言，房价上涨可能扼杀的就是生活的希望。“两害相权取其轻”，所以政府必须对“房价”这辆高速行驶的“列车”暂时踩一下刹车，使“还没上车”的人心存希望并能够赶上财富积累的“列车”，从而保留人们向上的希望以及维护社会的和谐稳定。

从根本上讲，国民需要转变投资思维和对于中国房价的认知，如此才能真正彻底消除社会不稳定、不和谐因素。如果还继续秉持“房价泡沫论”的固有认知，没有认识到“经济快速发展带动房价继续上涨”的本质，那么“还没上车”的人仍然会被房价这趟高速列车远远抛下，贫富差距也无法真正缩小。

二、调整我国经济的不良结构

从全国来看，国民经济对房地产投资的依赖度这一指标在经历了多年的持续增长后，2014 年开始持续稳步下降，这直接体现了国家在优化经济结构方面所取得的成绩。经济发展到当前阶段，国家需要寻找房地产业之外的其他产业增长极，其目的是不仅要保证一定的经济增速，还要确保良好的经济结构。

如图 1–4 所示，从典型省份海南的房地产投资依赖度来看，我们

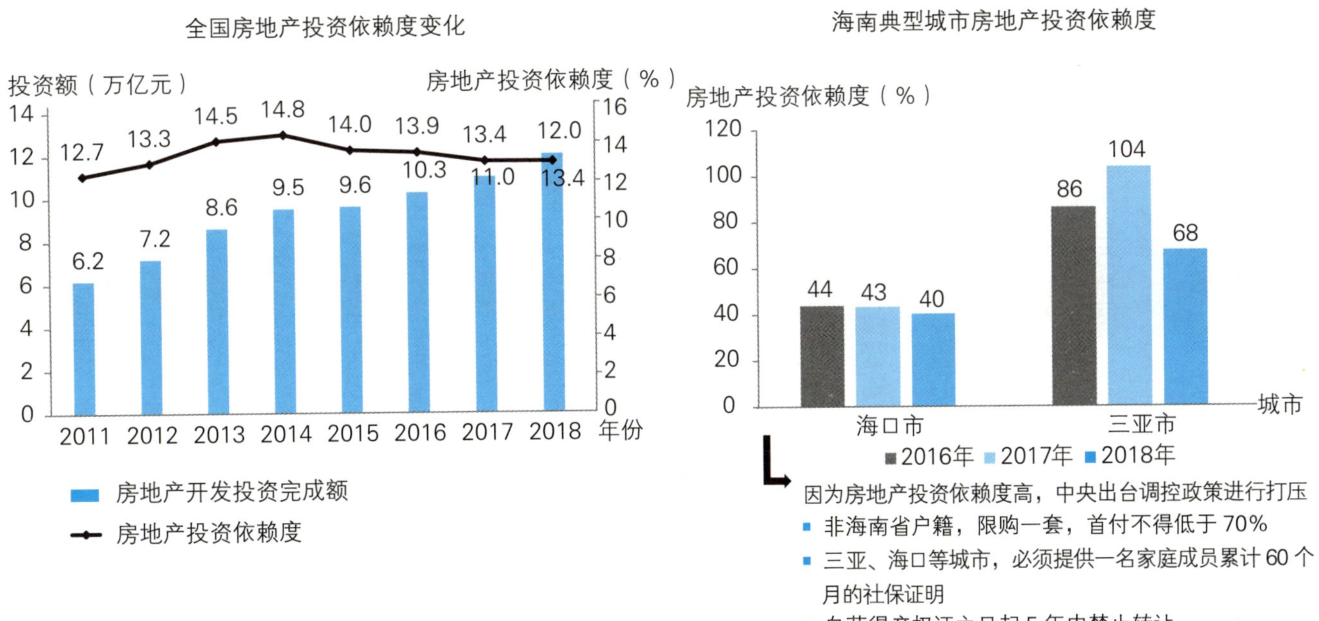

数据来源：Wind、明源地产研究院。

图1-4　以海南省为典型的房地产投资依赖度变化情况

可以看出国家对于经济结构良性发展的重视。一直以来，海南省的海口及三亚两市，房地产投资依赖度都远超全国平均水平，这表明其经济结构过于单一，过于依赖房地产业。因此，2018 年国家重拳出击，出台海南全域限购政策，例如非海南省户籍人口限购一套及首付七成等，由此在保证本地刚需的基础上，彻底切断了省内外的投资需求。

在政策影响下，2018 年，海口和三亚的房地产投资依赖度同比均有所下滑，但与 13.4% 的全国水平相比仍然偏高。我们预计，在持续的调控下，海南的房地产投资依赖度仍将持续下滑。

三、使房地产与经济发展速度相匹配

随着经济的增长，房价自然会上涨。因此，政府历来的房地产调控并不是为了抑制房价上涨，而是协调房价与经济的涨幅，使二者趋于平衡，政府其实一直都只是扮演了调节器的角色。

我们打个形象的比喻，经济增长与房价增长好比两条腿走路（见图 1–5）。第一步：当房价走得过快、经济走得太慢时，政府就要出面进行协调，通过出台调控政策抑制房价，让房价增长的步伐慢下来。第二步：政府促进经济的增长，使经济增长与房价增长相协调。第三步：因为房地产业长期受到抑制，拖累了经济增长的步伐，这时政府就要放松房地产调控，出台利好政策，刺激房地产市场回暖。

不过，因为房地产本身固有的投资属性，一旦政策放松，其发展速度就会比较快，很快又超过经济发展的脚步。这个时候，政府又得调控房地产业，使其停下来等一等经济的发展步伐。如此周而复始，不断循环往复。

由此我们可以看到，政府对房地产的调控并不是打压房地产，而只是扮演了“经济增长”与“房价上涨”的调节器。

由于国内不同的区域对房地产的投资依赖度各不相同，因此我们认为，判断这一指标是否处于合理区间应该与当地的经济增速相对照来看：

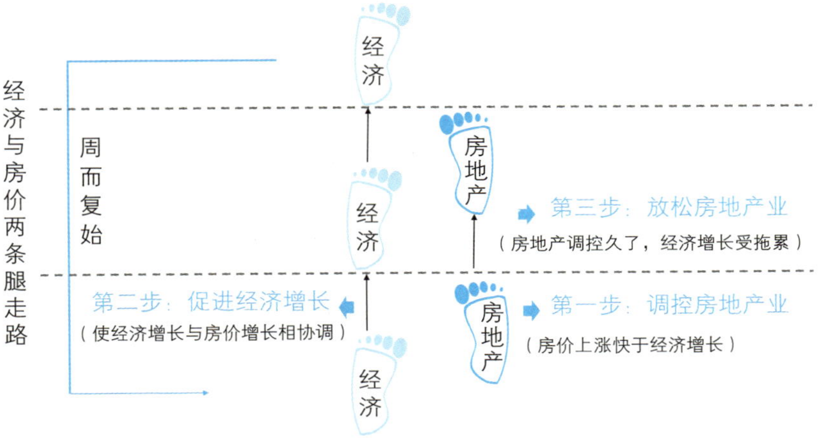

图 1–5　经济与房价两条腿走路

经济增速下滑，但房地产开发投资依赖度反而在大幅攀升的地区，经济发展可能更容易出现问题。

以安徽和广东为例（见图 1–6）。2012 年 3 月至 2018 年 6 月，安徽 GDP 增速呈总体下滑趋势，房地产开发投资占 GDP 的比重在波动中上升，且持续处于高位，与 GDP 增速拉开了很大的差距，并且这个差距还有继续扩大的趋势。这意味着安徽经济对房地产投资的依赖度过高，房地产投资增长与经济增长不匹配，抗风险能力自然较弱。

再来看看广东。2012 年 3 月至 2018 年 6 月，广东 GDP 增速保持平稳，房地产开发投资占 GDP 的比重在波动中小幅上升，房地产投资依赖度曲线与 GDP 增速曲线较为贴合，开口较小，这意味着房价与经济增速总体匹配。

整体而言，经济的增长将带动房地产投资占 GDP 的比重一同增长，在中国或世界发达国家均是如此。但房地产投资增长或房价涨幅应与经济增速相匹配，否则经济发展将面临风险。

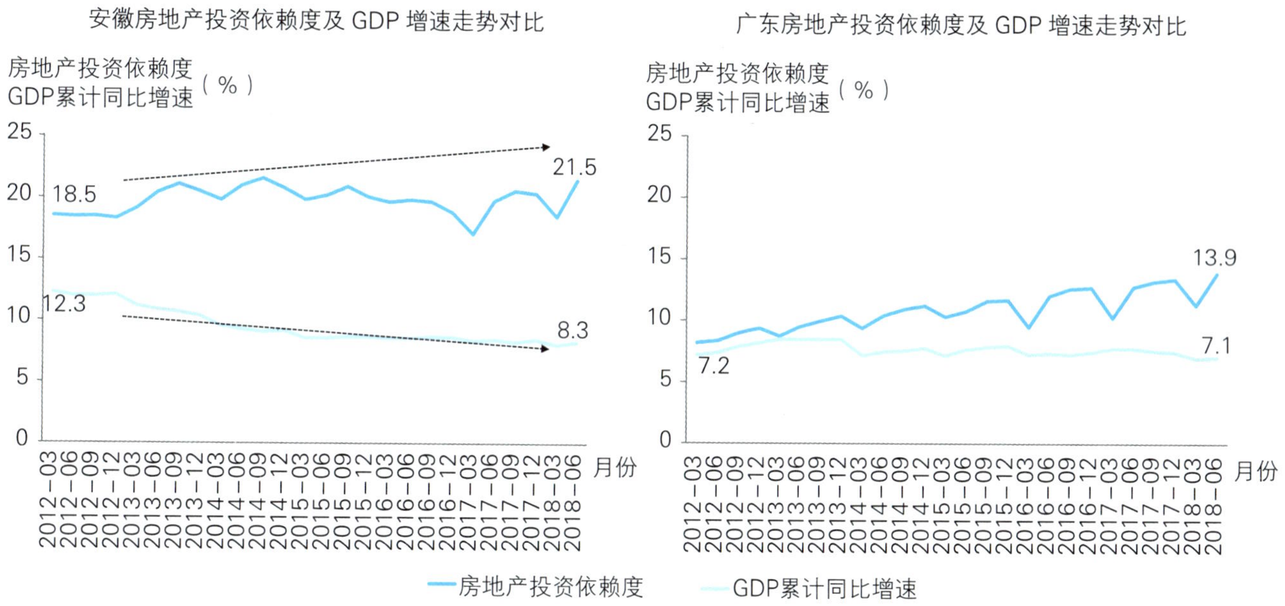

注：GDP 累计同比增速数据为 GDP 不变价口径。

数据来源：Wind、明源地产研究院。

图 1-6　安徽与广东房地产投资依赖度与GDP增速走势对比

第二节
目前中国房价有泡沫吗

在清楚了房地产调控的真正目的之后，我们再来探究一下一直以来人们普遍关注的热点话题——当前中国房价到底有没有泡沫？对于这个问题，舆论场有大量文章都在宣扬中国房价泡沫严重。但是深究下来，我们认为，论证中国房价是否有泡沫需要明确三个基本问题：其一，房价的定义和统计方法是否准确？其二，是否结构化地看待不同能级城市的房价问题？其三，传统的衡量房价泡沫的指标真正准确吗？接下来，我们就从这几个方面深入论述，并结合具体案例展开剖析。

一、房价的定义及统计方法不准确

要论证房价是否有泡沫，首先需要明确的是房价到底有多高。一直以来，各大中介和研究机构公布的房价数据五花八门，事实上，很多机构甚至连房价的定义、统计范畴和统计方法都没有弄清楚。精准的房价统计的确存在难度，我们总结了房价统计普遍面临的三个典型问题（见图 1–7）。

图 1–7　房价统计面临的三大问题

1. 房价的基本定义不清晰

一般来讲，房价是指建筑物连同其占用土地在特定时间段内的市场价值。因房与地是不可分割的统一体，因此房价是这个统一体的价格，即房价等于土地价格与建筑物价格之和。

从房价的分类来看，按不同标准划分，房价类别繁多。根据价格形成的方式不同，房价可以划分为理论价格（基础价格）、评估价格（参照价格）和实际成交价格（市场价格）；从价格形式的角度来看，房价可划分为自由市场价和政府指导价，尤其是在楼市调控、限价严厉的时期，房价更多地需控制在政府指导价范围之内；根据住房类型的不同，房价还可以分为新房房价和二手房房价等。

从房价的典型特点来看，房价具有显著的“单件性”，即可以脱离国际市场和全国市场独立形成。这背后的原因在于，土地不可移动，房地产天然具有不可移动性——它不像其他商品一样可以通过运输调节供应，进而在各个空间形成大致相同的价格水平。因此，房价只能独立形成，每个城市、每个项目和每套房子的价格都不一样，同一个城市不同区域的房价也都不一样。

由此可见，依据不同的标准，房价可划分的类别繁多，不同区位、项目和类型的房屋价格都不同。如果统计口径不明确或不一致，那么统计者得出的房价数据就会不同。统计口径不明确或不一致恰恰也是造成各家机构的房价数据五花八门的基本原因。至于到底应该以哪种口径为统一标准，当前仍没有明确的界定。

2. 房价的统计样本不全

虽然媒体、舆论都在谈房价高，但如果进一步深究房价统计的样本范围，我们就会发现，中国的房价统计只覆盖了商品房，很多其他住房类型都没有被纳入统计。国外在统计房价时，普遍会涵盖农村住房和城市自建房，而中国却没有将这两类住房纳入统计。此外，在中国特殊的历史背景下，大量的单位集资建房、房改房和小产权房应运而生，这些类型的住房同样未被纳入房价的统计范畴。由此来看，中国的房价统计明显存在样本不全的问题。

3. 房价的统计方法不明确

在房价的统计方法上，我国同样存在诸多不明确的地方，从而导致统计出来的房价失真。具体体现在以下五个方面。

- 在统计样本选取上，一手房和二手房房价应分别选取哪个样本？各自占多少权重？如果将前述五类住房均纳入统计范围，各自又应该占多少权重？
- 在新房价格的统计方面，迫于调控压力，新房交易市场“双合同”现象普遍。在此背景下，房价统计是否也应该包含精装修的价格？而事实上，当前网签价格的统计大多未纳入精装修的价格。此外，为应对限价，各开发商申报时也会明显压低价格，这对房价统计的准确性直接造成了影响。
- 在二手房价格的统计方面，各机构普遍采取抽样调查法，而在抽样方式下，样本如何确定才能不失真？而且当前二手房交易中的“阴阳合同”现象普遍，买卖双方出于逃税的目的会在网签时将成交金额签得很低，这意味着二手房房价的统计数据源已经失真。
- 全国各地的房价水平差异巨大，那么全国总体房价水平的推算，应该采取平均数还是中位数？其他国家计算房价时通常采用中位数，以剔除奢侈性消费，主要考察社会的中位及以下水平。而一直以来，中国的房价统计采用的是平均数，在不同城市、不同项目房价差距巨大的情况下，这种推算方法会使房价水平虚高。
- 同城不同片区的房价同样差异甚大，那么一个城市的房价计算，是采用算术平均法还是加权平均法？当前对房价及其增幅的实际统计，往往并未考虑一个城市内的不同区位及其变化。即使考虑，也往往采用算术平均法。在此统计方法下，为应对限价调控，开发商往往选择卖一个核心地段高价盘，再卖几个郊区低价盘，从而使整体平均价格控制在政府限价范围之内。此类现象屡见不鲜，同样会使一个城市的房价统计失真。

综上所述，房价的基本界定不清晰、统计的样本不全及统计方法不明确等多重难题，必然导致统计出来的房价数据难以真实反映房地产市场价格。所以，近年来社会上广泛传播的房价泡沫论，首先在底层的基本定义和统计方法上就站不住脚。我们应抛开情绪化解读，更加冷静地理性看待中国的房价问题。

二、房价泡沫应结构化看待

中国有超过 600 个能级不同的城市，且城市之间经济发展水平差异较大。因此，判断城市房价泡沫不能一概而论，应该去平均主义并结构化地看待房价泡沫问题（见图 1–8）。

1. 在强大的竞争力支撑下，一、二线城市房价泡沫较小

房价暴涨的一线城市始终处于房价泡沫论的最前线。但事实上，一、二线城市的高房价恰恰体现了这些城市强大的竞争力：这些城市通常是区域的金融中心或科技中心，经济发达，产业形态高级，就业机会多，居民收入也更高；其城市功能强大，教育和医疗等公共服务资源丰富，因此必然吸引大量人口涌入，从而带来旺盛的住房需求。而且，核心城市土地供应受限更严重，房价必然上涨。

高房价是城市价值的体现，是人们在大城市获得工作、收入、教育和医疗资源等好处时不得不支付的成本，是进入这类城市工作和生活的

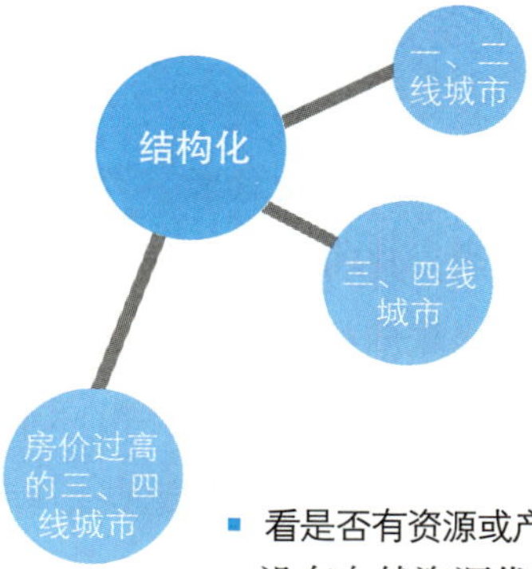

- **高房价是正常的**：高房价体现了城市强大的竞争力，大城市凭借自身的经济、就业、教育和医疗等优势，人口不断聚集，住房需求旺盛，必然推高房价
- **M2（广义货币）增长带动房价自然上涨**：不考虑经济的发展，只要 M2 增长，除了基本的通用消费品价格可能不上涨之外，大多数物价（包括房价）都会上涨
- **看是否有资源或产业支撑**：三、四线城市的房价怎样才算合理？如果没有自然资源优势、人口流入或产业支撑的三、四线城市，房价也有一两万元，那么当地房地产市场可能存在泡沫风险

图 1–8　结构化分析不同城市的房价

经济门槛。有经济实力和人口等基本面的支撑，一、二线城市高房价顺理成章，存在房价泡沫的可能性反而更小。

2. 缺乏产业和人口支撑的三、四线城市可能有泡沫风险

一般来讲，若 M2 增速远高于 GDP 增速，则该地区房价仍将维持上涨趋势。也就是说，只要 M2 增长，除了基本的通用消费品价格可能不涨之外，包括房价在内的大多数物价都会上涨。因此，尽管三、四线城市经济水平较低，但 M2 增长也将带来这些城市房价的上涨。

但是，我们也要谨慎看待房价超出合理区间的三、四线城市。在本轮一、二线城市普遍加大调控力度的背景下，大量资金被挤入三、四线城市，这导致后者房价普涨，个别地方甚至超过万元大关。在没有自然资源优势、产业支撑和人口流入的这些城市，房价畸高可能意味着泡沫风险。

总体来看，房价是城市功能和竞争力的综合反映，有竞争优势的一、二线城市，尽管房价较高，但房价泡沫反而不大；而没有竞争优势的三、四线城市，在本轮房价上涨之后，可能积累了较大的泡沫风险。

三、房价泡沫的传统衡量指标不准确

对于一个城市的房价是否存在泡沫，一些研究机构及专家学者普遍采用房价收入比、租售比和空置率等指标来衡量，并将其与国际平均水平对比。那么，这些指标真可以准确反映房价泡沫情况吗？这些指标具有国际间的可比性吗？经过深入研究，我们发现：一方面，这些指标本身已存在不合理之处；另一方面，不顾中国国情的特殊性，将这些指标简单地做国际比较，也必然会得出错误的结论。

1. 房价收入比高就有泡沫吗

我国房价收入比远超西方国家水平，是最常被用来推断中国房价存在明显泡沫的理由。世界银行 1998 年的统计结果显示，发达国家一般将房价收入比超过 6 视为泡沫区。国内某研究机构每年会监测 35 个重点城市的房价收入比，从 2017 年的数据来看，该机构认为仅长沙一市的房价收入比合理，房价收入比排名前五的城市，楼市泡沫膨胀（见图 1–9）。

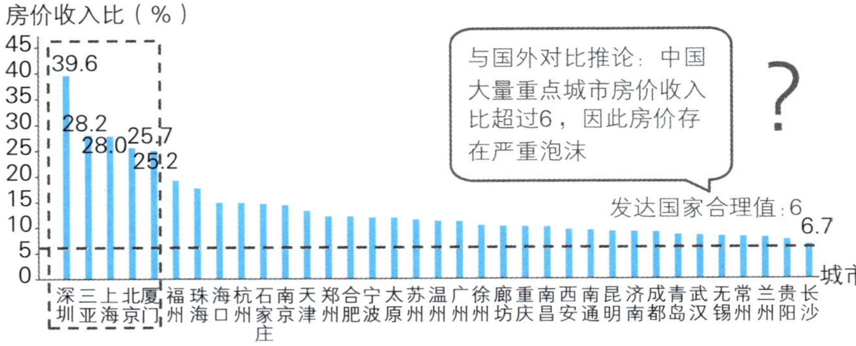

注 1：房价收入比 = 住房总价 / 家庭可支配收入 =（新建商品住宅成交均价 × 城镇家庭户均面积）/（城镇居民人均可支配收入 × 城镇家庭户均人口）。

注 2：世界银行在 1998 年对世界上 96 个国家和地区的统计结果显示，发达国家一般将房价收入比超过 6 视为泡沫区。相关研究机构认为，国内房价收入比的合理区间为 6~7。

数据来源：各地统计局、明源地产研究院。

图 1–9 相关机构对 2017 年中国 35 个重点城市房价收入比的统计

但是，此种判断是缺少逻辑支撑的，因为从房价收入比的计算公式来看，无论是分子房价还是分母收入都存在统计不合理的问题（见图 1–10）。

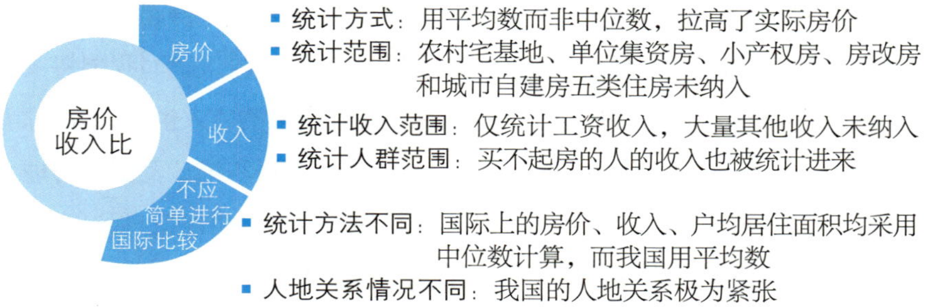

我国房价收入比计算公式

房价收入比 = 每户住房总价 ÷ 每户家庭年总收入

每户住房总价 = 人均住房面积 × 每户家庭平均人口数 × 单位面积住宅平均销售价格

每户家庭年总收入 = 每户家庭平均人口数 × 家庭人均全部年收入

图 1–10　用房价收入比衡量房价泡沫是不合理的

（1）分子房价：统计范围和统计方法的不合理，拉高了房价

第一，在房价的统计范围上，如前所述，国际上的房价统计包括了乡村房屋和城市自建房，而中国的房价统计只包含商品房，大量的农村房屋、城市自建房、单位集资房、小产权房和房改房的价格均未纳入统计。如果将这五类住房的价格全部纳入计算，那么中国的房价将会低得多。

第二，在房价的统计方法上，其他国家房价收入比计算中的住房面积和价格均采用中位数，而中国的房价收入比、住房单价和住房面积的计算与统计均采用的是平均数。在地区间贫富差距巨大的背景下，平均数将远高于中位数，实际房价被大幅拉高。据统计，2016 年年底，全国平均房价不到 8 000 元 / 平方米，而中位数则不到 4 000 元 / 平方米。

（2）分母收入：统计范围不合理，拉低了收入水平

第一，在收入的统计范围上，国际上计算中位数收入时包含了财产性收益、投资收益、广告收益和一次性劳务收益等；中国的收入统计仅以工资收入为主。事实上，中国居民往往还有一定量的其他不透明收入，

如财产性收入、福利收入或兼职收入等，如果将这些收入也纳入统计范围，那么收入水平将大幅提高。

第二，在收入统计的人群范围上，由于房价主要与买得起房的人群收入相关联，所以应该只统计买得起房的那部分人群的收入。而我国将买不起房的人的收入也统计进来了，如此一来，统计出来的收入也会大幅提高。

综上所述，一方面，中国房价和收入的统计方法和统计范围不合理，导致房价被拉高、收入被拉低，进而抬高了房价与收入的比值；另一方面，房价和收入的统计方法和统计范围与国际通行做法都不相同，因此根本不具国际可比性。加之中国国情本来具有特殊性，因而更不应该简单地将房价收入比等指标与国际水平比较，并以此来判断中国房价是否存在泡沫。例如，中国的人地关系紧张程度在国际上屈指可数，中国的人口密度远高于其他绝大部分国家，中国的城市形态以大、中城市而非小城镇为主，中国的住宅交易主要为房龄较短的一手房和二手房（而国外大多是房龄几十年甚至上百年的住宅），凡此种种，都是推高中国房价的重要因素。

2. 租售比高就有泡沫吗

除去上文谈到的房价收入比之外，也有不少人拿中国的房屋租售比来和国际水平相比较，并以此作为中国房价存在泡沫的又一“证据”。租售比的计算公式为：租售比 = 月租金 / 房价。为方便理解，我们可以将概念颠倒过来，即租售比 = 房价 / 月租金，其含义为在保持当前的房价和租金不变的情况下，完全收回投资需要多少个月。

国际上一般认为租售比的合理区间为 200 至 300 个月，即如果将房子出租，200 到 300 个月（16 至 25 年）可以收回房款，这也意味着房价与租金没有明显背离，房价处于较合理水平。

而从中国来看，相关研究机构曾统计了中国房地产租售比排名前 20 的城市，它们的租售比都远高于国际标准，就连租售比最低的大连，租赁回报周期也长达 320 个月（见表 1–1）。不少研究机构和专家学者便

表 1–1 相关机构对 2016 年中国城市房屋租售比前 20 强城市的统计

排名	城市	租金均价（元 / 平方米 · 月）	商品住宅均价（元 / 平方米）	租售比（房屋租赁回报周期：月）
1	深圳	67.98	49 751	1:732
2	厦门	37.80	27 135	1:718
3	北京	70.64	44 167	1:625
4	南京	32.87	19 991	1:608
5	上海	66.42	40 309	1:607
6	温州	30.39	17 323	1:570
7	珠海	31.35	17 785	1:567
8	天津	30.51	16 956	1:556
9	苏州	27.36	14 802	1:541
10	三亚	35.41	17 813	1:503
11	福州	32.04	15 454	1:483
12	广州	44.79	20 799	1:465
13	杭州	41.28	18 389	1:446
14	济南	25.14	10 440	1:415
15	宁波	29.95	12 314	1:411
16	武汉	28.07	10 996	1:392
17	陵水	42.27	15 758	1:373
18	郑州	28.78	9 779	1:340
19	成都	24.87	8 245	1:332
20	大连	30.51	9 761	1:320

注：以上排名样本出自中国城市房价 30 强与租金 30 强。
数据来源：中国房地产报、明源地产研究院。

与国外对比推论：中国大量重点城市租售比超过国际标准值，房价存在严重泡沫

？

国际经验：租售比为 1:300~1:200 区间较合理

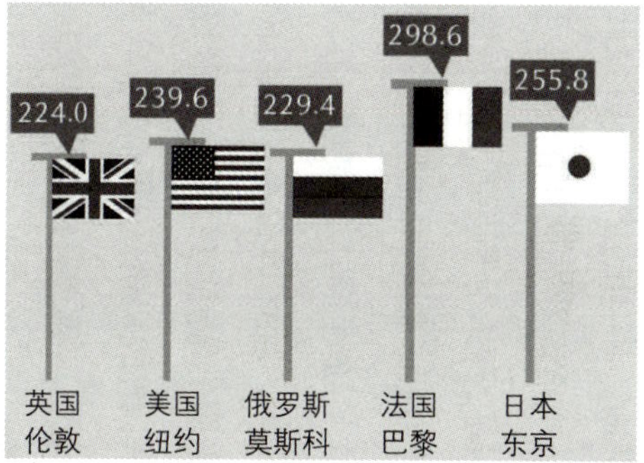

据此推断，中国的房价与租金严重背离，房价水平远高于租金水平，中国房地产市场存在严重的泡沫。

但是，深入分析后我们不难发现，中国一、二线热点城市的租售比畸高，有统计口径、制度和文化等多方面的原因，简单进行国际比较并不合理。

（1）统计样本、制度、文化因素导致中国热点城市租售比畸高

第一，统计口径不统一。在房价上，如前所述，中国的房价没有将农村房屋、城市自建房、小产权房、单位集资建房和房改房五类住房统计进来，造成房价统计值高于实际值；在租金上，由于大量的城市自建房、小产权房、单位集资房和房改房实际上处于出租状态，而租金计算为市场抽样统计，这几类住房租金也被纳入计算，从而压低了租金水平。因此，统计口径的不一致，导致房价被抬高，租金被拉低。

第二，现行土地制度导致房价涨幅远高于租金涨幅。在中国的土地公有制背景下，政府是土地的唯一供给方，加之耕地红线下建设用地供应受到严格限制，中国的土地供应弹性相对较小。土地供求失衡带来的影响传导至住房市场，从而使得住房供给相对短缺，房价快速上涨。而租赁市场的供应较少受行政或法律约束，市场状况仅取决于租金水平。

第三，中国“住有所居”的传统文化导致购房需求畸高。与西方完全不同，中国人普遍有着强烈的置业理念，人们拼命挤入房屋买卖市场，而住房供应不足必然推升房价；与此相对应的是，租赁市场主要剩下支付能力较弱的新就业者和低端流动人口，租金自然缺乏上涨动力。

（2）脱离城市发展和经济基本面，简单进行国际比较并不合理

一方面，租售比事实上只是国际成熟房地产市场的准则。发达国家的城市化进程基本完成，房地产市场发展已十分成熟和发达；而中国仍处在高速的城镇化进程之中，房地产市场还处于成长阶段，尤其是租赁市场还极不完善。因此与国际惯例不同，中国购房者更在乎房价是否上涨，即能否赚取房价上涨的收益，而非租金收益。

另一方面，我们还应该结合经济发展水平来看待租售比，脱离国家

经济基础差异的简单比较同样不合理。相比国外 1%~2% 的 GDP 增速，中国 6%~8% 的 GDP 增速相对较快，中国仍处在经济快速增长的阶段。那些有向好的经济基本面支撑的城市，租金仍然有上涨的空间。随着租赁市场的逐步完善，城市租金水平最终会与城市的经济发展水平相匹配，与房价的背离程度也会逐步缩小。

综上所述，如图 1–11 所示，造成中国住房租售比高的主要原因除了统计口径的不一致外，更有自身特殊的制度和文化因素在起作用。因此，我们需结合国家的城镇化进程和城市的经济发展水平来看待这一指标，而不是简单地与国际比较进而推断房价存在泡沫。

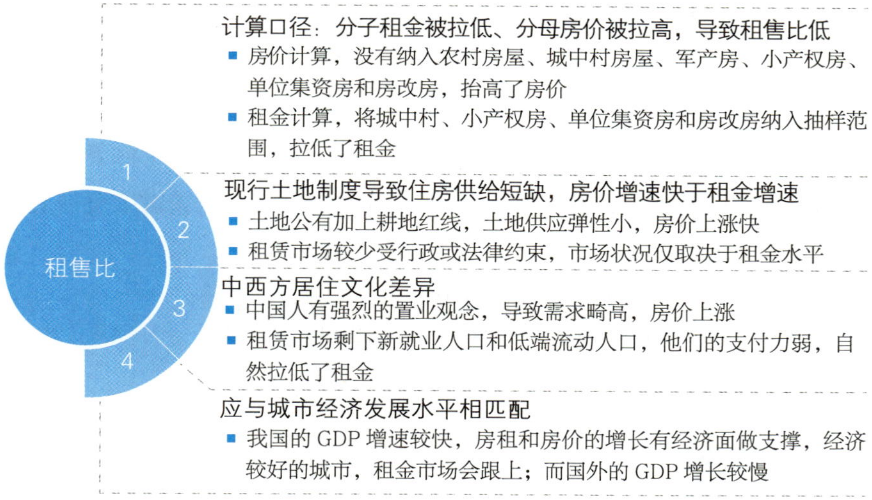

我国租售比计算公式：
租售比 = 每平方米使用面积的月租金 / 每平方米建筑面积的房价 = 月租金 / 房价

图 1–11　用租售比衡量房价泡沫并不合理

3. 房屋空置率高就有泡沫吗

房屋空置率超过国际警戒线，同样是常被用来推断房价泡沫的“论据”。按国际通用标准，商品房空置率为 5%~10% 是较为合理的区间，房屋供求基本平衡；10%~20% 为危险区间；而 20% 以上则为库存严重积压。

中国的住房空置率一直没有官方的统计数据，但相关机构和专家学者历年做过不少统计（见表 1–2）。例如，2013 年某高校发布的调查报告显示，中国城镇住房的空置率高达 22.4%，空置套数达 4 898 万套；2015 年某知名财经学者及其团队测算，中国已购买及竣工住房的空置率高达 20%~25%，城镇地区空置套数高达 6 500 万 ~8 000 万套。诸如此类的空置率畸高的数据，引发了一些媒体的疯狂炒作和舆论的集中关注。与国际标准值相比，不少人据此认为中国的房屋空置率过高、库存积压严重，在房价居高不下的背景下，将会导致房价泡沫显现。

但仔细深究，我们同样发现，空置率的计算本身就存在极大难度，计算结果是否合理值得商榷；同时，中国特殊的制度使住房空置现象难以避免。因此，空置率不能真实体现住房利用率，更无法用于推断房价是否存在泡沫。

（1）空置率的统计标准不明确，数据难以准确

当前，房屋空置情况的准确统计和计算，可以说是一个世界难题，各国标准不一，概念难以明晰。总体来看，其中有几个关键维度需要界定（见图 1–12）。

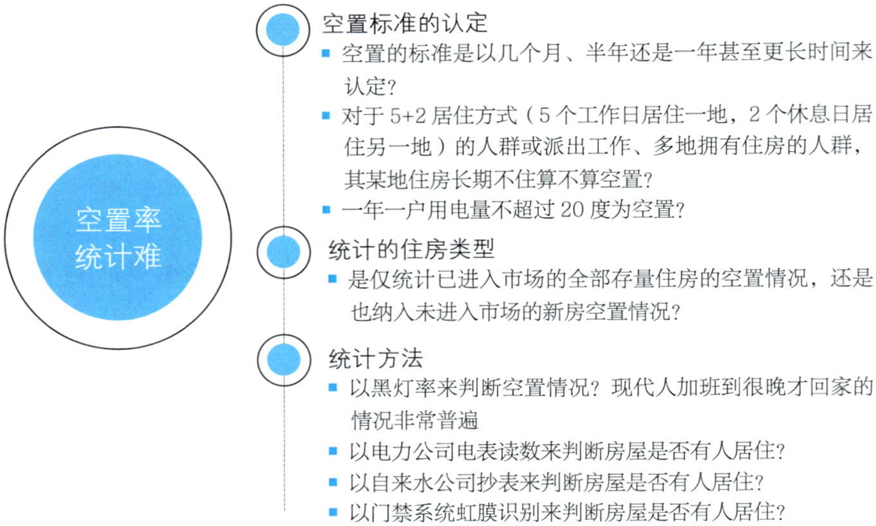

图 1–12　房屋空置率统计是世界难题

表 1-2　用房屋空置率衡量房价泡沫是不合理的

2013 年某高校的《城镇住房空置率及住房市场发展趋势报告》

城　市	城镇家庭住房空置率（%）
重　庆	25.6
上　海	18.5
成　都	24.7
武　汉	23.5
天　津	22.5
北　京	19.5
三线城市平均	23.2
全国平均	22.4
全国空置房套数	4 898 万套

2015 年 5 月腾讯与《中国房地产报》的《全国城市住房市场调查报告》

城市类别	空置率（%）
一线城市	22
二线城市	24
全国主要城市整体水平	22~26

2015 年年底某知名财经学者及其团队测算

指　标	空置率及空置套数
已购买及竣工住宅空置率	20%~25%
城镇地区空置住房套数	6 500 万 ~8 800 万套

数据来源：网络、明源地产研究院。

发达国家典型城市空置率

城　市	空置率（%）
温哥华	0.7
多伦多	1.3
墨尔本	1.5
悉　尼	1.8
西雅图	1.9
渥太华	3.0
洛杉矶	3.6
蒙特利尔	3.9
旧金山	4.3
纽　约	4.8
达拉斯	6.4
芝加哥	6.7
新加坡	8.1
大　阪	8.6
东　京	12.0

国际经验：空置率区间

空置率区间	严重程度
20% 以上	库存积压，泡沫严重
10%~20%	危险区间
10% 以下	合理区间

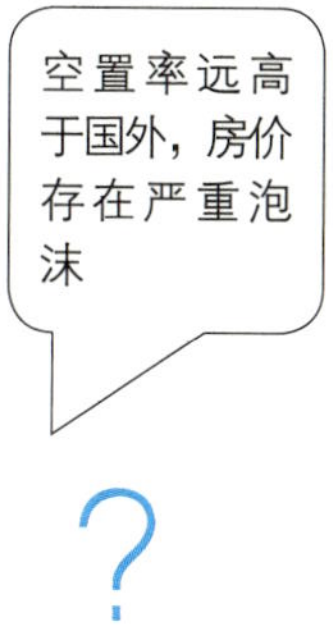

首先，在住房类型上，是仅统计已进入市场的全部存量住房的空置情况，还是也考虑未进入市场的新房空置情况?

其次，在空置标准的认定上，是以几个月、半年或一年甚至更长时间无人居住来衡量，还是以电表读数一年不超过 20 度为空置？对于以“5+2”方式（5 个工作日居住一地、2 个休息日居住另一地）的居住人群或派出工作、在多地拥有住房的人群，其某地住房长期不住算不算空置?

最后，在判断空置的方法上，有些以黑灯率来判断空置情况，忽略了现代人加班到很晚才回家的普遍情况；有些以电力公司电表读数、自来水公司抄表或门禁系统虹膜识别等方式来判断房屋是否有人居住，但楼盘的抽样是否精确？是否存在一些人为的刻意操作？这些因素都可能导致数据出现明显偏差。

（2）空置率高并不意味着利用率低

一方面，由于住房市场是一个属地化市场，所以住房具有不可移动的特征。受中国特殊的城市间迁徙特点的影响，人口往往在不同城市之间频繁流动，而不少人在不同城市均拥有住房，由此带来了房屋空置的情况出现。但是，我们不应该以其房屋是否出租或是否使用来评价利用率——尽管其某一套房屋暂时空置，但其物业费、水电费等都在正常缴纳，仍然创造了价值。

另一方面，从全球范围来看，富裕群体拥有多套住房是社会的普遍现象，并且，正是因为这个群体的存在，才增加了整个社会可租售的房源。

因此，空置率高并不意味着利用率低。真正的空置是指那些已建成但没有拿到预售证，或已经拿到销售许可证但没有销售的商品房。房屋只要销售出去了，就已经创造了社会价值，不应过度苛责（见图 1–13）。

此外，在与他国进行比较时，一方面因认定标准和统计方法不同而无法比较，另一方面也容易出现由制度性原因造成的误差，因此房屋空置率指标同样不具国际可比性。

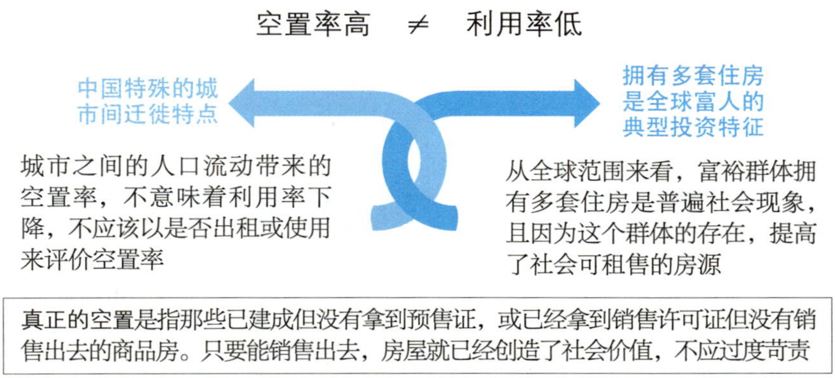

图 1–13　空置率高并不意味着利用率低

4. 房地产总市值高就有泡沫吗

中国房地产总市值已位居全球第一，这也是很多财经媒体常用来指责中国房地产存在泡沫的重要切入点。据第一太平戴维斯测算，2015 年中国房地产总市值已高达 300 万亿元，为当年 GDP 的 4 倍多。另有研究人员测算，2016 年中国的房地产总市值接近美、日总和，几乎 6 倍于英国的房地产市值（见表 1–3）。一些学者近期测算认为，中国的房地产总市值已超过 450 万亿元，远高于美国 26.8 万亿美元（约 183 万亿元）的房地产总市值，由此认为中国房地产已出现严重泡沫（见表 1–3）。

表 1–3　相关机构对中国及典型发达国家房地产总市值的统计

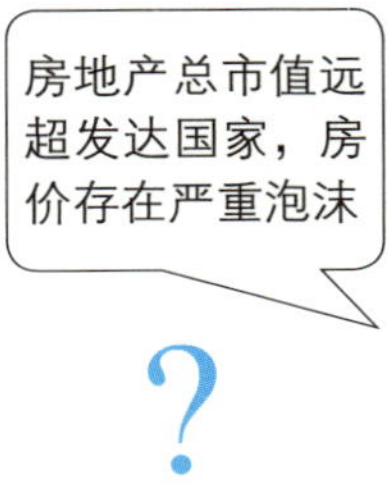

国　家	房地产总市值（万亿美元）	国家总人口（亿人）	2016 年 GDP（万亿美元）
中　国	43.0	13.83	10.68
日　本	19.8	1.27	4.63
美　国	27.5	3.25	12.95
英　国	7.5	0.65	2.85
加拿大	3.0	0.35	1.55
澳大利亚	4.4	0.23	1.22

数据来源：微信公众号米筐投资、明源地产研究院。

我们继续深入分析可以发现，以房地产总市值推论泡沫问题同样站不住脚。总体来看，以上观点存在三个方面的问题（见图 1–14）。

不可销售房产多

相关机构统计的 43 万亿美元市值，其中 70% 无法入市交易

危、破、旧房屋多

无论一、二线，还是三、四线城市，大量存量住房的条件极差，危、破、旧情况严重，不具备商业价值，反而需要中央动用大量财力予以补贴来进行更新

人均市值并不高

30% 乘以 43 万亿美元，那么可入市的市值就是 13 万亿美元。但中国人口总数将近 14 亿，对比来看人均市值并不高

图 1–14　用房地产总市值衡量房价泡沫是不合理的

第一，不可销售房产多。中国城镇的住宅中包含大量非商品房，如拆迁房、自建房、原有私房和非成套住宅等，这些房子大约占比 70%。因此，表 1–3 统计的 43 万亿美元市值中，70% 是无法入市交易的。

第二，危、破、旧房屋居多。我们知道，无论是经济较为发达的一、二线城市还是正处在城镇化进程中的三、四线城市，目前都存在大量条件极差的住房有待更新。这些住房根本不具备商业价值，反而需要政府投入大量的财力予以补贴来进行更新。

第三，人均市值并不高。我们用 43 万亿美元的房地产总市值乘以仅有的 30% 的可销售房产占比便能得出，具备入市条件的商品房总市值大约为 13 万亿美元。但目前我国的总人口已将近 14 亿，对比来看人均市值其实并不高。

四、案例：相比纽约，北京房价并不高

谈到房价泡沫，很多人自然会拿 1990 年日本的房价泡沫来对比，认为北京当前的房价相当于 1990 年日本东京房价泡沫破裂前夕的水平，

果真如此吗？美国这些年一直是全球最大经济体，经济发展相对比较稳定，是一个比较好的标尺。那么，我们就以纽约的房价作为参照系，将1990年东京的房价与2018年北京的房价压缩到同一时空进行对比（见图1–15）。

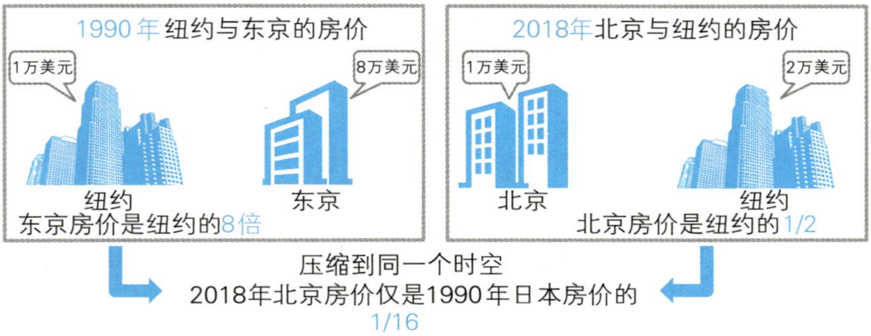

注：以纽约作为参照城市，是因为美国多年来经济增速相对比较稳定。

图1–15　2018年北京房价对比1990年日本房价

1990年，东京好一点的住宅的价格约为每平方米8万美元，而当时纽约同样类型的住宅的单价约为1万美元。所以，1990年东京的房价是当时纽约房价的8倍。

将视角转换到2018年，我们可以看到，北京的均价大约是1万美元，而同期纽约的均价大约为2万美元，所以，纽约房价是北京房价的2倍。那么，以纽约房价作为基准，东京房价在1990年是纽约的8倍，北京房价在2018年是纽约的1/2。这就说明，东京泡沫破灭前夕的房价其实相当于北京目前房价的16倍，所以北京的房价虽然很高，但是和日本1990年的情况相比还差得很远，远远不在一个数量级。

我们再从住房价值及市场供需的角度来比较一下北京与纽约的房价。首先，从城市的发展定位来看，北京是中国的政治、经济和文化三大中心的合体，而纽约仅仅是美国的经济中心，对比来看，北京的住房附加资源更多、价值更大（见图1–16）。

图 1–16　城市附加值对比

其次，从人口数量来看，北京当前人口约有 2 170 万，全国总人口近 14 亿，众多的人口还在源源不断地涌入北京。反观纽约，包含曼哈顿、布鲁克林、布朗克斯、皇后及斯塔滕岛五个区在内的总人口仅 850 多万，而全美国的人口总数也仅有 3.3 亿。所以，不同的人口体量，就决定了住房需求不可同日而语。

再次，我们来看供给。以北京二环以内与纽约的曼哈顿地区进行对比。北京二环内存在大量的古建筑，并且很多机关单位的住房不可售卖，城市的规划限高，导致容积率低，有效的商品房供给套数较少。以每平方米能够供给的可销售商品房面积来看，纽约曼哈顿地区大概每平方米的土地能够供应 11 平方米的商品房，而北京二环内每平方米的土地仅能供应不到 1 平方米的商品房，尚不足纽约曼哈顿地区的 1/10（见图 1–17）。

最后，从经济发展的角度来看，美国的经济体系已经较为成熟，GDP 增速较低，而中国作为发展中大国，预计将在 2023 年迈入高收入国家，并在 2030 年成为全球最大经济体，整体经济增长前景更好，房价增长空间更大（见图 1–18）。

因此，同样作为全国的核心城市和一线城市，与美国纽约相比，北京的房价并不高，不但不存在所谓的泡沫破灭前夕的说法，而且未来仍会有持续的、巨大的增长空间。

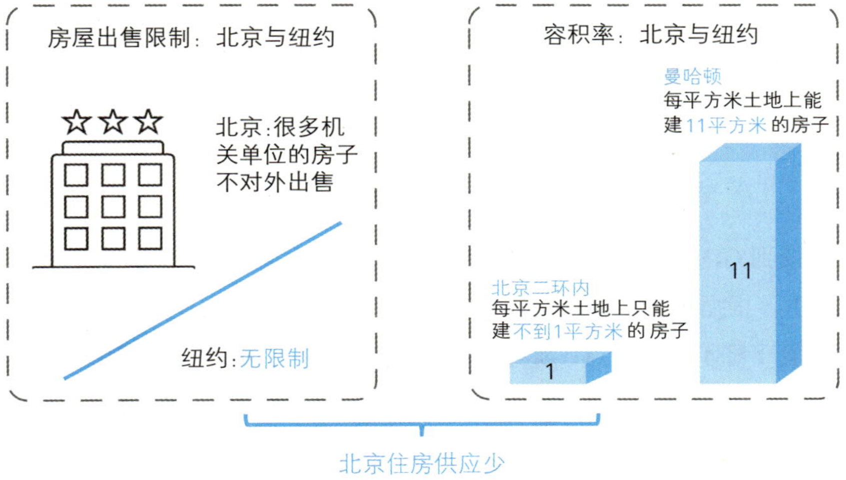

图 1–17　城市供给差异对比

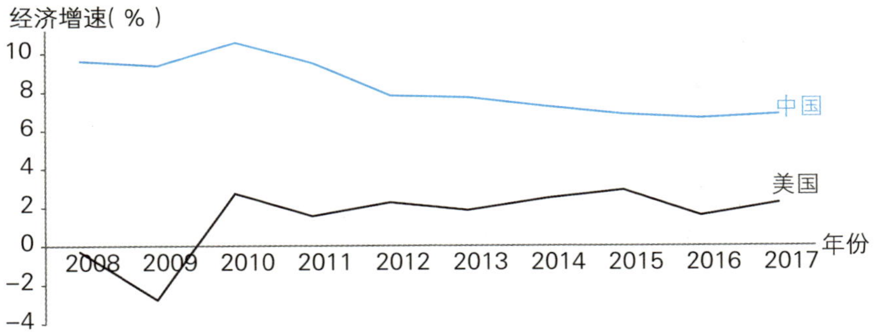

图 1–18　经济增长潜力对比

第三节
GDP 增速保 6% 意味着什么

2019 年，中央决定继续实施积极的财政政策和稳健的货币政策，确保经济在合理区间运行。那么，在总体经济发展环境以稳定、健康为主导的背景下，GDP 增速保 6% 的用意值得我们深入思考。下面我们将从 GDP 与失业率的关系、GDP 与企业融资成本的关系及经济发展目标三个方面来具体展开分析。

一、GDP 每增加 1%，失业率降低两个百分点

谈到 GDP 与失业率的关系，就不得不提到著名的奥肯定律（Okun's Law）。根据奥肯定律，实际 GDP 增速比潜在 GDP 增速每快 2%，失业率就会下降 1 个百分点；实际 GDP 增速比潜在 GDP 增速每慢 2%，失业率就会上升 1 个百分点。潜在 GDP 这个概念是奥肯首先提出的，它是指在保持价格相对稳定的情况下，一国经济的最大产值（见图 1–19）。

注：潜在 GDP 也被称为充分就业 GDP。所谓充分就业，是指所有愿意在现行工资水平下工作的人都就业。

奥肯定律资料来源：萨谬尔森与诺德豪斯合著的《经济学》。

图 1–19　GDP 增速下降，失业人口就会增加

我国经济学家基于中国经济的独有特点，考虑到中国独特的城乡二元经济结构的影响，重新论证了中国的 GDP 增长率与失业率的关系，即 GDP 保持在 6% 以上的增长率时，GDP 每增加 1%，失业率就会降低 2 个百分点。因此，为稳定就业，防止失业率的增加，GDP 增速一定会保 6%。

二、若 GDP 增速低于融资成本，企业生产经营将受影响

当前，企业的融资方式以银行贷款和发行企业债为主，这些主要贷款渠道的融资成本为 6%~7%(见图 1–20)。如果 GDP 增速低于融资成本，企业生产经营将无法持续，社会的生产经营动力也会相应下降，失业人口将迅速增加，全社会的经济增长将面临停滞。所以，从融资成本的角度来看，GDP 目标增速一定要保，那么相应的楼市也一定会稳。

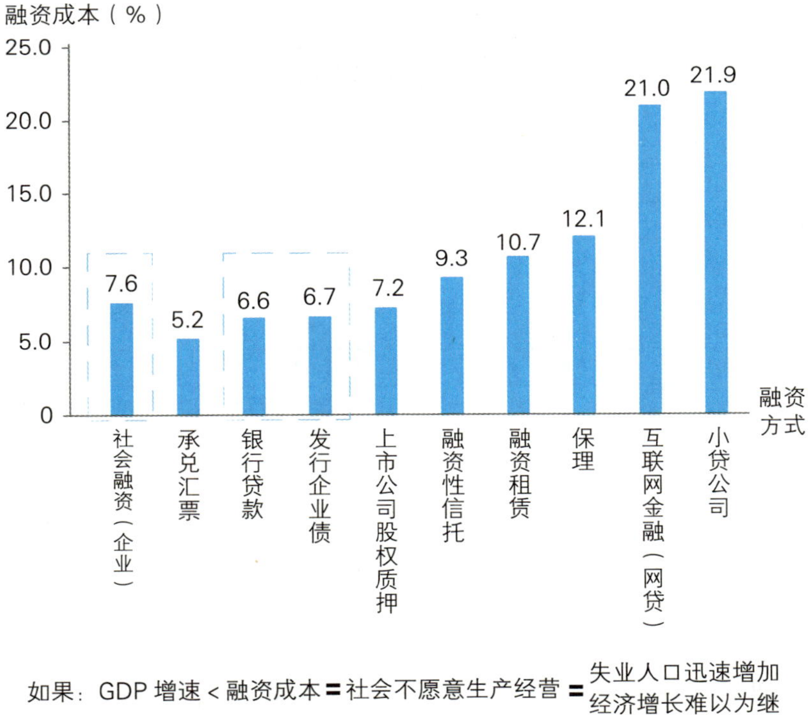

数据来源：清华大学经管学院中国金融研究中心等发布的中国社会融资成本指数，明源地产研究院。

图 1–20　不同融资方式的平均融资成本

我国当前 6% 左右的经济增速并不比主要融资渠道的成本高，那么为什么房企还愿意继续经营呢？因为这个行业可以高度加杠杆，而其他行业不行。

三、GDP 增速确保 6% 才能实现 2020 年经济翻番目标

党的十八大提出，2020 年要实现经济 10 年翻番的目标。我们搜集整理了 2011—2018 年的 GDP 增速数据，经过测算，2019 年和 2020 年的 GDP 平均增速不能低于 6.12%（见表 1–4），否则，就意味着经济 10 年翻番的宏观战略目标将无法实现。

表 1–4　实现经济翻番，2019—2020 年的 GDP 增速不能低于 6.12%

序号	年份	GDP 增速（累计同比，%）	累计增长率（%）
1	2011	9.5	—
2	2012	7.9	18.2
3	2013	7.8	27.4
4	2014	7.3	36.7
5	2015	6.9	46.1
6	2016	6.7	55.9
7	2017	6.9	66.6
8	2018	6.6	77.6
9	2019	—	2/（1+77.6%）=1.126 意味着剩余两年需增长 12.6%； $\sqrt{1.126}-1=6.12\%$ 即 2019 年和 2020 年的年均增速不低于 6.12%
10	2020	—	

数据来源：Wind、明源地产研究院。

与此同时，我们也可以看到，2019 年的《政府工作报告》指出，当年的 GDP 增速目标为 6%~6.5%。在稳增长和避免经济增长大幅下降的前提下，增长区间的设定可以适当减轻经济持续追求高速增长的压力，但是 6% 的增速依然是经济发展的底线。

值得一提的是，2019 年是新中国成立 70 周年，也是全面建成小康社会的决胜之年。做好经济工作，继续推动经济结构调整和改革，提升经济增长质量和效率，将是献礼 70 周年大庆的重要举措。

第四节 房地产与经济是什么关系

在中国的城市化进程中，房地产业不断发展壮大。长期以来，房地产开发投资占全社会固定资产投资比重一直在15%以上。从钢筋水泥到人工，房地产业是为数不多的能够拉动我国绝大多数主要工业门类的产业，是拉动经济增长不可忽视的关键力量。下面我们将以拉动经济增长的“三驾马车”为出发点，详细分析房地产与经济难以割舍的关系。

一、GDP增长主要依赖于投资

众所周知，GDP增长主要靠消费、投资和出口“三驾马车”的拉动（见图1–21），其中，消费饱和且内需不振，消费这驾“马车”短期内很难实现大幅度突破；而由于当下全球贸易争端带来的不确定性风险，以及外部主要经济体经济增长放缓致使需求减少，出口的拉动作用很难让人乐观。因此，当下GDP增长主要依赖投资。而在投资结构中，传统工业行业的投资已经造成产能过剩，近几年的增长率下降明显，而基建投资拉动作用有限，只有房地产投资依旧保持着相对较好的热度，成为拉动GDP增长的核心动力。

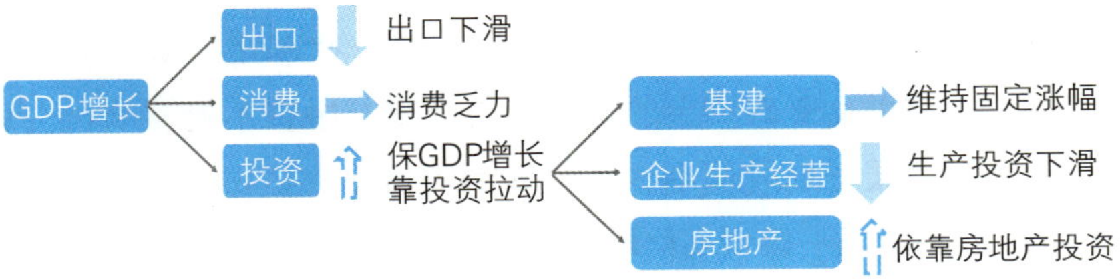

注：明源地产研究院制图。

图1–21　GDP增长主要依靠房地产投资

二、房地产投资是拉动经济增长的关键

从数据表现来看，截至 2019 年 2 月，消费增速延续了 2018 年年末的平稳趋势，维持了 8.2% 的增速。从出口来看，在 2018 年断崖式下跌之后，出口增速保持低位运行，在外部市场相对复杂的背景下，预计短期内出口仍将保持低位运行的态势。从投资表现来看，固定资产投资整体延续小幅回升势头，这为未来经济的发展增添了后劲（见图 1–22）。

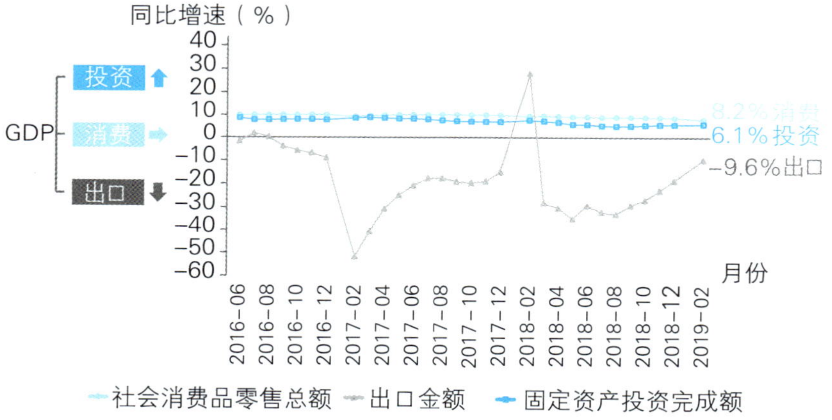

数据来源：Wind、明源地产研究院

图 1–22 全国消费、投资及出口累计同比增速

进一步从固定资产投资细分来看，受供给侧结构改革和环保等方面政策的影响，制造业投资出现了小幅下滑；在基建投资方面，过度依赖政府信用及财政资金的局面尚待转变，融资不畅影响投资进展，前期项目储备规模偏小，项目落地进度出现延缓。因此，我们可以明显看出，唯一保持高位增长的房地产投资依然是拉动经济的关键（见图 1–23）。

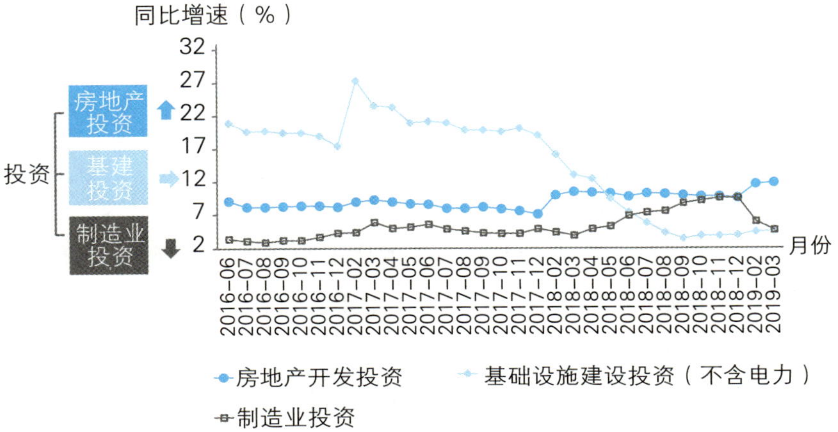

数据来源：Wind、明源地产研究院。

图 1-23　全国房地产投资、基建投资及制造业投资完成额累计同比增速

三、小结：GDP 增速要保 6%，房地产板块仍是主力

当前环境下，在经济增长的三驾马车中，出口断崖式下跌且保持低位运行，消费增速持续放缓，投资是拉动 GDP 的关键。在投资中，房地产则是拉动投资的关键，因此，如果 GDP 要确保 6% 的增速，房地产投资依然是关键驱动力（见图 1-24）。

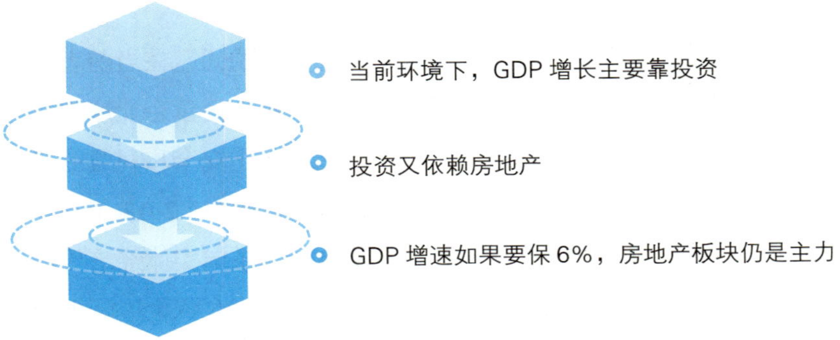

图 1-24　房地产板块仍是经济增长的关键驱动力

第五节 房地产市场过热是果还是因

长期以来，社会舆论普遍认为房地产市场是经济的祸水，关于“房地产严重冲击实体经济发展”的言论不绝于耳。

房地产市场的确过热，但深入研究就会发现，不是因为房地产市场过热而导致其他各行各业不景气，而是因为其他各行各业不景气才导致大量资金主动或被动流入房地产业，并推动房价的快速上涨。因此，我们认为房地产市场过热是结果，而不是原因。那么，是什么原因导致各行各业不景气？我们将在下文继续深究其背后的本质。

一、经济不景气的三个关键原因

目前我国其他行业的发展面临一些困难，其根本原因在于以下三点。

一是企业税负偏高，企业除了要承担增值税和消费税等普通税费之外，还要承担25%的所得税以及内资股东20%、外资股东10%的红利税，这样算下来，一般实体企业的税负达到40%~50%。其中，增值税在税收中的比重达40.9%，远高于日本和印尼等国家。

二是企业融资成本高，特别是民营企业融资难的问题在当前表现得更为突出。伴随着终端需求走弱和经营成本的挤压，民营企业赢利能力下降，并且相比国企表现出明显的劣势，因此，出于安全和利益的双重考虑，金融体系对于民营企业融资渠道的收紧是必然的。2018年是监管的落地年，政策影响从预期向业务转化，从金融体系向实体经济传导，因此表外业务收缩和信用收缩的影响在民营企业这一对资金边际极为敏感的经济主体身上得到凸显。

三是环保一刀切。2018年以来，我国环保执法日趋严格，各级环保督查持续深化，环保监管力度、执法力度和处罚力度都大幅提升。此举社会效益明显，但确实给企业造成了较大的负担，各行各业的经营面临相当大的困难。

这三个方面，正是房地产业之外的各行各业不景气的根源。

二、股市、汇市与车市都呈现下滑趋势

从其他行业的市场表现来看，2018 年至今，股票市场持续波动，投资者损失较大，信心严重受挫，再加上股权质押风险逐渐暴露，引发了不小的震动和担忧。在汇市端，我们可以看到，人民币有效汇率指数尚处于下降阶段，货币的购买力水平逐步下降（见图 1–25）。

再从市场容量较大的汽车行业来看，如表 1–5 所示，2019 年 1~5 月，12 家上市公司的业绩表现难言乐观，除长城、比亚迪和福田外，剩余 9 家车企的销量均出现不同程度的下滑。随着国六政策的实施，大多数消费者持观望态度，叠加消费者购车能力和信心下降，汽车库存的消化更为艰难。

表 1–5　2019 年 12 家上市车企销售情况

企业名称	2019 年 1~5 月销量（辆）	同比增速（%）
上汽集团	2 470 757	–16.70
东风集团	1 126 465	–10.72
广汽集团	810 590	–3.25
长安汽车	683 553	–32.91
吉利汽车	560 805	–12.00
长城汽车	430 239	5.11
江淮汽车	203 399	–9.11
比亚迪	189 337	1.29
北汽蓝谷	39 087	–19.83
福田汽车	227 579	5.50
江铃汽车	113 134	–1.39
海马汽车	10 723	–70.03

数据来源：公开资料收集，明源地产研究院。

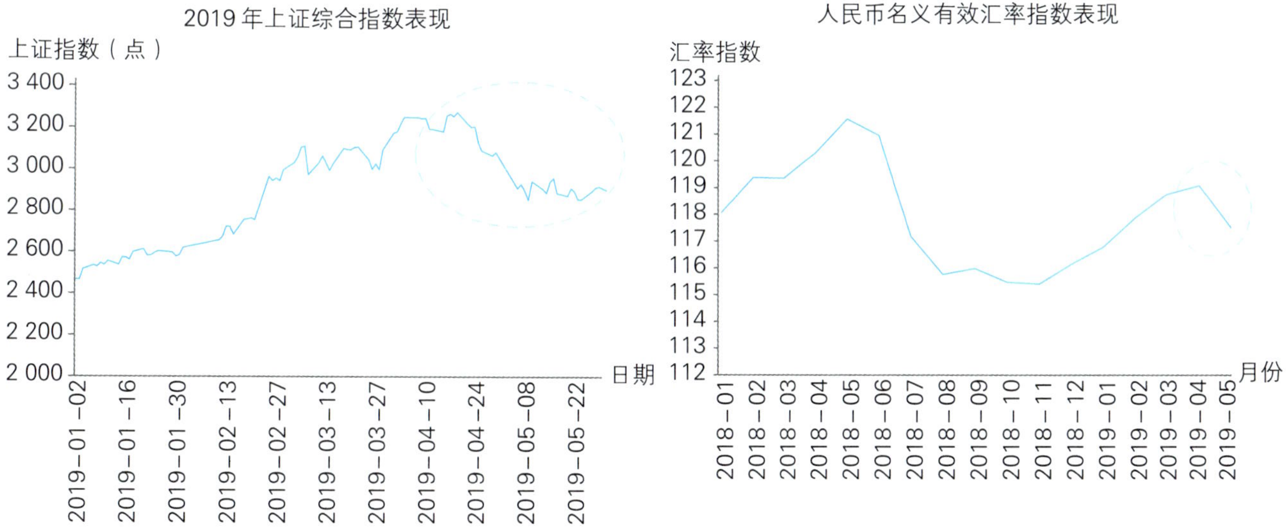

数据来源：Wind、明源地产研究院。

图 1-25　股市和汇市陷入低位运行

综上所述，税负过重、融资成本高与环保一刀切导致了很多行业不景气。细分来看，股市和基金市场低位运行，波动较大、风险较高；较低甚至为负的实际利率导致居民存钱就相当于“赔钱”，并且在资管新规下，理财产品保本收益不复存在。在此背景下，普通百姓的财富缩水的压力较大，不得不尝试将储蓄转化为其他能够保值增值的资产。在投资渠道不畅、居民储蓄无法获取资本的边际报酬的情况下，房子这一具有稳定增值空间的资产理所当然成了居民财富保值增值与规避风险的理想选择。

三、房地产市场过热是果不是因

基于上述分析，我们可以发现房地产市场的确过热，但这并不是造成经济不景气的直接原因。也就是说，很多人认为的 A 逻辑——因为房地产市场过热，所以房地产业主动吸引了过多的资源和资金，从而直接造成其他行业难以发展，导致整体的经济不景气——并不成立。

相反，正是因为经济下行的压力较大，其他各行各业不得不面对企业税负高、融资成本高与环保一刀切等一系列现实发展难题，这使得大量企业的发展空间受限、利润受损，从而促使资本主动或被动地注入房地产业，进一步推升了房地产市场的热度。因此，更符合当前经济发展现状的 B 逻辑才是房地产市场过热的本质（见图 1–26）。

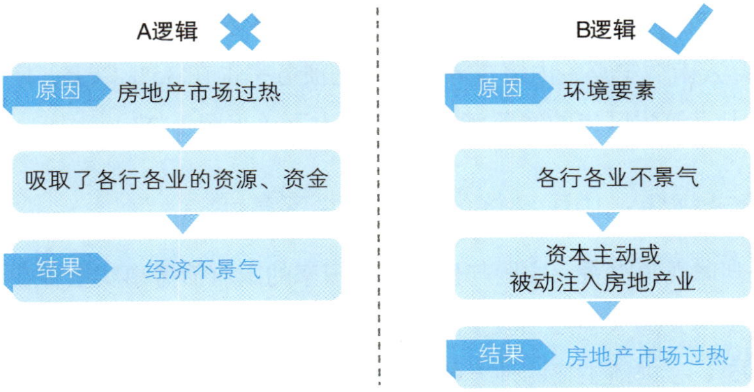

图 1–26　房地产市场过热是果不是因

第六节
地方债到底会不会产生危机

房地产业的发展与地方政府休戚相关，因此地方债问题成了行业关注的又一焦点话题。近年来，在经济下行压力下，地方政府发行债务的规模持续增长，债务率偏高，地方财政存在一定的压力。部分地区的债务还可能存在担保链，城投公司之间互相担保增信。在此影响下，人们不免担心若单一主体出现流动性危机，则整个担保链上的主体都会受到牵连，进而使债务违约风险快速扩散升级。尤其是经济欠发达的四、五线城市，如果地方政府破产，这些城市的投资风险就将骤增。那么，地方债真的如部分媒体所言“到了危险的边缘”吗？下面我们详细展开论述。

一、国内视角：欠发达地区的政府债务率较高

从中国各省区市的细分情况来看，通过计算地方政府债务余额/GDP总量这一比值，我们可以看到一个明显的特点：越是欠发达的地区，地方政府的债务率越高。例如，贵州的政府债务率高居第一，为63.6%；云南、宁夏、内蒙古等省区市的债务率也在35%以上；广东、江苏、北京等省区市的债务率仅为10%上下（见图1–27）。

二、全球视角：中国整体的负债率并不高

从全球视角来看，中国与世界发达国家的政府债务事实上存在一些差异。上海交通大学陆铭教授的研究显示，中国的政府债务以内债为主（超过95%），内债主要为地方债（近60%）且大量用于生产性投资（70%左右）。

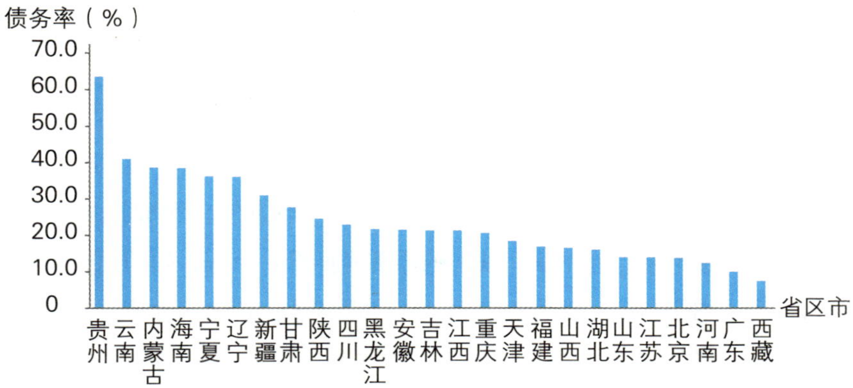

注：债务率＝政府债务余额 /GDP 总量；上海、河北、广西和青海等地暂无数据。
数据来源：Wind、明源地产研究院。

图 1–27　2017 年中国部分省区市地方政府债务率对比

我们姑且根据世界银行的统计数据来进行一个简要对比，了解一下中国政府负债率在国际上大致所处的位置。相比日、美、英、法等世界发达国家的政府负债率，中国的政府负债率并不算高，为 65.7%。而反观日本，由于日元升值、出口下滑以及长期的通货紧缩，其政府负债率高达 236.4%（见图 1–28）。

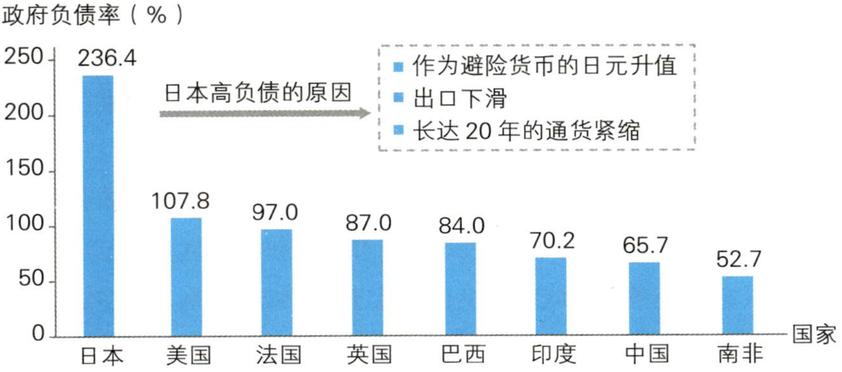

注：政府负债率＝（中央＋地方）政府债务余额 / 全国 GDP 总量。
数据来源：世界银行、明源地产研究院。

图 1–28　2017 年世界典型国家政府负债率对比

综上所述，中国的政府负债率相比世界发达国家而言并不高，而地方政府债务率较高的现象也主要体现在部分欠发达地区。

三、举债发展是地方政府必要的发展模式

如前所述，中国的政府债务 60% 以上为地方债。追究地方债的源头，其实就是地方政府缺钱。缺钱的原因有两个：第一，如前面谈到的，1994 年分税制改革后，地方政府财力不足，财权事权不对等，尤其是基层地方政府的财政收入少（税源少、税种差），而承担的公共事务服务却很多，收不抵支；第二，以 GDP 为导向的增长模式使得地方政府有更大的投资冲动，而投资需要钱。所以，一方面收入少，一方面开销大，怎么办？只能借债过日子。

所以，在现行体制下，地方政府举债是非常必要的发展手段。举债发展的具体路径和逻辑如图 1–29 所示。

1. 以 GDP 增长为导向的地方政府投资力度大

在现行体制下，追求 GDP 增长是地方政府的核心政绩目标。在拉动 GDP 增长的三驾马车中，出口受挤压，消费乏力，GDP 增长主要依靠投资。

尤其是对于欠发达地区而言，因地理位置的劣势，出口本身就缺乏竞争力，居民消费能力更是有限，同时，产业基础薄弱，企业生产的投资回报率很低。

因此，欠发达地区的 GDP 增长主要依靠基建投资和房地产投资，地方政府在这两方面的投资积极性最高。在外打拼的人返乡时都可以看到的一个现象就是各地的城市建设扩张迅速，新城新区越来越多，马路越修越宽，房子越盖越多。

2. 地方财力不足，主要依靠土地出让与举债融资

那么，地方政府投资的钱从哪儿来？ 一方面，来自地方政府自身的

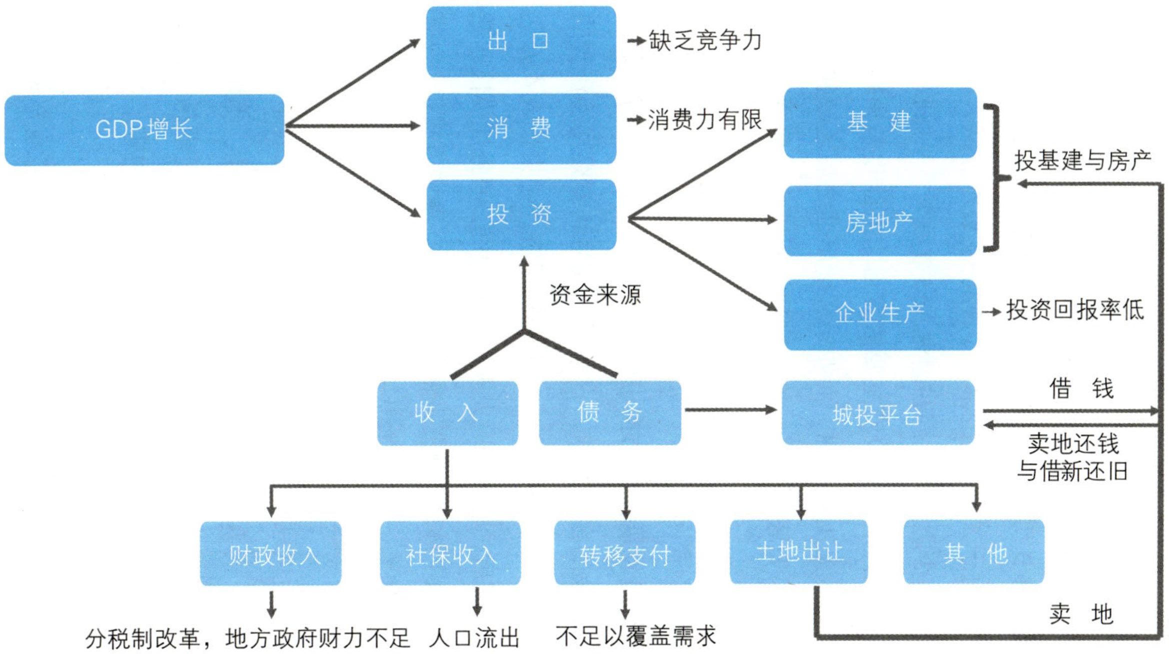

注：明源地产研究院制图。

图1-29 地方政府举债发展是非常必要的手段

财政收入，其中土地出让收入是核心来源；另一方面，则是通过城投平台发债获得的融资收入。

（1）从地方政府的收入来看

地方政府的收入主要包含财政税收收入、土地出让收入、社保收入以及来自中央的转移支付等。如前所述，分税制改革后的地方政府财力本身就不足，尤其对于欠发达地区而言，经济发展水平低，税源少、税种差，财政收入更是少之又少，同时因为人口数量少，社保收入也低。

所以，欠发达地区的地方政府主要依靠土地出让收入和转移支付。其中，土地出让收入是主要来源，而如果土地出让之后还缺钱，那么中央就通过转移支付来兜底。所以，依靠这种收入模式，地方政府基本上能维持日常运转。

（2）从地方政府举债融资来看

为推动地方经济发展并大力推进城镇化建设，地方政府在财政收入之外必然会产生巨大的融资需求，“举债”成为其筹集发展资金的重要方式。尤其是 2008 年金融危机之后，为恢复经济，中央投入 4 万亿元进行基础设施建设。随后，地方政府大规模举债融资，债务规模快速增长。

地方政府举债的主体以“融资平台公司”为主。融资方式仍然主打“银行贷款”，另外，债券、BT（建设—移交，build-transfer 的缩写）和信托等方式的发展也十分快速。

地方债与前面所谈到的土地财政“难舍难分”。政府举债的财务基础是“未来收入”，而就未来收入而言，除了税收之外，土地出让收入是其主要组成部分。我们可以看到，地方政府举债，无论是向银行贷款还是 BT 模式融资，以土地抵押或以土地抵资都是核心内容。“卖地还钱”或“借新还旧”是地方政府偿债的主要模式。

综上所述，在财力不足的背景下，举债事实上成了地方政府推动经济发展的必要方式。地方政府的钱来自房地产，又投向房地产，“卖地、借钱、投基建与房产”成为欠发达地区的地方政府获取收入和推动经济增长的普遍模式。

如果说地方政府不能过度举债和依赖土地财政，那么在其他财政收入极有限的情况下，它们就需要中央转移支付来兜底。对此，中央财政做好准备来弥补这个巨大的资金缺口了吗？答案显然是否定的。所以，允许地方举债发展仍然是必要的。

四、中央转移支付是地方政府重要财政收入来源

前面提到中央转移支付，它是地方政府的重要财政收入来源之一。转移支付制度早在 1994 年就已经形成，且一直延续至今。

1994 年，中央通过分税制改革将财权集中到中央，以便集中力量办大事，由此导致地方财力急剧下降，出现地方财权和事权不匹配的现象。而中央通过转移支付将集中的财力返还给地方，尤其是欠发达地区（见图 1–30）。

1994 年分税制改革的核心主要包括以下五个方面的内容。

- 分权：明确中央和地方的事权，确定相应的支出范围。
- 分税：将所有税收收入划分为中央税、地方税以及中央和地方的共享税。
- 分机构：分为国税和地税两套税务机构，分别负责中央和地方税款的征收。
- 税收返还：中央集中了原属于地方的财力，因此需要对地方财政收入给予补助，返还额以 1993 年为基数，基本维持改革之前地方的存量税收收入；税收返还额度与地方政府税收基数和每年增长率挂钩。
- 转移支付：中央通过分税制改革所集中的财力，以转移支付的方式返还给地方政府，返还对象主要是欠发达地区的地方政府。转移支付又划分为一般性转移支付和专项转移支付：前者主要是为了促进

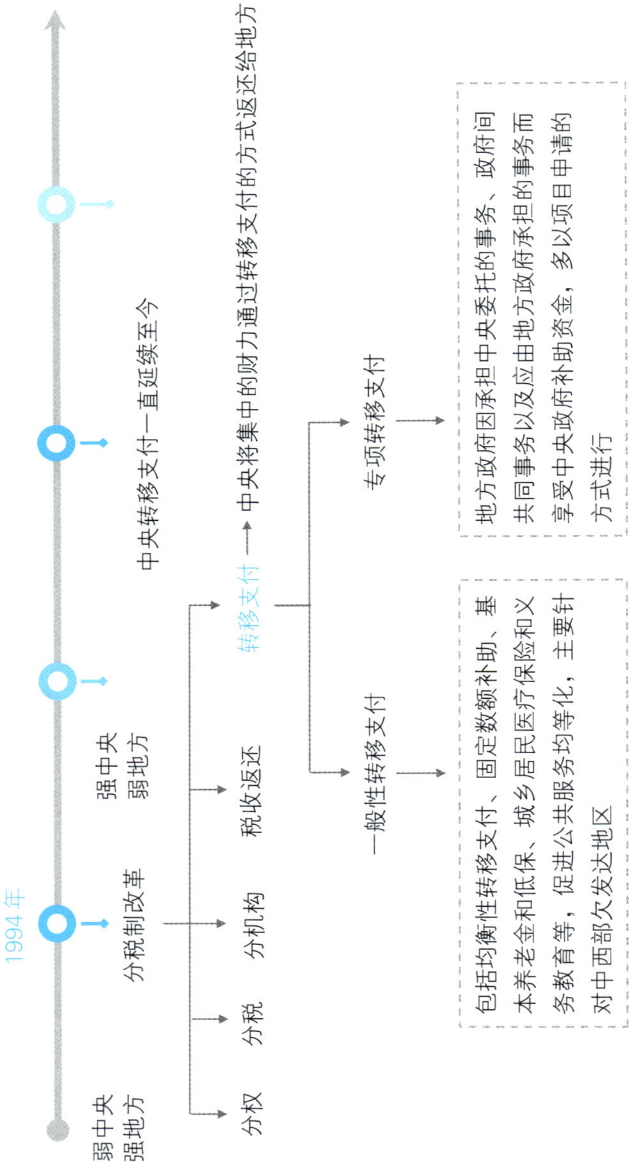

图1–30 中央转移支付制度简图

公共服务均等化，重点针对中西部欠发达地区；后者主要是地方政府因承担特定事务而享受中央的资金补助。

五、中国经济格局是“6 个富哥哥与 25 个穷弟弟”的故事

多年以来，中国经济的发展格局可以用“6 个富哥哥与 25 个穷弟弟”来进行形象的描绘（见图 1–31），意即全国仅有 6 个省市财政有盈余，其余 25 个省区市全部为财政赤字，而且这些地区主要靠举债发展，债务负担较重且严重依赖土地财政。

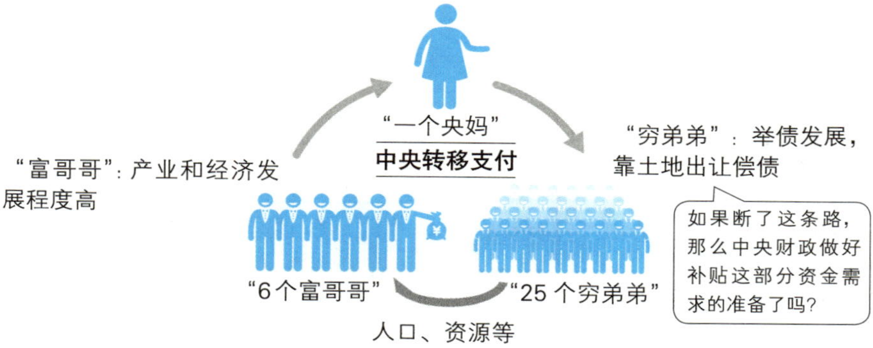

图 1–31　中国转移支付制度卡通格局

“25 个穷弟弟”因为经济欠发达，其人口和资金等资源不断向“6 个富哥哥”转移输送，增加了发达地区的财富；而中央又通过财政转移支付将集中的财力向欠发达地区转移，推动欠发达地区的公共服务发展和经济增长并为其地方债务兜底。由此，形成了“1 个央妈、6 个富哥哥与 25 个穷弟弟”三角关系的完美平衡。

我们在和房企董事长交流时，对方曾就这种央地关系有过一个形象的比喻：假设一个父亲有 1 个儿子和 1 个女儿，这个女儿在百强房企上班，很争气，收入不少，但是想做一笔投资，却缺少资金；而这个儿子经济状况欠佳，还欠了一大笔债，成天被追债。这位父亲手握一定的资

金，从投资回报最大化的角度来讲，应该借给女儿才对，但从家长的角度来讲，却往往会选择把钱借给儿子去还债。

通过这个比喻，我们就能很好地理解中央的困境及其为何要做出这样的选择。所以，从这个角度来看，有中央兜底，地方债也不会有危机。

六、地方债发行及转移支付金额仍在持续增长

其实，相关数据也充分印证了我们的观点。数据显示，2017年以来，地方政府一般性债务、专项债务以及政府债券的余额在持续攀升（见图1–32）。

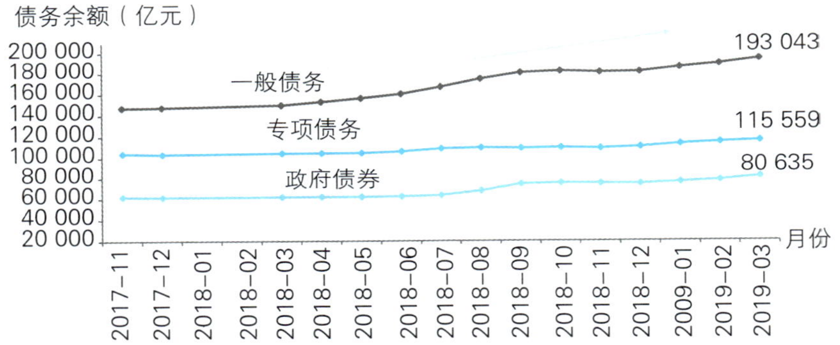

注1：政府债务，指政府在国内外发行的债券或向外国政府和银行借款所形成的政府债务。

注2：地方政府债务余额，指政府在某财政年度末所欠债务的累计余额；2014年发布的《国务院关于加强地方政府性债务管理的意见》规定，地方政府债务规模实行限额管理，地方政府举债不得突破批准的限额。

注3：地方债置换，指地方政府在利率适度的条件下，通过借新债来还旧债，将所欠的债务顺利延后的一种方式，用来缓解地方债务的压力。

数据来源：Wind、明源地产研究院。

图1–32 三类地方政府债务余额仍在增长

2019年《政府工作报告》明确提出，地方政府专项债的发行规模为21 500亿元，较2018年增加了8 000亿元，足以彰显中央对于地方的支持力度。

同样，从转移支付的金额来看，无论是一般性转移支付还是专项转移支付，近些年来均呈现持续快速增长的态势（见图 1–33）。

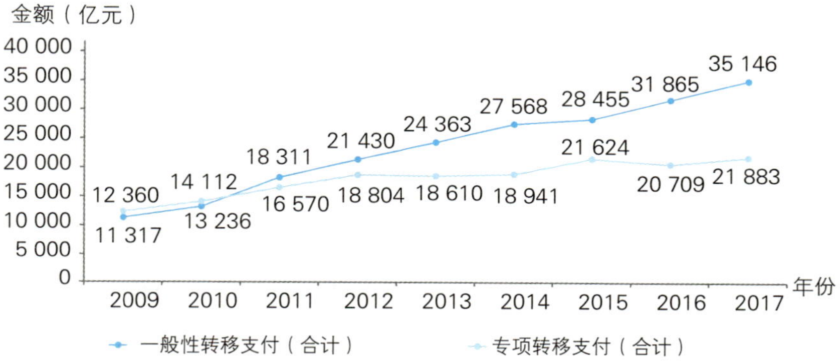

注：2018 年数据暂无。
数据来源：Wind、明源地产研究院。

图 1–33　中央财政转移支付金额走势

2019 年《政府工作报告》也明确指出，将进一步完善转移支付制度，中央对地方均衡性转移支付将增长 10.9%。

综上所述，我们可以看到，多年以来形成的这种央地关系不是一朝一夕就能打破的，即使要改革，也不是颠覆性地重来，而是循序渐进地改革。因此，从这个角度来讲，地方债五年、十年甚至更长时间内都很难真正形成危机。

七、如果真引发危机了，社会能承受其后果吗

下面我们进一步反向论证，地方债如果真引发危机了，会产生什么后果？这个后果各方能承受吗？分析下来，我们认为至少有三项风险（见图 1–34）。

图 1–34 地方债如果真引发危机，可能带来的风险

- 中国政治实行单一制的治理结构，这决定了地方政府即使出现债务危机也不会破产。因为一旦某地方政府出现实质性违约，地方债务风险将转化为中央政府的债务风险，这意味着中央的执政权威会受到根本性的挑战。
- 地方政府大规模借债，提高了金融市场的借贷利率。如果地方债真引发债务危机甚至金融危机，加剧中国宏观经济波动，那么这是任何人都不愿意看到的。
- 地方政府债务偿还主要依赖未来的土地出让收入，地方政府会采取各种政策阻止房价的下跌。如果地方债真引发危机了，那将出现地方债务风险与土地财政风险叠加的危险局面。

所以，尽管欠发达地区的债务率较高，但是在现行体制下，欠发达地区举债发展是非常必要的手段。同时，长期以来的“1 个央妈、6 个富哥哥与 25 个穷弟弟”的格局还会继续，中央转移支付的逻辑还将成立。更重要的是，地方债引发危机进而造成的风险是各方都无法承受之重。所以，我们可以理解行业对地方债高企的担忧，但我们也可以肯定在短期内地方债引发危机的可能性极小。

以上就是我们对于行业普遍关注的、关于中国宏观经济的六大关键认知，我们从问题的本质进行剖析，斧正了过往的一些认知误区。房企只有站在宏观经济的高度，充分理解这些关键问题背后的本质，才能对房地产业面临的外部环境有更深刻和更准确的理解与洞察。

第二章

房地产业面临的外部环境已是新常态

2016 年 9 月 30 日的房地产调控新政自颁布至今已经将近三年时间，房企普遍预期的调控放松不仅迟迟没有到来，反而一旦有城市出现房地产市场过热迹象，就会受到预警或约谈。某个城市一旦略有微调的放松迹象，就会引发社会热议和媒体广泛的评论，甚至导致当地政府不得不收回放松举措。

我们可以看到，本轮调控与以往的短期调控相比呈现出了完全不同的特征，国家对于房地产的调控决心异常坚定。那么，房地产业的调控逻辑到底发生了什么变化？本轮调控可能还会持续多长时间？持续调控对于地方政府有什么影响？房企应如何面对？这些问题已经成为行业普遍关注和担忧的焦点。

接下来，我们就结合前述对宏观经济的几个关键认知，深入分析和寻求这些问题的答案。同时，结合与业内人士的深入交流，总结提炼出房地产业目前面临的五个政策新常态，力求帮助房企看清政策逻辑，洞察政策走向，明确战略方针。

第一节
房企普遍关注的政策焦点问题

通过与众多标杆房企的交流，我们梳理出了当前房企普遍关注的三大政策焦点问题。下面我们将对这些问题进行深入解读，帮助房企扭转固有思维并深入理解政策背后的逻辑。

一、为什么当前房地产调控仍无放松迹象

按照过往调控周期一般为2~3年的逻辑，行业曾普遍预期本轮调控很可能在2019年第二季度迎来松绑。但是，目前已进入第四季度，调控仍无任何放松的征兆。原因何在？我们认为，需要从宏观的顶层设计角度来看问题的本质。随着中国经济步入新的发展阶段，调整和优化经济结构，大力扶持产业发展，已经成为顶层设计的核心导向。

1. 政府决心大，想打破之前政策调控的低层次循环

过去，楼市“调控—刺激—调控—刺激”的低层次循环饱受社会诟病，因为以前是地方政府以“城市发展最快”为出发点进行房地产政策的调整。一旦房地产市场出现过热迹象，就会受到政府的调控，从而导致城市各项经济指标快速回落，于是调控不得已又放开。而房地产业因为自身的金融属性，回暖速度往往比其他产业更快，于是房地产市场又开始过热，而后政府再度施加调控，如此往复，形成短期调控的低层次循环（见图2–1）。

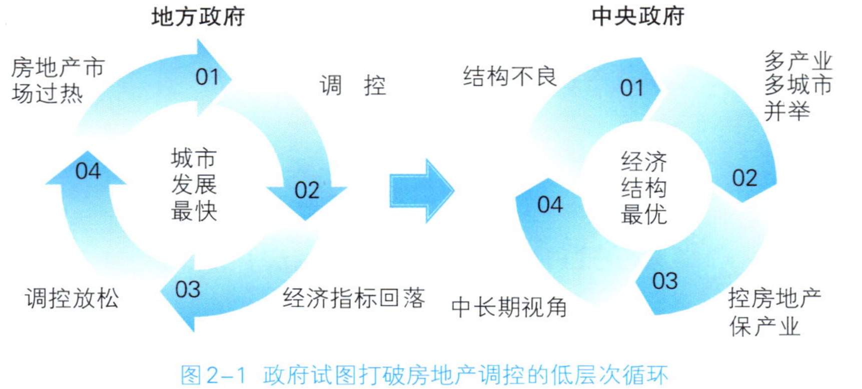

图2–1 政府试图打破房地产调控的低层次循环

现在，政策出台的路径已经从地方微观决策上升到了中央宏观决策。

中央站在“经济结构最优”的角度来通盘考量，将“优化产业结构、促进经济转型升级”作为经济发展的核心任务。因此，国家需要在房地产业之外找到拉动经济的新的产业增长点。

在当前整体经济结构仍旧不良的背景下，中央就会基于多产业、多城市并举的角度去实施调控，控房地产、保产业成为主要方向。要注意的是，这并不是彻底把房地产业打趴下，而是适当控制，因为房地产业占经济总量的权重太大。充分利用手握优势资源的房地产开发商，推动房企向“产业 + 地产”方向转型，促进房地产业与其他产业深度融合，从而推动各产业的发展，是政府更好的选择。

对于中国经济转型升级而言，调优经济结构是未来中长期的大事。中央基于中长期的视角来整体审视经济结构，如果发现结构还是不良，那么会继续推动多产业、多城市并举。所以我们可以看到，当前调控持续不放松的现状恰恰彰显了中央大力发展产业和优化经济结构的强烈决心。

2. 宏观数据显示，GDP 增速仍在 6% 以上，整体可控

持续的房地产调控会不会导致经济增速目标难以达成？反过来说，如果经济增速目标达不到，调控是不是就可能会放松？这也是行业普遍在思考的一个问题。如图 2–2 所示，2019 年上半年，GDP 增速为 6.3%，延续了总体平稳的发展态势。前面我们提到，2019 年 GDP 增速目标是 6.0%~6.5%，其实就是一定要“死保”6.12%。那么从半年度数据来看，经济增速处于预期目标区间之内，经济基本面总体韧性较强。鉴于此，增强政策定力，稳市场、稳预期并保持政策调控的延续性仍将成为房地产政策的主基调。

但是，我们注意到 2019 年的 GDP 增速从第一季度的 6.4% 下滑到了第二季度的 6.2%，按这个趋势，对于 2019 年全年 6.0%~6.5% 的增速目标能否达成，各行业普遍都很关注。制造业投资、消费、出口增速未来仍存在一定的下行压力，而房地产业又处于持续的高压调控之下，在此

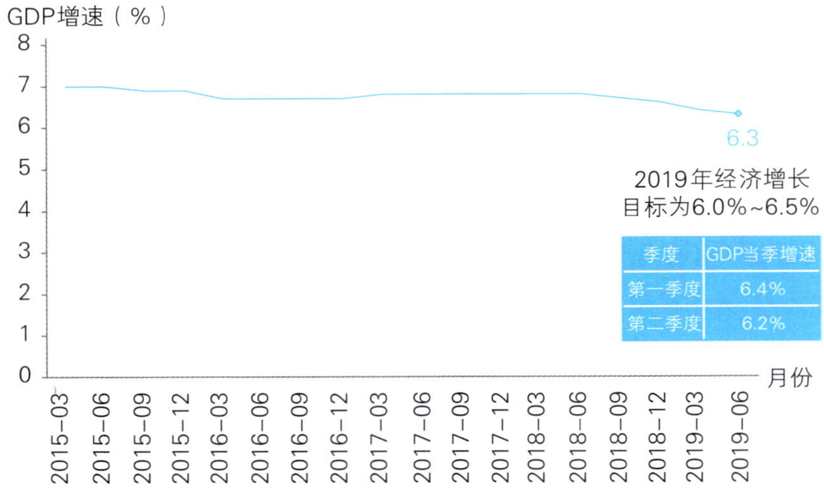

数据来源：Wind、明源地产研究院。

图2–2 2019年上半年经济运行维持在合理区间

背景下，第三、四季度的 GDP 增速继续下滑的可能性并不小。如果经济增速继续下行，那么中央必然要在政策层面有所松动，所以，不少房企目前选择暂停拿地，等待第三季度之后可能出现的窗口期。

3. 部分热点地区的房价和地价上涨压力仍很大，政府忌惮

从市场层面来讲，在 2018 年年底至 2019 年第一季度金融政策宽松带来的小窗口期，部分热点二线城市楼市明显回暖，房价上涨显著，出现了短暂的楼市“小阳春”现象。同时，一些热点二线城市的土地市场也颇为火热，频频出现“抢地大战”，甚至“地王”重出江湖。

从典型二线城市西安、大连和南宁的表现来看， 2019 年 2~4 月，这些城市的成交土地溢价率均大幅攀升——反映出土地市场热度走高。而在房价指标上， 2019 年 1~5 月，这些热点城市的房价水平均呈现出逐月增长态势（见表 2–1）。

表 2–1　部分热点二线城市的房价和地价上涨压力大

城市	土地溢价率（%）			房价（元 / 平方米）				
	2019 年 2 月	2019 年 3 月	2019 年 4 月	2019 年 1 月	2019 年 2 月	2019 年 3 月	2019 年 4 月	2019 年 5 月
西安	2.1	14.3	31.7 ↑	13 230	13 375	13 509	13 658	13 931 ↑
大连	0.7	9.7	41.4 ↑	11 421	11 627	11 743	11 825	11 991 ↑
南宁	0	34.2	134.1 ↑	7 774	7 821	7 883	7 954	7 986 ↑

数据来源：Wind、国家统计局、明源地产研究院。

2019 年第一季度楼市的火热迹象引起了决策层的高度关注。于是，4 月的中央政治局会议在时隔半年多以后重提“房住不炒”，住建部对房价和地价涨幅较大的热点城市进行了点名预警。可见，稳房价、稳地价、保持房地产市场平稳健康发展依然是中央调控政策的主基调。为此，这些热点城市的地方政府随后升级调控政策。

二、房地产政策出台背后的逻辑是什么

当下，房企普遍表示越来越看不懂政策出台的路径。以前，房地产政策的出台，更多的是地方政府根据本地的经济、财政收支、土地和住房市场表现等微观指标来决策，而现在上升到了中央层面依据各项宏观经济指标来进行决策，无疑中央所考量的问题更有高度，也更加全面。以下我们尝试从中央顶层设计的角度来对政策出台的逻辑进行深入解析。

1. 政治任务和经济任务两手抓

房地产调控是政治任务，而发展经济则是经济任务，两项任务都要抓。在房地产业与国民经济的密切关联下，既要抓政治任务，又要抓经济任务，这实属不易。

从一系列会议的定调我们不难看出，落实房地产调控与狠抓政治任务一直没有放松。2019 年 4 月，中央政治局会议强调“要坚持房子是用来住的、不是用来炒的定位，落实好一城一策、因城施策、城市政府主体责任的长效调控机制”。2018 年 7 月 31 日，中央政治局会议则明确指出“不将房地产作为短期刺激经济的手段”。所以，房住不炒、稳房价、稳地价和稳预期依然是重要的政治任务。

对于政府来说，尽管政治任务要狠抓，但是说到底还是要发展经济，只有经济发展了，才能做到《政府工作报告》中提到的“六稳”：稳就业、稳增长、稳金融、稳外贸、稳外资、稳投资（见图 2–3）。2019 年是新中国成立 70 周年的大庆之年，是全面建成小康社会和实现第一个百年奋斗目标的关键之年，政府必然要交上一份满意的经济答卷。因此，我们看到《政府工作报告》在经济部分用了很大篇幅对“稳增长”进行部署，以期化解经济下行压力，确保经济运行处于合理区间。

资料来源：2019 年《政府工作报告》。

图 2–3 政府需政治任务和经济任务两手抓

所以，对于政府来讲，政治任务与经济任务两手都要抓、两手都要“稳”。“稳”不同于“控”：“控”强调的是打压或限制上涨的趋势；“稳”则强调既要防止市场过热，也要防止市场过冷，促进各行各业的平稳发展。事实上，中央对房地产业进行调控并将其上升到政治任务的高度，最终还是为了在中长期内优化经济结构，促进经济增长，实现经济强国。

2. 保经济结构最优是核心要务

当前，中国面临的外部经济环境日趋严峻，国内经济在历经多年的高速增长后增速有所回落，经济发展步入新阶段，急需注入新的动能。在此背景下，着力调优经济结构，转变增长方式，确保经济长期稳定和高质量的发展，成了政府的核心要务。

2019 年《政府工作报告》中的相关描述充分体现了中央对于优化经济结构的重视。第一，强化消费对经济增长的稳定作用，使居民消费价格涨幅控制在 3% 左右。第二，在进出口方面，力争国际收支基本平衡，进出口稳中提质，积极扩大进出口。第三，在产业方面，强调能源结构的优化，壮大绿色环保产业，使单位国内生产总值能耗下降 3% 左右；同时，加强高技术产业和装备制造业的发展。第四，在企业税负方面，新动能快速成长离不开良好的营商环境，2019 年中央实施更大规模的减税，通过普惠性减税与结构性减税并举，重点降低制造业和小微企业的税收负担。同时，深化增值税改革，将制造业等行业现行 16% 的税率降至 13%，将交通运输业和建筑业等行业现行 10% 的税率降至 9%，确保主要行业税负明显降低（见图 2–4）。

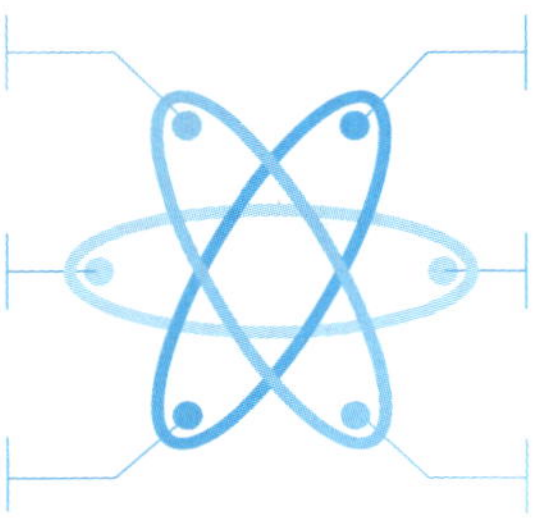

资料来源：2019 年《政府工作报告》。

图 2–4　2019 年中央政府优化经济结构的举措

当前，中国的经济结构还存在着不平衡、不协调、不可持续的问题。经济结构的优化既是政府的重大课题，也是未来发展的方向所在。中央通过优化经济结构可以提高全国经济增长的质量与效益，从而有利于增加人民的收入、刺激消费和促进就业，为中国经济的长期稳定发展注入强劲的动力。

3. 从“单领域施政”到“组合拳”

从过往的调控经验来看，政府有关房地产业的调控，往往仅限于行业单一领域的相关政策出台，比如限购、限贷及限价等政策，核心目的仅仅是抑制房地产市场过热。

随着房地产调控向长效机制转变，调控手法可以说是升级到了 2.0 阶段：不仅是通过限购和限贷这些惯常的调控手段，而且在多领域施展“组合拳”，从更长远的视角推动房地产市场平稳发展和住房供应结构的优化（见图 2–5）。

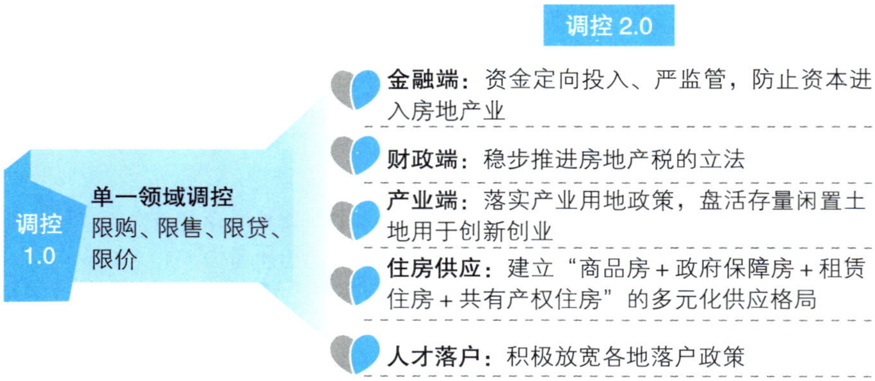

图 2–5 房地产调控政策从 1.0 升级为 2.0

例如，在金融端，通过加强金融监管，决策层限制资本过度流向房地产业。在财政端，中央在稳步推进房地产税的立法，降低炒房投资预期。在产业端，各地通过落实相关产业用地政策，盘活存量闲置土地用于创新创业。在住房供应方面，政府从供需两端对市场进行引导：在供给端，通过“商品房 + 保障房 + 公共租赁住房 + 共有产权房”等多元化住房供应格局满足不同类型人群的住房需求，同时倡导租购并举，推动租赁市场发展；在需求端，通过放宽人才落户政策，增加城市的住房需求。

综上所述，我们可以看到，中央从更高的宏观视角出台政策，从政治经济任务两手抓、保障经济结构最优到调控手法从单领域施政转变为采取一系列政策“组合拳”，调控逻辑发生了根本变化。我们只有深刻理解了政策意志，才能够更好地洞察政策走向。

三、持续调控对地方政府有什么影响

就目前我国所处的经济发展阶段而言，房地产业作为支柱性产业，客观上促进了城市经济的发展和基础设施的完善。同时，土地出让收入也是地方政府收入的重要来源。持续严厉的房地产调控，使得地方政府的财政压力明显增大，土地出让收入大幅缩减，而与此同时，地方财政开支尤其是民生开支仍在上升，地方财政收支缺口增大，因此，地方经济与社会的发展也将受到一定程度的影响。所以，在当前的政策大环境下，地方政府其实比房企更难。我们可以看到，发展产业成了地方政府新的突破口，房企则应顺势而为，抓住“产业 + 地产”的机遇。

1. 地方政府可能比企业更难

长期以来，中国房地产市场的快速发展，为城市的基础设施建设和民生保障等提供了巨大的财力，解决了各地方政府“钱从哪里来”和“钱不够花”的问题。在持续调控的大环境下，各地房地产市场发展受到明显抑制：土地端，土地流拍数量明显增多，土地出让收入大幅减少，在巨大的财政压力下，甚至有些地方不得不贱卖土地；市场端，商品房销售受限，尤其是四、五线城市，市场预期趋冷且回暖慢。由于对上下游产业链有巨大的拉动作用，处于调控高压下的房地产业对各地的经济发展必然会产生不利影响。

对于房企而言，持续调控使得企业的开发和销售等环节面临巨大压力，但房企可以通过调整布局策略、融资策略和营销策略等来予以应对。相比之下，地方政府可能比企业更难：既要发展经济又要保证政治正确，既要确保投资增长又要确保社会稳定，既要确保财政收入增长又不能依赖房地产。面对经济任务和政治任务两手抓且两手都要稳的要求，地方政府当前面临着不小的挑战。

2. 大力发展产业，尽可能搭上产业协同发展的快车

面临巨大挑战的地方政府也在寻求突破口，找到既能拉动经济并拓宽财政收入来源，又能控制房地产市场过热并保证政治正确的新路径，那就是“产业＋地产”。在中央强调优化经济结构并大力发展产业的政策导向下，各地都在努力抓住经济结构调整的历史新机遇，纷纷出台相关产业政策，大力发展有比较优势的产业，以便实现地方的产业升级，并将其作为拉动城市经济增长、增加政府财政收入、改善民生和促进就业的新途径。

例如，凭借其良好的区位优势，广西出台相关政策来大力发展商贸服务业、旅游业及信息服务业；贵州则结合自身发展特点和地域特色，进一步强化其在大数据、物流及环保领域的发展优势；福建出台相关政策，重点扶持时下较为火热的人工智能、5G（第五代移动通信技术）、新能源和智能制造等科技产业的发展；山东凭借其良好的制造业基础强调大力发展高端装备制造、新能源和新材料等相关产业（见表2–2）。

我们可以看到，各地都在抢占产业先机，奋力搭上产业发展的快车。同时值得注意的是，各地在发展产业时需关注产业规划是否匹配地理区位和发挥比较优势，是否匹配城市能级和选择了合适的产业切入点，是否注重城市间的产业规划互补性并能推进片区经济的整体增长。

表 2-2　部分省区优势产业项目统计

省（自治区）	产业项目	项目数量
广西	商贸服务、旅游、信息服务	178
贵州	大数据、物流、环保	164
福建	新材料、新能源、智能制造、人工智能、5G	30
山东	新一代信息技术、高端装备制造、新能源、新材料	500

资料来源：各地政府公告、明源地产研究院。

3. 从短期视角到中长期视角

以前，地方政府对于土地用途和土地价值的认知，侧重于单纯依靠出售土地和收取土地出让金，并以此作为解决地方财政收入的主要途径。这种认知是一种短期视角，只关注一次性的土地出让收入，而忽略了土地使用效率，衍生了很多的无效土地。

而现在，在调控步入长效机制的新形势下，地方政府也转变了对土地用途和价值的认知，开始注重土地坪效（每平方米土地所产生的经济效益），从短期营收视角向长期运营视角转变。地方政府越来越关注城市运营和产业运营，立足城市升级，强调规划布局，合理植入业态和配套设施，打造产业、酒店、写字楼和购物中心等城市多功能配套设施，提升城市建设整体品质，同时，解决更多就业，创造更多税收，整体推动城市的可持续发展和人民生活水平的提升（见图 2–6）。

综上所述，我们需要从更高的宏观视角来洞察政府的政策目的，研判政策的走势。我们可以看到，中国经济已经步入转型期。以中长期视角来优化经济结构，多产业多城市并举，为经济增长注入新动能，将是中央的根本出发点。在这个导向下，我们就不难理解，为什么本轮调控会持续至今且毫不放松。未来，加强房地产市场供需双向调节，继续保持调控政策的连续性和稳定性，维持房地产市场稳定，防止大起大落，仍将是房地产调控的基本方向。对于房企而言，要对此有充分的认知和理解并顺势而为，搭上产业发展的列车，毕竟，房地产业

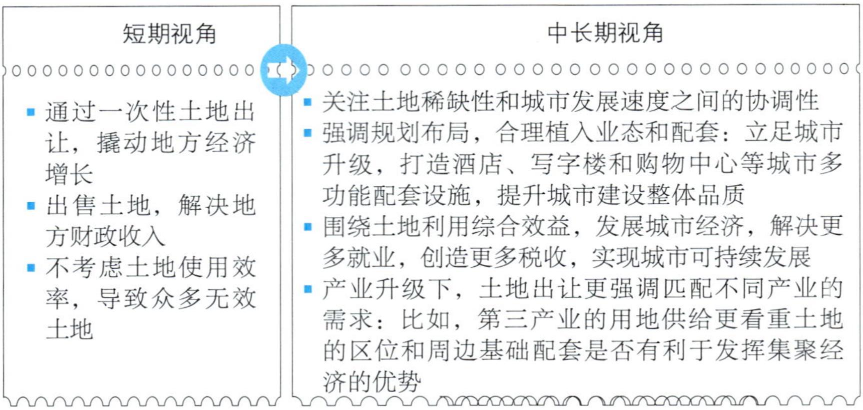

图 2–6　地方政府对土地用途和价值的认知转变

也是中国经济体中的一分子，而且这一行业将从经济的压舱石转变为经济的助推器。

第二节
目前房地产业面临的五个新常态

本轮调控已经将近三年，但调控政策仍在密集出台。2018 年是房地产调控历史上政策出台次数最多的一年，全年各类调控政策出台了 450 次，相比 2017 年，调控次数剧增了 80%。2019 年第一季度，部分二线城市土地市场和楼市出现升温迹象，中央政治局会议于是重提“房住不炒”，房地产调控政策随后再度升级。

数据显示，2019 年上半年，全国房地产调控政策出台高达 251 次，相比 2018 年同期上涨 31%。我们从图 2–7 中可以明显看出，房地产调控政策在 3 月触底，4 月急速回升。而在 6 月，全国房地产调控政策出台次数高达 46 次，超过了 5 月的 41 次。

近年全国房地产调控政策出台次数

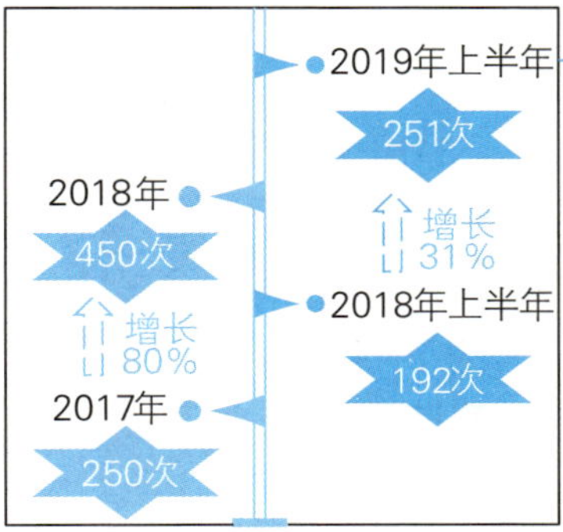

2019 年 1~6 月全国房地产调控政策出台次数

时　间	调控次数
2019 年 1 月	68
2019 年 2 月	21
2019 年 3 月	15
2019 年 4 月	60
2019 年 5 月	41
2019 年 6 月	46

数据来源：公开资料、明源地产研究院。

图 2-7　房地产调控政策近年来密集出台

调控政策的持续密集出台，彰显了中央持续调控不放松的决心，以及对“房住不炒”和维持房地产平稳健康发展这一核心原则的坚持。那么，房地产调控政策到底会走向何方？经过与诸多标杆房企的深度研讨及总结分析，我们认为，当前房地产业的政策调控已经步入了五个新常态阶段。

一、宏观视角：从地方微观决策到中央宏观决策

本轮对房地产市场的调控呈现出与过往完全不同的特征。调控的视角由过去地方政府的微观视角转变为当前中央的宏观视角，调控政策的出台路径也随之转变为先由中央依据各项宏观指标进行统一定调，再由地方具体落实。这些转变已成为当前房地产市场调控的新常态。因此，房企对宏观形势的研究以及对政策出台逻辑的洞察，事实上已成为房企在当前大环境下及时抓住短暂的土地窗口期和融资窗口期的关键。

1. 政策出台路径变为中央定调、地方承担主体责任并负责落实

宏观经济会影响中央的政策制定方向，而有了中央的政策才会有地方政府的实施细则，然后才会有房地产业的应对策略。可以说，宏观经

济正在成为中央和地方政府所有调控政策的依据，并且已经成为影响房地产业发展的关键（见图 2–8）。

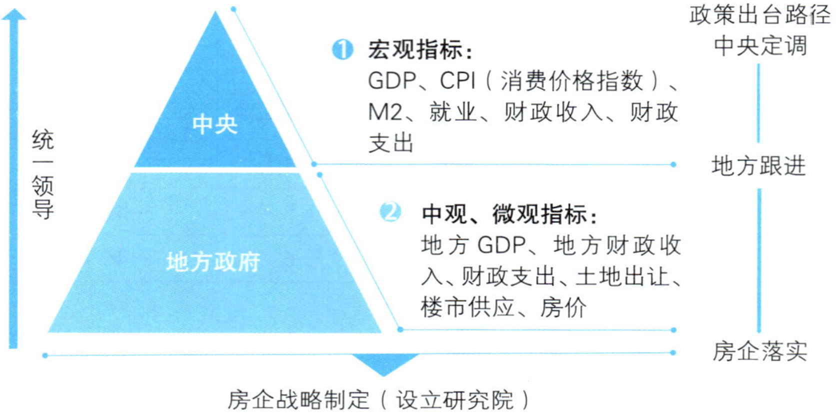

图 2–8 调控政策出台的依据和路径发生根本性转变

我们可以看到，当前我国房地产政策出台的依据和路径发生了根本性转变。由于我国经济发展正处于关键阶段，所以中央势必要从顶层视角出发，以宏观经济目标的实现为基础，相关资源的投放和投资政策的倾斜都会在宏观层面上去均衡、去落地。

因此，当前的房地产调控政策不再是从局部区域发展的过窄视角出发，而是从经济宏观调控的视角出发，由地方结合当地的具体情况制定能有效落地的政策，再由房企及其他相关部门进行具体的落实和执行。

这种调控政策的出台路径和执行逻辑既保证了地方和中央步调的同步，又能贴合各地实际情况，迅速见效。

在中央与地方的房地产调控权责划分方面，中央站在全国的视角，通过构建全国统一的房地产市场预警体系，评判各地房地产市场发展是否健康。通过金融部门管“银根”，国土部门管“地根”，住建部门作为“抓手”进行全局把控（见图 2–9）。所有相关部门各司其职、权责清晰，这保障了房地产调控在全局层面的协调统一。而在地方层面，中央更加强调“因城施策”，强调地方政府承担政策落实的主体责任。

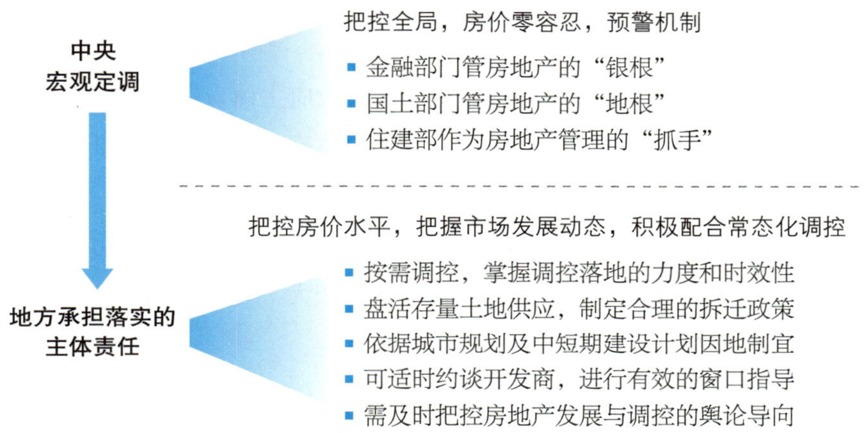

图2–9　房地产调控中中央与地方的权责划分

首先，在土地供应方面，各城镇的土地供应权主要掌握在地方政府手中。虽然新增建设用地指标受国家统一计划安排，但地方政府仍可以通过各种方法来盘活庞大的存量土地，每年出让多少土地，以什么底价出让，出让地块的主要区域分布，保障房及租赁房土地的安排，土地竞拍时溢价到一定程度后如何处理，住宅、商业及公建配套基础设施等各种用地的比例如何划分，诸如此类的问题主要由地方政府确定。

其次，在需求端，地方政府对调控政策落地的力度和时效性也发挥着重大作用。对于限购、限贷和限价政策的协调与落地，供应量过大时鼓励需求的各项政策及时或延时推出等具体措施，地方政府有很大的话语权，必要时可以约谈开发商，进行窗口指导并及时把控当地房地产市场的舆论导向。此外，各地方政府可依据当地发展的中短期规划，因地制宜地调节房地产的发展空间。

因此，在调控主基调上，中央始终坚持“房住不炒”的定位，保持政策的连续性和稳定性，防止房地产市场出现大起大落。住建部作为房地产市场调控的“抓手”，明确将房地产长效调控机制的考核目标落实到年度、季度甚至月度，并对 2019 年一季度房价或地价波动幅度较大的城市进行了预警提示，进而落实稳地价、稳房价和稳预期的长期调控目标。

在具体的执行层面，中央要求夯实地方政府主体责任，继续贯彻一城一策、因城施策、地方政府承担落实的主体责任的长效调控机制，在政策层面有收有放。对当前部分房地产市场依旧火热的典型二、三线城市，当地政府仍需从严执行调控政策；对于那些受制于市场购买力透支，叠加棚改货币化安置渐次退出，短期内面临较大下行压力的城市，当地政府的执行力度则可微调放松（见图 2–10）。

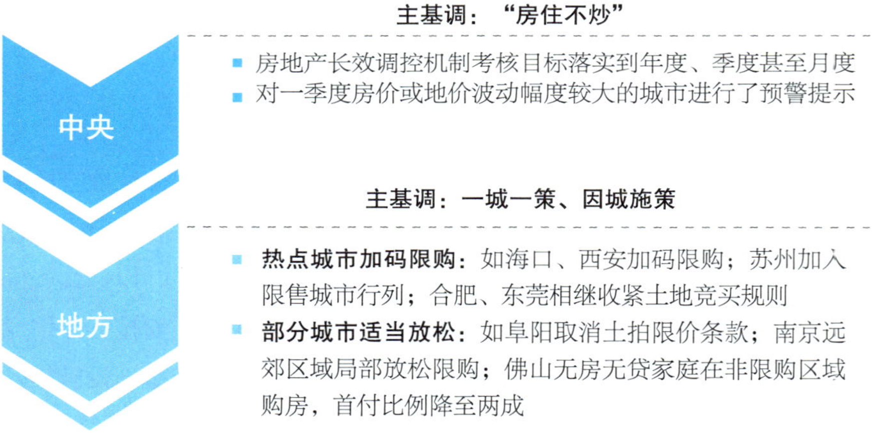

图 2–10　中央与地方调控基调

2. 对宏观形势的研究，要重点关注土地窗口期和融资窗口期

在当前调控持续不放松的政策大环境下，房企对宏观形势的研究应重点关注两个窗口期，即土地窗口期和融资窗口期。在过去，房地产业往往扮演着货币“蓄水池”的角色，大量的资金流入并存蓄在房地产业内。但是现在，在政策调控的影响下，金融机构的大量资金不允许流出，只能在金融系统内部流转。如此一来，作为资本方的金融机构转而扮演

起资金“蓄水池”的角色，而中央则掌控着这个“蓄水池的阀门”。

所以我们可以看到当下的各家金融机构手握大量资金，只能等待合适的投资机会。只要中央政策对哪些领域有扶持或者存在些许的放松，大量的资金就会立即涌向该领域，“星星之火”迅速升温，导致该领域市场立即过热。从中央角度来看，在“六稳”的诉求下，一旦某个领域出现过热的情况，政府便会快速将这个窗口关闭。金融属性极强的房地产业恰恰是最被金融资本看好的领域之一。因此，对于房地产业而言，无论是土地窗口期还是融资窗口期都会很短暂，房企只有密切关注政策走向，才有可能把握住稍纵即逝的机遇。

窗口期的存在并不是无端的猜想。我们发现，尽管楼市严控持续，但仍出现过短暂的土地窗口期和融资窗口期（见图 2–11）。这两个窗口期在 2018 年第四季度到 2019 年第一季度都曾短暂打开，带来了土地市场的迅速升温，而后又被迅速关闭。如果房企对窗口期把握不慎，其结果是要么一直抓不到机会，要么被高位套牢。下面我们将对两个窗口期做具体阐释。

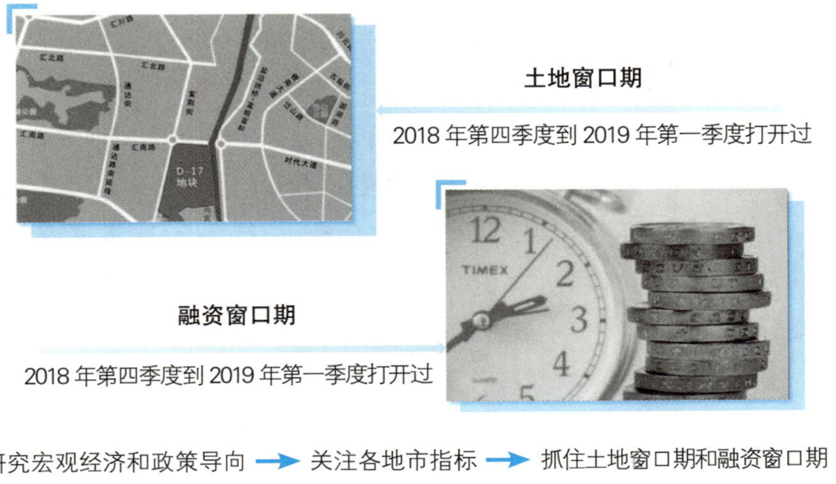

图 2–11　宏观研究应重点关注土地与融资窗口期

（1）土地窗口期

一般的土地市场热度并不高，房企普遍会观望，地价相对便宜，拿地良机较多。土地窗口期的出现，与融资松紧度和地方政府出让土地的节奏密切相关。自 2016 年 9 月 30 日房地产调控新政颁布以来，整体融资趋紧，房企对行业形势也愈加看不清，拿地趋于谨慎。各地方政府的财政压力导致土地市场出现震荡。自 2018 年 7 月起，全国范围内出现了大量的土地流拍现象，尤其是三、四线城市受此影响较大。2018 年 10 月，很多地方政府开始贱卖土地以减缓财政压力。

为了让各地不再贱卖土地，中央出台了三项政策（见图 2–12）。第一，自 2018 年 11 月起，中央开始放开地方债，密集下发“提前下达转移支付”的通知，缓解地方财政压力。据统计，在 2018 年 11~12 月仅仅不到 2 个月的时间内，此类通知下发多达 10 次。第二，允许新房预售价格上浮 5%~10%，让房企有资金可周转，确保房企能够活下去。第三，进一步放开海外债，同时放松融资监管边际。2018 年 12 月，发改委下发文件，支持外部评级 AAA 级别的优质房企直接融资，对企业债发行主体扩容，从而提振房企的信心和动力。这一系列政策随即带来了土地窗口期，并延续到了 2019 年第一季度。

土地窗口的打开，使得 2019 年第一季度的土地市场迅速升温，尤其是二、三线城市土拍市场火热。在此背景下，中央再度为房地产市场敲响了警钟。2019 年 4 月 19 日，中央政治局会议定调“坚持房子是用来住的、不是用来炒的”，要求各地落实好地方政府承担主体责任的长效调控机制。2019 年 4~5 月，连续两批房价或地价过热的城市被点名预警，由此，本轮短暂出现的土地窗口期被迅速关闭。

房企都希望能够抓住窗口期、抄底入市，那么如何才能更好地抓住土地窗口期呢？是在市场下行时期“抄北坡”，还是在市场上行时期“抄南坡”？我们认为，在市场上行时期，各项指标开始回暖，房企信心增强，此时再入手很可能“起了个大早赶了个晚集”，只能抄到“半山腰”。所以，更合适

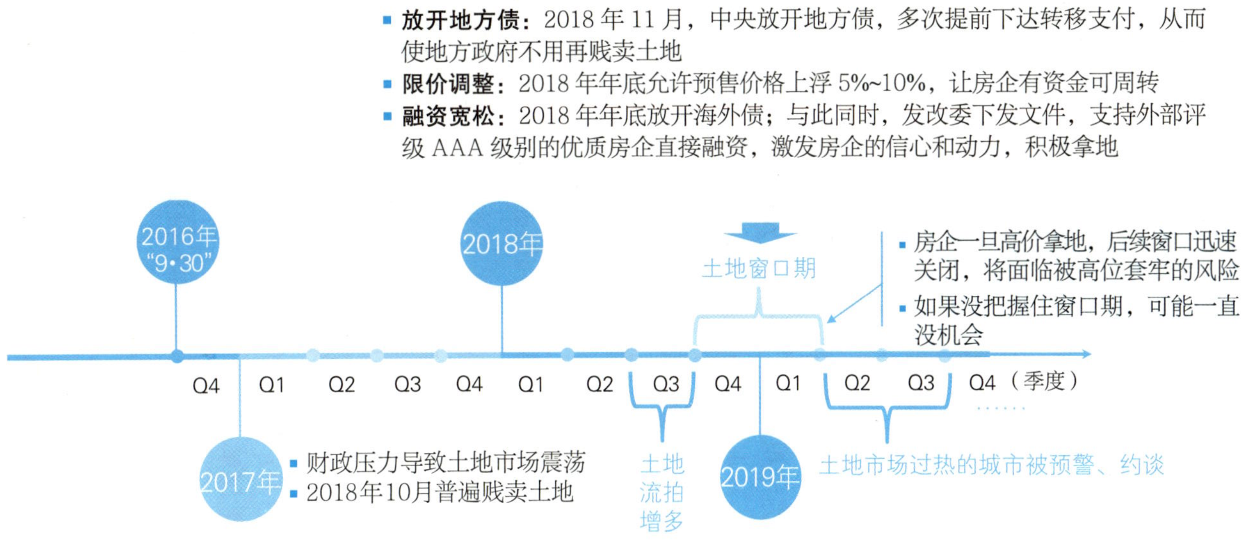

图 2-12　调控整体趋严，但仍存短暂的土地窗口期

的抄底机会是在市场下行时期，各项指标都趋冷，房企观望情绪浓厚，尽管有一定风险，但此时去抄底往往能够赶上土地窗口期。这就要求房企对宏观经济、政策走向，市场导向及城市各项指标的变化有敏锐的洞察力和预判能力。

（2）融资窗口期

在调控持续不放松、融资环境收紧的大背景下，2018 年第四季度到 2019 年第一季度仍出现了短暂的融资窗口期（见图 2–13）。自 2016 年 9 月 30 日楼市调控新政颁布以来，央行牵头金融部门积极配合做好房地产调控工作，加强房地产金融的宏观审慎管理，通过抑制流动性控制资金过度流向房地产市场，从而促进金融与房地产两大行业的良性互动。2017 年，银行信贷、信托、私募资管、委托贷款等融资渠道纷纷受到限制，在此背景下，房企开始积极寻求海外债和 ABS（资产支持证券）等新型融资渠道，相关金融产品发行规模迅猛增长。

2018 年，融资环境在整体收紧的同时，呈现出一定的边际放松特征。一方面，2018 年 5 月，国家发改委、财政部联合下发文件，规范海外债发行流程和审批制度，房企融资依然保持收紧。另一方面，2018 年 1~10 月，央行连续四次降准，在释放存款准备金和促进货币乘数回升的同时，降低银行及实体企业的资金成本，并通过激励措施使实体经济融资难、融资贵的情况有所缓解。这对房地产业而言，降准后银行将有更多的资金可投放于贷款市场，开发商获取开发贷款的难度降低，资金压力得以缓解。

2018 年第四季度融资窗口期出现。2019 年 3 月的“两会”提出积极的财政政策要加力提效，稳健的货币政策要松紧适度以及企业融资难和融资贵的问题要有效缓解。在此背景下，2019 年第一季度的房地产融资环境延续了 2018 年年底的宽松趋势。本轮融资窗口期的出现，主要源于如下几个维度的融资宽松。其一，信用债方面，2018 年 12 月发改委发布《关于支持优质企业直接融资，进一步增强企业债券服务实体经济能力的通知》，支持外部评级 AAA 级别的优质房企直接融资，对企业债发行主体扩容；其二，开发商融资成本在 2018 年第三季度见顶后，第四季

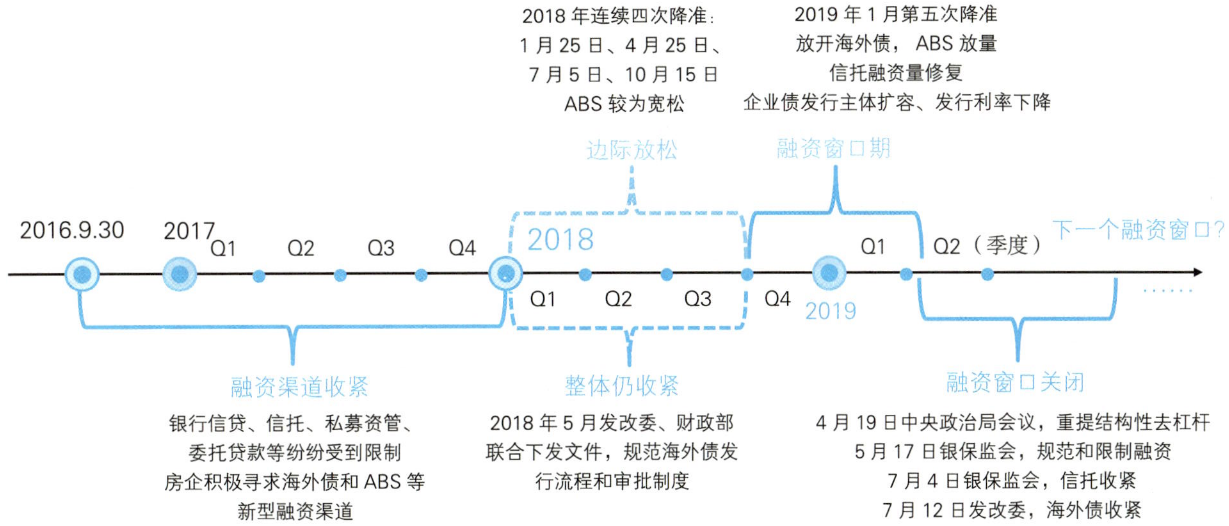

图 2–13　近年来的融资环境及短暂的融资窗口期

度有所回落，2019 年第一季度延续边际放松的趋势；其三，2019 年 1 月，央行接着实行第五次降准，进一步向金融市场释放流动性；其四，信托融资 2019 年年初回暖，信托融资量得到修复；其五，房企海外债的发行规模逐渐有所回升，发行成本重回合理区间。

融资窗口的打开，带来的是土地市场升温及房地产过热迹象抬头。这直接促使政府再次加强了金融机构向房企放款的监管，2019 年第二季度融资窗口再度关闭。这主要体现在以下几个方面。

- 2019 年 4 月，中央政治局会议再提“房住不炒”，同时重提结构性去杠杆目标，融资收紧信号初现。住建部随后发布预警提示，约谈部分城市负责人，延续趋严态势。
- 5 月，银保监会发布的 23 号文，对银行、信托、金融资产管理公司、金融租赁公司等提出了房地产融资相关要求，对房地产非标融资提出了规范与限制。
- 6 月，郭树清在陆家嘴论坛的讲话中提到房地产“过度金融化”，措辞严厉地为房地产业融资收紧再定基调。此后，境内债、ABS、信托和美元债都受到不同程度的政策收紧，例如 7 月 4 日，银保监会开始对部分信托公司进行窗口指导，甚至进行约谈警示；7 月 12 日，发改委对 2019 年以来房企发行较为火爆的美元债融资渠道再上“紧箍咒”，要求房企发行海外债只能用于置换一年以内到期的中长期境外债务，房企融资渠道进一步收紧。

我们不难看出，在调控持续且融资趋紧的政策大环境下，融资窗口期犹如昙花一现，短暂出现后又迅速关闭。对于高度依赖金融资本的房企而言，只有深入研究宏观形势和密切关注金融政策走向，才能更精准地识别融资窗口并把握短暂出现的融资机会，从而快速完成企业融资计划，保障企业现金流的良性循环。本轮调控以来出台的融资监管相关政策，详见表 2–3。

表 2–3 房企应密切关注金融政策走向，识别窗口期

发布时间	发布部门	文件名称	核心内容
2016–10–28	上海证券交易所	《关于房地产业公司债券的分类监管方案（试行）》	可以申报公司债券的房企： ▪ 境内外上市的房地产企业 ▪ 以房地产为主业的中央企业 ▪ 省级政府（含直辖市）、省会城市、副省级城市及计划单列市的地方政府所属的房地产企业 ▪ 中国房地产协会排名前 100 名的其他民营非上市房地产企业
2017–02–13	中国证券投资基金协会	《证券期货经营机构私募资产管理计划备案管理规范第 4 号——私募资产管理计划投资房地产开发企业、项目》	▪ 16 个热点城市普通地产住宅项目私募资产管理计划不予备案
2017–04	银监会	《关于银行业风险防控工作的指导意见》 《关于开展银行业“违法、违规、违章”行为专项治理工作的通知》 《关于开展银行业“监管套利、空转套利、关联套利”专项治理的通知》 《关于开展银行业“不当创新、不当交易、不当激励、不当收费”专项治理工作的通知》	▪ 检查违规为房地产企业发放贷款用于支付土地出让金 ▪ 检查违规为四证不全、资本金比例不到位的项目发放房地产开发贷款 ▪ 检查未严格实行房地产开发贷款封闭式监管导致贷款挪作他用 ▪ 检查违规通过发放流动资金贷款、经营性物业贷款等形式，建筑业或其他行业为房地产企业提供融资 ▪ 限制嵌套投资，强化穿透管理
2017–05–19	证监会	—	▪ 首提全面禁止通道业务，强调不得让渡管理责任
2017–05–25	银监会	《2017 年信托公司现场检查要点》	▪ 检查是否通过股债结合、合伙制企业投资、应收账款收益权等模式变相向房地产开发企业融资规避监管要求，或协助其他机构违规开展房地产信托业务 ▪ 检查“股 + 债”项目中是否存在不真实的股权或者债权，是否存在房地产企业以股东借款充当劣后受益人的情况，是否以归还股东借款名义变相发放流动资金贷款
2017–12–22	银监会	《关于规范银信类业务的通知》	▪ 不得将信托资金违规投向房地产领域

（续表）

发布时间	发布部门	文件名称	核心内容
2018-01-05	银监会	《商业银行委托贷款管理办法》	商业银行不得接受委托人下述资金发放委托贷款： ▪ 受托管理的他人资金 ▪ 银行的授信资金 ▪ 具有特定用途的各类专项基金（国务院有关部门另有规定的除外） ▪ 其他债务性资金（国务院有关部门另有规定的除外） ▪ 无法证明来源的资金
2018-01-05	保监会	《关于保险资金设立股权投资计划有关事项的通知》	▪ 严防"名股实债"，不得直接或者变相开展通道业务，不得投资嵌套其他资产管理产品的私募股权投资基金等
2018-01-12	中国证券投资基金协会	《私募投资基金备案须知》	▪ 底层资产涉及"借贷性质的资产或其收（受）益权"均不属于私募基金，不予备案
2019-05-17	银保监会	《中国银保监会关于开展"巩固治乱象成果，促进合规建设"工作的通知》（银保监发〔2019〕23 号文）	银行机构在宏观政策执行方面的工作重点： ▪ 严禁表内外资金直接或变相用于土地出让金融资 ▪ 不得违规向"四证"不全的房地产开发项目提供融资 ▪ 个人综合消费贷款、经营性贷款、信用卡透支等资金不得挪用于购房 ▪ 严禁资金通过影子银行渠道违规流入房地产市场 ▪ 严禁并购贷款、经营性物业贷款等贷款资金因管理不审慎而被挪用于房地产开发
2019-07-12	发改委	《国家发展改革委关于推进企业发行外债备案登记制管理改革的通知》（发改外资〔2015〕2044 号）	▪ 房地产企业发行外债只能用于置换未来一年内到期的中长期境外债务
2019-07-30	国务院	《中央政治局会议公报》	▪ 坚持房子是用来住的、不是用来炒的定位，落实房地产调控长效机制，不将房地产作为短期刺激经济的手段

资料来源：银保监会等官方网站，明源地产研究院整理。

综上所述，在政策出台变为中央宏观定调、地方跟进落实的政策新常态下，房企对宏观形势的研究变得至关重要。只有对宏观形势做出准确判断并对金融政策进行密切追踪，房企才有可能抓住短暂出现的土地窗口期和融资窗口期，从而在不确定的外部环境和激烈的竞争中赢得机会。

二、严控慢松：从调控到放松的周期越来越长

近十余年来，中国的房地产政策不断地在“楼市调控”与“楼市刺激”的小循环中反复。从最早的“国八条”到“新国八条”，从“国十条”到“新国十条”，从限购限贷到限价限售，中国的房地产市场往往间隔两三年就面临一次调控，而且调控举措还在不断升级（见表 2–4）。

按照过往惯常的调控规律，房地产调控从施政到放松的周期为 2~3 年。调控政策落实后楼市逐步趋冷，进而导致经济下行和各行各业不景气，政府又因此开始通过刺激房地产市场来拉动经济增长，从而导致楼市回暖，房价步入新一轮上涨周期，上涨到一定程度后又开始调控，如此循环往复。总体来看，过往的调控均呈现出“调控周期较短、回暖周期较长”的特征。房价虽然在短暂的调控期内有小幅回落，但在放松后会快速上升且延续较长时期，房地产业的整体形势呈现出在波动中快速上升的态势（见图 2–14）。

但是，自 2016 年 9 月 30 日房地产调控新政颁布以来，本轮调控显然已经打破了这种短期循环，调控出现反转的周期开始拉长，行业普遍预期或希望的政策大幅反转的行情并没有到来。某标杆房企的董事长在与我们研讨交流时认为，本轮调控周期很可能长达 6 年甚至更久，“严控慢松”已成新常态。

所以，展望未来，中国的房地产市场将进入平缓增长、低频波动的长周期。尽管不会再像从前那样快速增长，但行业仍总体向上。同时，在较长的调控周期内，又会因为金融政策的些许松动而出现

表 2–4 房地产调控政策发布频率高过以往

发布日期	政策细则
2010–01–07	国务院办公厅发布《国务院办公厅关于促进房地产市场平稳健康发展的通知》
2010–04–17	国务院下发《国务院关于坚决遏制部分城市房价过快上涨的通知》
2010–09–29	本次调控一共出台了五项措施，其中包括：贷款购买商品住房的首付款比例调整到 30% 及以上和暂停第三套住房贷款。
2011–01–26	国务院常务会议再度推出八条房地产市场调控措施：《国务院办公厅关于进一步做好房地产市场调控工作有关问题的通知》
2012–06–18	住房和城乡建设部发文，强调将继续坚定不移地抓好房地产市场调控各项政策措施的贯彻落实工作
2013–02–20	“新国五条”发布
2013–03	国务院发布《关于进一步做好房地产市场调控工作相关问题的通知》
2014–09–30	中国人民银行、中国银监会联合下发《关于进一步做好住房金融服务工作的通知》
2014–10–09	住房和城乡建设部、财政部和央行联合印发《关于发展住房公积金个人住房贷款业务的通知》，要求各地放宽公积金贷款条件
2015–30–30	财政部：个人转让两年以上住房免征营业税
2015–03–30	央行：二套房贷款首付比降至四成
2016–02–19	财政部、国家税务总局和住建部三部门发布《关于调整房地产交易环节契税营业税优惠政策的通知》
2016–09–30~2016–10–06	过热的房地产市场遭遇当头一棒，多达 19 个城市密集发布楼市调控新政，重启限购限贷
2017–04–06	住房和城乡建设部、国土资源部联合发布《关于加强近期住房及用地供应管理和调控有关工作的通知》
2017–10–25	国家发展改革委、住房和城乡建设部联合发布《关于开展商品房销售价格行为联合检查的通知》
2018–05–14	住房和城乡建设部与财政部、人民银行、公安部四部门联合发布《关于开展治理违规提取住房公积金工作的通知》
2019–04–17	自然资源部下发通知，提出将实施因城施策差异化供地，从供应端直接为城市房地产市场平稳健康发展明确了新的评价指标
2019–04–19	住建部提出也将按月按季对各城市房地产市场进行评估，对房价地价波动较大的城市进行预警
2019–04–19	中央政治局会议重申“房子是用来住的，不是用来炒的”，指出要落实一城一策、因城施策、地方政府承担主体责任的长效调控机制

资料来源：政府官网，明源地产研究院整理。

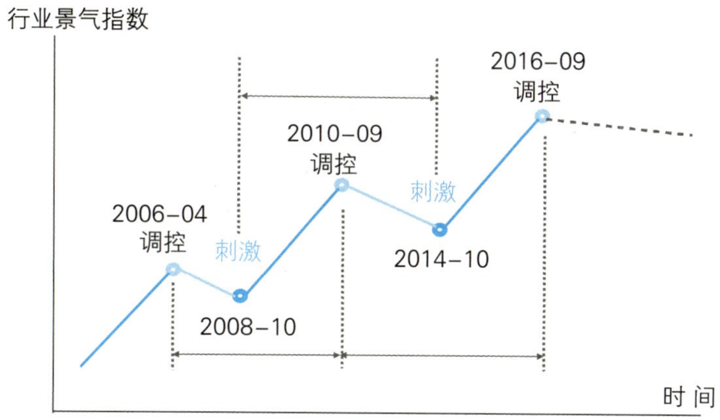

时 间	政策动态	政策明细
2006-04	房地产调控	▪ 4 月上调房贷利率 ▪ 5 月“国六条”出台，调控开启
2008-10	房地产刺激	▪ 10 月降低首付比和贷款利息，降低准备金率
2010-09	房地产调控	▪ 新一轮调控开启 ▪ 2011 年“新国八条”
2014-10	房地产刺激	▪ 10 月放宽公积金贷款条件，连续下调存款准备金率，降低首付比
2016-09	房地产调控	▪ “史上最严调控”开启 ▪ 限购限贷限价限售限商

注：明源地产研究院整理制图。

图2-14　2016年“9·30”之前的楼市趋势与调控政策

短暂的土地窗口期和融资窗口期，市场可能会出现小幅的短暂回暖（见图 2–15）。

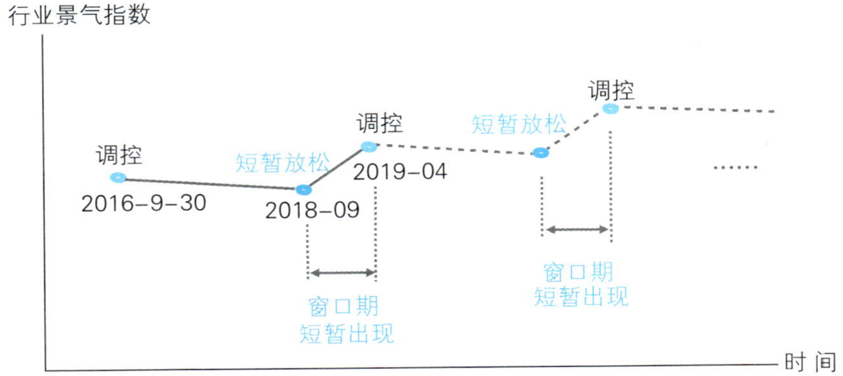

注：明源地产研究院整理制图。

图 2–15　2016 年“9・30”之后的楼市趋势

房企应充分认识和接受这一事实，并制订适合自身的战略规划，提升反应力，更从容地应对行业新周期并抓住短暂的窗口期。

三、精准调控：基于大数据的精准调控、限高托底

在本轮调控中，中央开始基于各个城市房地产市场的监测数据对房价或地价过热的城市进行精准预警。我们可以看到，基于大数据的精准调控特征越来越明显并且已成为另一个政策新常态。与此同时，中央通过限高托底的调控措施让一线至五线城市的房价轮动上涨，使得全国房地产市场在区间内震荡，既不能破顶，也不能破底，在保证经济发展的同时又确保社会稳定。

1. 对房价或地价过热的城市进行预警约谈

中央的多次会议定调给房地产业明确传达了精准调控的信息。2018 年 8 月 7 日的住建部会议提出将建立房地产市场监测体系，完善对地方

房地产调控工作的评价考核机制。同年 12 月 24 日，住建部再次强调，要坚持因城因地施策，切实抓好房地产市场分类调控，指导各地及时出台有针对性的调控措施。2019 年 3 月 18 日，韩正在住建部会议上明确提出要加快建设以大数据为基础的全国房地产市场监测系统。紧接着，2019 年 4~5 月，住建部接连对两批房价或地价过热的城市进行了预警提示。住建部如此密集发声，足见中央实施精准调控的决心（见图 2–16）。

2019 年 4 月，住建部针对 2019 年第一季度房价或地价波动幅度较大的 6 座城市进行了预警提示。从表 2–5 中我们可以看出，在第一批被预警的 6 座城市中，西安的房价同比增速连续 5 个月领跑全国。在受到住建部的强烈预警后，西安的房地产调控政策随即升级加码，于 2019 年 6 月出台了新政：新迁入居民落户满一年方可购房；非本市户籍社保个税满五年方可购房，临潼区纳入限购范围。

表 2–5　2019 年 1~5 月新房价格涨速名列前茅的城市及西安的调控措施

2019 年 1 月		2019 年 2 月		2019 年 3 月		2019 年 4 月		2019 年 5 月	
城市	同比涨速（%）	城市	同比涨速（%）	城市	同比涨速（%）	城市	同比涨速（%）	城市	同比涨速（%）
西安	23.5	西安	24.2	西安	24.4	西安	23.8	西安	24.4
呼和浩特	22.6	呼和浩特	23.0	呼和浩特	22.8	呼和浩特	22.3	大理	22.2
海口	20.7	大理	21.4	大理	21.9	大理	21.0	呼和浩特	21.4
大理	20.3	贵阳	20.5	贵阳	20.6			贵阳	20.5
				丹东	20.2			秦皇岛	20.3

西安 2019 年 6 月出台楼市新政：
新迁入居民落户满一年方可购房，非本市户籍社保个税满五年方可购房，临潼区纳入限购范围

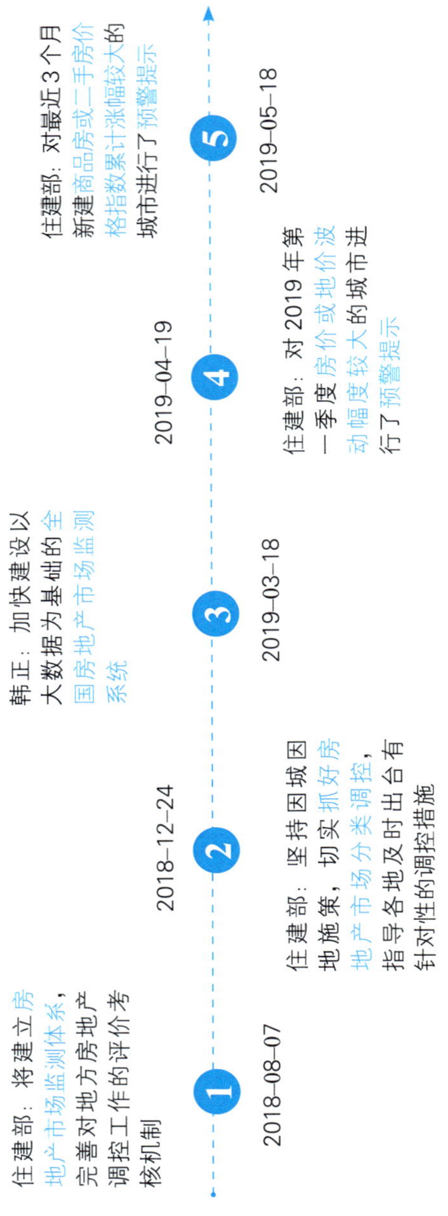

图2-16 住建部近期出台的政策措施

紧接着，2019 年 5 月 18 日，住建部进行了第二批预警提示，主要是针对最近 3 个月新建商品房或二手房价格指数累计涨幅较大的城市（佛山、苏州、大连和南宁）进行了预警提示。从表 2–6 中不难看出，佛山的新建商品房价格过热，苏州、大连和南宁的土地市场涨幅位居全国前列。

表 2–6　2019 年 5 月 18 日被预警城市的房地产市场情况

城市	新建商品房	二手房	土地市场
佛山	第一季度新建商品住宅成交均价同比涨幅达到 22%，位于“房价过热”区间	第一季度佛山全市二手房均价为 13 003 元 / 平方米，较上一季度下跌 0.94%。同比看，除三水区下跌 3.30% 外，其余各区同比均有所上涨	—
苏州	成交均价：4 月 21 884 元 / 平方米，环比上涨 6.51%	二手房均价 5 月以来环比涨幅明显扩大，达到 18 680 元 / 平方米，环比上涨 4.74%，同比涨幅达到 19%	4 月主城区出让 5 宗地共吸引了 34 家房企竞拍，最终 5 宗宅地成功出让并吸金 135.7 亿元，溢价率超过 35% 并诞生 2 个板块“地王”。4 月苏州土地出让金达到 193 亿元，同比增幅高达 1 089%
大连	4 月新建住宅价格环比上涨 0.7%，同比上涨 13.2%	二手房环比上涨 0.8%，同比上涨 9.1%	住宅和商业土地出让金第一季度累计达 77.28 亿元，同比猛增 19 倍，同比涨幅居全国首位
南宁	1~4 月南宁新建商品住宅销售价格指数环比涨幅分别为 1%、0.6%、8%、0.9%，而同比涨幅分别为 10%、10.4%、10.8%、11.5%	1~4 月二手住宅销售价格指数环比涨幅分别为 1.4%、1.2%、0.9% 和 1.4%，而同比涨幅分别为 8%、9.5%、10.1% 和 11.7%	第一季度，南宁土地出让金为 153.3 亿元，同比上涨 640%，增幅位于全国第四位

以苏州为例，在被住建部预警之前，苏州市政府针对火热的楼市就已经出台了相应的调控措施。2019 年 5 月 11 日，苏州市政府出台了《关于进一步促进全市房地产市场持续稳定健康发展的补充意见》，正式发布限售政策：苏州工业园区全域新建商品住房，购房人自取得不动产权证之日起，需满三年方可转让，而二手住房需满五年才可转让。5 月 16 日，苏州再出新政，将工业园区新购住房学位政策由 5 年调整为 9 年。仅一天之后，为了降温土地市场，苏州市吴江区自然资源和规划局发布《关于吴地网（2019）7 号公告地块挂牌出让的补充公告》，该宗地块的市场指导总价及一次性报价全部降低，其中一次性报价最高限价降幅为 18.7%。

而在被住建部预警之后，苏州调控再度加码。2019 年 7 月，苏州市政府出台了《关于进一步完善我市房地产市场平稳健康发展的工作意见》，其中提出住宅用地鼓励实行“限房价、限地价”出让方式，非户籍居民购房需提供近 3 年内在苏州市内连续两年的社保证明，并进一步扩大了住房限制转让的实施范围。

由此我们可以看出，中央稳房价的决心很坚定。住建部为此提出要抓好房地产分类调控，建立以大数据为基础的全国房地产市场监测系统，对于涨幅冒尖的城市进行预警并实时进行精准调控。

2. 房地产信托融资增幅过大，银保监会收紧信托融资并约谈警示

此外，在“房住不炒”的思路下，2019 年 5 月中旬以来，多项文件要求控制房地产融资。7 月初，针对部分房地产信托业务增速过快或增量过大的信托公司，银保监会开展了约谈警示，房地产信托融资承受了较大的压力。

2019 年，信托融资总体有所回暖，房地产信托余额增速不断提升。截至 2019 年 5 月底，房地产信托资产余额已达到 3.15 万亿元，同比增长 15.15%。这一增长幅度看似不大，但的确是在房地产信托被严控之后

出现的。对比房地产企业2019年上半年的整体融资表现来看，典型房企融资总额为7 169.2亿，同比下降了3.6%，这充分说明上半年的新增信托在逐步向房地产业集中。

在监管层多次要求控制房地产业融资的背景下，银保监会针对部分房地产信托业务增速过快或增幅过大的信托公司展开约谈警示，要求它们控制房地产信托业务增速。虽然信托融资占房地产开发融资资金来源比例不高，但房地产信托监管政策的加码可能会使得其他金融机构更加谨慎，也会造成融资渠道的收紧。

我们不难看出，监管部门随时关注国家统计局发布的房地产相关数据。这样做既对每个城市的房地产市场有准确而及时的了解，也对房地产相关的资本等其他行业保持着一定的敏感度，针对异常情况能及时进行预警和窗口指导。

3. 不同能级城市的房价轮动上涨，使房地产市场既不破顶也不破底

中央精准调控的思维也体现在限高托底：上面封顶、下面封底。这也就是说，要使房地产市场既不能破顶，也不能破底，而是控制在一个区间范围内，呈现出明显的“箱体震荡”特征（见图2–17）。

原因在于房地产业占中国经济的权重很大。数据显示，2018年房地产业达到近15万亿元的规模，占到了中国GDP总量的近1/6，而加上房地产业的上下游产业链，更是合并占据了中国经济体量的1/3。正因为权重太大，房地产业如若破顶或破底都将带来巨大影响。

如果“破顶”，将可能演变为政治问题。在中美贸易摩擦不确定的大背景下，中央对发展产业的需求更加迫切，在产业导向下，中央自然希望控制房地产业，扶持其他产业发展。但是，对于权重如此之大的房地产业也不能控得过严，更好的选择是，引导房企自然转向做产业，同时，抬高地价、限制房价，削减房地产开发的利润并将资金转移到其他产业领域。在此背景下，我们看到近年来融创做文旅产业，恒大做汽车产业，

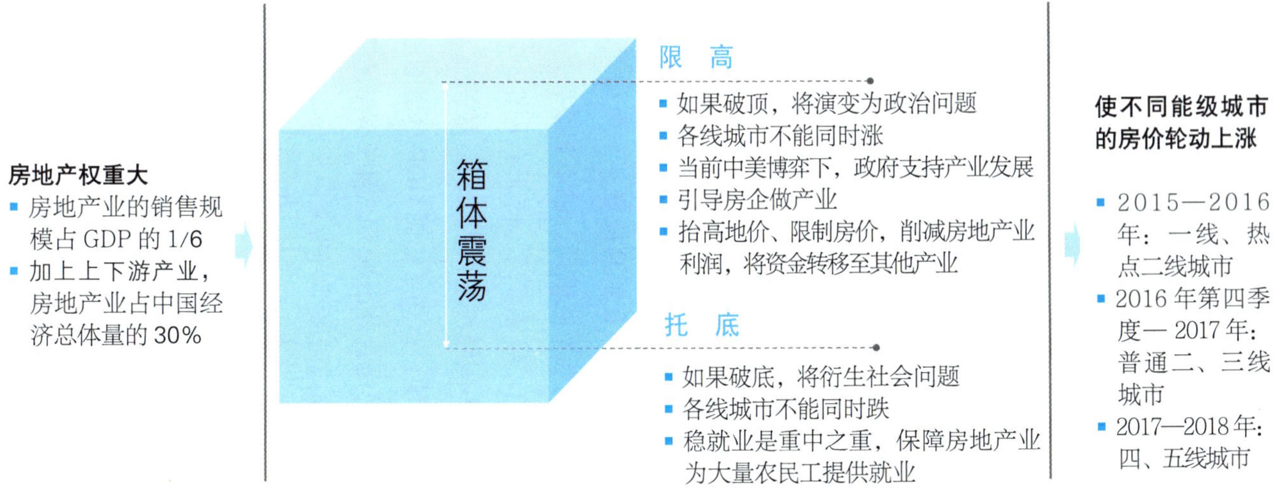

图 2-17 房地产业将呈现“箱体震荡”特征

碧桂园做机器人产业，实际上这些房企都是从政治角度支持国家的产业政策导向。

如果“破底”，将演变为社会问题。我们从《政府工作报告》中可以看到，中央反复强调的“六稳”中，第一个就是稳就业，房地产业及其上下游产业链创造的就业机会之多不言而喻，如果过度打压房地产市场，整个行业低迷，势必会严重影响就业，城市里的大量农民工将不得不返乡，由此将会增加大量的无业人员，进而导致严重的社会问题，给社会稳定带来巨大隐患。所以，国家要保证房地产业不能破底，仍然需要依靠房地产来稳住农民工留在城市就业。

因此，中国的房地产业过去 20 多年主要是为了解决经济问题，而现在更要解决社会问题。因为房地产业太重要了，所以无论是“破顶”还是“破底”都不会被允许。相应地，体现在不同能级城市的房地产市场上，国家就不允许一至五线城市的房价同时涨或同时跌。同时涨意味着破顶，将导致房地产市场过热且其他产业发展受到抑制，在中美博弈的背景下将引发政治问题；同时跌则意味着破底，将导致经济低迷且失业率增加，影响社会稳定。所以，国家通过一系列调控举措，使一至五线城市轮动上涨，轮流为经济做贡献：2015—2016 年，一线及部分核心二线城市房价快速上涨；2016 年第四季度到 2017 年，二、三线城市房价上涨；2017—2018 年，四、五线城市房价上涨。通过限高托底及不同涨同跌，决策层在控制房地产并发展产业的同时，又能确保经济增速和社会稳定。

4. 在限高托底背景下，房企在不同能级城市的投资组合至关重要

在限高托底的大背景下，深入理解政策导向并根据对不同能级城市优劣势的判断制定合理的投资组合策略，对房企而言至关重要（见图 2–18）。

二、三线城市的优势在于经济发展水平较高，房地产需求有保障，尤其是调控导致新房和二手房的价格倒挂，这些城市的房子不愁卖。因此，

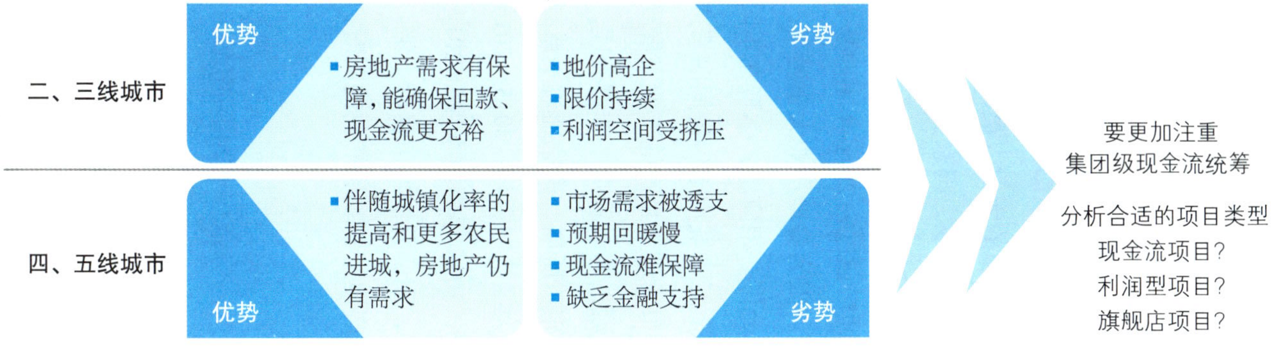

图2-18　房企需根据对不同能级城市优劣势的判断，制定合适的投资组合策略

二、三线城市的房地产业能确保销售回款，现金流更充裕——有了现金流，企业就能生存下去。劣势在于在限价调控背景下，房价面临天花板，利润空间受到挤压。在中国城镇化持续推进及农民仍在源源不断地进城的大背景下，四、五线城市同样具备大量潜在的市场需求，但劣势在于，随着本轮棚改的结束，四、五线城市的市场需求短期内被透支，市场预期回暖慢，楼市趋冷，项目现金流难以保障，同时，资本也在快速撤离，从而导致这些城市的房地产业缺少金融支持。在此大背景下，房企对于二、三线城市和四、五线城市的项目定位也相应地发生明显变化。

对于二、三线城市而言，以前，因为居民购买力更强，房企往往在这些城市大量运作利润型项目——资金周转慢，项目利润高。而现在限价调控下，二、三线城市的房地产利润空间被压缩，但房子卖得快，地货比高、资金监管沟通到位，对杠杆的利用更为充分。因此，房企在二、三线城市转而做现金流项目，输出现金流，走高周转路线，但利润不高。

对于四、五线城市而言，房企以前往往是“割韭菜”的态度，高周转，做现金流项目。因为有金融的支持，房企可以充分利用杠杆，通过低售价、高杠杆去获取更高的投资回报。而现在，因为缺乏金融资本的支持，四、五线城市尽管有需求，但房企很难融到资，在销售阶段也很难获得银行发放的贷款，因而无法形成“融资—拿地—开发—销售”的完整闭环，缺乏资金流动性。所以，在二、三线城市做现金流项目的情况下，房企将现金流输出到四、五线城市，弥补资金缺口，实现四、五线城市开发销售的闭环并在当地运作利润型项目，在高周转的同时获得高利润（见图 2–19）。

随着对二、三线和四、五线城市项目定位的明显转变，房企投资组合的打法和策略也应发生根本变化。未来，房企如何在二、三线及四、五线城市形成有效的投资组合且一盘棋统筹算大账变得尤为重要。如何确定哪些项目作为现金流输出项目，哪些项目作为现金流输入项目，应基于项目的三类杠杆进行通盘考量：一是投资杠杆，即地货币，例如

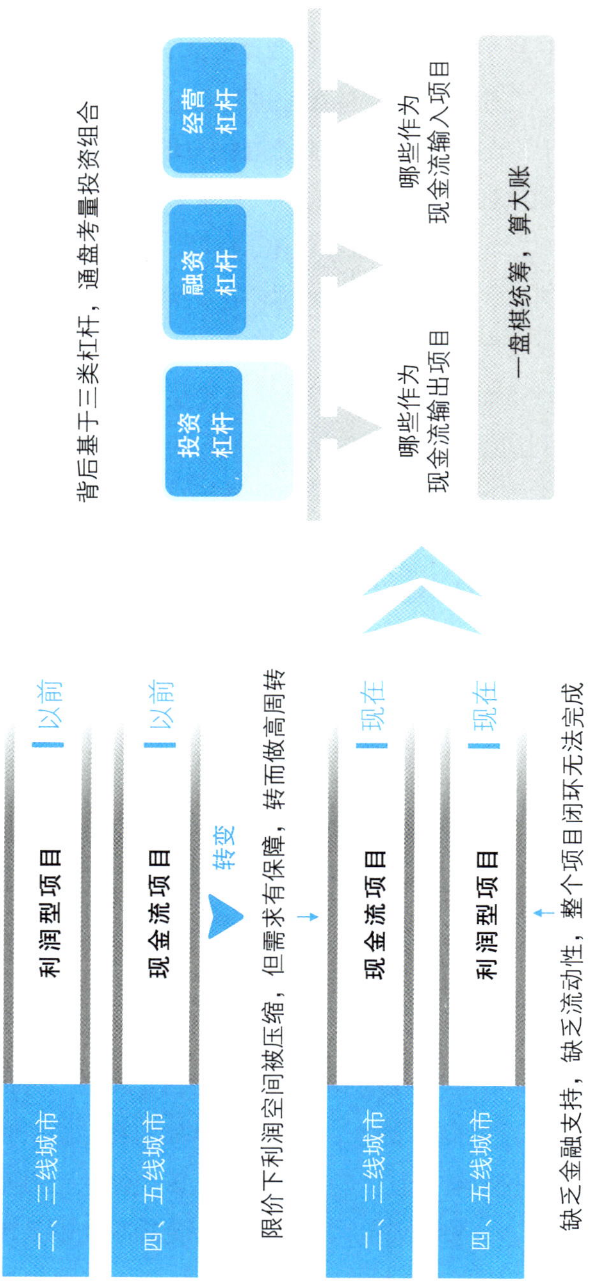

图2-19 根据不同能级城市的优劣势，一盘棋统筹投资组合

5 亿元的地价，最终能卖 30 亿元货值，就是 1:6 的地货比；二是融资杠杆，也就是投资金额里面有多少是从外部融资的；三是经营杠杆，也就是垫资以及资金监管的比例。

例如，房企如果要做现金流项目，需满足几个前提条件：高地货比、低资金监管比例且充分利用杠杆。如此才能实现资金的放大效应。所有现金流项目最显著的特点就是用足杠杆。而在那些无法满足这几个条件的城市，房企更适合做利润型项目。

所以，房企应更加注重集团级现金流的整体统筹，根据二、三线和四、五线城市的优劣势及项目定位进行灵活的调整，基于投资、融资和经营杠杆，做到一盘棋算大账，制定更加合理的投资组合策略。我们在与房企交流时也了解到，区域总经理和项目总经理会成为房企未来的重点培养对象。这类人才应做到“五懂”：懂政治、懂管理、懂算账、懂沟通和懂安全。懂算账是其中非常关键的一项能力，这里面包含三个递进的层次：从不会算账到会算账，从会算静态的财务账到会算动态的财务账，从算小账到算大账。他们只有真正懂算账才能成功搭建起有效的投资组合。

综上所述，中央基于行业大数据的精准调控已成为行业的新常态，房地产业限高托底特征将在中长期内持续存在。在此背景下，房企应充分了解不同能级城市的优劣势及其适合的项目定位，从而制定准确有效的投资组合。

四、产业共生：多产业共同繁荣的决心与日俱增

随着中国经济由高增长进入高质量的发展阶段，优化产业结构并促进多产业协同发展已成为政府关注的重点。对房地产业的持续调控从侧面体现了政府对于大力发展产业并且不再过度依赖房地产拉动经济增长的决心，“产业共生”已成为第四个新常态。我们从以下几个方面的确可以看到政府在发展产业方面已经开始付诸行动。

1. 地方政府的关注点从土地出让收入变为土地坪效

近些年来，地方政府对于土地出让的态度有了明显的转变：不再局限于关注一次性的土地出让收入，而是开始重视土地的利用效率，强调每平方米土地都能持续创造 GDP。由此，地方政府对产业发展的诉求明显增强。从数据来看，2016—2018 年，在房地产调控政策持续收紧的背景下，全国的工业用地及商服用地的供应面积均呈现出持续增长的趋势。这也从侧面说明，政府试图通过加大产业用地的出让实现优化经济结构和实现多产业并举的目标（见图 2–20）。

我们进一步以贵阳市和盐城市为例。由图 2–21 可见，贵阳市的工业用地供应持续增加，而盐城市的商服用地出让则在稳步增加。结合城市的发展规划来看，作为中西部地区的典型省会城市，贵阳将于 2035 年形成以中高端制造为主的新型工业体系，工业总产值达 3 万亿元以上，成为在西部地区有影响力的制造之城。盐城则位于经济相对更为发达的长三角区域，产业结构已成功转型为“三二一”，当前经济发展的主要诉求在于持续巩固和增加服务业对经济增长的贡献。由此，我们可以看到在不同的产业发展导向下，地方政府的土地供应越来越注重匹配其中长期的产业发展规划。

进一步从土地出让的条件来看，各地方政府在相关产业用地的出让方面均提出了相应的产业配套发展要求（见表 2–7）。通过土地出让进行资源导入，推动相关产业的可持续发展，深度促进地方产城融合，从而实现“产业 + 地产”的配套发展，这一模式越来越受地方政府的重视。

例如，济南一方面加大了产业用地的出让，仅 2019 年 6 月就出让了三块工业用地，其中 33 号地块被注明用于发展高空作业机械项目，34 号地块要求用于智能光纤切割机基地的建设。另一方面，在市政府明确强调产城融合的政策要求下，济南在保证商服用地和住宅用地出让的同时，对配套产业提出了明确的要求。如汉峪金谷的土地出让，政府将两

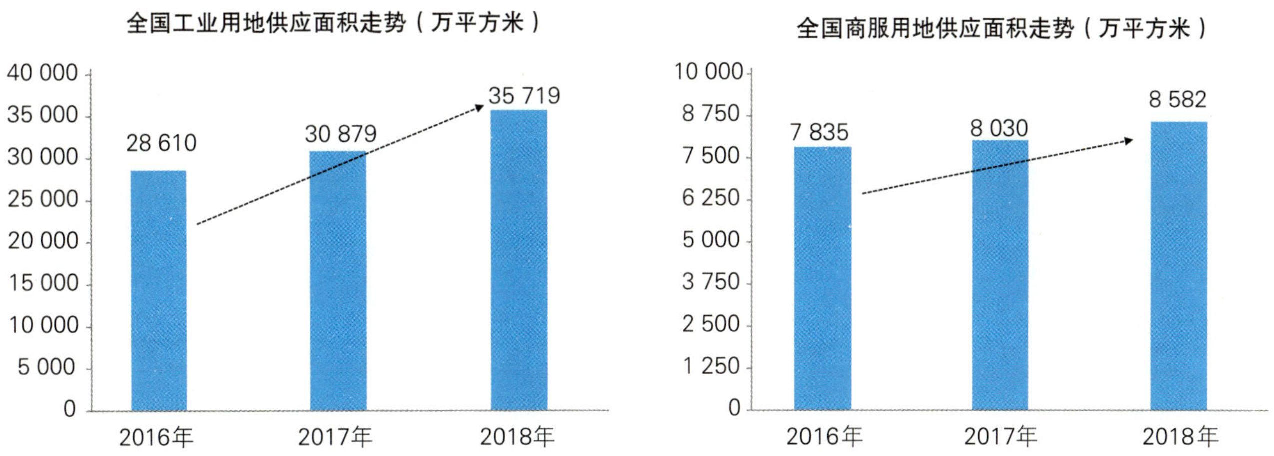

数据来源：Wind、明源地产研究院。

图2-20　带产业属性的土地出让面积持续增长

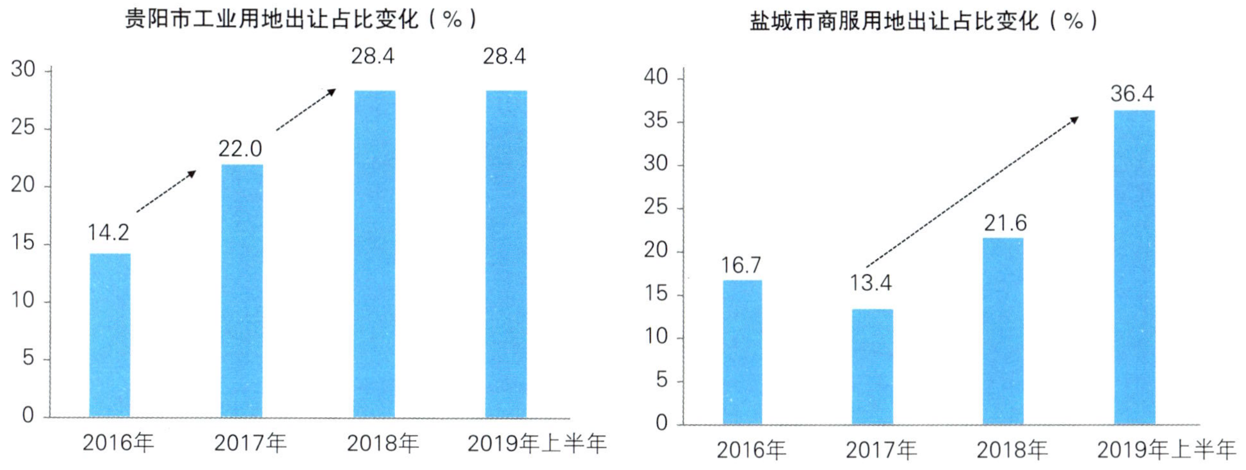

数据来源：Wind、明源地产研究院。

图2-21 发展产业成为地方政府重要发力点

块商服用地与一块住宅用地打包出售并在出让条件中注明：引进优质产业研发及总部类项目，带动周边产业发展，促进产城融合……

表 2–7　政府土地出让更加注重“产业 + 地产”的配套发展模式

目标	地　块	用地性质	出让条件
产业导向	济南市高新东区 32 号地块	工业用地	用于新型绿色节能建材及设备生产厂房项目
	济南市高新东区 33 号地块	工业用地	打造高端装备制造业聚集的高地，该地块拟用于年产 3 万台高空作业机械项目
	济南市高新东区 34 号地块	工业用地	用于智能光纤激光切割机生产基地项目
产城融合	济南市汉峪金谷 B0304（地上）	商服用地	引进优质产业研发及总部类项目，带动周边产业发展，促进产城融合，解决入驻企业职工居住问题，须严格按照济南市高新区齐鲁软件园发展中心认定的策划方案及规划部门出具的规划条件和设计要求进行开发建设
	济南市汉峪金谷 B0304（地下）	商服用地	
	济南市天辰大街以北 A–1	住宅用地	
	成都市锦江区地块	商服用地	本宗地的项目产业类型应以金融服务业和商贸业等产业为主，须建成以供应链金融和现代商贸等产业聚合发展的现代服务业生态园区
	〔2018〕长沙市 086 号	商服用地	该宗地规划作为岳麓山国家大学科技城产业配套用地，作为科创服务的重要载体，竞得人须全部自持该项目物业不少于 10 年
	〔2018〕望城区 002 号	商服用地	该宗地竞得人须以开发区管理委员会规划建设局审定的公租房规划方案开发建设，20% 的商品房要优先出售给望城经开区智能制造产业园入园企业的员工

资料来源：公开资料搜集，明源地产研究院。

2. 限地价、竞自持的地块越来越多

当前，地方政府一方面需要严格执行中央的调控要求，另一方面又需要通过土地出让获得资源导入，从而带动地方产业的整体发展。因此，我们看到越来越多的城市开启了限地价、竞自持的土地出让模式。

自 2018 年以来，广州、东莞和杭州等地都纷纷出台了相应的“限地价、竞自持”政策（见表 2–8）。例如杭州萧山北地块的出让，政府要求当竞买人报价达到上限价格时，转入竞报自持比例程序，自持部分不得转让。当有两个或两个以上的竞买人投报自持面积比例为 100% 时，转入投报配建养老服务用房的程序，投报配建养老服务用房面积最大者为竞得人。再如东莞南城街道商住混合地块的出让，政府明确要求开发商配建高新科技企业孵化器、教育和交通等配套用房。

表 2–8 多地纷纷采用限地价、竞自持的土地出让方式

城市	地　块	竞拍条件	竞拍细则
东莞	南城街道建设路南侧商住混合地块	竞配建 + 限价 + 竞自持面积 + 竞自持年限	竞买保证金 6 亿元，地价款（含竞买保证金）须为竞买申请人自有资金。当总价达到 254 786 万元时，竞拍将进入竞自持面积 + 自持年限阶段。竞得人须无偿配建建筑面积不少于 43 000 平方米的办公楼、39 993 平方米的住宅和 4 320 平方米的 18 班幼儿园、500 个带产权的停车位和 12 米宽的南北方向道路，并将它们移交给南城街道办事处用作人才公寓、拆迁安置及租赁性住房、高新科技企业孵化器、教育和交通及其他发展配套设施
广州	花都区凤凰路地块	限地价 + 竞自持 + 摇号	地块最高限制地价为 345 998 万元，当报价达到最高限制地价后，竞买方式转为竞企业自持方式确定竞得人。当有两个或两个以上竞买人报出企业自持商品住房面积为 100% 后，改为摇号确定竞得人。竞得人须按规划要求配建中小学用地，建成后无偿移交给广州市花都区政府

（续表）

城市	地　块	竞拍条件	竞拍细则
杭州	萧山北地块	限地价＋竞自持	当竞买人报价达到上限价格时，不再接受更高报价，转入竞报自持比例程序，自持部分不得转让。当有两个或两个以上的竞买人投报自持面积比例为 100% 时，转入投报配建养老服务用房的程序，投报配建养老服务用房面积最大者为竞得人

注：“限地价”就是避免地价过高，设置土地竞拍价格上限；“竞自持”即为竞自持面积，当报价超过规定总价时锁定限价，进入竞自持环节，自持面积越大，意味着该地块可自由使用的部分越少。

资料来源：各城市自然资源局、明源地产研究院。

“限地价、竞自持”的方式，一方面可以使地方政府通过价格约束机制及鲜明的产业导向进行合理的土地出让；另一方面也可以迫使企业从资产管理和企业经营的角度出发，更加关注长远的市场需求。

3. 各地市扶持产业的相关政策集中出台

在中央深化供给侧结构性改革并促进产业结构升级的政策导向下，我们也可以清楚地看到在相关产业政策的出台方面，各地方政府逐渐摒弃了一味追逐当下产业热点的产业定位，而是更多结合自身产业发展的比较优势及特点出台相应的产业扶持政策，从而真正实现产业升级的目标（见表 2–9）。

表 2–9　各地市产业扶持相关政策集中出台

城市	产业扶持政策
深圳	《深圳市战略性新兴产业发展专项资金扶持政策》
上海	《上海市燃料电池汽车推广应用财政补助方案》
南京	《关于加快发展康复辅助器具产业的实施意见》
苏州	《苏州市氢能产业发展指导意见（试行）》
无锡	《深入实施创新驱动核心战略 加快建设创新型城区》
榆林	《支持现代农业发展若干政策（试行）》

资料来源：各城市政府公告，明源地产研究院。

例如，深圳在《粤港澳大湾区发展规划纲要》中是一个以创新发展为驱动的核心城市，这一定位正是基于其创新的产业发展诉求。深圳市政府为此正式推出《深圳市战略性新兴产业发展专项资金扶持政策》，意在通过设立专项资金支持新一代信息技术和高端装备制造等战略性新兴产业的快速发展，强化其在粤港澳大湾区中的核心作用。

房企可以做的是顺应政府产业发展的政策导向，积极响应当前产业发展的政策利好，以产业为依托，以房地产为载体，实现土地的整体开发与运营，整合自然资源、社会资源和经济资源等，与地方政府共同推进当地产业和经济的发展。

4. “产业+地产”是中央、地方和房企的最大公约数

综上所述，我们认为，中央、地方和房企的最大公约数就是“产业 + 地产”（见图 2–22）。“产业 + 地产”的发展模式成了当前经济环境下房企破局的关键。

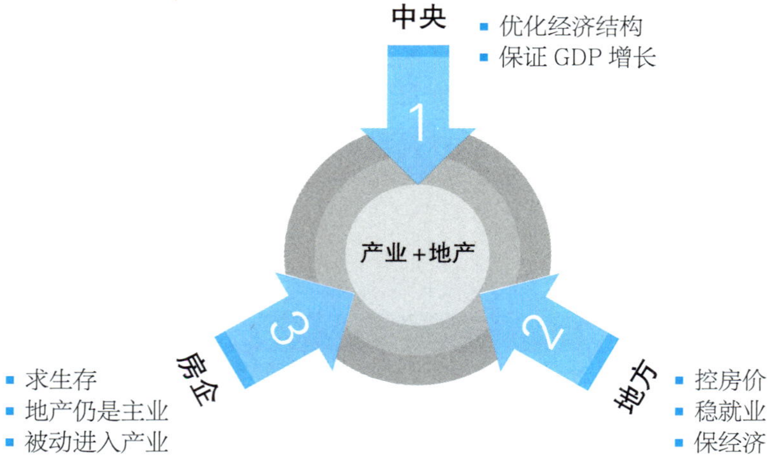

图 2–22 “产业 + 地产”是中央、地方和房企的最大“公约数”

随着我国经济发展步入新阶段，对中央而言，通过产业结构优化升级和

促进多产业协同发展来保障经济的长期稳定增长是中长期内的核心任务。

在中央宏观调控的导向下，地方政府一方面要坚决落实中央部署的房地产调控目标，另一方面又需要在经济下行压力下通过其他产业的发展促进经济增长和稳定就业。

面对当前复杂的内外环境，如何“活下去”成为大多数房企关注的焦点。房地产主业仍是房企收入的主要来源，同时，在政府的产业政策导向下，房企也要主动或被动地发展多元产业，通过“产业＋地产”的发展模式实现破局。

五、城市共生：从单城一枝独秀到片区协同繁荣

过去，出台楼市政策的都是某个城市的地方政府。它们基于本地房地产市场和其他产业的发展情况，以及投资力度和居民收入等因素来综合评定当地的产业政策和房地产调控政策。但是，当前的产业规划和房地产调控政策都不再以单城视角来考量，而是上升到城市群和片区协同发展的高度制定出来的，“城市共生”成了第四个新常态。

1. 从单城产业规划到城市群产业规划

在中国现有的政治经济体制下，很多省份都是遵循“举一省之力托一市之经济并带动周边城市”的发展模式，但事实上，周边城市迟迟没有发展起来。我们以陕西省与云南省为例。相对于周边的城市，省会城市西安及昆明均是这两个省的政治、经济和文化中心，教育资源和就业机会均居全省之首，同时享受到各方面政策的倾斜更加明显，吸引了大量的人力、物力和财力，虹吸效应极强，人均 GDP 也遥遥领先。反观周边城市，短期内并未明显得到省会城市的辐射和带动，经济发展水平与省会城市的差距仍然十分明显（见图 2–23）。

为了解决区域内部的发展差距问题，中央及地方通过制订某一区域的整体产业规划使周边城市承接核心城市产业，同时核心城市向中高端

■虹吸效应：省会城市的虹吸指数畸高，吸附了周边城市太多的人口和其他资源

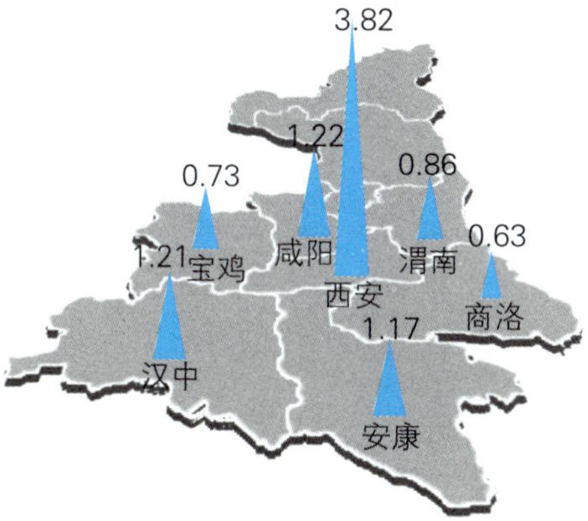

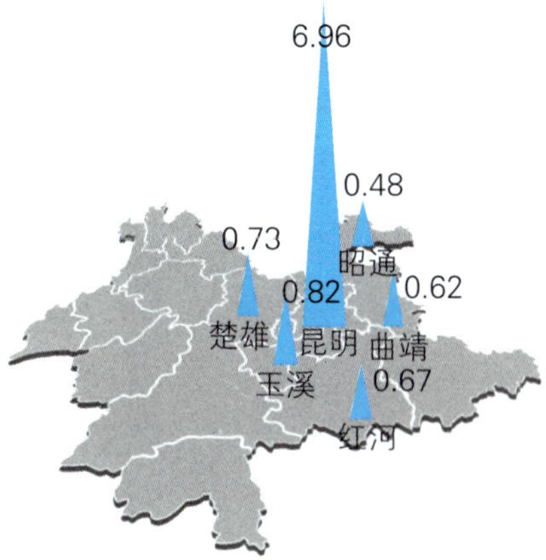

■经济差距：周边城市与省会城市的经济发展水平差距甚大

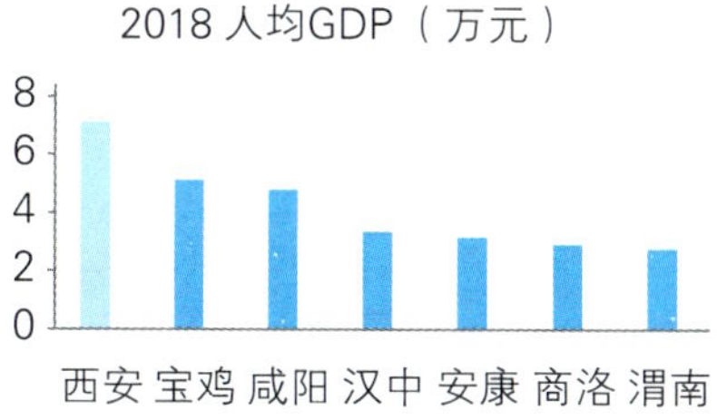

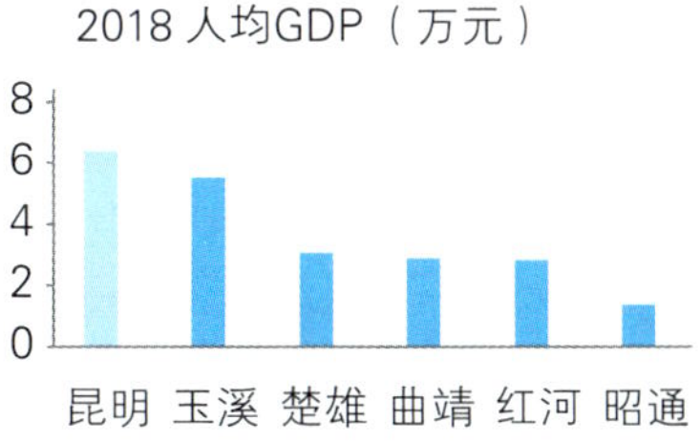

数据来源：Wind、明源地产研究院。

图2-23 西安和昆明两地及周边城市的虹吸指数与人均GDP

产业升级，进而推动该区域的协同发展。以陕西为例，西安与咸阳共建西咸新区，共同打造先进制造业、电子信息、临空经济、科技研发、文化旅游和总部经济六个规模均达千亿元的产业。同时，西安还与周边城市共建产业集群，例如与宝鸡共建汽车产业集群（见图 2–24）。由此，推动产业链的高端核心环节聚集在核心城市西安，相对低端的环节向周边转移，尽可能高效地实现人力资本的空间配置。

图 2–24 西安与周边城市形成产业协同

另一些经济发展较好的省份也存在一个比较明显的现象，即由于省级相关部门对本省城市的产业规划统筹不足，当地出现了“双城记”。例如广东的广州与深圳，山东的济南与青岛，福建的福州与厦门，都是一个是省会城市和政治中心，另一个是经济强市（见图 2–25）。

在很长一段时期内，单省内“双城驱动”的发展模式并未能实质性带动全省经济的整体发展，反而是城市间的竞争关系造成了一定程度上的产业结构趋同，经济发展相互制约，资源内耗也比较大。以广东省内的广州和深圳两座城市为例。作为经国务院批准成立的首批国家级高新区之一，广州高新技术产业开发区早在 1991 年就已建成。为了加速高

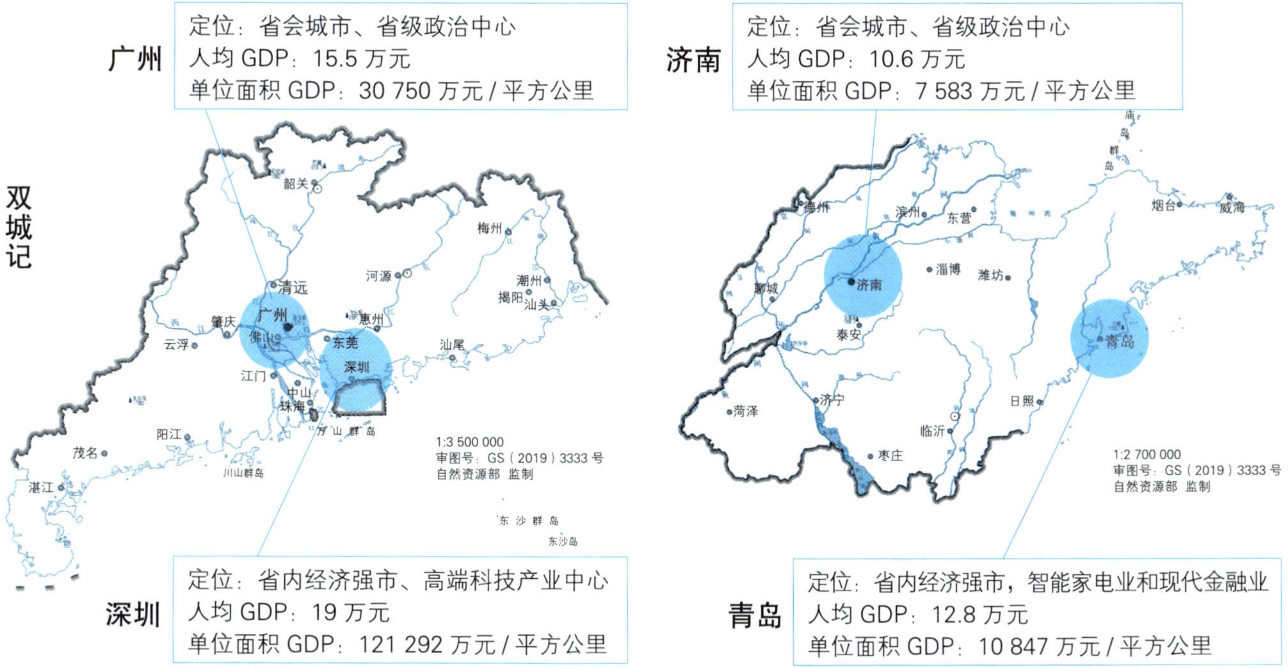

注：数据为 2018 年数据。

数据来源：Wind、明源地产研究院。

图 2-25　多地上演“双城记”

新技术产业的发展，广州市政府在1997年对高新区的管理体制进行了调整，形成由广州科学城、天河科技园、黄花岗科技园、民营科技园和南沙资讯园组成的“一区多园”的格局。深圳市于1996年9月建立了高新技术产业园区，该园区还跻身国家“建设世界一流高科技园区”的六家试点园区行列，也是“国家知识产权试点园区”和“国家高新技术产业标准化示范区”。两大国家级高科技园区先后落户广东，一座位于广州东部，一座位于深圳西部，隔着东莞遥相呼应。然而，这两大园区对于科技型人才和省级政府产业扶持补贴的争夺战多年来一直没有停止。

放眼全国，以广州和深圳为核心的珠三角城市群也因此与以上海为核心的长三角地区的差距明显拉大。

在区域交通网络方面，通过对比我们可以看到，在长三角地区，上海的交通枢纽地位无可争议，相对更加容易建立以上海为中心、杭州和南京为两翼的放射状轨道交通网，轨道交通密度更高。而在珠三角地区，由于广州、深圳两个龙头城市的交通枢纽地位之争更容易产生内耗，整体交通网路发展明显滞后。例如闻名遐迩的广深沿江高速，广州段仅修至火村就戛然而止，以致未能全线打通珠三角的整个沿江通道；再比如对于横跨珠江口的“深中通道”，广州、深圳和中山三市始终未能形成统一意见。

在城市群规划方面，在以上海为中心的发展思路下，长三角的区域一体化进程发展较快，政策规划的出台更容易站在区域整体的视角下，偏向“大政府”式的规划路径，整体执行力较强。而珠三角地区在产业发展方向上缺乏整体规划，更加偏向于“小政府”的规划模式，各市相对独立发展，资源相对分散，整体协同性相对较差，执行力较弱。

交通网络滞后及产业缺乏协同直接带来了经济发展水平的差距。我们可以看到，2018年长三角地区人均GDP约为13.6万元，而珠三角地区人均GDP为12.8万元，经济发展水平与长三角地区相比有一定差距。从房价水平对比来看，作为粤港澳大湾区9+2的城市之一，肇庆2018年商品房销售均价为7 015元/平方米；而长三角地区县级市海宁的房价却已接近 2 万元 / 平方米。

为解决珠三角地区“双城记”带来的内耗，中央站在顶层视角下从区域经济发展的角度考量，出台了粤港澳大湾区整体发展规划，有针对性地重新定义相关城市的核心产业定位，旨在促进片区内各个城市的协同互补，从而实现资源的充分利用（见图 2–26）。

2. 从单城调控到城市群调控

近期，房地产调控同样呈现出由单城调控到城市群调控的特征。过往的调控主要针对全国范围内房价上涨过快的热点一、二线城市，但本轮调控的一个显著特点是决策层不仅关注核心城市的房地产业状况，还基于城市群的角度进行整体政策的研究和制定。我们可以看到，在本轮调控中，以城市群为主体，中心城市联动周边三、四线城市协同调控的城市群调控场已经形成。房地产调控就像一张热力图，核心城市调控力度最强，周边城市的调控力度依次减弱，珠三角、长三角和环渤海三大城市群都是如此。

从表 2–10 可以看出，在珠三角城市群中，经济越发达的城市，调控政策越严格。深圳和广州的经济发展遥遥领先，楼市调控也最为严格；其次是经济较为发达且享受了一线城市楼市外溢的二线城市东莞、珠海和佛山等；经济欠发达的肇庆则未被纳入调控范围。

从长三角城市群的调控力度强弱表可以看出，中心城市上海的调控力度最强，其次是杭州、南京和苏州等热点二线城市。在这些中心城市政策收紧的同时，其周边大量的三、四线城市的政策也连续收紧（见表 2–11）。

从环渤海地区来看，北京调控最为严厉，其周边的多个地市密集调控，环雄安新区多个区域陆续被纳入调控范围并且调控力度不断升级。此外，山东半岛的房地产调控也从核心城市青岛和济南进一步向周边三、四线城市深入（见表 2–12）。

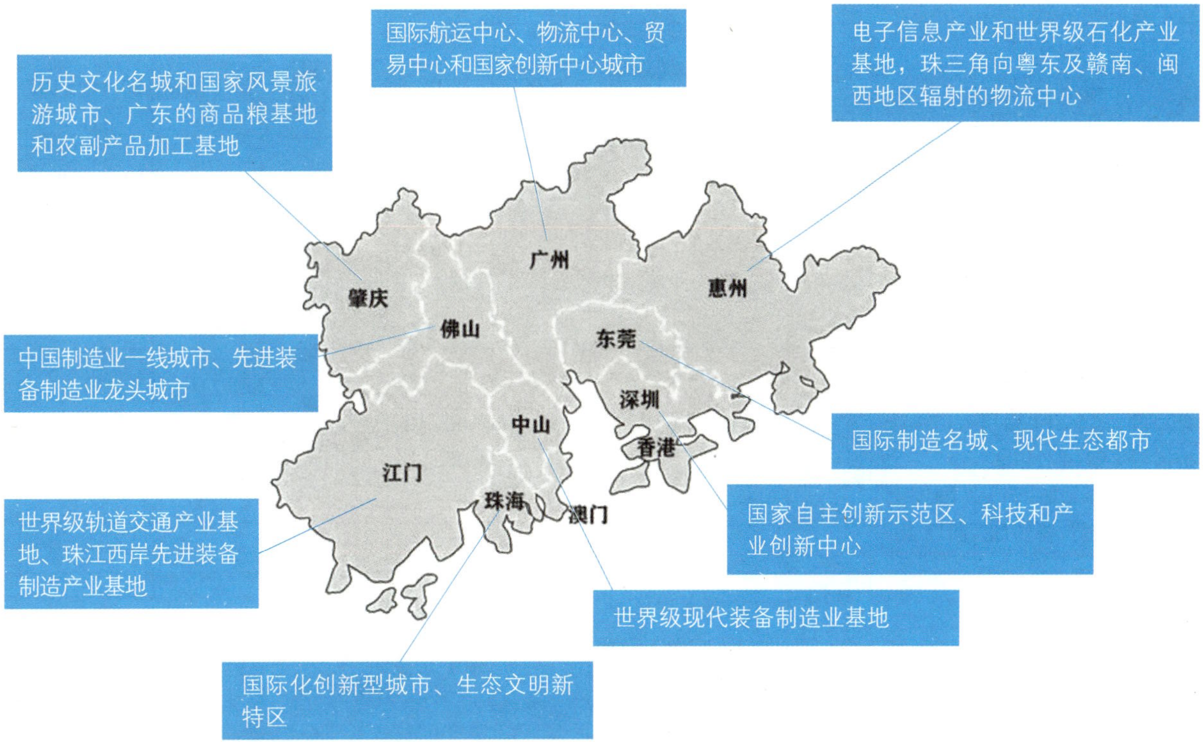

资料来源：整理自 2019 年《粤港澳大湾区规划纲要》。

图 2-26　大湾区规划下的珠三角各城市产业重新定位

表 2–10　珠三角城市群各城市调控政策及力度强弱表

城市	能级	最新政策出台时间	限购		限贷			限售		限价	
			本市户籍	非本市户籍	首套	二套	补充	住宅	商服	限地价	限房价
深圳	一线	2016–10–04	单身1套，已婚两套	1套（5年社保不能断）	普宅30%非普70%	70%	公积金本市需连续缴存1年以上，非本市需2年以上	取得不动产时间5年以上	—	竞买土地保证金不得低于出让底价的50%	销售价不得超过备案价
广州	一线	2017–03–17	单身1套，已婚两套	1套（5年社保不能断）	普宅30%非普70%	70%	公积金本市需连续缴存1年以上，非本市需2年以上	取得不动产时间2年以上	一手商铺不可购买，二手商铺2年以上	取消最高限价控制在土地出让起始价格145%以内的规定	销售价不得超过备案价
东莞	二线	2017–04–10	限购2套	1套（1年内连续缴纳社保）	30%	40%，三套停贷	公积金本市需连续缴存1年以上	取得不动产时间2年以上	—	“限地价＋竞配建”的土地出让方式	不能超过同镇同类均价的15%
珠海	二线	2017–04–08	限购3套	1套（5年社保）	30%	50%	公积金本市需连续缴存1年以上，非本市需2年以上	—	—	竞买土地保证金不得低于出让底价的60%	—

佛山	二线	2017–05–31	限购 2 套	1 套（2 年内连续 1 年以上社保或个税）	普宅 30% 非普 30%	普宅 40%，非普 60%（基准利率 1.1 倍）	公积金本市 1~2 年最高 30 万元，2 年以上最高 40 万元	—	—	—	分区域划定价格，销售价不得超过备案价
中山	二线	2017–03–26	限购 3 套	半年社保可买 1 套，2 年以上社保可买 2 套	30%	40%	公积金本市需连续缴存 1 年以上，非本市需 2 年以上	—	—	实际销售价格不得高于备案价格或下浮幅度超过 15%	—
江门	四线	2017–04–22	限购 3 套	1 套（半年社保）	30%	40%	公积金本市需连续缴存 1 年以上，非本市需 2 年以上	—	—	限地价 + 竞配建	—
惠州	二线	2017–04–08	—	—	—	40%	公积金本市需连续缴存 1 年以上，非本市需 2 年以上	取得不动产时间 3 年以上	—	—	商品房标价必须与申报监制的价格相一致
肇庆	四线		—	—	—	—	—	—	—	—	—

注：从上到下调控力度渐弱，肇庆无调控。

资料来源：各地政府网站，明源地产研究院整理。

表 2-11 长三角城市群各城市调控政策及力度强弱表

城市	能级	最新政策出台时间	限购		限贷			限售	限价	
			本市户籍	非本市户籍	首套	二套	补充	住宅或商服	限地价	限房价
上海	一线	2016-11-28	单身1套，家庭2套	1套（5年社保、家庭）	35%	普宅50%，非普70%	小于90平方米利率上浮20%，大于90平方米利率上浮30%	—	复合式拍地	预售证限价
杭州	二线	2017-03-29	单身1套	1套（连续缴2年社保）	30%	60%	首套小于140平方米的20%，二套40%（利率1.1倍）	企业限售3年	土地溢价率超过50%，需取得不动产登记证后方可销售，超过70%，锁定限价	—
南京	二线	2017-03-16	单身1套，家庭2套	1套（2年社保）	30%	房贷结清50%，未结清80%	公积金首套个人50万元	限售3年	实行土地出让最高限价办法	对土地出让溢价超过45%以上部分的保障房建设资金，不计入其房价的准许成本
苏州	二线	2016-10-03（限购限贷）2017/8（张家港限售）	限购2套	1套（1年社保）	30%	房贷结清50%，未结清80%	第二次使用公积金额度最高30万元	张家港限售2年	土地竞价超过土地出让市场指导价25%（不含25%）的，中止网上竞价，转为"一次报价出让方式"	实际销售价格不得高于申报价格
宁波	二线	2017-04（限购限贷）2017-09（限售）	限购2套	1套（1年社保）	30%	40%	家庭首套公积金贷款额度调整为80万元	限售2年	—	—

嘉兴	二线	2017-05-20	—	1套（1年社保）	本市30%，外市50%	50%	—	限售2年	土地限价拍卖	—
无锡	二线	2017-05-20	—	1套（2年社保）	30%	40%	—	个人限售2年，企业限售3年	—	申报价格备案的商品住房规模不得低于3万平方米（尾盘除外），且价格备案后1年内不得上调
淮安	三线	2017-05-28	限购2套	1套（1年社保）	—	—	—	—	—	—
南通	三线	2017-05-16	—	—	无贷款记录20%，贷款已还清30%	已有一套未还清，30%；已有二套未还清，停贷	二套公贷首付40%		提高竞买保证金和土地出让金首付比例	销售价格备案，“一价清”制度，一房一价
扬州	二线	2017-11-29	3套	—	—	—	—	限售2年	土地竞拍达到最高限价时，中止现场竞价	实际销售价格不得高于申报价格
温州	二线	2017-06-01	—	—	—	—	—	—	坚决防止出现区域性总价、土地或楼面单价新高等情况	商品住房实行价格指导制度，不得高于周边在售项目价格和本项目前期成交价格

（续表）

城市	能级	最新政策出台时间	限购		限贷			限售	限价	
			本市户籍	非本市户籍	首套	二套	补充	住宅或商服	限地价	限房价
常州	二线	2017-04-08	—	—	—	—	公积金贷款二次首付提至 50%	限售2年	—	新建商品住房备案价格的调整周期不得低于2个月
徐州	二线	2017-05-31	—	—	—	—	—	限售2年	—	申报价不得高于同期周边地块同类产品住房价格
泰州	三线	2017-08-29	—	—	—	—	—	限售2年	—	需要调整销售价格的，由5%调整为2%
绍兴	二线	2017-10-11	—	—	—	—	—	限售2年（区域限售）	超过溢价率一定比例或低价达到一定水平后转为竞现房销售或竞自持面积	—
湖州	三线	2017-06-28	—	—	—	—	—	—	限房价，竞地价	—
镇江	三线	2017-03-25	—	—	—	—	首套公积金首付30%，二套 60%	—	—	一次性公开每套准售房源价格
其他		金华、舟山、盐城、宿迁、丽水、连云港、衢州								

注：从上到下调控力度渐弱，最后一行所列城市无调控。

资料来源：各地政府网站，明源地产研究院整理。

表 2-12　环渤海城市群核心城市调控政策及力度强弱表

城市	能级	最新政策出台时间	限购政策		限贷政策			限售	限价	
			本地户籍	外地户籍	首套	二套	补充	住宅/商服	限地价	限房价
北京	一线	2017-03-17	已婚限购 2 套，单身/离异限购 1 套	限购 1 套，连续 60 个月个税	普宅 35%，非普 40%	普宅 60%，非普 80%	个人住房贷款（含公贷）期限最长 25 年	企业购买的商品住房再次上市交易，需满 3 年及以上；部分地块限售 5 年	竞地价	限房价
济南	二线	2017-04-19	限购 2 套，长清、章丘纳入限购	限购 1 套，2 年社保或个税	非本市 60%	本市二套或有贷款记录 60%，已使用公贷 2 次及以上停贷	商贷最长 25 年；商贷利率首套上浮 5%~10%，二套上浮 15%~30%；公贷利率上浮 10%	限购区域内，限售 2 年	溢价率达到 150% 以上（含）的，现房销售；当居住用地超过最高限价，按竞基础设施或公益设施建设面积出让	对销售均价高于开发成本 20% 以上的住宅项目严格审查
天津	二线	2017-03-31	已婚限购第 3 套，单身/离异限购第 2 套	限购第 2 套，连续 2 年社保或个税	30%，有房贷记录 60%	60%	个人住房商贷期限最长 25 年	—	热门地块，“限房价、竞地价”“限地价、竞自持租赁住房”“限地价、竞棚改安置房”	商品房价格申报，实施必要的价格指导

（续表）

城市	能级	最新政策出台时间	限购政策		限贷政策			限售	限价	
			本地户籍	外地户籍	首套	二套	补充	住宅／商服	限地价	限房价
保定	三线	2017–05–22	已有 2 套及以上，停购	限购 1 套，3 年社保或个税；已有 1 套及以上，停购	公贷 30%，本市商贷 30%，非本市商贷 40%	公贷 60%，二次及以上使用停贷；本市商贷 50%；非本市商贷 60%	—	限售 2 年；“双限双竞”模式取得土地后开发建设的商品住房，限售 10 年	—	“双限双竞”模式项目，实施价格备案
廊坊	三线	2017–06–02	已有 2 套及以上，停购	限购 1 套，3 年社保或个税；已有 1 套及以上，停购	商贷 30%，公贷 30%	商贷 50%，公贷 60%，异地停贷	—	—	—	商品房价格监管及预售价格指导，一房一价
承德	四线	2017–05–14	已有 2 套及以上，停购	限购 1 套，1 年以上社保或个税；已有 1 套及以上，停购	本市 30%，外市 50%	无房贷或房贷结清 40%，房贷未结清 50%，已有 2 套及以上停贷	—	非本市户籍，限售 2 年	—	—
张家口	三线	2017–05–26	中心城区已有 2 套及以上，停购	中心城区无住房，限购 1 套；已有 1 套，停购	本市商贷 30%，外市商贷 40%，本市公贷 30%	本市商贷贷款已结清 40%，未结清 50%；本市公贷 60%；三套停贷	—	中心城区，限售 3 年	—	商品房价格监管及预售价格指导

石家庄	二线	2017–09–23	不限购	限购1套，连续2年社保或个税；已有1套的限购第2套	商贷30%，公贷30%	商贷无贷款记录或已结清40%，未结清50%，三套停贷；公贷二套60%，三套停贷	—	限售5年	—	—
唐山	三线	2017–05–17	已有1套，限购1套；已有2套及以上，停购	限购1套，1年以上社保或个税；已有1套，停购	商贷30%，公贷30%	商贷二套40%，三套停贷；公贷二套60%，三套停贷	—	—	—	商品房价格备案，一房一价
秦皇岛	三线	2017–04–15	已有1套，限购1套；已有2套及以上，停购	限购1套，连续12个月社保或个税；已有1套，停购	商贷30%，公贷30%	商贷二套40%，三套停贷；公贷二套60%，三套停贷	—	—	—	一次性价格备案，一房一价
青岛	二线	2018–04–18	已有1套，限购1套；已有2套及以上，停购	限购1套，连续12个月社保或个税；已有1套及以上，停购	商贷首套30%，二套40%，三套停贷；公贷新房30%，二手房40%	—	—	限售5年	—	—

（续表）

城市	能级	最新政策出台时间	限购政策		限贷政策			限售	限价	
			本地户籍	外地户籍	首套	二套	补充	住宅/商服	限地价	限房价
沧州	四线	2017-03-23	已有2套及以上，停购144平方米以下住房	已有1套及以上，停购	商贷30%，公贷30%	商贷房贷结清40%，未结清50%，三套停贷；公贷二套60%，三套停贷	—	—	—	商品房价格申报；商品房明码标价备案，一房一价
其他	邢台、邯郸、衡水									

注：从上到下调控力度渐弱，最后一行所列城市无调控。

资料来源：各地政府网站，明源地产研究院整理。

对于中西部城市而言，房地产调控更多的是省会城市处于调控之下，在需求外溢的影响下，周边调控宽松或尚无调控的三、四线城市迎来了潜在的楼市发展机会。以长沙为例，作为湖南的省会城市，长沙各类资源优势突出，但楼市调控政策不断加码，这就导致大量的购房需求外溢到周边的岳阳和湘潭等城市。这些购房需求的外溢，不仅促进了当地房地产市场的快速发展，同时带来了大量的人力和财力等资源，从而为这些城市各个领域的发展制造了更大的发展空间，并由此推动整个片区的楼市和经济协同发展（见图 2–27）。

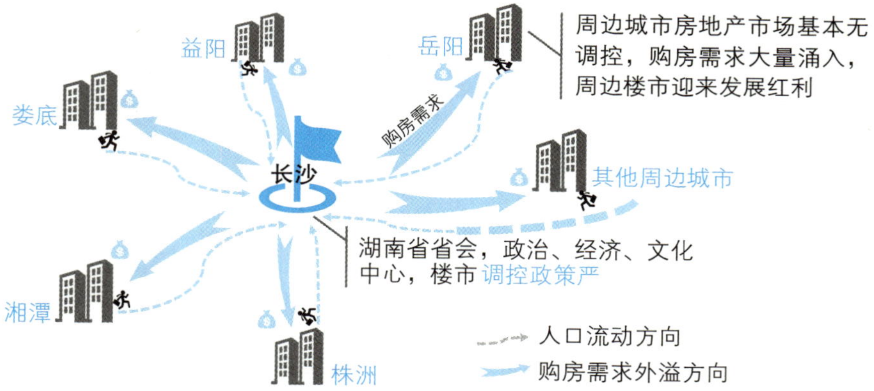

图 2–27　长沙房地产调控趋严，购房需求外溢

在“城市共生”的政策新常态下，每一个城市都应该思考未来自身在城市群中是什么样的定位及扮演什么样的角色，唯有如此才能真正实现城市发展格局从“单城一枝独秀”上升为“区域协同繁荣”。房企也需要洞察和理解这一趋势，从中找到合适的投资机会。

综上所述，当前的房地产调控已进入“严控慢松”“精准调控”的新周期，而且已不再局限于单一的“控地产”。中央站在更高的维度和更加长远的视角下进行全局考量，推动房地产的相关资源逐渐注入其他产业，从而优化产业结构，促进多产业协同发展。同时，各地也要从更高维度制订全局发展规划，增进城市间的资源互补，充分释放流动性，协同共进、避免内耗。房企更应充分洞察、理解并接受当前房地产业面临的新常态，做到顺势而为。

第三章

房地产业仍积极向上
资本属性越发凸显

在调控政策频出且行业不确定因素增加的情况下，房地产业的销售状况在震荡中上行。同时，行业内部分化愈加凸显：一、二、三线城市政策虽严，但因基本面良好，又有持续不断的外来人口涌入和资本利好，需求面基础稳固；而四、五线城市由于此前所消耗的购买力尚未恢复，棚改货币化安置政策逐步退潮，加之资本撤离，部分城市的销售面积持续下行。但总体来看，房地产业依然保持着积极向上的整体发展态势。

第一节
从基本面来看，房地产业前景仍偏乐观

2018 年，虽然房地产市场经历了大大小小的多次调控，尤其是经历了 2018 年 7 月 31 日中央政治局会议后的政策进一步收紧，但是全年的商品房销售额和销售面积仍然刷新了历史纪录。

一、尽管面临“7·31”严厉定调，但行业销售规模仍在扩张

2018 年，房地产政策调控面对的宏观经济环境更加复杂。在金融财政政策定向“宽松”的同时，房地产业却经历了调控最严的一年。2018 年 3 月，《政府工作报告》进一步强调“房子是用来住的、不是用来炒的”定位，继续实行差别化调控；7 月 31 号，中央政治局会议强调“坚决遏制房价上涨”。两次重要会议确定了全年乃至 2019 年之后房地产调控趋严的政策基调。

在此背景下，2018 年我国房地产市场依然延续了此前稳定的增长态

势，在销售额和销售面积两个方面都达到了新的高度。其中，商品房销售额为 149 973 亿元，较上年增长 12.2%；商品房销售面积为 171 654 万平方米，比上年增长 1.3%。对比 2014 年以来的数据，行业的整体表现依然积极向上（见图 3–1）。

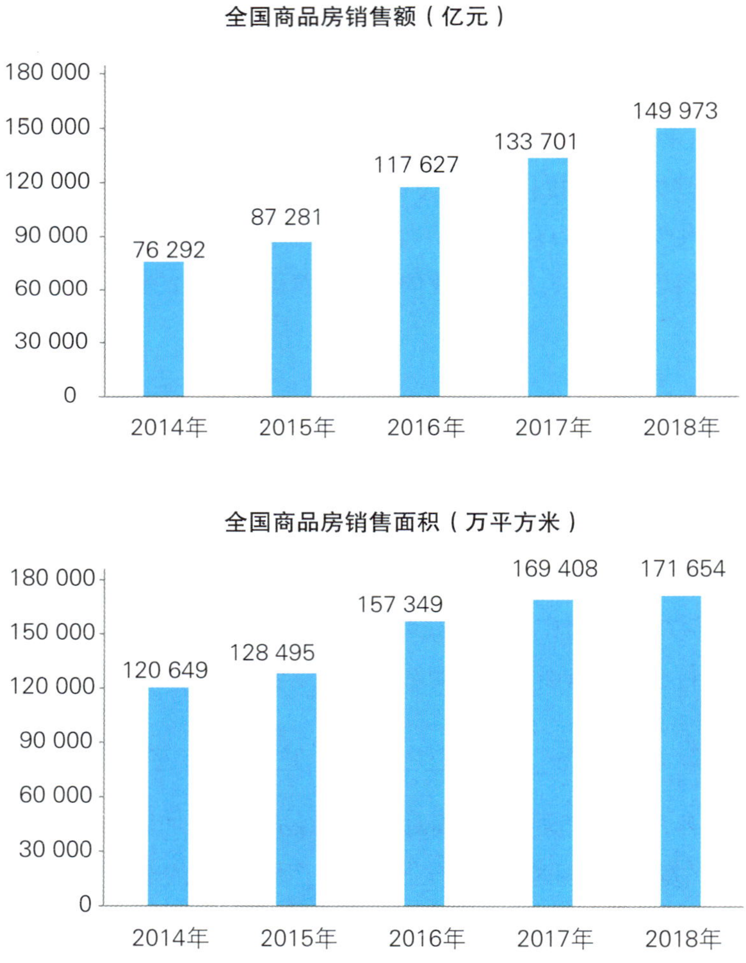

数据来源：Wind、明源地产研究院。

图 3–1 2014—2018 年全国商品房销售额和销售面积

我们预计，未来一线城市量价趋稳，二、三线城市量升价稳。

1. 从土地供应情况来看，预计一线城市将保持量价趋稳

2018年，在中央“因城施政、分类调控”的政策背景下，一线城市的调控措施持续加码，土地市场受其影响逐渐降温，供地计划的完成情况也相应地受到影响。因此，为了平衡供求关系，一线城市在下半年加快了推地步伐，以确保土地市场的平稳健康发展。同时，在土地挂牌均价方面，一线城市在经历了此前的快速上涨之后，当前保持在相对平稳的水平（见图3–2）。

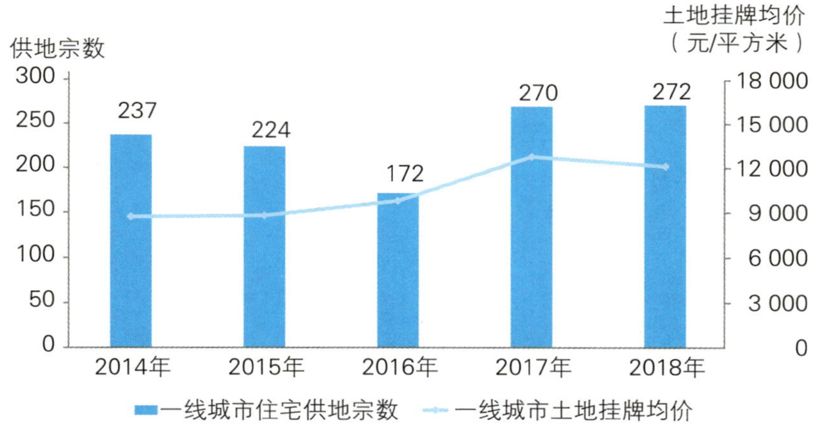

数据来源：Wind、明源地产研究院。

图3–2 2014—2018年一线城市住宅供地情况

2. 量升价稳将是二、三线城市楼市的主基调

在一线城市供地相对平稳、房企拿地难度较大的背景下，二、三线城市则普遍增加供应，成为众多房企关注的重点。2018年，二、三线城市的住宅供地数量均保持明显的增长趋势。其中，二线城市通过加大土地供应量，避免了土地价格的过快上涨，量升价稳成为其房地产市场发展趋势；而三线城市住宅供地则连续两年保持量价快速上涨，在因城施策、因地制宜的调控背景下，预计2019年也将保持量升价稳的态势（见图3–3）。

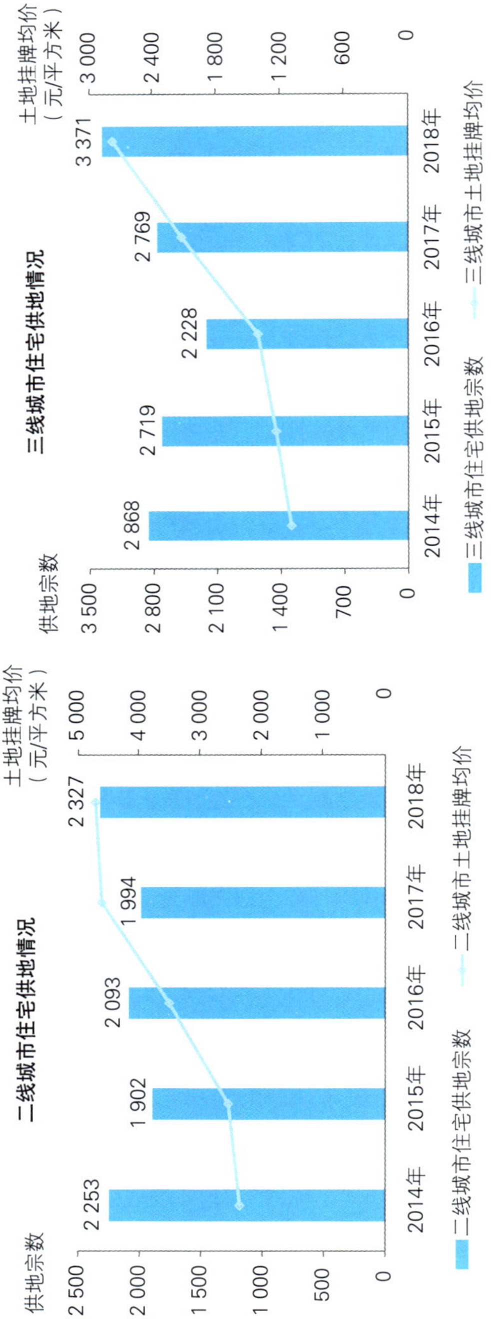

数据来源：Wind、明源地产研究院。

图3-3 2014—2018年二、三线城市住宅供地情况

二、在调控背景下，各地 GDP、销售面积和房价均在增长

本轮房地产的调控依然在持续，但是在宏观经济保持平稳增长的背景下，全国商品房销售面积及房价仍保持稳定的增长。长期来看，在城镇化的持续推进下，我国房地产业仍然具有良好的发展前景。

1. 在房地产持续调控下，全国31个省区市GDP仍在增长

从我国多年经济高速增长的路径来看，房地产业与中国经济的发展基本上存在正相关关系。由 GDP 增速来看，2018 年全国各省区市的 GDP 均保持增长的态势，其中西藏、贵州、江西等 18 个省区市的 GDP 增速均超过 6.6% 的全国平均水平（见图 3–4）。

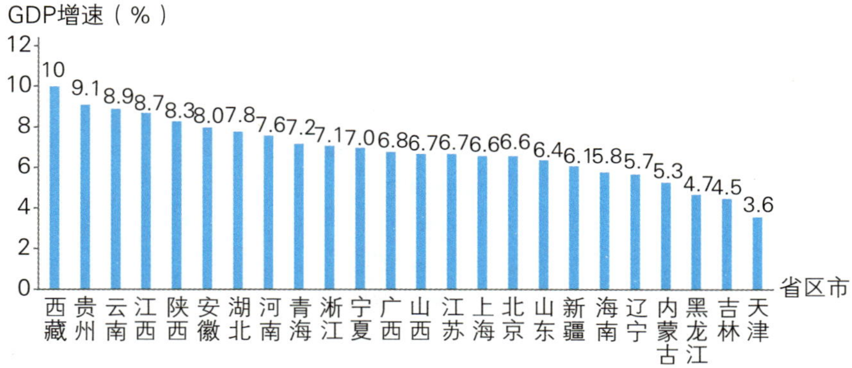

数据来源：Wind、明源地产研究院。

图3–4 2018年全国部分省区市的GDP增速

2. 房地产销售面积及开发面积保持增长

2018 年，在全国各省区市经济普遍增长的背景下，除少数调控严厉的省市（北京、广东和海南等）外，其余各地的商品房销售额均保持一定幅度的增长（见图 3–5）。

从核心省份来看，房地产销售面积不减，房企开发热度同样不减。

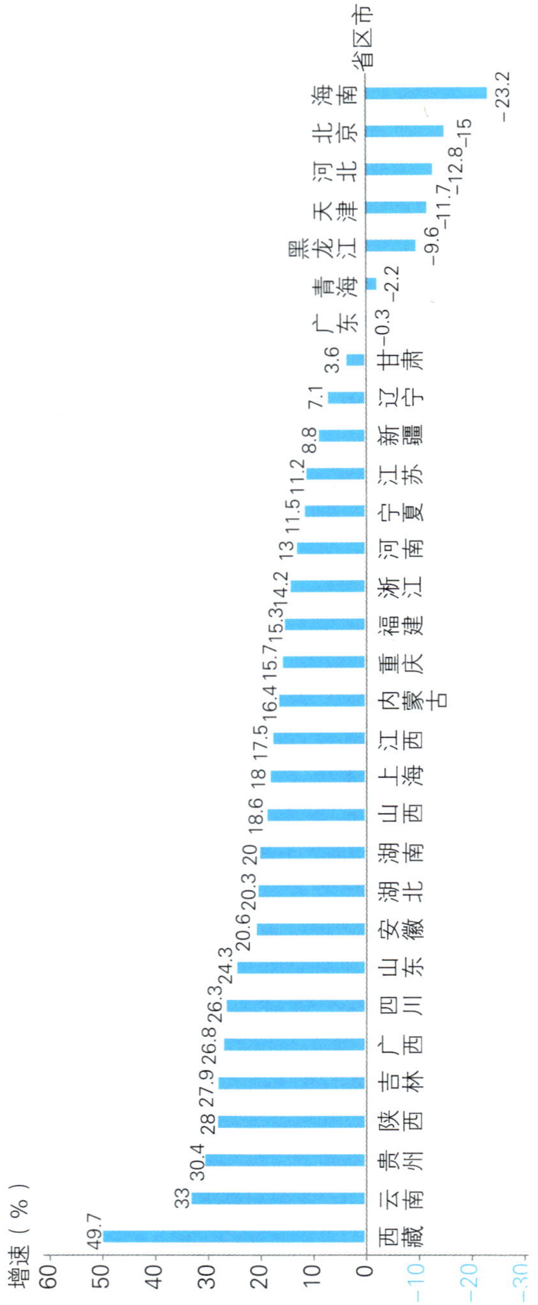

数据来源：Wind、明源地产研究院。

图 3–5　2018 年全国各地商品房销售额增速

从几大城市群内部分核心省份的表现来看，2018 年，除调控相对趋严的广东与河北外，各大城市群内的核心城市在房地产销售端均呈现出增长趋势。其中，广东省虽然在调控影响下销售端略有下降，但是其房地产开发投资完成额依然保持增长，市场投资热度不减（见表 3–1）。

表 3–1　城市群内部分省份房地产销售和投资相关数据（2016—2018 年）

区域	省份	房地产销售额（亿元）			房地产销售面积（万平方米）			房地产开发投资完成额（亿元）		
		2016	2017	2018	2016	2017	2018	2016	2017	2018
珠三角	广东	16 215	18 793↑	18 742	14 612	15 959↑	14 336↑	10 308	12 076↑	14 412↑
	广西	2 207	3 017↑	3 827↑	4 215	5 171↑	6 213↑	2 398	2 683↑	3 004↑
	福建	4 531	5 705↑	6 579↑	4 915	5 854↑	6 213↑	4 589	4 794↑	4 940↑
长三角	浙江	9 605	12 340↑	14 090↑	8 637	9 600↑	9 755↑	7 469	8 227↑	9 945↑
	江苏	12 293	13 067↑	14 527↑	13 962	14 211↑	13 484	8 956	9 629↑	10 982↑
环渤海	河北	4 302	4 628↑	4 035	6 682	6 426	5 252	4 696	4 824↑	4 476
	山东	6 903	8 097↑	10 066↑	11 790	12 813↑	13 455↑	6 323	6 637↑	7 553↑
成渝	四川	5 359	6 757	8 532↑	9 300	10 869↑	12 211↑	5 283	5 150	5 698↑

数据来源：Wind、明源地产研究院。

从热点城市来看，各市的销售额、销售面积和房地产开发投资额仍在增长。在一线城市受调控政策影响的背景下，核心省会城市则在销售与投资两端均有抢眼的表现。此外，作为各自城市群内的经济强市，无锡和青岛也同样延续了较高的市场热度（见表 3–2）。

3. 在房地产调控背景下，全国各省区市房价仍在上涨

自 2018 年 10 月开始，稳楼市的政策基调基本确定。经济工作会议、两会报告以及住建部记者会都强调稳地价、稳房价、稳预期。这个政策基调就明确了调控的目的不是要降房价，而是要维护房地产业的平稳发展。从数据来看，2018 年，全国 31 个省区市的商品房销售价格仍然保持稳定上涨的势头（见图 3–6）。

表 3-2 部分城市房地产销售和投资情况（2016—2018 年）

类别	城市	房地产销售额（亿元）			房地产销售面积（万平方米）			房地产开发投资完成额（亿元）		
		2016	2017	2018	2016	2017	2018	2016	2017	2018
一线城市	北京	4 562	2 796	2 377	1 659	870	696	4 001	3 693	3 873↑
	上海	6 696	4 027	4 752↑	2 706	1 692	1 767	3 709	3 857↑	4 033↑
	深圳	3 324	3 217	3 908↑	736	671	722↑	1 757	2 131↑	2 641
	广州	3 193	3 100	3 103↑	1 949	1 758	1 550	2 541	2 703↑	2 702
核心省会城市	郑州	2 334	2 674↑	3 134↑	2 859	3 098↑	3 712↑	2 779	3 359↑	3 258
	济南	1 175	1 173	1 475	1 425	1 216	1 236↑	1 164	1 233↑	1 370↑
	西安	1 344	2 094↑	2 667↑	2 036	2 459↑	2 622↑	1 950	2 235↑	2 214
	武汉	3 271	4 149↑	4 781↑	3 256	3 533↑	3 647↑	2 517	2 686↑	2 780↑
	长沙	1 675	1 739↑	1 959↑	2 613	2 261	2 387↑	1 267	1 493↑	1 509↑
	成都	2 948	3 428↑	3 633↑	3 929	3 926	3 683	2 641	2 493	2 273
	杭州	3 667	4 181↑	4 008	2 328	2 054	1 676	2 607	2 734↑	3 069↑
	南京	2 766	2 238	2 732↑	1 558	1 430	1 221	1 846	2 170↑	2 354↑
城市群内的经济强市	无锡	1 273	1 168	1 368↑	1 106	1 247↑	1 576↑	1 028	1 198↑	1 312↑
	青岛	1 790	1 999↑	2 282↑	1 939	1 901	1 808	1 369	1 331	1 485↑
	厦门	766	880↑	885↑	529	528	529↑	1 059	1 193↑	1 107
	天津	3 478	2 272	2 007	2 711	1 482	1 250	2 300	2 233	2 424↑

数据来源：Wind、明源地产研究院。

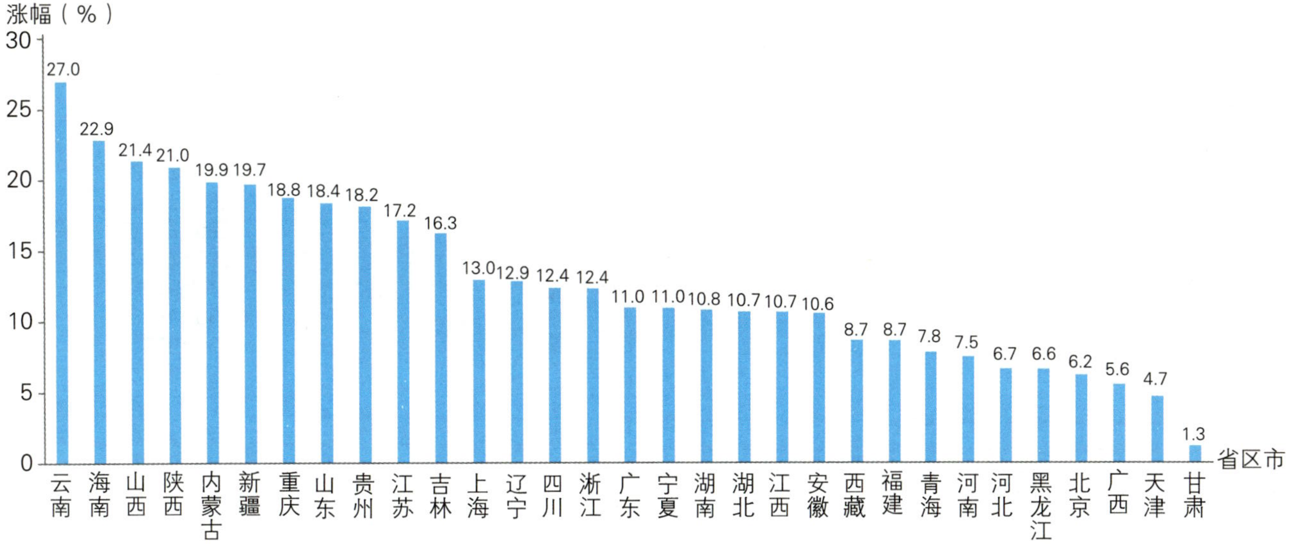

数据来源：Wind、明源地产研究院。

图3-6　2018年全国各省区市房价涨幅

三、尽管政策调控在持续，但房地产投资增速仍在上涨

从图 3–7 来看，全国房地产开发投资增速屡创新高，2019 年第一季度同比增长 11.8%。这体现出房企在房地产开发投资和新开工面积的增速方面普遍加快了步伐，市场出现了向上抬头的迹象。

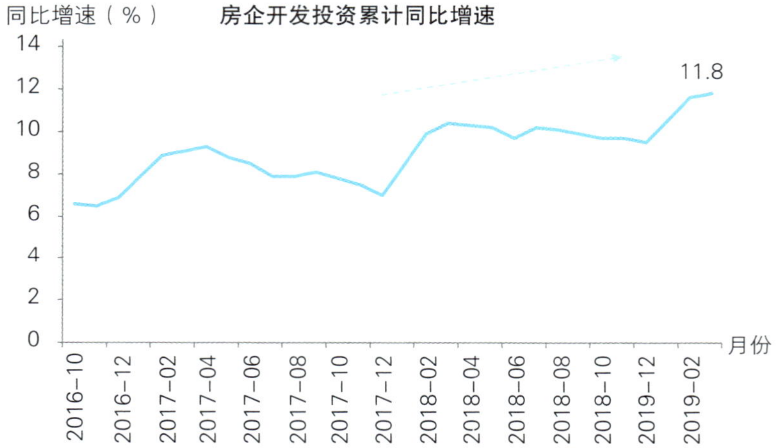

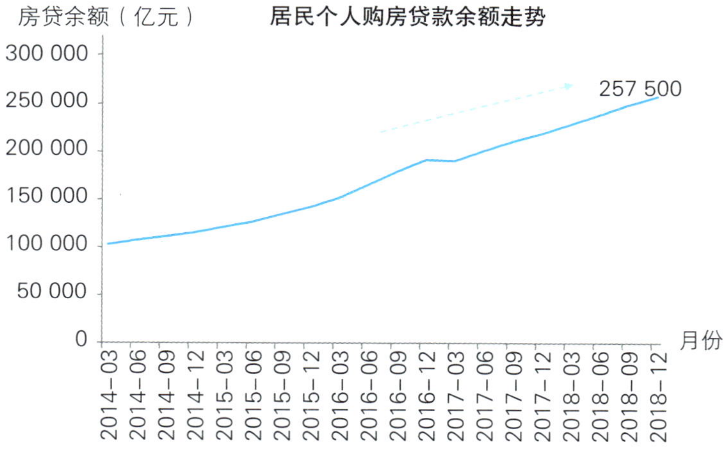

数据来源：Wind、明源地产研究院。

图 3–7 房地产开发投资累计同比和居民个人购房贷款余额走势

从上图还可以看出，我国居民个人购房贷款余额仍在持续增长。一方面是因为银行流动性较为充裕，商业银行放贷节奏加快；另一方面则是全国首套房的房贷利率同步下调，促进了居民贷款意愿的增强。未来，伴随全国各地相关人才政策和规划政策的陆续出台，居民购房需求会持续释放，预计该项指标也会同步增长。

综上所述，尽管调控政策持续趋严，但是房地产业仍在伴随经济的发展而稳步增长，市场需求依旧坚挺。在一线城市整体趋稳的背景下，二、三线城市随着人才落户和产业扶持等政策利好的影响，将逐渐成为房企聚焦的重点。

第二节 二、三线城市政策虽严，但房地产需求有保障

我们再从不同的城市能级表现来看，在调控政策依旧不断出台的背景下，二、三线城市的调控力度明显趋严。不难看出，在本轮调控中，无论是东部沿海经济发达的二、三线城市，还是中西部地区经济实力较为突出的省会城市，几乎全被纳入调控范围。此外，受房价持续上涨的影响，部分热点二线城市的调控力度仍在不断升级。2019 年 4~5 月，西安、苏州、大连、佛山等二线城市在相继收到住建部的预警提示后，均不同程度地对当地调控措施进行了升级。

尽管房地产市场依旧笼罩在政策的严控下，但二、三线城市的房地产需求仍有保障。从全国趋势来看，在各地纷纷放宽人口落户政策、城市群规划持续利好的背景下，二、三线城市强劲的人口吸附效应为当地带来了巨大的住房需求。

数据显示，近三年来，我国商品房销售结构略有变化，一线城市的商品房销售额不再是行业的重点，二、三线城市的商品房销售额占比最大，

而四、五线城市的房地产销售额比重则明显上升（见图 3–8）。

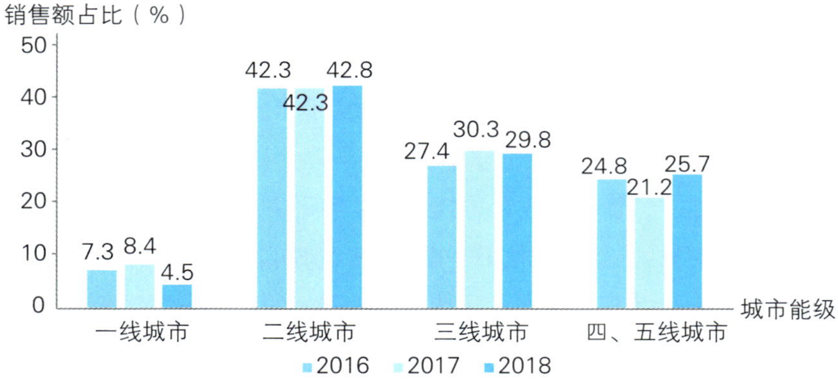

数据来源：Wind、国家统计局、明源地产研究院。

图 3–8　2016—2018 年全国不同能级城市商品房销售额占比

一、二线和三线城市商品房销售面积及房地产开发热度上升

2018 年，受部分四、五线城市货币化棚改被叫停的影响，资本逐渐撤离这些城市，转而投向市场相对稳定的二、三线城市。与此同时，大多数规模房企也纷纷调整布局策略，同步回归二、三线城市，推动房企在这些城市的拿地热度持续攀升，市场竞争也更加激烈。

如图 3–9 所示，2018 年以来，二、三线城市房地产销售面积及房地产开发投资额显著上升，尤其在第四季度，受益于部分二、三线城市的房贷利率下调，商品房销售面积快速增长，房地产开发投资额也同步回升。

二、二线和三线城市有较强的人口聚集效应，房地产需求有保证

自 2017 年以来，二、三线城市人才战略愈演愈烈，各城市使出浑身解数——线上落户、购房租房优惠和就业创业享受补贴等措施层出不穷，以吸引更多人口安居置业，扩充城市人口规模。如图 3–10 所示，虽然单个二、三线城市在常住外来人口数量方面略少于一线城市，但是城市总数更多的二、三线城市，无疑蕴藏着更大的发展潜力和发展空间。

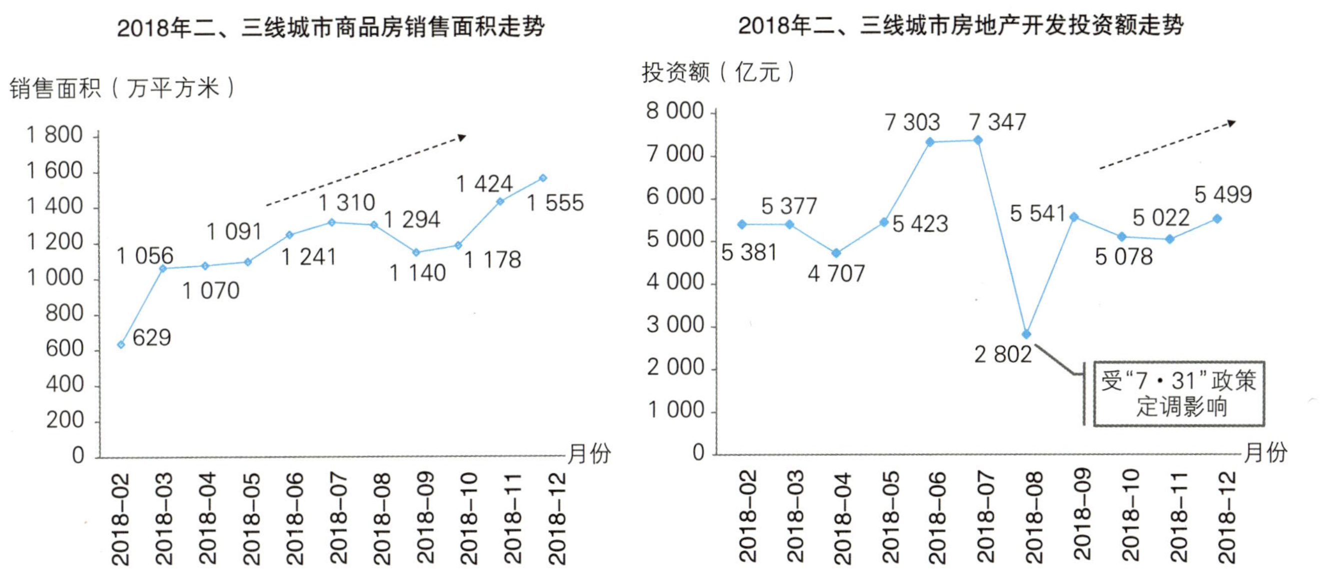

数据来源：CREIS（中国房地产指数系统）、明源地产研究院。

图3-9　2018年二、三线城市商品房销售面积和房地产开发投资额走势

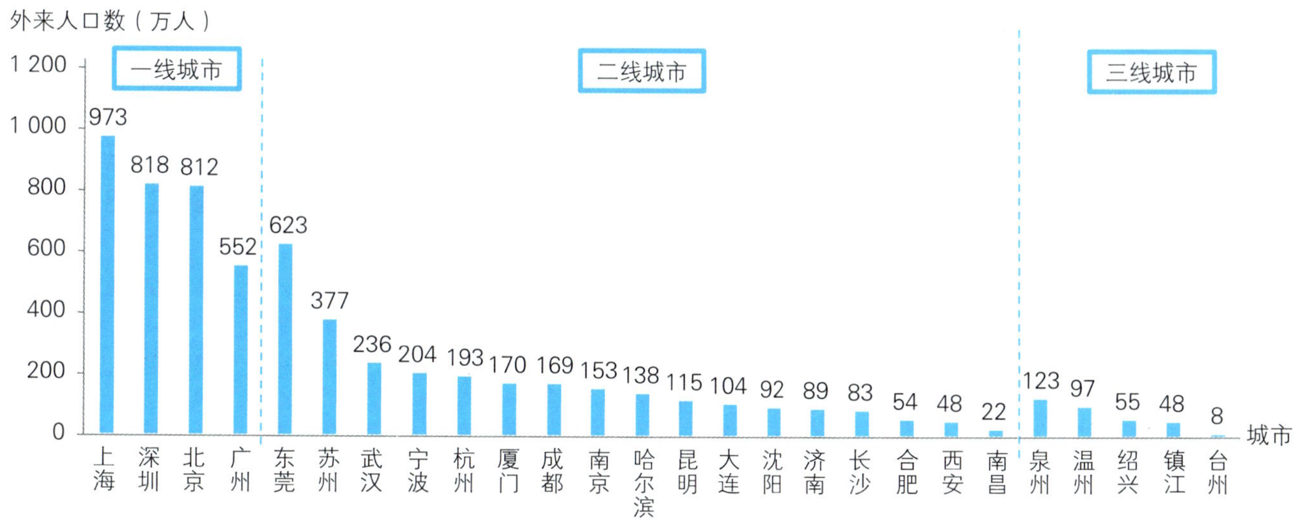

计算方式：常住外来人口数量＝城市常住人口总数－户籍人口总数。

注：所有数据均采自2017年各市统计局。

数据来源：各市统计局、明源地产研究院。

图3-10　一线城市及部分二、三线城市常住外来人口对比

2019 年，二、三线城市的抢人大战仍在继续上演，部分城市进一步降低落户门槛。持续增长的人口红利势必会释放出相应的住房需求，这将会对这些二、三线城市的房地产市场起到有力的支撑作用。

第三节
四、五线城市调控虽然宽松，但应严选

在二、三线城市房价被诸多调控政策限制的情况下，四、五线城市较为宽松的房地产政策环境，加之近年来并不弱于其他城市的去化速度，一度吸引众多房地产开发商前往拿地布局。但是，自 2018 年下半年起，资本市场风险预警，品牌房企纷纷撤离，四、五线城市的房地产市场逐渐趋冷。随着棚改政策的进一步收紧，大涨过后的四、五线城市的房地产市场本轮会迎来一段相对低迷的时期。

一、四线和五线城市销售情况明显下滑，市场预期回暖慢

棚改效应弱化后的四、五线城市房地产市场明显降温，加上之前一段时间这些城市的楼市持续火热，市场预期开始回归理性。从数据来看，2018 年四、五线城市的商品房销售面积持续走低，相应地房地产开发投资额也在进一步下降，尤其在第四季度，下降趋势更为严峻（见图 3–11）。

二、资本撤离四线和五线城市，房企融资难

2018 年房企的融资环境持续收紧，多项政策先后出台，以防范房地产业的债务风险。不仅多家房企在境内发行的企业债因限制的增多而被迫中止，而且房企在境外发债也开始受到限制。2018 年 6 月 27 日，发改委强调“房企境外发债不得投资于境内外房地产项目或补充运营资金，仅限归还存量债务，并要求企业提交资金用途承诺”。房地产业的金融

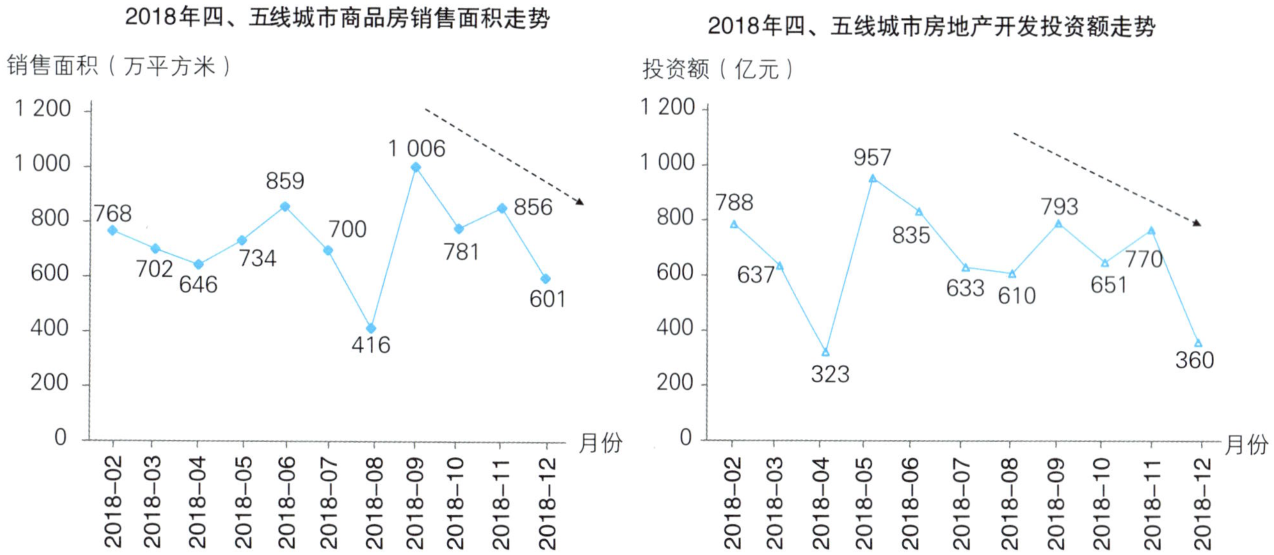

数据来源：CREIS、明源地产研究院。

图3–11　2018年四、五线城市商品房销售面积和房地产开发投资额走势

风险逐渐成为监管部门关注的重点，房企融资环境难言宽松。

从图 3–12 中可以看到，自 2018 年起，除房企自筹资金外，来自其他渠道的融资额均同比降低并处于低位。在大环境收紧的影响下，多数房企融资受限。商业银行在严格的监管下对于房地产贷款态度仍偏审慎，审批权限大多收归总行，授信的房地产项目多数集中在一、二、三线城市，对四、五线城市则选择“断流”。

三、四线和五线城市仍存机会，但要遵循严选逻辑

金融机构的大数据相对更为全面，因为它们不仅仅关注房地产这一个行业，还跟各行各业都有密切的往来。所谓“春江水暖鸭先知”，一个城市出现了多少违约，出现了多少坏账，金融机构可能比任何一个企业都更为敏感。

那么在政策与资金都纷纷撤离四、五线城市的背景下，这些地方是否就不存在好的投资机会了？答案是否定的。部分四、五线城市仍有大量的机会，但是房企需按照严选的逻辑去做决策。

1. 土地和楼市需求大于供给的城市仍有不少

从供需的角度来看全国的四、五线城市，我们会发现很多城市或者说很多项目在当下仍会出现“日光盘”的现象。通过研究发现，这些城市的地方政府对于土地的供给相当克制和理性，因此当地楼市并没有太多的库存积压，房地产投资的风险相对较小。

以福建三明市和广西北海市为典型城市来分析，我们可以看到，近五年来这两个城市的土地都处于供不应求的状态，土地的需求相对于实际供给均超过了三倍。在楼市供需端，三明市的楼市需求又是实际供给量的将近两倍，北海市的楼市需求也同样高于供给（见表 3–3）。

因此，对于四、五线城市的投资机会，房企需结构性地看待：对于库存量较高、去化速度慢且供给远大于需求的四、五线城市应该主动回避；而对于类

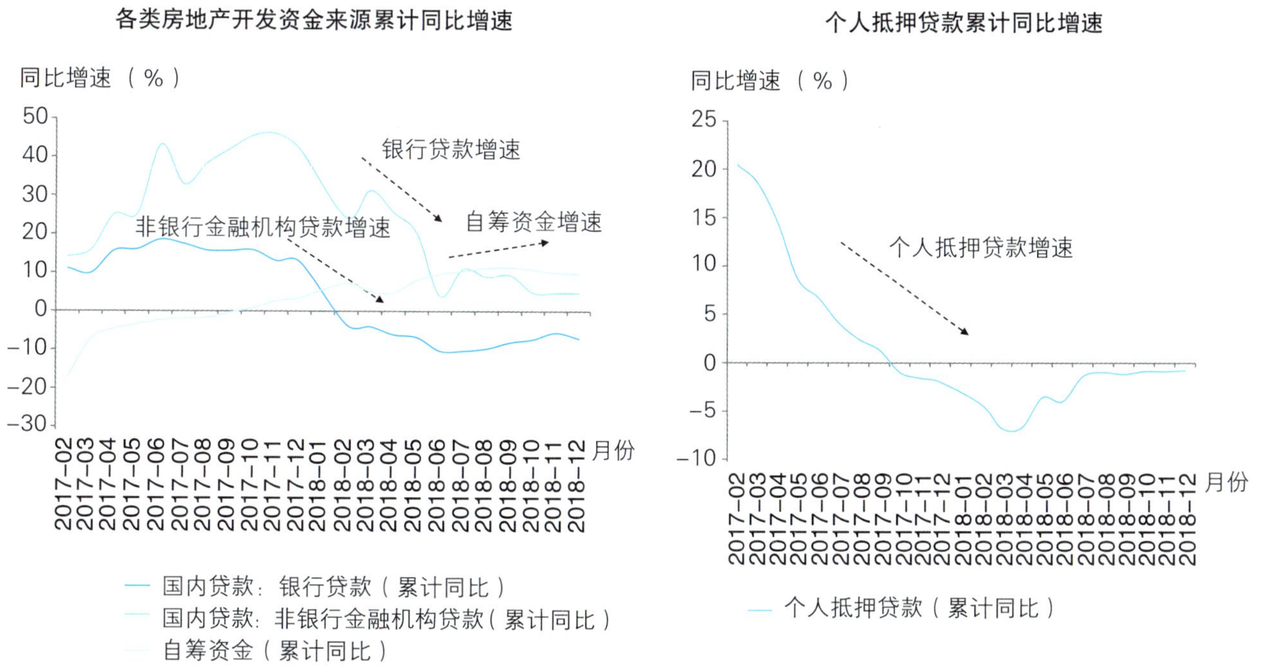

数据来源：Wind、明源地产研究院。

图3−12　2017—2018年各类房地产开发资金来源和个人抵押贷款累计同比增速

似于三明市和北海市这样的有巨大市场需求空间的城市，则应该积极布局。

表 3–3　福建三明和广西北海的土地和楼市供需（2014—2018 年）

四线城市示例：三明（万平方米）

	项　目	2014	2015	2016	2017	2018	平均值
土地供给 ▶	土地成交规划建筑面积	78	30	20	43	47	44
土地需求（楼市供给）▶	新开工面积	185	122	91	127	181	141
楼市需求 ▶	商品房销售面积	195	198	193	190	244	204

▶ 土地供给 < 土地需求

▶ 楼市供给 < 楼市需求

五线城市示例：北海（万平方米）

	项　目	2014	2015	2016	2017	2018	平均值
土地供给 ▶	土地成交规划建筑面积	5	71	72	65	170	77
土地需求（楼市供给）▶	新开工面积	268	195	216	295	281	251
楼市需求 ▶	商品房销售面积	200	189	215	361	398	272

▶ 土地供给 < 土地需求

▶ 楼市供给 < 楼市需求

数据来源：CREIS、地方统计局、明源地产研究院。

2. 中国城镇化进程一直没有停滞，城市规模仍有发展空间

从城市化率角度来看，相比发达国家，中国的城镇化率依然处于相对落后的位置。就世界主要国家的发展规律而言，城镇化率的提升是必然趋势。随着工业化的不断推进和农村人口不断转化为城市人口，城镇化率会不断提升。2018 年，中国城镇化率刚刚接近 60%，未来仍有 10%~20% 的上升空间。

中国的城镇化是以大城市带动、多城市协同的大型城市群为发展道路的，如以上海为龙头的长三角城市群和以粤港澳为核心的大湾区城市群。通过城市间资源配置的持续优化，我国走出了一条产业转移、人口

转移并且协同发展的新型城镇化道路。就当前来看，即便是当前已较为成熟的长三角与珠三角城市群，也依然存在城市间发展不均衡的现象，大量四、五线城市的城镇化率尚处于区域内较低水平（见图 3–13）。在以城市群总体均衡发展和城市间资源互补发展的背景下，未来这些四、五线城市将会获得很大的发展空间。

2018 年中国与世界主要发达国家城镇化率的比较

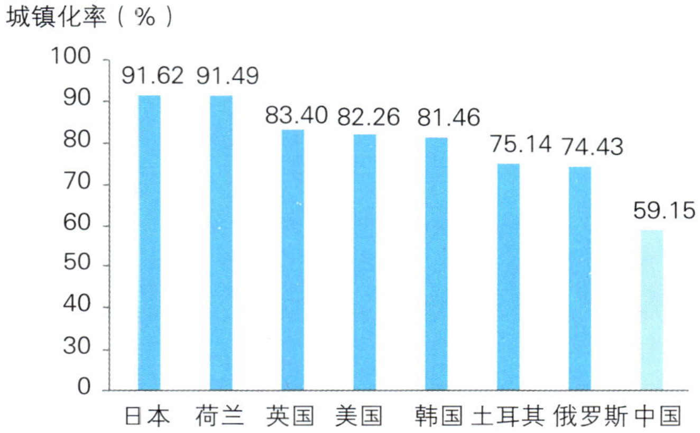

长三角、珠三角及周边城市分区间城镇化率对比

区　域	城镇化率		
	80% 及以上	60%~80%（含 60%）	60% 以下
长三角及周边城市	上海、南京（2 个）	杭州、宁波、无锡、苏州、常州、镇江、温州、舟山、金华、扬州、南通、绍兴、泰州、嘉兴、徐州、盐城、台州、湖州、连云港（19 个）	淮安、丽水、宿迁、衢州（4 个）
珠三角及周边城市	深圳、佛山、东莞、珠海、广州、中山（6 个）	惠州、汕头、江门、潮州（4 个）	汕尾、韶关、揭阳、阳江、清远、梅州、肇庆、河源、湛江、云浮、茂名（11 个）

注：城镇化率 = 城镇人口 / 总人口。
数据来源：Wind、各地统计局、明源地产研究院。

图 3–13　中国与发达国家城镇化率对比及长三角、珠三角与周边城镇化率对比

相比当前城镇化率已较高的一、二、三线城市，四、五线城市未来的城镇化率提升空间更大。在高速的城镇化进程下，大量农村人口将持续流入四、五线城市，尽管部分人口未来可能会继续向一、二、三线城市流动，但当前阶段的人口流入恰恰是房企在四、五线城市的投资机会。

从城市规模的角度来看，当前中国很多城市的人口规模普遍还不够大。《中国城市统计年鉴》的数据显示，截至 2016 年年末，中国百万人口以上的城市数量有 88 个，而从这 88 个城市的总人口占全国总人口的比重来看，仅为 20.7%，相比日本的 64.7% 仍严重偏低。在通常情况下，在专业分工的大趋势下，城市规模越大，个人所能创造的价值就越多，同时，生产力也会快速集中，大量的劳动人口会源源不断地向大城市流动。可以预见，在中国快速城镇化的时代大背景下，排除政策对人口的限制因素，中国各个城市的人口规模仍有巨大的增长空间（见图 3–14）。

因此，结合世界城市的发展经验及我国当前城市群的发展趋势来看，未来中国大量四、五线城市的规模仍有望继续扩张，这也将是房企今后的投资机会。

2019 年，国家发展改革委印发《2019 年新型城镇化建设重点任务》，首次明确了中国城镇化 2.0 时代的各种重大问题，为城镇化的推进带来了新的政策利好（见图 3–15）。

（1）大城市落户门槛将更低

《2019 年新型城镇化建设重点任务》指出，将继续加大户籍制度改革力度：城区常住人口 100 万 ~300 万的 II 型大城市要全面取消落户限制；城区常住人口 300 万 ~500 万的 I 型大城市要全面放开放宽落户条件，并全面取消重点群体落户限制。这意味着阻碍人才流动的“闸门”将逐渐打开，一批城市的活力和价值将被充分激发。在大城市普遍存在限购措施的背景下，降低落户门槛就意味着“增加房票”，这对于部分四、五线城市当然是重大利好。

排名	城市	城市类别	城区人口（万人）	排名	城市	城市类别	城区人口（万人）	排名	城市	城市类别	城区人口（万人）
1	上海	超大城市	2 420	31	贵阳	Ⅱ型大城市	267	61	鞍山	Ⅱ型大城市	137
2	北京	超大城市	1 880	32	汕头	Ⅱ型大城市	260	62	芜湖	Ⅱ型大城市	136
3	重庆	超大城市	1 453	33	兰州	Ⅱ型大城市	251	63	盐城	Ⅱ型大城市	136
4	广州	超大城市	1 334	34	无锡	Ⅱ型大城市	251	64	泸州	Ⅱ型大城市	136
5	深圳	超大城市	1 191	35	福州	Ⅱ型大城市	249	65	泉州	Ⅱ型大城市	134
6	天津	特大城市	940	36	洛阳	Ⅱ型大城市	237	66	江门	Ⅱ型大城市	134
7	武汉	特大城市	706	37	佛山	Ⅱ型大城市	210	67	绵阳	Ⅱ型大城市	133
8	成都	特大城市	690	38	临沂	Ⅱ型大城市	207	68	西宁	Ⅱ型大城市	131
9	东莞	特大城市	629	39	温州	Ⅱ型大城市	205	69	抚顺	Ⅱ型大城市	131
10	南京	特大城市	627	40	唐山	Ⅱ型大城市	198	70	潍坊	Ⅱ型大城市	130
11	郑州	特大城市	596	41	呼和浩特	Ⅱ型大城市	195	71	吉林	Ⅱ型大城市	128
12	杭州	特大城市	563	42	惠州	Ⅱ型大城市	194	72	大同	Ⅱ型大城市	126
13	沈阳	特大城市	536	43	包头	Ⅱ型大城市	189	73	襄阳	Ⅱ型大城市	123
14	哈尔滨	Ⅰ型大城市	480	44	常州	Ⅱ型大城市	188	74	南充	Ⅱ型大城市	120
15	青岛	Ⅰ型大城市	442	45	邯郸	Ⅱ型大城市	185	75	自贡	Ⅱ型大城市	118
16	西安	Ⅰ型大城市	436	46	珠海	Ⅱ型大城市	183	76	扬州	Ⅱ型大城市	117
17	合肥	Ⅰ型大城市	400	47	徐州	Ⅱ型大城市	183	77	秦皇岛	Ⅱ型大城市	111
18	昆明	Ⅰ型大城市	394	48	烟台	Ⅱ型大城市	182	78	淮南	Ⅱ型大城市	109
19	太原	Ⅰ型大城市	368	49	淄博	Ⅱ型大城市	174	79	株洲	Ⅱ型大城市	109
20	长春	Ⅰ型大城市	356	50	柳州	Ⅱ型大城市	166	80	衡阳	Ⅱ型大城市	108
21	大连	Ⅰ型大城市	352	51	南阳	Ⅱ型大城市	165	81	齐齐哈尔	Ⅱ型大城市	108
22	长沙	Ⅰ型大城市	352	52	南通	Ⅱ型大城市	164	82	咸阳	Ⅱ型大城市	106
23	济南	Ⅰ型大城市	335	53	淮安	Ⅱ型大城市	162	83	连云港	Ⅱ型大城市	105
24	厦门	Ⅰ型大城市	326	54	保定	Ⅱ型大城市	161	84	开封	Ⅱ型大城市	105
25	南宁	Ⅰ型大城市	315	55	济宁	Ⅱ型大城市	155	85	台州	Ⅱ型大城市	103
26	乌鲁木齐	Ⅰ型大城市	312	56	海口	Ⅱ型大城市	152	86	遵义	Ⅱ型大城市	102
27	苏州	Ⅰ型大城市	312	57	银川	Ⅱ型大城市	152	87	泰安	Ⅱ型大城市	101
28	宁波	Ⅱ型大城市	285	58	赣州	Ⅱ型大城市	152	88	张家口	Ⅱ型大城市	100
29	石家庄	Ⅱ型大城市	284	59	绍兴	Ⅱ型大城市	150				
30	南昌	Ⅱ型大城市	274	60	大庆	Ⅱ型大城市	146				

百万人口规模城市人口占全国总人口比重（%）

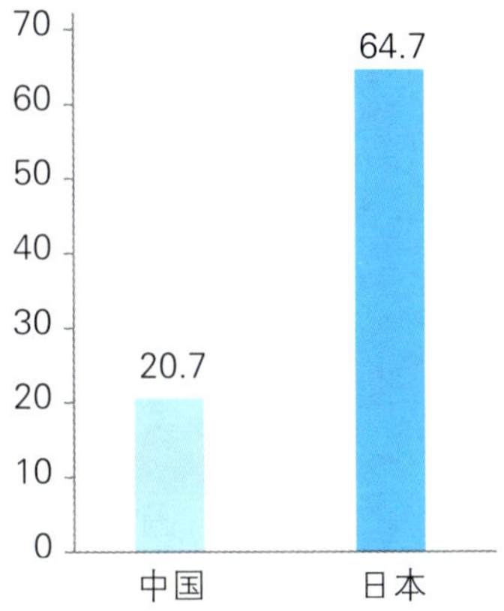

注：国务院明确新的城市规模划分标准以城区常住人口（含城区暂住人口）为统计口径。1 000万及以上为超大城市，500万（含）~1 000万为特大城市，300万（含）~500万为Ⅰ型大城市，100万（含）~300万为Ⅱ型大城市。

数据来源：住建部《中国城市统计年鉴2016》、国务院《关于调整城市规模划分标准的通知》、明源地产研究院。

图3–14　中国百万人口规模以上城市及其占比

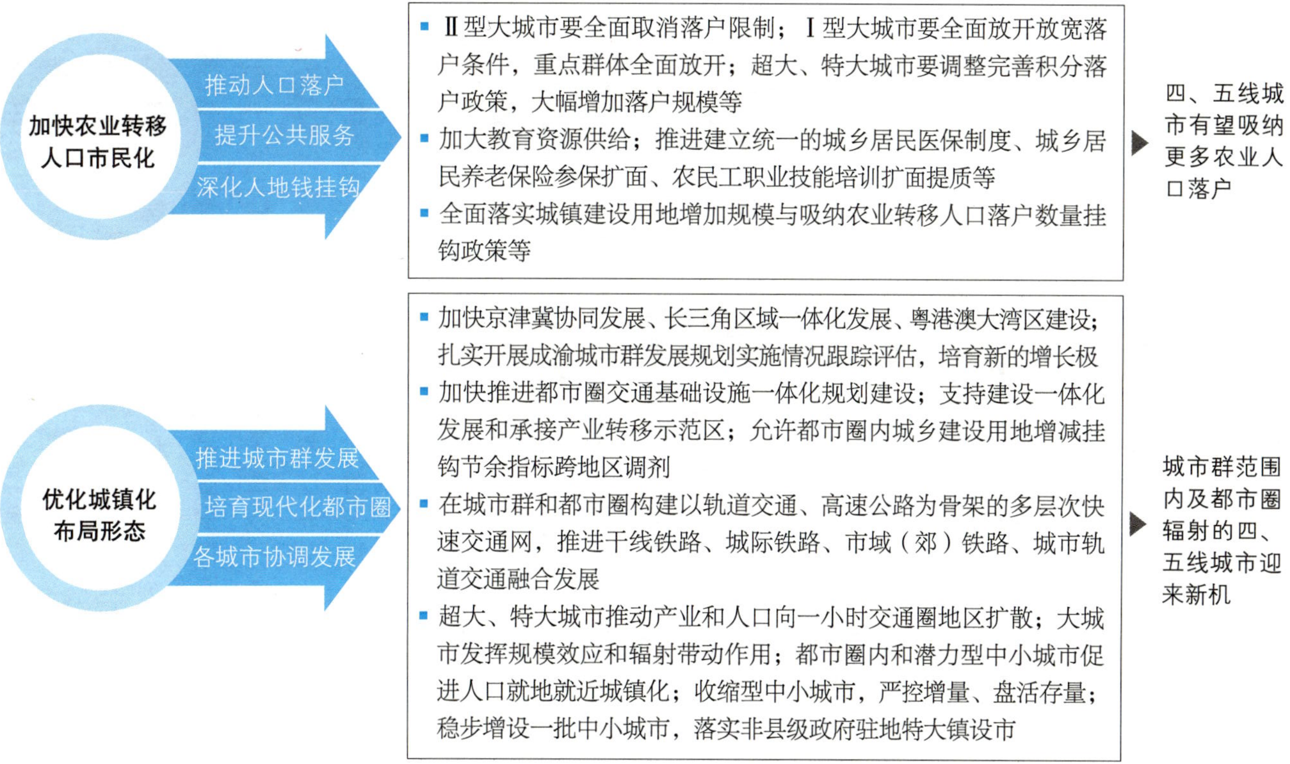

图3–15 《2019年新型城镇化建设重点任务》核心要点

（2）人口将成为城市争取政策优势的砝码

《2019年新型城镇化建设重点任务》强调，要深化“人地钱挂钩”等配套政策。这就意味着，对于地方政府来说，增量人口就是资金和土地：资金是指转移支付，即中央财政的补贴；土地是指城市建设用地的指标。

此外，《2019年新型城镇化建设重点任务》提出：“稳步增设一批中小城市，落实非县级政府驻地特大镇设市。稳妥有序调整城市市辖区的规模和结构。”这就意味着，只要有了足够的人口，镇可以变成市，哪怕县（市）政府驻地不在该镇域内。由此，一些收缩型中小城市或将成为四、五线城市的拐点。

伴随城镇化和户籍改革的深入进行，国家出台了相应的政策鼓励农民进城生活。国家发改委印发的《关于实施2018年推进新型城镇化建设重点任务的通知》提出将会降低农民进城落户的门槛，让农民朋友进城买房之后能够更加方便地享受到城市的医疗、养老和教育等方面的社会福利；中共中央办公厅、国务院办公厅印发的《关于完善农村土地所有权承包权经营权分置办法的意见》也提出要积极引导农民进行土地的流转或有偿退出，让农民摆脱进城的后顾之忧；《2019年新型城镇化建设重点任务》也明确提出完善对农民的直接补贴政策，健全生产者补贴制度（见图3–16）。

从政策扶持的具体方式来看，各地鼓励农民进城购房的举措不一。例如通过直接购房补贴、契税补贴或宅基地大额退出补贴等政策提升农民购买力，或是通过下调首付比或降低贷款利率等信贷政策减缓农民购房压力，一些地区还会落实农民进城就业和子女教育问题，等等。通过一系列有针对性的购房优惠措施，国家希望能吸引广大农民进城购房、改善生活。

以山东省菏泽市成武县为例，当地政府发布的《关于成武县鼓励农村居民进城的实施意见（试行）》指出，农民买首套新建商品房享受每平方米300元的优惠，贷款买首套房首付不超过30%，利率浮动区间为

鼓励农民进城购房的相关政策

- 《关于实施 2018 年推进新型城镇化建设重点任务的通知》：降低农民进城落户的门槛，让农民进城买房之后能够更加方便地享受到城市的社会福利
- 《关于完善农村土地所有权承包权经营权分置办法的意见》：积极引导农民进行土地的流转或有偿退出
- 《2019 年新型城镇化建设重点任务》：促进农民收入持续增长，确保农民收益，完善对农民直接补贴政策，健全生产者补贴制度

示例：农民进城购房补贴金额及相关优惠

- 直接补贴：浙江金华和富阳出台政策，农民购买商品房并办理合同备案的，给予购房人合同成交金额 1% 的补贴，最高一次性补贴 80 万元
- 契税补贴：依据实缴契税，给予 50%~100% 的补贴
- 下调首付比：农民购房的首付款比例可以是 20%，而且针对农民工群体放宽了公积金政策，凡有条件的农民都可以用公积金申请贷款
- 提供购房优惠：山东菏泽农民进城购买首套新建商品房享受每平方米 300 元的优惠等
- 降低贷款利率：湖北宜昌在农民购房方面指定银行贷款给予 9.5 折优惠，并免收抵押登记费、不动产登记费和土地测绘费等
- 有偿退出补贴：安徽出台政策，农民将宅基地退出，县政府按每亩不低于 5 万元给予奖励
- 进城购房福利：山东菏泽对进城购房落户未就业的农村居民优先安排就业岗位，可在城区按照义务教育阶段学校划片招生政策办理子女入学手续

图 3–16　各级政府出台农民进城购房优惠政策

0.9~1.25倍。不仅如此，当地政府还对进城购房落户的居民安排就业岗位，办理职工基本养老保险，子女办理学区入学手续，等等。

对于商品房总价相对较低的四、五线城市而言，鼓励农民进城购房的利好政策将为其房地产市场需求的增加带来明显利好。除了购房补贴和信贷支持等利好政策外，国家还对农民的拆迁补偿制度进行了明确和规范，农民在拆迁补偿上更有保障。2019年8月26日，《中华人民共和国土地管理法》再次做出修订，其第四十八条明确指出："征收土地应当依法及时足额支付土地补偿费和安置补助费，以及农村村民住宅、其他地上附着物和青苗等的补偿费用，并安排被征地农民的社会保障费用。"在具体补偿标准方面，法律规定由各地根据当地情况自行制定："征收农用地的土地补偿费和安置补助费标准由省、自治区、直辖市通过制定公布区片综合地价确定；征收农用地以外的其他土地、地上附着物和青苗等的补偿标准，由省、自治区、直辖市制定。"同时，对其中的农村村民住宅应当按照"先补偿后搬迁、居住条件有改善"的原则，采取"重新安排宅基地建房、提供安置房或者货币补偿"等方式给予公平合理的补偿，并对因征收造成的搬迁、临时安置等费用予以补偿。此外，《中华人民共和国土地管理法》还明确指出，被征地拆迁的农民应被纳入养老保障体系中，保障失地或被征地拆迁农民的未来养老问题。

尽管各地具体补偿标准不一，但国家从制度层面对农民拆迁补偿问题的重视和推进意味着我国土地管理制度已显著进步，制度层面的改进对推动农民进城购房具有深远的意义。

综上所述，我们不难看出，新型城镇化政策的持续推进，将利于加速推动中国城镇化进程，并推动"核心城市"及其周边城市的发展壮大，而在城市群范围内受到辐射带动的四、五线城市，将会获得潜在的发展利好。与此同时，随着国家和地方政府的一系列鼓励农民进城购房的优惠政策出台，以及制度层面对农民拆迁补偿的规范和推进，农民将更有能力去改善家庭居住环境，而这些广泛的、持续的住房需求则是房企可持续发展的契机。

3. 家庭与城市的发展相匹配催生房地产开发机会

当前，中国经济仍然处于一个快速发展的阶段。我们可以看到，整个中国的土地变迁和城市的发展始终与人口的流动密切相关，这对于每一个个体来讲都是适用的。

每一个个体——不论是其自身，还是他所代表的家族，都在走一条“离开土地、进入城市”的道路，都在不断进步、快速发展。虽然一个人在某一个时点可能处于一个位置，但绝不意味他背后的家族会一直在这个位置。人都在向上流动，同时城市也在发展，这是客观规律（见图 3–17）。

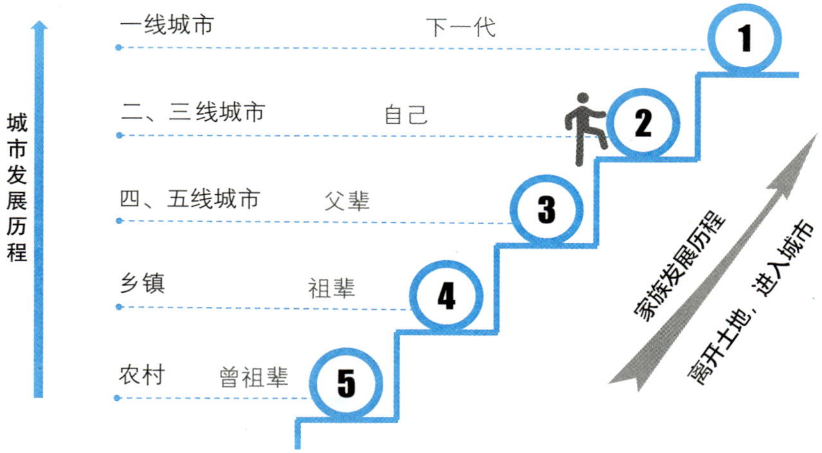

图3–17 城市发展与家族发展历程的契合点

我们如果认清了这一点，就会在一个家族的发展历程与城市的发展历程之间找到一个契合点，这个契合点就是房地产开发的机会。

我们以内蒙古自治区赤峰市为例（见图 3–18）。这个城市的人口长期处于净流出的状态，但其常住人口及人口自然增长率都处于持续稳定的状态。动态来看，赤峰的人口虽然长期流入北京或沈阳等一、

2009—2017 年赤峰市常住人口、人口净流入及人口自然增长情况

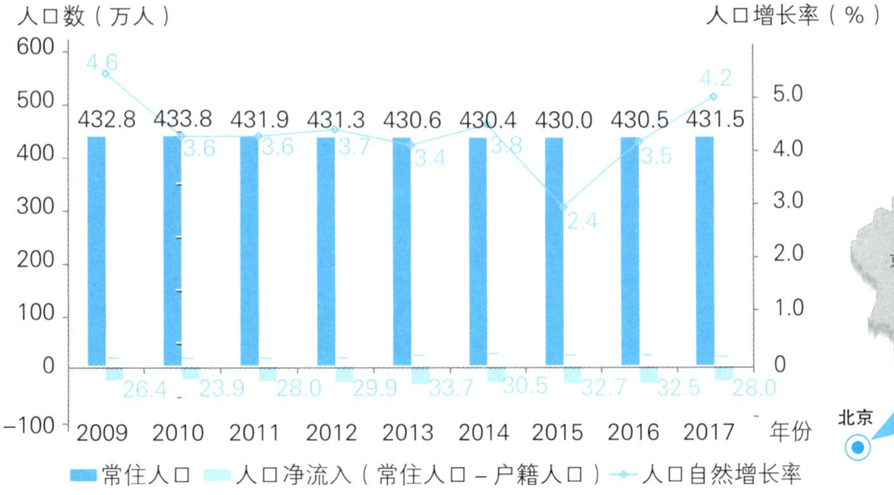

数据来源：Wind、明源地产研究院。

周边旗县人口不断涌入赤峰市

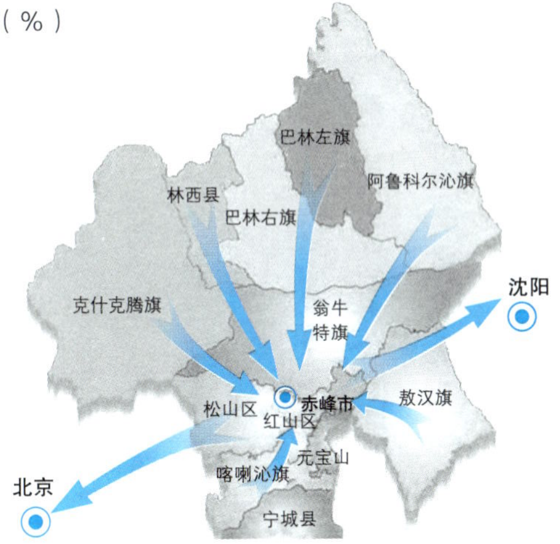

图3–18 赤峰市人口情况变化

二线城市，但是周边旗县的人口仍在往赤峰流入，从而使得赤峰市依然具有稳定的人口基数，这就为该市的房地产发展提供了持续不断的需求保障。

从商品住宅的销售情况来看，尽管赤峰市面临人口流出，但当地的商品住宅销售额与销售面积仍总体保持增长的趋势（见图 3–19）。尤其是 2016—2017 年，尽管当地也面临调控政策的影响，但是商品住宅的销售并未下降，仍处于增长趋势，市场需求强劲。

由此可见，即使当前我国经济仍在快速发展，但还远未达到“美好生活”这一阶段，绝大部分的房地产投资机会还是蕴藏在快速发展中的城市，而不是那些已经很发达的城市。

从图 3–20 的金字塔示意图中，我们可以看到，房企可以沉降的市场仍在于满足主流需求，而非皇冠上的明珠、塔尖的那部分需求。可供摘取的明珠不多，而想要戴上皇冠的群体的需求才是最大的需求，这是由房地产业的投资取向决定的。全国整体的城市化率只有达到 70%~80%，才是把握塔尖需求的黄金阶段。

4. 超大型房企撤出，对于本土房企而言是新的机会

过去几年，在房企冲规模的背景下，大量超大型房企纷纷抓住四、五线城市的发展红利，通过一系列的降维打击给长期位于区域内的本土房企带来巨大的生存压力。

超大型规模房企大多是上市公司，它们的拿地资金和开发资金可以通过更多的融资渠道获得。对于本地房企来说，绝大多数都没有上市，拿地基本上只能动用自己的真金白银，资金成本相对更高，从而导致项目开发压力更大。

在管理运营层面，规模房企具有丰富的标准化建设经验，产品体系更为完善，操盘项目的周转速度相对更快；而本土房企周转速度较慢，对产品的溢价率依赖度更高。

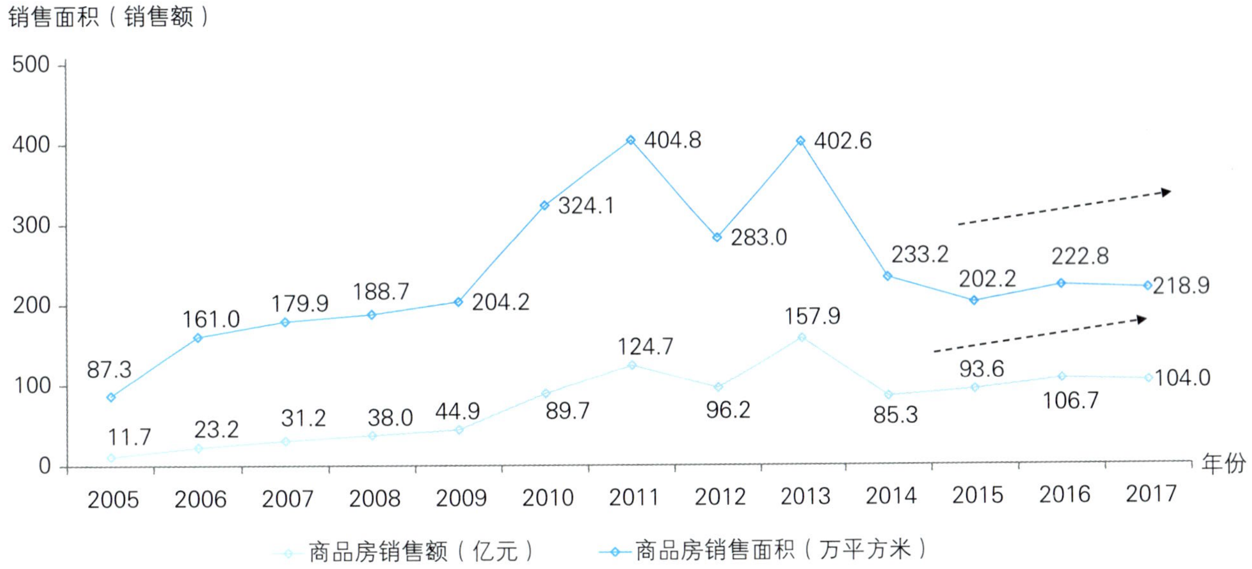

数据来源：Wind、明源地产研究院。

图3-19　2005—2017年赤峰市商品住宅销售额及销售面积走势

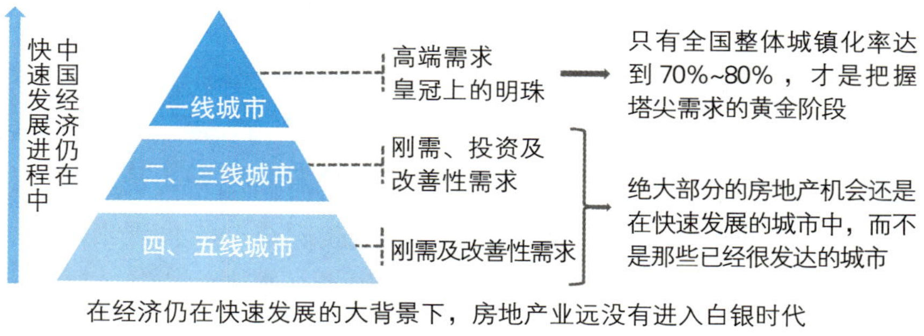

图3-20 各能级城市房地产开发机会

“鱼和熊掌不可兼得”，融资渠道丰富且杠杆率高的规模房企受金融资本流向的影响必然更大。在资本普遍收缩其四、五线城市投资战线的背景下，规模房企大都同步撤离并转向竞争更为激烈的二、三线市场。这对于自有资金使用较多且坚持深耕区域内部市场的本土房企来说无疑是蓄力发展的窗口期（见图3-21）。

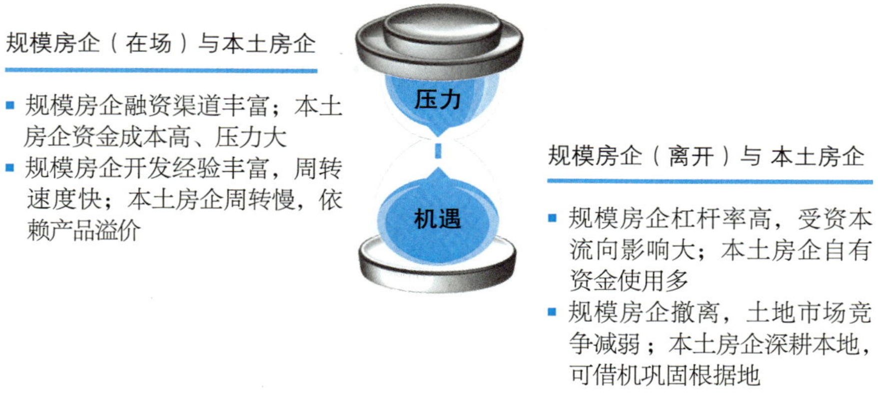

图3-21 规模房企和本土房企的压力与机遇

5. 房企择机进入四、五线城市，需遵循严选的逻辑

虽然四、五线城市仍存在广阔的市场前景，但是因为资本导向相对较弱，所以房企在进入这些市场时需更加谨慎，要遵循严选的布

局逻辑。

房企在制定四、五线城市的市场进入策略时，需根据合理的指标对城市进行准确的评判，其中包括经济发展、产业发展、土地供需、楼市供需等相关指标。经济发展指标是最底层的逻辑，是支撑四、五线城市房地产业发展的基础；产业发展指标进一步体现出这些城市的发展后劲；土地供需与楼市供需指标是一个城市房地产市场外在表现最直接的衡量指标，也是房企决定是否进入该市最为敏感的维度（见图 3–22）。

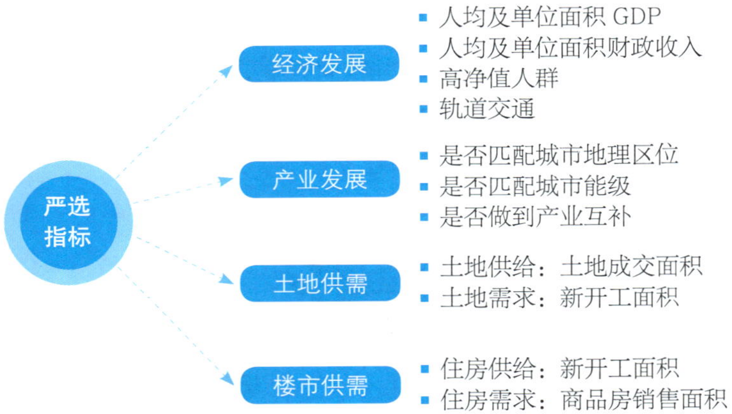

图 3–22　市场进入严选指标

因此，四、五线城市在我国城镇化持续推进的大潮下仍存在大量的潜在机会。在二、三线城市政策持续收紧且房企竞争日趋激烈的背景下，四、五线城市相对宽松的政策环境及相对更为迫切的发展诉求，均会为这些城市带来潜在的房地产需求。对房企而言，理性地遵循城市严选的投资逻辑并发掘出那些被忽略的投资机会，将为自身发展带来长期的利好。

第四节
房地产业的资本属性越来越凸显

在金融乱象、税负过重和环保“一刀切”等多重因素影响下，中国的整体经济大环境不景气，房地产成为为数不多的主要投资渠道之一。

为什么各路资本纷纷觊觎房地产业？从各行业的投资回报率对比来看，我们可以说房地产业是最好的行业。Wind 数据显示，2018 年的房地产开发 ROE 位居第一，虽然从数据上看净利润率仅次于金融行业，但事实上，金融资本很多也需要通过房地产项目来变现和获取高额回报。对于金融资本而言，房地产业甚至已成为其规避风险的一个重要载体（见图 3–23）。

所以，房地产业变为资本驱动型行业已是不争的事实。行业内没有意识到这个规律的房企，在这个问题上基本上都吃过一些苦头，万科可以算是一个典型。由于没有意识到资本大量进入房地产业的巨大冲击，万科并没有提前去做一些防御措施，从而导致“野蛮人”的入侵。资本进入房地产业，首先看的就是龙头企业，一旦发现其股价被严重低估，虎视眈眈的资本必然会抓住千载难逢的机遇发起猛攻。诸多的经验教训使房企对房地产业已转变为资本驱动型行业普遍有了高度趋同的认知。

另外，我们可以从资本在不同行业的投资比例来看房地产业的资本属性。以信托资金为例，根据中国信托协会的报告数据，2018 年，流向房地产业的信托资金逐季显著上升。这一趋势意味着信托资金对房地产业的投资力度在持续加大，而在其他行业（除工商企业外）的投资占比均呈现下滑趋势（见图 3–24）。

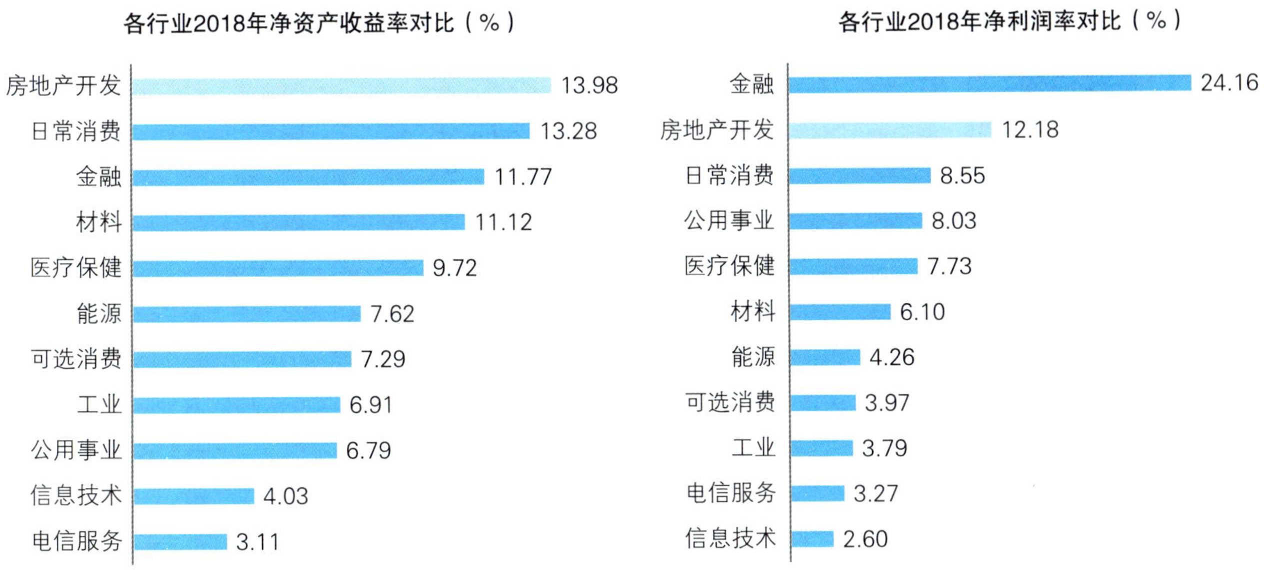

数据来源：Wind，明源地产研究院整理。

图3-23 各行业2018年净资产收益率和净利润率对比

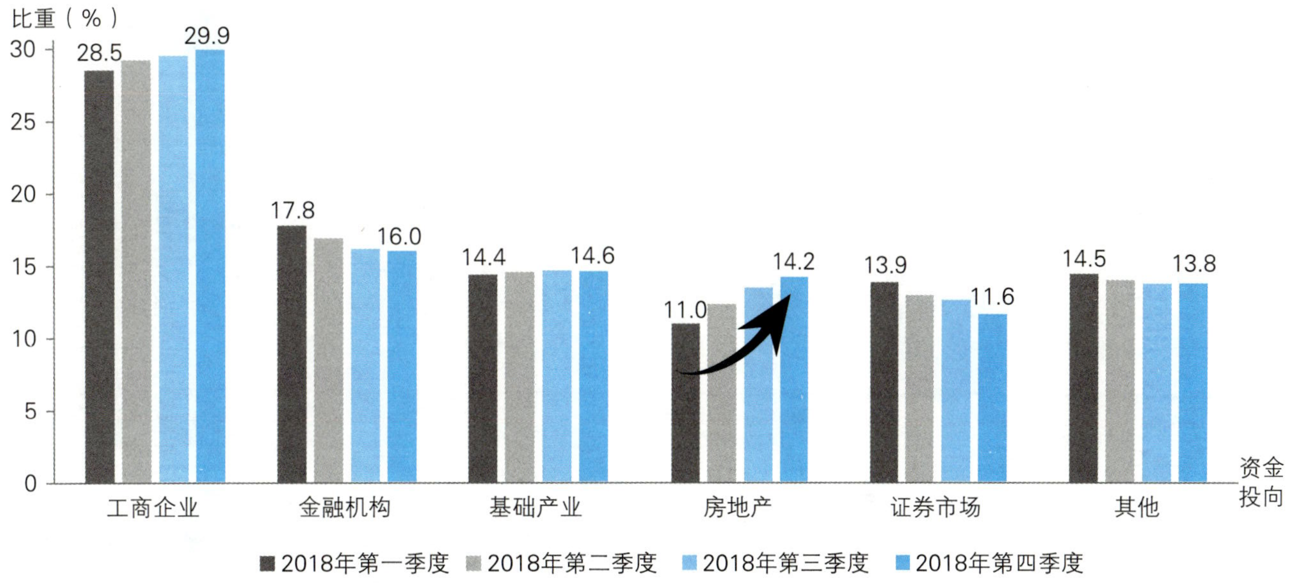

数据来源：中国信托协会、明源地产研究院。

图3-24　2018年中国信托行业资金投向比重

一、资本介入房地产业的四种典型模式

从资本视角来看，我们对大量资本进入房地产业的典型案例进行了全面的搜集和梳理，并总结出了资本介入房地产业的四种典型模式（见图 3–25）。

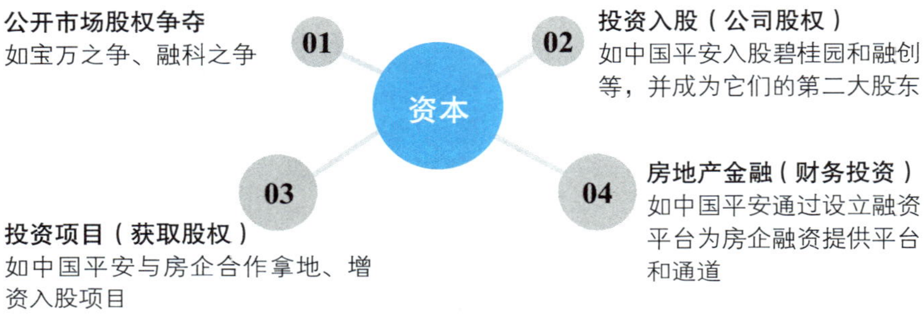

数据来源：公开资料，明源地产研究院整理。

图 3–25　资产介入地产的四种典型模式

1. 模式一：公开市场股权争夺

房地产界的知名事件宝万之争、融科之争就是资本在公开市场进行股权争夺的典型案例。“门口的野蛮人”宝能对万科的股份增持，融创对金科步步紧逼的股份增持直到成为金科的第一大股东，都属于在公开市场对上市公司股份的争夺模式（见表 3–4）。

表 3–4 宝万之争与融科之争

宝能对万科的股份增持

序号	时　间	事件动向
1	2015–07–04	宝能持有万科总股本的 10%
2	2015–07–10	前海人寿通过二级市场耗资 80 亿元买入万科 A 约 5.52 亿股，占万科 A 总股本的约 5%
3	2015–08–26	宝能合计持有万科 A15.04% 的股份，首次超过华润
4	2015–12–04	前海人寿继续增持，累计抢得万科 A 约 20% 的股份

（续表）

序号	时　间	事件动向
5	2015–12–17	宝能系累计持有万科 A23.52% 的股份，成为万科最大股东
6	2015–12–17	王石：不欢迎宝能，宝万之争正式“开打”
7	2015–12–18	安邦占有万科 A7.01% 的股权，成为万科的“白衣骑士”
8	2016–03–13	万科引深铁集团 600 亿元注入换股
9	2016–07–05	宝能系持万科 A 股份比例达 24.972%
10	2016–08–04	恒大买入万科 A4.68% 的股份
11	2016–11–17	恒大增持至 9.452%
12	2016–11–29	恒大增持万科股份至 14.07%
13	2017–01–12	华润退出，深铁接盘
14	2017–03–16	恒大让渡万科股权表决权
15	2017–06–09	深铁集团成万科 A 的第一大股东，深圳地铁集团持有约 32.4 亿股股份，占公司总股本的 29.38%

融创对金科步步紧逼的股份增持

序号	时　间	增持行动	持股比例（%）
1	2016–09	融创中国以 40 亿元认购 16.96% 的股份，成为金科股份第二大股东	16.96
2	2016–11	融创旗下的三家公司合计持有金科股份 10.69 亿股，持股比例增至 20.00%	20.00
3	2017–01	2016 年 11 月 11 日—2017 年 1 月 24 日，融创在公开市场上进一步收购共 329 862 211 股金科股份，总价为 17.23 亿元，持股比例共计 23.15%	23.15
4	2017–04	天津聚金之一致行动人天津润泽和天津润鼎通过二级市场购买公司股票，入股金科股份，融创共计花费 60 亿元，持有金科股份占比达 25%	25.00
5	2018–02	融创在 4 个月内增持金科 1.33%，持股比例达到 26.33%	26.33
6	2018–10	通过增持，“融创系”持有金科的股份达到 27.678 3%，首次超过黄红云及其一致行动人的持股比例 27.678 1%	27.68
7	2019–03	金科发布的年报显示，“融创系”的持股比例达到 29.26%	29.26

数据来源：公开资料，明源地产研究院搜集整理。

2. 模式二：投资入股公司股权

2012年，伴随着一系列保险资金使用的新政出台，保险资金的投资渠道得以放开，随即犹如脱笼困兽直扑市场。房地产作为优质标的备受保险资金青睐，保险资金大举进驻房地产业成为一股潮流。其中，占据头把交椅的莫过于诸多大型房企背后的隐形资本大鳄——中国平安。近年来，中国平安频频对标杆房企进行股权投资。据相关统计，其先后入股了碧桂园、融创和旭辉等10余家房企，而且对于重点合作的标杆房企，平安均占据了第二大股东的地位（见表3–5）。

在资本的加持下，大型房企的股权结构发生巨大变化。以擅长资本运作的融创为例，它的迅速崛起离不开各路资本大鳄的鼎力支持。早在2007年，融创便开始引入国际战略投资者雷曼、鼎辉及新天域为其发展开拓新的道路。2009年，在雷曼兄弟破产后，贝恩资本与德意志银行收购雷曼所持的融创股份。彼时，贝恩资本占股13.35%，鼎辉资本占股11.34%，德意志银行占股3.34%，新天域占股2.84%。2010年10月，在贝恩资本等PE（私募股权）的推动下，融创成功登陆香港联交所，踏足国际资本市场。上市后，孙宏斌持有融创中国51.9%的股份，仍为第一大股东；贝恩资本凭借股权收购一跃成为融创第二大股东，持股10.1%，比鼎晖多出约2个百分点（见图3–26）。

在融创于2010年上市后，贝恩资本将融创第二大股东的地位保持了4年多，后于2014年7月全数清仓其手中的融创股份，正式退出融创中国。其后，融创年报显示，自2016年起，保险巨头中国平安成为融创的第二大股东，至2018年仍占据第二大股东的位置，持股36.08%（见图3–27）。

3. 模式三：投资项目、获取股权

除了投资入股公司股权之外，投资房地产项目进而获取项目股权也

表 3-5 平安在房地产业的投资情况

2017 年底险资投资房地产金额

序号	保险集团	房地产投资额（亿元）
1	中国平安	471.54
2	中国太平	173.54
3	中国人保	121.55
4	中国太保	87.27
5	中国人寿	30.64

中国平安近年来对重点合作房企的股权投资情况

序号	时间	股权投资方	持股明细	席位
1	2013	绿地控股	平安旗下平安创新曾以基石投资者身份持有绿地控股 9.91% 股份	暂无
2	2015–04	碧桂园	中国平安斥资 62.95 亿港元持股 9.9%，成为碧桂园第二大股东	第二大股东
3	2015–11	朗诗绿色地产	平安不动产以 2.14 亿港元收购朗诗 3.27 亿新股，获得后者 10.97% 的股份，居第二大股东，此后半个月内更一度增持至 15.12%。2017 年中期持股比例已减至 13.05%，仍为第二大股东	第二大股东（后有变化）
4	2016–11	融创	平安银行就是融创中国仅次于孙宏斌的重要股东，其持股比曾高达 46.46%。至 2018 年年底，平安系持有的融创股份已减少至 36.16%	第二大股东
5	2017–07	旭辉	平安人寿 19.075 亿港元举牌在港上市的旭辉集团，持股比例达 10.12%，成为该上市公司第二大股东，并且很快再次向旭辉投入 100 亿元人民币做战略投资	第二大股东
6	2018–07	华夏幸福	中国平安斥资 137.7 亿元入股华夏幸福，成为其第二大股东	第二大股东

注：在中国平安的不动产投资体系中，平安银行、平安信托、平安不动产、平安寿险和平安资管均参与其中并各司其职。其中，平安不动产是中国平安旗下保险资金投资不动产的主渠道。

数据来源：公开资料，明源地产研究院搜集整理。

融创 2010 年上市后的股权结构（%）

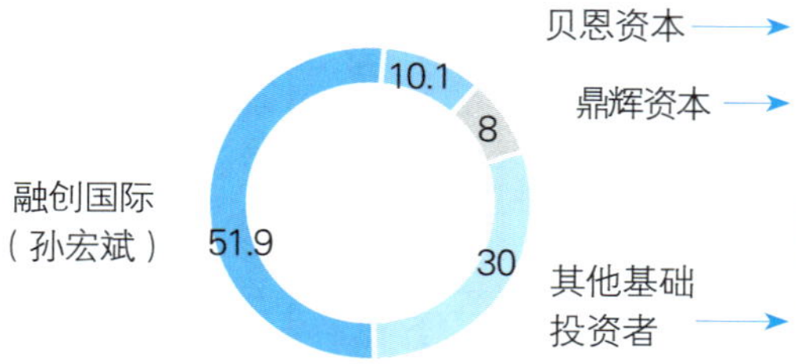

序号	投资者	投资额度（万美元）
1	贝恩资本（凭借股权收购成为第二大股东）	8 000
2	鼎辉资本	8 000
3	中投公司	2 500
4	西京投资	2 000
5	Farmac 投资公司	2 500
6	中银投资	2 000
7	华西国际投资	2 000
8	德意志银行	暂无数据

数据来源：雪球《融创中国深度分析报告》，明源地产研究院整理。

图 3–26　融创上市后的股权结构

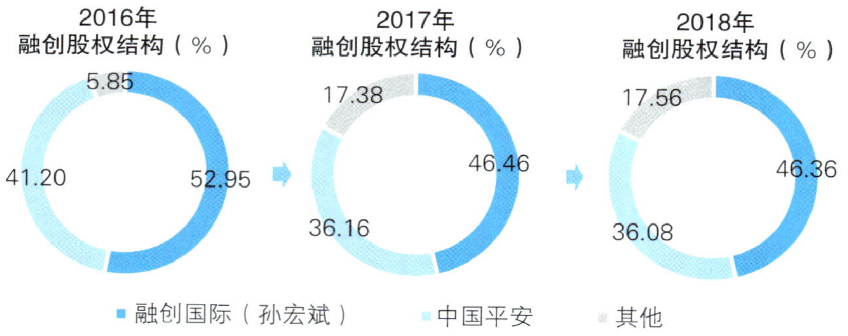

注 1：中国平安涵盖中国平安银行有限公司上海自贸试验区分行、平安银行股份有限公司、中国平安保险（集团）股份有限公司。
注 2：数据所指为占有融创控股的下属公司的股份；小股东持股数据年报未披露。
数据来源：企业年报、明源地产研究院。

图 3–27　2016—2018 年平安对融创的股权占比变化

是资本介入房地产业的重要模式。同样以中国平安为例，平安系除了独立拿地之外，更多的还是选择与经验丰富的房企合作，与房企组成联合体共同拿地，或通过增资方式入股房企的优质项目。近年来，平安系与包括招商、金地、华润、旭辉和滨江等在内的20余家房企在多个热点城市联合拿地。在联合体中，平安出钱，房企出力，平安更多充当投资商的角色，享有劣后收益权，不要求操盘，也不并表，着重强调资金的安全性和收益的稳定性（见表3–6）。

表3–6　平安系近年来的联合拿地行动

时　间	拿地事件	方　式
2014	中国平安旗下平安信托2014年参股投资龙光的深圳龙华“地王”项目	参　股
2014–04	平安不动产与招商地产合作拿下南京江宁项目	合作拿地
2014–10	平安不动产就南京G14号土地、南京G09号土地和广州番禺土地以债权方式与招商局置地进行合作	合作拿地
2014–12	平安不动产联手金地和朗诗以26.8亿元的价格，竞得上海宝山宅地	合作拿地
2014–12	平安不动产联手金地以7.8亿元价格摘得杭州市余杭区一宗商住地的所有权	合作拿地
2015–01	招商、华润、九龙仓、平安联合体以86.9亿元的价格拿下北京亚林西两宗居住区用地	合作拿地
2015–01	华润、首开、平安联合体以86.25亿元豪夺北京市丰台区白盆窑地块	合作拿地
2015–06	与招商组成联合体30.1亿元拿下上海闸北两块地	合作拿地
2015–07	擅长小股操盘的旭辉首度联手平安不动产以31亿元在苏州拿地	合作拿地
2015–09	联合滨江集团34.7亿元夺上海大场宅地	合作拿地
2015–09	招商局置地联手平安不动产入股南京弘洋项目，同股同权，平安不动产作为劣后投资人	合作拿地
2015–09	杭州滨江集团与平安不动产的联合体以34.65亿元竞得宝山区大场镇祁连社区住宅地块	合作拿地
2015–10	平安不动产注资22亿元接盘广州最大烂尾楼项目澳洲山庄	参　股

数据来源：公开资料，明源地产研究院搜集整理。

投资房地产项目股权这一模式，核心是从项目收益中获得投资回报。一旦项目亏损，投资方就必须承担相应的风险。

4. 模式四：房地产金融模式

这种模式是指资本通过设立融资平台为房企融资提供平台和通道。在这种模式下，资本主要靠收取管理费、通道费和手续费等获得收益，而不用承担项目风险。仍以中国平安为例，经过多年低调深耕，平安系已经搭建了多个与房地产相关的投融资平台，这些平台不仅涉及项目开发与房地产融资，还涉及股权投资、海外地产并购及二手房经纪业务，平安银行、平安信托、平安不动产、平安寿险和平安资管均参与其中并各司其职。以平安信托为例，2009 年 8 月，平安信托与金地签署“合作战略框架协议”，平安信托将通过第三方资产管理平台，针对合作的每个项目设计具体的股权信托计划，和金地一起投资优质住宅项目及城市综合体项目。

由此可见，资本介入房地产业越来越普遍和深入，房企要充分树立起资本回报的观念，从以前表面的事务性管理转变为基于投资回报的视角，去审视每一个项目的投资回报，这已成为企业发展的关键。也就是说，不论企业做什么样的产品业态，都要回答一系列本质性的问题：一分钱进，几分钱出、什么时候出、企业能挣多少。所以，在这个过程中，每个企业都要审视项目的每一个环节有多少损耗，哪个环节需要优化提升，尤其是在行业利润率越来越低的当下，唯有如此才能保障企业的投资回报率。

二、房地产业已从产品制胜转向资本制胜

整体而言，在房地产业资本属性越来越明显的背景下，房企普遍从过往注重产品服务转变为开始注重资本回报，房地产业已经从产品制胜时代走向资本制胜时代（见图 3–28）。

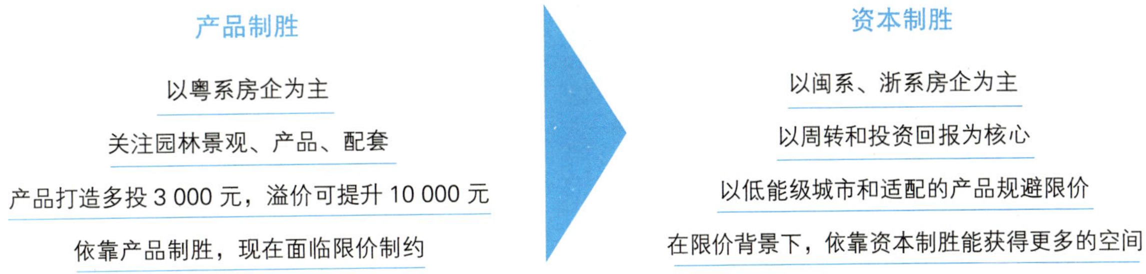

图3-28　房地产业已从产品制胜转向资本制胜

在产品制胜的时代，行业内在产品方面做得好的房企，往往成为业界争相学习的标杆，其中以粤系房企为典型代表。这些房企多以产品作为载体，以打造好产品为最终目的，着重考究的是如何设计不同档次的产品来匹配不同客户的需求，通过提升产品和服务质量来赚取更多的利润。比如，园林景观多投 3 000 元，售价可以提升 10 000 元，本质上就是靠“多给客户钱，从而挣更多的钱”。在房价快速上涨、金融资本影响不大的时代，靠产品支撑、精雕细琢打造产品没有任何问题，也能够获得客户的认同。但是，在限价政策持续的当下，房企投入成本再多，产品售价仍上不去，所以，依靠精雕细琢的“工匠精神”来打磨产品从而获得更大的赢利空间的发展模式已然行不通。我们也可以看到，传统的依靠产品制胜的房企普遍面临明显的冲击，近几年其销售增速均较为缓慢。

在房地产业的资本属性越来越明显的背景下，更具资本视角和投资眼光的闽系房企和浙系房企抓住了资本驱动房地产开发的趋势，近年来普遍获得了迅猛的增长。在限价的大背景下，这些更具投资眼光的房企并不是一味地想依赖于提高价格的上限去提升企业的利润，而是选择在政策较宽松的低能级城市通过高周转打造适配的产品，从而做到远离限价红线，并为企业创造更多的利润空间。

所以，依靠资本制胜显然已经成为当前政策大环境下房企的最佳选择。对于以资本视角并通过高周转来提升投资回报的模式，虽然不乏“这类房企的产品质量不到位或缺乏社会责任感”之类的指责，但事实上，依靠资本制胜并不涉及社会责任感的问题，它仅仅是企业对赚钱模式的一种选择。

第四章

房企竞争升级，产业＋地产模式成为破局关键

近年来，外部环境不确定性逐步增强，房地产业已步入横盘时代；地价持续走高，房企的利润空间越来越狭小。2018 年，中国房地产业整体规模进一步扩张，对比 2017 年同期增幅有所放缓，市场压力进一步增加。随着整体销售集中度的不断攀升，市场的竞争强度并没有减弱。下面我们将从行业的现状、房企的城市布局和产业布局三个维度来详细分析房企的整体发展情况。

第一节
行业大分化滚滚向前，逆水行舟，不进则退

明源地产研究院通过分析房企的数据发现，目前房地产业已经形成了强者恒强的分化局面。随着行业销售集中度持续攀升，房企之间的竞争格局加速演变。在房地产业的新周期下，房企唯有把握行业大势、顺势而为，方可获得快速发展的潜在机遇。

一、销售集中度持续攀升，行业门槛在不断加码

在政策并未松绑的大环境下，行业门槛不断加码，销售集中度持续攀升。不论是区域标杆还是行业龙头虽然都想在“硝烟四起”的市场上站稳脚跟，但是仅凭业绩增速更快或业绩规模更大是不够的，房企还要认清所处战场的竞争强度与竞争格局。

1. 行业集中度越来越高

在商品房年销售额增幅仅有 7.5% 的前提下，各梯队房企 2018 年的销售额集中度较 2017 年同期均有较大幅度的提升。其中，前 10 强房企的集中度达 26.9%，前 30 强房企的集中度达 45.2%。而前 50 强房企的集中度提升幅度较大，较 2017 年提升 9.3 个百分点至 55.1%，已占据半壁江山（见图 4–1）。

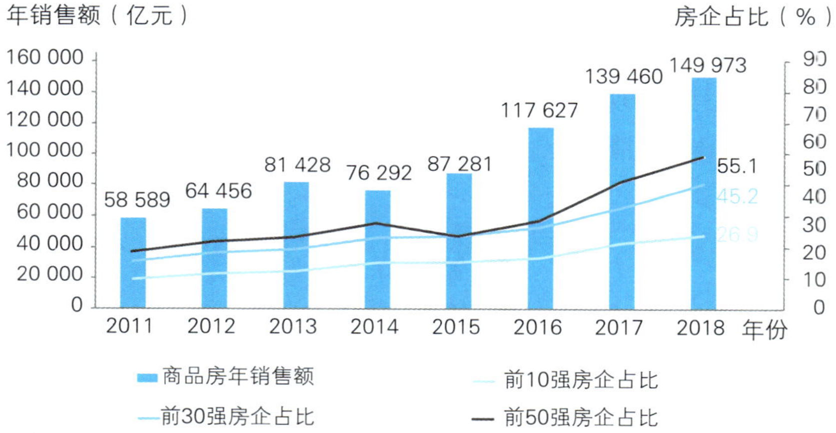

数据来源：克而瑞、明源地产研究院。

图 4–1　2011—2018 年入榜房企销售额集中度

仅从销售集中度来看，一方面，前 10 强房企的销售额增速逐渐趋于稳定，行业“领头羊”地位进一步强化；另一方面，前 50 强房企的销售额占比过半，这意味着留给房企扩大自身规模的空间在逐步缩小，规模之争已白热化。那么，在争规模的这条路上，不同梯队的房企态度如何呢？

2. 在政策调控下，龙头房企的销售增速没有停滞，市场份额仍在攀升

在针对前 10 强房企进行深入剖析时，我们发现有 7 家龙头房企的销售额已连续 3 年入围前 10，在强者恒强的态势下，竞争依然很激烈。如

表 4–1 所示，连续上榜的 7 家龙头房企在行业总销售额中的占比仅两年时间就已突破 20%，在业内具有一定的话语权。从 2018 年的销售额榜单来看，碧桂园遥遥领先，率先脱离 5 000 亿元大军迈入 7 000 亿元阵营；万科以 6 069 亿元的销售成绩紧随其后。由此可见，业内强者的销售额增长并未受到政策调控的太大影响。随着行业形势不确定性逐步增强，各梯队房企的销售门槛将会有何变化呢？

表 4–1　连续 3 年入围前 10 强的 7 家龙头房企的销售额

榜单排名	房　企	销售额（亿元）			同比增速（%）	
		2016 年	2017 年	2018 年	2017 年	2018 年
1	碧桂园	3 090.3	5 500.1	7 286.9	78	32
2	万科地产	3 622.0	5 239.0	6 069.2	45	16
3	中国恒大	3 731.5	5 131.6	5 511.0	38	7
4	融创中国	1 500.3	3 620.0	4 600.0	141	27
5	保利地产	2 203.2	3 150.1	4 050.0	43	29
6	绿地控股	2 513.1	3 042.1	3 812.2	21	25
7	中海地产	1 925.1	2 013.7	2 687.9	5	33
总计		18 585.5	27 696.6	34 017.2	—	—
占行业整体销售规模比重（%）		15.80	19.90	22.70	—	—

数据来源：克而瑞、明源地产研究院。

3. 各梯队房企的销售门槛越来越高

2018 年，各梯队房企的销售门槛并未因行业形势的放缓而停下增长的脚步（见图 4–2）。从增幅来看，2018 年前 10 强房企的门槛在 2017 年突破 1 512 亿元的基础上依旧保持了 33% 的高增速，而前 20 强、前 30 强和前 50 强房企的门槛同比增幅则在 44% 左右。从销售规模来看，2018 年前 10 强房企率先迈入 2 000 亿时代，前 30 强房企的门槛更是首次破千亿元，达到近四年的高峰。与此同时，2018 年前 100 强房企的门槛同比增幅近 43%，达到了 219 亿元。

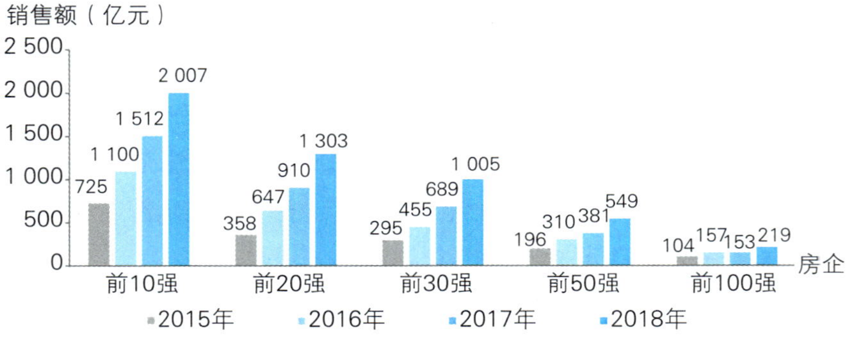

数据来源：克而瑞、明源地产研究院

图 4–2 2015—2018 年各梯队房企销售额入榜门槛

4. 百强房企的销售增速仍不低，竞争激烈

我们将 2018 年百强房企分为前 20 强、前 21~50 强和前 51~100 强三个群体，并对其 2018 年销售额同比增速的均值进行统计。由表 4–2 可见，前 20 强房企在销售额已然很大的基础上仍保持了 38% 的平均增速，另外两个群体的平均增速更是处于 60% 左右。通过数据对比，我们可以看出前 21~50 强和前 51~100 强两大群体虽平均增速较高，但由于销售额基数较小，所以它们想要追赶前 20 强房企仍有很长的一段路要走。

表 4–2 2018 年部分房企销售额增速对比

百强榜单前 20 强房企 2018 年销售额同比增速排名

序号	房　企	2018 年同比增速（%）	销售额（亿元）		销售额百强榜单排名
			2017 年	2018 年	
1	阳光城	78	915.3	1 628.4	14
2	新城控股	75	1 2601.0	22 043.0	8
3	世茂房地产	74	1 010.2	1 761.2	11
4	富力地产	60	883.0	1 415.0	19
5	中南置地	58	963.2	1 520.5	18
6	旭辉集团	56	1 040.0	1 625.2	15
7	招商蛇口	51	11 263.0	1 705.0	12
8	华润置地	39	1 512.0	2 106.0	9
9	中海地产	33	20 137.0	2 687.9	7
10	碧桂园	32	55 001.0	7 286.9	1

（续表）

序号	房　企	2018 年同比增速（%）	销售额（亿元）		销售额百强榜单排名
			2017 年	2018 年	
11	泰禾集团	29	1 007.2	1 303.4	20
12	龙湖集团	29	15 603.0	20 067.0	10
13	保利发展	29	31 501.0	4 050.0	5
14	融创中国	27	3 620.0	4 600.0	4
15	绿地控股	25	30 421.0	3 812.2	6
16	万科地产	16	5 239.0	6 069.2	2
17	金地集团	16	1 403.2	1 623.5	16
18	华夏幸福	9	1 538.0	1 680.0	13
19	中国恒大	7	5 131.6	5 511.0	3
20	绿城中国	7	14 571.0	1 563.7	17
同比增速均值（%）		38			

百强榜单前 21~50 强房企 2018 年销售额同比增速排名

序号	房　企	2018 年同比增速（%）	销售额（亿元）		销售额百强榜单排名
			2017 年	2018 年	
1	东原地产	109	262.6	548.7	50
2	新力地产	107	428.1	887.3	33
3	建业地产	90	370.8	705.6	42
4	金科地产	90	681.2	1 291.1	22
5	中国金茂	85	693.0	1 280.0	24
6	奥园集团	84	455.9	840.2	38
7	祥生地产	81	567.6	1 029.2	28
8	美的置业	76	450.1	790.3	39
9	融信集团	73	703.1	1 218.8	25
10	佳源集团	72	508.3	875.5	35
11	中梁控股	70	757.9	1 288.7	23
12	金辉集团	68	445.1	746.8	41
13	龙光集团	63	560.1	915.3	32
14	合景泰富	60	409.0	655.0	44
15	华发股份	58	350.2	554.6	47
16	福晟集团	57	396.2	621.1	45
17	佳兆业	53	567.1	866.1	36
18	远洋集团	51	723.0	1 095.0	26
19	蓝光发展	51	689.1	1 041.7	27
20	卓越集团	51	367.1	553.0	48
21	首开股份	46	679.1	990.2	31
22	俊发地产	44	381.3	550.3	49
23	正荣集团	43	910.2	1 303.4	21
24	时代中国	41	426.4	602.3	46

（续表）

序号	房　企	2018 年同比增速（%）	销售额（亿元）		销售额百强榜单排名
			2017 年	2018 年	
25	滨江集团	38	615.1	850.1	37
26	荣盛发展	38	730.2	1005.1	30
27	融侨集团	34	562.1	753.0	40
28	中国铁建	29	685.3	886.2	34
29	首创置业	26	558.0	702.8	43
30	雅居乐	18	866.1	1025.8	29
同比增速均值（%）		60			

百强榜单前 51~100 强房企 2018 年销售额同比增速表现

序号	房　企	2018 年同比增速（%）	销售额（亿元）		销售额百强榜单排名	序号	房　企	2018 年同比增速（%）	销售额（亿元）		销售额百强榜单排名
			2017 年	2018 年					2017 年	2018 年	
1	上坤置业	346	51.5	229.5	96	26	协信控股	39	195.5	272.5	88
2	弘阳地产	148	178.1	441.2	60	27	德信地产	38	265.1	366.0	71
B	敏捷地产	119	211.6	463.8	59	28	景瑞地产	38	171.2	236.3	91
4	恒泰集团	116	102.1	220.3	98	29	红星地产	37	318.0	435.2	62
5	新希望地产	114	141.5	303.1	79	30	路劲基建	36	368.2	501.9	57
6	大唐地产	113	144.7	308.6	77	31	华鸿嘉信	35	232.9	315.3	76
7	花样年	108	145.0	301.7	81	32	中庚集团	33	1 751.0	232.1	94
8	华宇集团	108	180.8	375.2	69	33	越秀地产	30	4 087.0	531.0	54
9	力高地产	92	120.3	230.7	95	34	华侨城	28	215.3	275.6	87
10	宝龙地产	91	220.2	421.1	64	35	金融街	28	260.5	333.1	73
11	隆基泰和	81	235.1	424.4	63	36	中交地产	28	217.2	277.7	85
12	星河地产	79	122.2	218.5	100	37	鑫苑中国	27	233.1	295.1	82
13	方圆地产	78	124.2	221.2	97	38	海伦堡	25	3511	440.6	61
14	康桥地产	78	155.4	276.2	86	39	中天城投	25	246.6	307.4	78
15	三盛集团	72	203.3	350.1	72	40	朗诗绿色集团	25	306.2	381.3	68
16	正商地产	69	295.3	500.3	58	41	海尔地产	18	198.1	233.6	93
17	建发房产	60	341.3	544.8	53	42	金隅集团	17	244.3	286.6	84
18	领地集团	55	151.6	235.0	92	43	仁恒置地	14	264.8	302.9	80
19	国瑞置业	55	141.5	219.1	99	44	电建地产	11	365.2	404.2	66
20	中骏集团	50	344.6	515.2	55	45	北辰实业	9	226.4	247.4	90
21	和昌集团	48	198.0	292.8	83	46	保利置业	2	410.2	420.1	65
22	北大资源	43	267.3	383.4	67	47	复地集团	–2	379.1	371.2	70
23	当代置业	43	221.9	316.5	75	48	中冶置业	–5	264.0	251.6	89

（续表）

序号	房　企	2018 年同比增速（%）	销售额（亿元）		销售额百强榜单排名	序号	房　企	2018 年同比增速（%）	销售额（亿元）		销售额百强榜单排名
			2017 年	2018 年					2017 年	2018 年	
24	禹洲集团	42	361.1	513.3	56	49	联发集团	–7	343.2	320.7	74
25	中粮集团	42	386.0	547.3	51	50	万达集团	–39	891.2	547.2	52
同比增速均值（%）		55									

数据来源：克而瑞、明源地产研究院。

为了尽可能客观地分析，我们又对近三年百强房企销售额的复合增长率进行排序并选出前 20 强。由表 4–3 可见，近三年销售额增速最快的房企为新力地产，其复合增长率接近 200%，而排名紧随其后的祥生和佳兆业近三年的复合增长率也都超过了 100%。综合来看，20 家房企复合增长率的平均值接近 85%。这一数据表明，行业内增速最快的一批房企在近年来一直保持着较高速度的增长，并未受行业大环境的太大影响。

表 4–3　近三年销售额复合增长率前 20 强房企

序号	房　企	销售额平均增速（%）	销售额（亿元）			
			2015年	2016年	2017年	2018年
1	新力地产	193.8	35.0	161.3	428.1	887.3
2	祥生地产	111.4	109.0	325.0	567.6	1 029.2
3	佳兆业	110.4	93.0	317.1	567.1	866.1
4	中梁控股	97.2	168.0	336.8	757.9	1 288.7
5	美的置业	89.9	115.4	212.7	450.1	790.3
6	新城控股	89.5	323.8	685.2	1 260.1	2 204.3
7	中南置地	88.0	229.0	502.3	963.2	1 520.5
8	融创中国	84.6	731.2	1 500.3	3 620.0	4 600.0
9	蓝光发展	78.3	183.7	339.1	689.1	1 041.7
10	奥园集团	77.2	151.0	256.2	455.9	840.2
11	阳光城	75.7	300.1	487.2	915.3	1 628.4
12	旭辉集团	73.3	312.5	653.2	1 040.0	1 625.2
13	碧桂园	73.2	1 401.8	3 090.3	5 500.1	7 286.9
14	俊发地产	72.2	107.7	190.1	381.3	550.3
15	华发股份	67.5	118.0	370.5	350.2	554.6

（续表）

序号	房企	销售额平均增速（%）	销售额（亿元）			
			2015年	2016年	2017年	2018年
16	海伦堡	65.0	98.0	185.7	351.1	440.6
17	金科集团	63.9	293.0	455.2	681.2	1 291.1
18	东原地产	62.4	128.0	226.2	262.6	548.7
19	建业地产	62.1	165.7	221.4	370.8	705.6
20	正荣集团	62.0	306.3	490.1	910.2	1 303.4
均值		84.9				

数据来源：克而瑞、明源地产研究院。

5. 各省市的龙头房企占当地市场的份额持续提升

在行业竞争日益激烈的背景下，各地的市场表现也呈现出较大差异。基于因城施策的调控方针，各省市的调控力度略有不同，所拥有的各类资源也不尽相同。所以我们着重选取部分热门区域，尤其是具有代表性的几个重点省份及核心城市的数据进行分析。我们发现，区域龙头房企所占的市场份额连年提升。

由我们采集的部分重点省份的数据可知（见表 4–4），当地市场销售规模位居前 3 强的房企，大多为业内龙头且排名相对稳定。它们凭借自身更为丰富的资源优势以及多年的城市深耕经验占领了大部分市场，而且从市场走势来看，前 3 强房企在省内的比重仍在攀升。

表 4–4 部分省份 2017—2018 年前 3 强房企的销售情况

区域	省份	2018年排名	房企名称	销售额（亿元）		占该省房地产销售额比重（%）		
				2017年	2018年	2017年	2018年	
珠三角	广东	1	碧桂园	1 650	1 751.3	8.80	9.30	
		2	保利地产	815	945.6	4.30	5.00	
		3	万科地产	941	925.5	5.00	4.90	
		合计		3 406	3 622.4	18.10	19.20	↑
	福建	1	世茂房地产	251	505.6	4.40	7.70	
		2	建发房产	147	379.1	2.60	5.80	
		3	阳光城新进	200	275.7	3.50	4.20	
		合计		598	1 160.4	10.50	17.70	↑

（续表）

区 域	省份	2018 年排名	房企名称	销售额（亿元）		占该省房地产销售额比重（%）		
				2017 年	2018 年	2017 年	2018 年	
长三角	浙江	1	滨江集团	583.0	814.0	4.70	5.80	
		2	绿城中国	763.0	748.9	6.20	5.30	
		3	祥生地产	421.0	656.3	3.40	4.70	
		合计		1 767.0	2 219.2	14.30	15.80	↑
	江苏	1	碧桂园新进	825.0	948.6	6.30	6.50	
		2	绿地集团	743.0	789.3	5.70	5.40	
		3	新城控股	482.0	781.7	3.70	5.40	
		合计		2 050.0	2 519.6	15.70	17.30	↑
环渤海	山东	1	龙湖集团新进	257.0	392.4	3.20	3.90	
		2	融创中国新进	329.0	389.3	4.10	3.90	
		3	中国恒大	326.0	366.1	4.00	3.60	
		合计		912.0	1 147.8	11.30	11.40	↑
成渝	四川	1	蓝光发展	266.0	425.5	3.90	5.00	
		2	中国恒大	232.0	412.5	3.40	4.80	
		3	保利发展新进	275.0	330.2	4.10	3.90	
		合计		773.0	1 168.2	11.40	13.70	↑

注：“新进”指 2018 年新进当地市场前 3 的房企。
数据来源：亿翰智库、明源地产研究院。

从热点城市的房地产销售额来看，每个城市的前 3 强房企的销售额占比基本都呈现出持续上升的态势。其中，济南、天津的前 3 强房企所占的市场份额在近三年一直保持着较高水平，2018 年济南前 3 强房企的销售额占比甚至逼近 40%，而 2018 年无锡前 3 强房企的市场份额相比 2017 年更是翻了一番（见表 4–5）。

二、从掉榜率来看，前 50 强房企座次相对稳定

在上一部分中，我们重点分析了在监管日益严格的行业大环境下，增速最快的那一批房企与强者恒强的龙头房企。接下来，我们将视角聚焦于 2014 年与 2018 年的百强榜单，分段考察各房企排名座次的变化。我们将两大百强榜单内的排名座次分为前 10 强、前 11~50 强和

表 4-5 近三年部分城市前 3 强房企销售额及占当地市场份额

城市	前 3 强排名	销售额（亿元）						占该市房地产销售额的比重（%）		
		2016 年		2017 年		2018 年		2016 年	2017 年	2018 年
深圳	1	万科	213.20	万科	205.62	万科地产	290.81	6.4	6.4	7.4
	2	鸿荣源	202.20	深圳地铁	156.88	华润置地	225.65	6.1	4.9	5.8
	3	深业	190.70	深业	140.48	龙光集团	212.63	5.7	4.4	5.4
	总计		606.10		502.98		729.09	18.2	15.6	18.7 ↑
广州	1	保利地产	193.19	保利地产	207.31	保利发展	268.10	6.0	6.7	—
	2	万科地产	185.92	碧桂园	188.87	碧桂园	159.60	5.8	6.1	—
	3	碧桂园	159.41	万科地产	149.79	越秀地产	152.90	5.0	4.8	—
	总计		538.52		545.97		580.60	16.9	17.6	—
郑州	1	正商地产	116.02	万科集团	84.20	正商地产	128.38	5.0	3.1	4.1
	2	建业地产	101.89	正商地产	75.02	万科地产	91.78	4.4	2.8	2.9
	3	万科集团	74.49	康桥地产	49.12	建业地产	88.98	3.2	1.8	2.8
	总计		292.40		208.34		309.14	12.5	7.8	9.9 ↑
济南	1	鲁能地产	102.40	中海地产	159.93	融创中国	216.00	8.7	13.6	14.6
	2	恒大集团	101.30	绿地控股	145.44	绿地集团	205.00	8.6	12.4	13.9
	3	万科集团	75.00	融创中国	126.00	万科集团	166.57	6.4	10.7	11.3
	总计		278.70		431.37		587.57	23.7	36.8	39.8 ↑
成都	1	万科	88.19	龙湖	140.10	中国恒大	236.23	3.0	4.1	6.5
	2	保利	86.79	蓝光	131.16	蓝光发展	176.83	2.9	3.8	4.9
	3	恒大	60.98	万科	130.14	龙湖集团	163.13	2.1	3.8	4.5
	总计		235.96		401.40		576.19	8.0	11.7	15.9 ↑

无锡	1	融创	52.60	融创	86.19	融创中国	154.13	4.1	7.4	11.3
	2	万达	42.16	万科	23.13	万科地产	118.05	3.3	2.0	8.6
	3	万科	36.33	九龙仓	22.91	中海地产	76.45	2.9	2.0	5.6
	总计		131.09		132.23		348.63	10.3	11.3	25.5 ↑
青岛	1	万科	87.90	万科	102.40	融创中国	176.13	4.9	5.1	7.7
	2	海尔	68.60	海尔地产	77.50	保利发展	103.48	3.8	3.9	4.5
	3	万达	61.20	融创中国	64.90	万科地产	82.99	3.4	3.2	3.6
	总计		217.70		244.80		362.60	12.2	12.2	15.9 ↑
天津	1	融创中国	365.09	融创	231.26	融创	169.35	10.5	10.2	8.4
	2	天房集团	305.07	万科	166.31	万科	161.91	8.8	7.3	8.1
	3	中海地产	183.07	天房	137.31	远洋	145.54	5.3	6.0	7.3
	总计		853.23		534.88		476.80	24.5	23.5	23.8 ↑

注：2018 年各房企销售额占广州房地产销售总额的比重无数据。

数据来源：克而瑞、Wind，明源地 产研究院整理。

前 51~100 强三类，并以脱离群体的掉榜房企个数统计不同群体的掉榜率。掉榜率这一指标主要体现为各群体内房企销售规模持续增长的相对稳定程度，即掉榜率越低，则群体内房企的销售规模增长实力越强，排名相对越稳定。

1. 前10强房企相对稳定，世茂、万达主动调整战略导致跌出前10

通过对比 2014 年与 2018 年房企销售榜单前 10 强的名单，我们发现，在房地产业这五年的激烈角逐中，世茂和万达已悄然脱离 10 强的队伍，前 10 强房企的掉榜率为 20%（见图 4–3）。

2014 年与 2018 年前 10 强上榜房企

排名	2014 年	2018 年
1	万科地产	碧桂园
2	绿地控股	万科地产
3	万达集团	恒大地产
4	恒大地产	融创中国
5	保利地产	保利地产
6	碧桂园	绿地控股
7	中海地产	中海地产
8	世茂房地产	新城控股
9	华润置地	华润置地
10	融创中国	龙湖集团

前 10 强重复上榜房企

序号	房企
1	保利地产
2	碧桂园
3	华润置地
4	绿地控股
5	融创中国
6	万科地产
7	恒大地产
8	中海地产

2014 年入榜 2018 年出榜房企

序号	房企
1	世茂房地产
2	万达集团

前 10 强掉榜率：20%

世茂房地产：主动降负债、去库存 调整发展速度

万达集团：重点服务消费 聚焦优势产业

图 4–3　2014 年与 2018 年前 10 强房企对比及掉榜率

通过调查研究，我们发现这两家房企的掉榜与其战略层面的主动调整密切相关。

世茂房地产在经过 2014 年和 2015 年的连续快速增长之后，发现自身在规模快速增长的同时，负债水平相对较高，库存积压较大。因此，出于规避风险的目的，世茂房地产于 2016 年主动调整发展战略：减速、

降负债、加快去库存。我们看到，虽然世茂房地产的出发点很好，但是在行业形势不明朗的背景下，一味追求降负债、去库存并因此错失规模扩张的机遇，直接影响了它的排名——近年来一直徘徊在10强之外。

2018年，万达公开表示进行战略调整：一方面基于现有产业的梳理全面聚焦优势产业；另一方面则强调以轻资产为主的战略转型。万达提出，未来新开业的万达广场至少有70%会是轻资产，新开业酒店原则上全部是轻资产。值得注意的是，轻资产为主的发展战略并不意味着万达会完全放弃重资产，而是在有息负债总体减少的情况下做重资产。总体来看，虽然轻资产的模式可以在一定程度上解决万达在利润和财务安全方面的问题，但是也直接影响了它在规模上的扩张，使其从前3强迅速跌落到前10强之外。

2. 前11~50强房企掉榜率为27.5%，国央企排名普遍下降

逆水行舟，不进则退。在2014年与2018年两大百强榜单上，前11~50强房企的掉榜率达27.5%（见图4–4）。在激烈竞争和强监管的双重压力下，以往靠晒地就能赚钱的部分国央企逐渐退出前50强的舞台。下面以中粮集团为例，具体阐述国央企排名下降的原因。

2010年3月18日，中粮集团成为国资委保留的以房地产为主业的16家央企之一。作为A股为数不多的房地产企业，又有国资背景，中粮集团可谓是摸了一手好牌。当初保留央企背景的房地产企业如今有不少已发展成行业内的头部玩家，反观中粮集团，则已显落后之势，处境十分尴尬。这与中粮集团单一的赢利模式、集中于一二线的战略布局有着莫大的关系。

虽然中粮集团的主营业务包括商品房销售、房屋租赁、物业管理三个板块，但商品房销售才是公司真正的核心业务。中粮集团重点布局环北京、环上海、环深圳三大核心城市群，虽然这样的战略部署对于政策和市场的敏感度很高，但受制于一、二线城市房地产市场降温与央企相

2014年与2018年前11~50强上榜房企

排名	2014年	2018年	排名	2014年	2018年
11	富力地产	世茂房地产	31	越秀地产	首开股份
12	绿城中国	招商蛇口	32	中信地产	龙光集团
13	华夏幸福	华夏幸福	33	方兴地产	新力地产
14	龙湖地产	阳光城	34	蓝光实业	中国铁建
15	招商地产	旭辉集团	35	合景泰富	佳源集团
16	金地集团	金地集团	36	中南集团	佳兆业
17	雅居乐	绿城中国	37	复地集团	滨江集团
18	远洋地产	中南置地	38	首开股份	奥园集团
19	九龙仓	富力地产	39	泰禾集团	美的置业
20	金科集团	泰禾集团	40	华侨城	融侨集团
21	荣盛发展	正荣集团	41	敏捷地产	金辉集团
22	佳兆业	金科集团	42	正荣集团	建业地产
23	中国铁建	中梁控股	43	电建地产	首创置业
24	中国中铁	中国金茂	44	融信集团	合景泰富
25	新城控股	融信集团	45	金辉地产	福晟集团
26	首创置业	远洋集团	46	建业地产	时代中国
27	保利置业	蓝光发展	47	时代地产	华发股份
28	金隅股份	祥生地产	48	协信集团	卓越集团
29	阳光城	雅居乐	49	雨润地产	俊发地产
30	旭辉集团	荣盛发展	50	中粮集团	东原地产

注：2014年榜单中所列房企：雨润地产因地产业务萎缩过多，中信地产因被中海并购，故在变动榜单中将两家剔除。

前11~50强重复上榜房企

序号	房企	序号	房企
1	富力地产	14	首创置业
2	合景泰富	15	首开股份
3	华夏幸福	16	泰禾集团
4	佳兆业	17	旭辉集团
5	建业地产	18	雅居乐
6	金地集团	19	阳光城
7	金辉集团	20	远洋集团
8	金科集团	21	招商蛇口
9	蓝光发展	22	正荣集团
10	绿城中国	23	中国铁建
11	荣盛发展	24	中南置地
12	融信集团	25	中国金茂
13	时代中国	—	—

2014年入榜，2018年出榜房企

序号	房企
1	电建地产
2	复地集团
3	华侨城
4	金隅股份
5	九龙仓
6	龙湖地产
7	敏捷地产
8	协信集团
9	新城控股
10	越秀地产
11	中国中铁
12	中粮集团
13	保利置业

前11~50强
掉榜率：27.5%

序号	排名下降但仍在百强内的房企
1	电建地产
2	越秀地产
3	中粮集团
4	华侨城
5	保利置业
6	复地集团
7	敏捷地产

（1~5：国央企）

序号	排名下降至百强外
1	金隅股份
2	九龙仓
3	协信集团
4	中国中铁

序号	排名上升至前10强
1	龙湖地产
2	新城控股

图4-4　2014年与2018年前11~50强房企对比及掉榜率

对保守的融资方式，中粮集团逐渐淡出了大家的视野。

3. 前51~100强房企掉榜率近60%，港资、跨界、地方性国企突出

相比前 10 强与前 11~50 强两个群体的变动情况，位列前 51~100 强的房企掉榜率接近 60%（见图 4–5）。

在前 51~100 强房企群体中，2014 年在榜内，但 2018 年排名下降至百强外的房企，可被划分为三类：低周转、低杠杆求稳的港资房企，过早尝试房地产业务却未能保持冲劲的跨界房企，以及由地方政府牵头、靠资源取胜的地方性国企。

（1）低周转、低杠杆求稳的港资房企

由于成长于土地资源稀缺的香港，所以港资房企形成了重利润、精开发、稳财务的业务模式。同时，由于土地的稀缺，港资房企希望充分挖掘每一个项目的价值，重视项目的赢利能力。为提高项目利润率，港资房企一般有两大手段：其一，走高端产品开发路线，通过精细化、个性化开发提升项目溢价率；其二，拉长项目开发周期，等待增值后再出手，吃透土地溢价。

为了提高项目利润和吃透土地增值溢价，港资房企通常会采取逆周期拿地、顺周期开发的策略。这种策略意味着通过对市场周期的精准把握，港资房企在市场不好的时候低成本拿地，等到市场回暖后再出售或出租，吃透土地溢价，提升项目利润率。而在低周转的运营模式下，港资房企为保持企业的抗风险能力，主要依靠内部融资，负债率相对较低，资产结构更优。在运作模式方面，港资房企则普遍采用租售混合经营的模式，更加关注业务内部现金流的平衡，对外部资金的依赖程度相对较低。

（2）过早尝试房地产业务却未能保持冲劲的跨界房企

跨界房企指的是主业为零售等其他业务，但不满足于主业带来的收益，从而逐渐开拓房地产业务的一类房企。跨界房企的失误源自对

2014 年与 2018 年前 51~100 强上榜房企

排名	2014 年	2018 年	排名	2014 年	2018 年
51	升龙集团	中粮集团	76	大华集团	华鸿嘉信
52	世纪金源	万达集团	77	正商地产	大唐地产
53	海亮地产	建发房产	78	滨江集团	中天城投
54	中天城投	越秀地产	79	景瑞地产	新希望地产
55	卓越集团	中骏集团	80	京投银泰	仁恒置地
56	俊发地产	禹洲集团	81	新湖中宝	花样年
57	金融街	路劲基建	82	鲁商置业	鑫苑中国
58	路劲基建	正商地产	83	宏立城	和昌集团
59	海航地产	敏捷地产	84	鑫苑中国	金隅集团
60	建发房产	弘阳地产	85	瑞安房地产	中交地产
61	融侨集团	海伦堡	86	华宇地产	康桥地产
62	五矿地产	红星地产	87	奥克斯置业	华侨城
63	仁恒置地	隆基泰和	88	北京住总	协信控股
64	中国奥园	宝龙地产	89	国贸地产	中冶置业
65	禹洲地产	保利置业	90	农工商房产	北辰实业
66	花样年	电建地产	91	嘉凯城	景瑞地产
67	和记黄埔	北大资源	92	亿达中国	领地集团
68	雅戈尔	朗诗绿色集团	93	星河湾	海尔地产
69	中骏置业	华宇集团	94	华发股份	中庚集团
70	宝龙地产	复地集团	95	一方集团	力高地产
71	龙光地产	德信地产	96	当代置业	上坤置业
72	新世界中国	三盛集团	97	新鸿基地产	方圆地产
73	文一地产	金融街	98	凯德置业	恒泰集团
74	朗诗集团	联发集团	99	中航地产	国瑞置业
75	深业集团	当代置业	100	苏宁环球	星河地产

前 51~100 强重复上榜房企

序号	房企	序号	房企
1	宝龙地产	8	路劲基建
2	当代置业	9	鑫苑中国
3	花样年	10	星河地产
4	建发房产	11	禹洲集团
5	金融街	12	正商地产
6	景瑞地产	13	中骏集团
7	朗诗绿色集团	14	中天城投

2018 年排名下降至百强外房企

序号	房企	序号	房企
1	奥克斯置业	16	仁恒置地
2	北京住总	17	瑞安房地产
3	大华集团	18	深业集团
4	国贸地产	19	世纪金源
5	海航地产	20	苏宁环球
6	海亮地产	21	文一地产
7	和记黄埔	22	五矿地产
8	宏立城	23	新鸿基地产
9	华宇地产	24	新湖中宝
10	嘉凯城	25	新世界中国
11	京投银泰	26	雅戈尔
12	凯德置业	27	一方集团
13	鲁商置业	28	亿达中国
14	农工商房产	29	中航地产
15	升龙集团	—	—

2018 年排名上升至前 50 强内的房企

序号	房企	序号	房企
1	滨江集团	5	融侨集团
2	华发股份	6	中国奥园
3	俊发地产	7	卓越集团
4	龙光地产	8	—

前 51~100 强
掉榜率：58%

港资房企：低周转、低杠杆

跨界房企：围绕主业开展；规模有限；为主业持续蓄能

地方性国企：由地方政府牵头；抗风险能力较弱

图 4-5　2014 年与 2018 年前 51~100 强房企对比及掉榜率

具体布局城市的楼市周期把握不精准。它们本想从房地产市场赚取快钱并为主业提供现金流，却被频繁的楼市调控限制了发展速度，最终“骑虎难下”。

以海航地产为例。2016 年海航地产开始高调扩张，曾一度公开表示只要感兴趣的地，就一定会强势拿下。2016 年，海航地产在海口以 8.15 亿元击败多家大型房企拿下“地王”，创下海口大英山地价新高；随后，它又在香港以 142 亿港元击败 21 家香港及内地开发商，拿下启德两块住宅用地。此后，海航地产提出了“深耕海南，布局全国”的发展战略，开始在浙江、北京等地高调拿地。但是，随着海南房地产调控政策的加码，海航地产出现资金链困局，不得不频繁抛售境内外资产以缓解财务压力，海航地产高歌猛进的势头也就此戛然而止。

（3）由地方政府牵头、靠资源取胜的地方性国企

这类房企通常是由地方政府牵头设立的。它们在过去的几十年内充分享受了当地的诸多优先机会和资源倾斜，但现如今情况已发生了改变。首先，近年来地方政府普遍面临着较大的财政压力，既要减税降费，又要保证财政收入平稳增长，加上“多金”龙头房企的强势进驻，失去竞争优势的地方性国企逐渐力不从心。其次，在当前的行业竞争背景下，由于缺乏外部拓展的经验与资源优势，地方性国企离开庇护地出去闯荡实属不易。最后，开发周期、审批流程普遍较长，项目周转速度较慢且产品标准化落地不理想，这些都为地方性国企的发展上了一道道“枷锁”。

三、房企制胜策略在迭代，抓住行业趋势才能快速发展

房地产业经过几十年的发展，房企核心赢利模式，或者说制胜策略在不断迭代。经研究总结，我们发现可以将房企制胜策略大体划分为四大阶段：土地制胜、产品制胜、资本制胜和产业制胜。每个阶段都有房企脱颖而出，成为业内的佼佼者（见图 4–6）。接下来，我们将举例为

大家阐述这些佼佼者是如何抓住行业趋势并获得快速发展的。

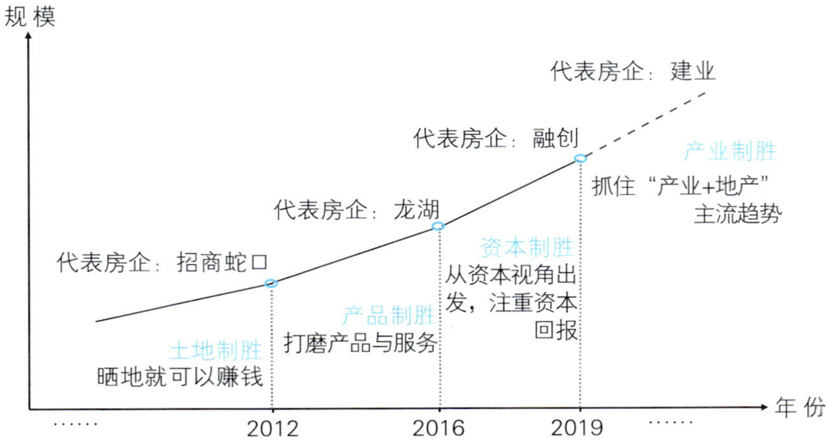

图4-6　不同时代房企制胜策略在迭代

1. 土地制胜阶段，晒地就可以赚钱

在 1998 年住房市场化改革后，中国的房地产市场迎来了快速发展的一段黄金时期。随着地价的快速上涨，房企单凭晒地就可以赚钱，内部管理体系差一点也能赚得盆满钵满。我们称这一阶段为土地制胜阶段，能否拿到地是这一阶段的制胜关键，对房企的内部管理水平要求并不高。

这一时期享受土地红利最为明显的正是国企或央企，当时被称作国央企与房地产的“蜜月期”。这类房企因现金流相对稳定、资金面相对充裕，加上政策优惠，在行业黄金十年的初期低价购入大量核心城市的优质土地储备，伴随地价和房价的快速上涨，得以迅速做大。其中，保利和招商蛇口等国央企是典型代表。

2. 产品制胜阶段，打磨产品与服务

2012 年左右开始，房地产业逐渐趋于理性发展，房企开始高度关注产品和服务质量，将提升产品和服务质量以及打造中高端产品作为核心

赢利模式。我们将这一阶段称为产品制胜阶段。其中，龙湖和绿城等标杆从一众房企中脱颖而出，依托高质量产品迎合了中高端客户的需求，成功实现了规模跨越。

例如，龙湖进驻北京后凭借滟澜山项目一炮而红，由此奠定了自身在北京高端住宅市场的地位。龙湖打造的五重景观体系也成为业内学习的标杆。此外，诸如绿城和星河湾等房企当时也都是以产品的精雕细琢而闻名于业界的。

产品制胜的核心逻辑在于，只要对产品增加三五千元的前期投入，售价就可以提升一两万。这对大多数房企来说无疑是一种非常经济而且省力气的赚钱模式。但是，这种模式天然需要高房价作支撑，也就意味着在持续的限价调控下，房价面临天花板，产品制胜模式已然不成立。如果仍一味地强调敲敲打打、推倒重来以获得高品质，房企大概率要迷失在反复锤炼产品品质、利润回报较低的沼泽中。对于产品品质，我们更加强调的是把固有经验沉淀下来，确保产品一次性做对。

3. 资本制胜阶段，从资本视角出发，注重资本回报

自 2016 年新一轮楼市调控以来，行业逐渐步入新的发展周期，房企的发展策略也相应发生转变，其中一个显著特点是开始以资本为导向，从资本视角出发，注重资本回报。我们称这一阶段为资本制胜阶段。抓住资本制胜这一趋势的房企，往往获得了跨越式增长。

其中的典型标杆就是擅长资本运作的融创。如前所述，融创迅速崛起的背后离不开各路资本大鳄的支持，包括雷曼、鼎辉、新天域、贝恩和德意志银行等资本。2016 年，保险巨头中国平安成为融创的第二大股东。中国平安的入股使融创有了吸金石，同时也为其并购战略注入一针强心剂。经过对年报的梳理我们发现，2016 年融创的主要往来银行增至 12 家，相比 2014 年翻了 4 倍。同时，融创入股乐视，收购万达旗下 13 个文旅项目和 76 家酒店等大动作的背后，都离不开平安资本强有

力的支持。

由此可见，充分运用资本的力量已成为房企规模扩张和提升赢利能力的制胜法宝。但不容忽视的是，依靠资本制胜的房企对金融政策环境也十分依赖。在融资不受限且房价快速上涨的大环境下，房企只要充分运用资本力量并踩对融资节奏就可以收获不错的业绩。而现在，在调控政策步入新常态的外部环境下，如何在远离调控政策红线的基础上找到好的合作伙伴和资金周转好的项目，进而获取更高的投资回报，就成为广大房企需要谨慎斟酌的问题。

4. 产业制胜阶段，找到房地产之外的新增长极

在对上述三个阶段的阐述中，我们可以看到，在调控持续的大环境下，房企仅凭住宅地产这一条腿走路很难获得可持续的发展。从目前愈加关注产业结构优化的顶层政策导向来看，我们认为“产业 + 地产”的发展机会一定会到来，发展产业将成为房企新的突破口，产业制胜的时代已经到来。

当前，无论是龙头房企还是区域标杆房企都在纷纷往产业方向发力。诸如雅居乐和金科等传统住宅开发商都在寻找新的产业发展机遇；美的置业这一类产业布局具有先天优势的企业也在持续探索智能家居产业；建业这类优秀的本土房企也在省域深耕优势的基础上进行特色小镇等多产业资源的整合。

但看见胜利曙光之前总要经历狂风暴雨，“产业 + 地产”模式要取得成功并非易事。比如，前期的资金投入从何而来，如何选择适合企业基因的产业领域，如何组建合理稳固的产业类人才团队以及基于资本视角审视产业投资回报等，都是摆在房企面前需要一一探索和攻克的难题。

因此，基于业内对于“产业 + 地产”领域开发的重重困惑，通过与全国多家房企的交流，我们总结了产业发展成功的核心要素，并搜集了

一些具有代表性的“产业＋地产”案例，比如“地产＋商业”模式、“地产＋文旅”模式、“地产＋小镇”模式和“地产＋智能家居”模式等，我们将在本章第三节中对此做详细阐述。

第二节
二、三线城市成为房企布局热点，区域深耕成主流

通过市场数据分析，我们发现房企所处的行业环境越来越恶劣了。我们无法改变行业大势，但房企依旧可以在自己的掌控范围内尽可能做到最好。那么，房企在选择所要进入的城市时应该如何规避风险呢？业内标杆房企又采取了什么样的布局策略呢？

一、跟随资本脚步，二、三线城市布局热度快速上升

近年来，像碧桂园和恒大等规模房企纷纷布局四、五线城市，二、三线城市的热度略有下降。但随着四、五线城市受到严格的调控政策的影响，资本在近一两年又纷纷撤离。在这种形势下，房企又开始争相回归二、三线城市。我们可以从二、三线城市土地市场的成交状况和标杆房企的布局策略中窥见一斑。

2018 年，部分四、五线城市已经降低棚改货币化安置比例，这使得前几年的回乡置业热潮再未出现，从而造成市场低迷，去化速度放缓。受此影响，资本市场逐渐收缩在四、五线城市的资金投放，转而投向风险更低的二、三线城市，众多房企也跟随资本的脚步纷纷回归二、三线城市（见图 4–7）。

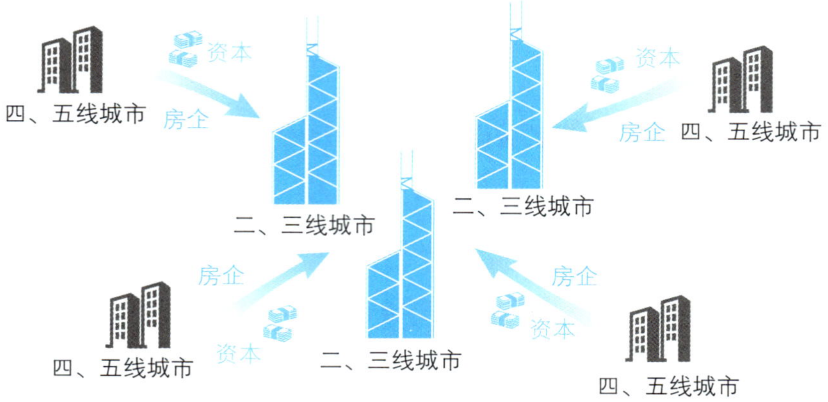

2019 年银行对房企贷款的结构发生变化，授信强调聚焦重点客户和重点区域

- 招商银行：严控前期房地产价格过高及库存较高城市的融资占比，预计 2019 年房地产业风险主要集中在部分去库存速度慢的四、五线城市
- 中国工商银行：实施区域差异化信贷政策，重点支持一线城市以及潜在需求充足的二线城市普通商品住房项目，审慎把握四、五线城市新增住房开发贷款业务

图 4–7　受资本流动影响，诸多房企纷纷回归二、三线城市

在众多房企布局回归二、三线城市的影响下，土地市场也出现了较为明显的城市分化，包括杭州、武汉、南京和徐州等多个二、三线城市在内的土地市场逐渐成为开发商争夺的重点，而绝大多数四、五线城市的土地市场则明显降温（见表 4–6）。

表 4–6　2018—2019 年 5 月全国土地成交前 30 强城市

排名	城市	城市能级	成交土地数量（宗）	成交土地规划建筑面积（万平方米）	土地成交溢价率（%）	排名	城市	城市能级	成交土地数量（宗）	成交土地规划建筑面积（万平方米）	土地成交溢价率（%）
1	重庆	二线	241	3 380	13.2	16	常州	二线	148	1 311	17.1
2	武汉	二线	149	3 451	—	17	遵义	三线	121	1 215	2.9
3	天津	二线	146	1 776	5.3	18	长春	二线	70	1 003	—
4	青岛	二线	171	1 571	2.2	19	南京	二线	91	1 036	10.9
5	郑州	二线	189	2 486	8.3	20	石家庄	二线	133	1 322	14.2
6	西安	二线	147	2 073	19.3	21	苏州	二线	101	1 014	16.3

（续表）

排名	城市	城市能级	成交土地数量（宗）	成交土地规划建筑面积（万平方米）	土地成交溢价率（%）	排名	城市	城市能级	成交土地数量（宗）	成交土地规划建筑面积（万平方米）	土地成交溢价率（%）
7	上海	一线	168	1 446	0.2	22	北京	一线	74	909	14.4
8	潍坊	三线	150	1 527	5.3	23	乌鲁木齐	三线	99	1 152	2.8
9	杭州	二线	146	1 463	28.4	24	广州	一线	76	1 316	6.2
10	昆明	二线	160	1 866	11.3	25	赣州	三线	121	943	11.0
11	成都	二线	95	1 475	12.5	26	烟台	三线	96	895	7.5
12	济南	二线	125	1 368	—	27	沈阳	二线	68	928	27.2
13	徐州	三线	109	1 279	24.4	28	佛山	二线	79	1 363	30.1
14	太原	二线	147	1 825	13.1	29	泸州	三线	62	848	35.7
15	南宁	二线	125	1 495	22.6	30	保定	三线	133	1 000	0.02

注：数据依据 Wind 成交土地占地面积排序。
数据来源：Wind、明源地产研究院。

例如，在具体布局城市方面，中梁明确提出 2019 年回归二线及省会城市。2019 年 1~4 月，中梁首次进驻天津、大连和南昌等二线及省会城市，并对苏州、西安和郑州等重点二线城市进行深耕。新城控股于 2018 年 12 月在北京、南京、济南、合肥、温州、沈阳、贵阳、扬州和西安等城市拿地，并于 2019 年 1 月开始布局天津、太原、昆明、长沙和武汉等重点二线及中西部省会城市。阳光城也提出在 2019 年坚持聚焦一、二线城市的策略，稳固这些城市的市场份额，适当进入经济较发达、市场 规模较大且人口吸附力强的城市。由此可见，二、三线城市的热度开始回升（见图 4–8）。

二、四线和五线城市布局力度在快速下降

在政策刺激退潮、商品房销售降温及资本风险预警的背景下，四、五线城市的土地市场逐渐趋冷。数据显示，自 2018 年下半年起，四、五

中梁：明确提出 2019 年回归二线及省会城市

- 2019 年以后，中梁转向二线及省会城市布局
- 1~4 月，中梁首次进驻天津、辽宁大连和江西南昌等二线及省会城市；对苏州、西安和郑州等重点二线城市进行深耕

新城控股：一、二线及热门三线城市仍是重点布局方向

- 2018 年 12 月于北京、南京、济南、合肥、温州、沈阳、贵阳、扬州和西安等城市拿地
- 2019 年 1 月，进驻天津、太原、昆明、长沙和武汉等重点二线及中西部省会城市

阳光城：2019 年坚持聚焦一、二线城市

- 2019 年阳光城预计拿地资金约为 800 亿元
- 稳固在一、二线城市，适当进入经济较发达、市场规模较大且人口吸附力强的城市，尤其是大城市周边的城市群和二线城市
- 适度关注四、五线城市

图 4–8 标杆房企均不同程度加大了二、三线城市的布局力度

线城市的土地成交规划建筑面积与土地溢价率直线下降，土地市场逐渐从曾经的火爆场景回归理性（见图 4–9）。

三、区域深耕成主流，区域“拓展”力度在下降

过去，在宽松的政策环境和火爆的市场热度推动下，众多房企出于追求规模与规避风险的需要纷纷拓宽自身的区域布局。在市场不确定因素逐渐增多、融资渠道逐渐收紧且资本市场纷纷转向一、二线城市的当前，诸多房企提出收缩战线、做透根据地或拥抱都市圈等区域深耕的发展策略。稳健和有质量的发展模式逐渐取代一味的规模扩张，这也成为众多房企时下的主流选择。

1. 单省破千亿规模的房企会越来越多

虽然房企在城市布局的大方向上倾向二、三线城市，但是在具体打法上，多数房企都采取了深耕策略，即在大本营重点发力或在优

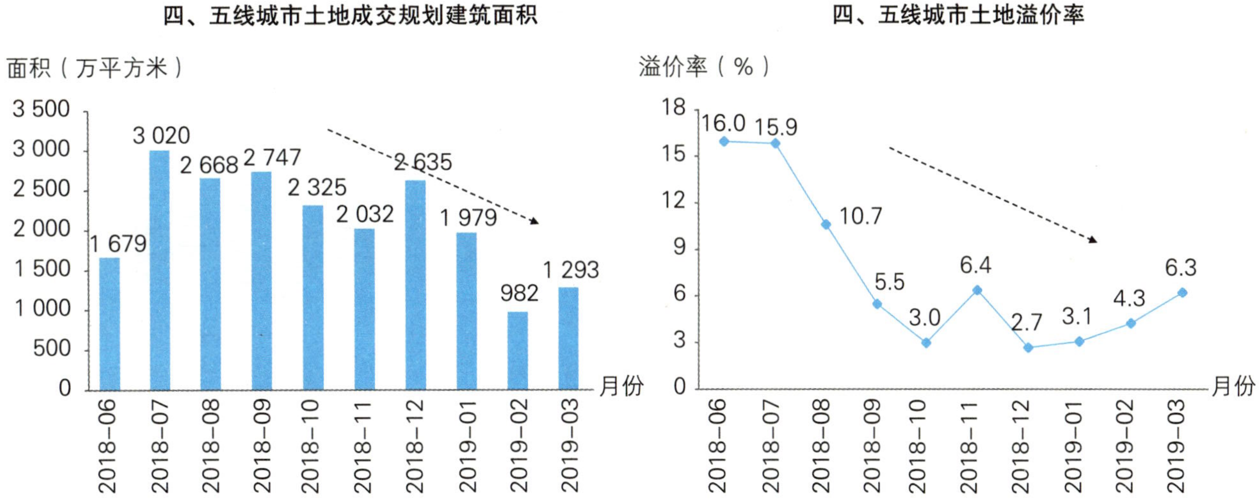

数据来源：CREIS、明源地产研究院。

图4-9　四、五线城市土地成交规划建筑面积和土地溢价率

势区域重点布局等。预计未来 3~5 年，单省破千亿规模的房企会越来越多。

我们从图 4–10 中可以看出，碧桂园在广东大本营的销售额早已突破千亿元，在优势区域江苏也有不错的业绩。对于像碧桂园这类行业巨头而言，虽在全国范围内布局，但是总会有几个省的销售额占比更突出，这些省便是房企布局的重点省份。除了行业巨头外，还有类似绿城和滨江这种深耕大本营的房企，虽说是全国布局，但是在大本营的销售占比很大，这类房企在大本营的销售额也会很快突破千亿元的规模。

此外，还有像建业这种区域龙头。建业在河南的市场份额稳居第一，销售额也即将突破千亿元，并且河南的城镇化率尚低于全国 8 个百分点，房地产市场总额刚到 8 000 亿元。随着城镇化进程的加快，未来河南房地产市场突破万亿规模是毋庸置疑的事，而通常区域龙头的市场份额占比会达到 8%~10%，所以我们可以推测，未来河南会有越来越多的龙头房企突破千亿的销售规模。同时，全国还有与河南情况类似的省份，随着城镇化率的提升，在其房地产市场份额突破万亿规模时，区域的龙头房企就会突破千亿规模（见图 4–11）。

2. 典型房企的城市布局特点

二、三线城市热度上升，四、五线城市热度快速下降，区域深耕成主流，在此背景下的房企该如何走自己的路？跟着谁的步伐走？很显然，标杆房企和黑马房企的一举一动总是备受关注。因此，我们从中选择了几个典型代表，分别是万科、中南、建业、祥生四家房企，它们有的深耕大本营，有的深耕核心城市群（见表 4–7）。

类别	房企	2017 年销售额（亿元）	2018 年销售额（亿元）
全国布局	碧桂园（广东）	1 650	1 751.3
	保利（广东）	815	945.6
	万科（广东）	941	925.5
	碧桂园（江苏）	825	948.6
跨区域布局深耕大本营	滨江（浙江）	583	814.0
	绿城（浙江）	763	748.9
	祥生（浙江）	421	656.3
	绿地集团（江苏）	743	789.3
	新城控股（江苏）	482	781.7
区域龙头	建业（河南）	371	706.0

单省逼近千亿规模

- 龙头房企本身规模庞大，未来可以在多个省份突破千亿规模
- 大本营业绩贡献占主导
- 未来在大本营突破千亿规模的房企会越来越多
- 区域深耕型房企，破千亿规模指日可待，未来这种房企会越来越多

注：建业深耕河南，覆盖了全省 100 个县级市中的 77 个，100% 的销售额来自河南。
数据来源：亿翰智库、明源地产研究院。

图 4-10　单省破千亿规模的房企越来越多

河南：随着城镇化率的继续提升，河南单省市场规模仍将继续增长

省	2018 年销售额（万亿元）	城镇化率（%）
广东	1.5	70.70
浙江	1.2	68.90
江苏	1.2	69.61
河南	0.8	51.71
全国	14.9（总值）	59.58（均值）

数据来源：网络查找，明源地产研究院。

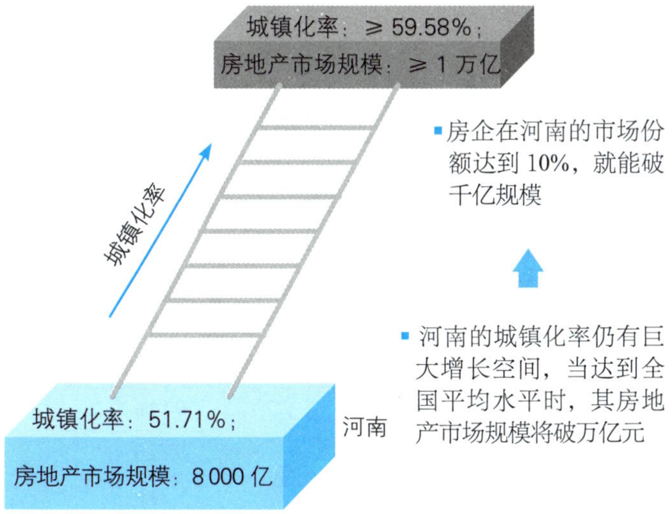

图 4–11　未来河南房地产市场规模将突破万亿元

表 4-7　典型房企的深耕战略

房企	深耕战略	深耕策略	深耕特点
万科	城乡建设与生活服务商	聚焦已布局的核心城市所在的都市圈	在区域内实现资源的互动和集约化经营，力求深耕、本土化
祥生	1+1+X	做熟（20%）、做深（30%）、做透（40%）	单城做到 50 亿元的销售额
中南	聚焦一、二线都市圈，以及具有产业支撑的内生三线城市、轨交节点城市及板块	找到成长速度快的城市	核心是人口聚集
建业	坚持聚焦和深耕河南区域	“省、市、县、镇、村”五级市场联动	根据客户需求将发展方向转型为新型生活方式服务商

资料来源：企业年报、公开资料收集、明源地产研究院。

（1）万科：持续深耕高能级城市

近年来，万科始终保持着自身的发展节奏。作为地产老兵，尤其在城市深耕上，万科的战略布局非常值得研究。2018 年，万科在 24 个城市的销售额位居当地第一，充分彰显了万科超强的市场占有率。

- 城市扩张稳步推进，销售规模持续增长。万科 2018 年累计实现合同销售额 6 070 亿元，同比增长 14.5%。从城市布局数量来看，万科近年来新进城市数量并不多，扩张保持稳健。2018 年，在一、二线城市普遍强力调控的政策环境下，万科适当加快扩张步伐，向核心城市周边的四、五线城市外扩，新进城市 17 个，总体布局城市数量达到了 96 个。相比另外两家龙头房企，万科以不到其一半的城市数量创造了几乎相当的业绩水平，足见万科城市深耕的强大底蕴（见图 4–12）。
- 在城市布局方面，坚持聚焦高能级城市。万科全国化布局较早，在 20 世纪 90 年代已经开始走出深圳，2000 年后开始“3+X”战略布

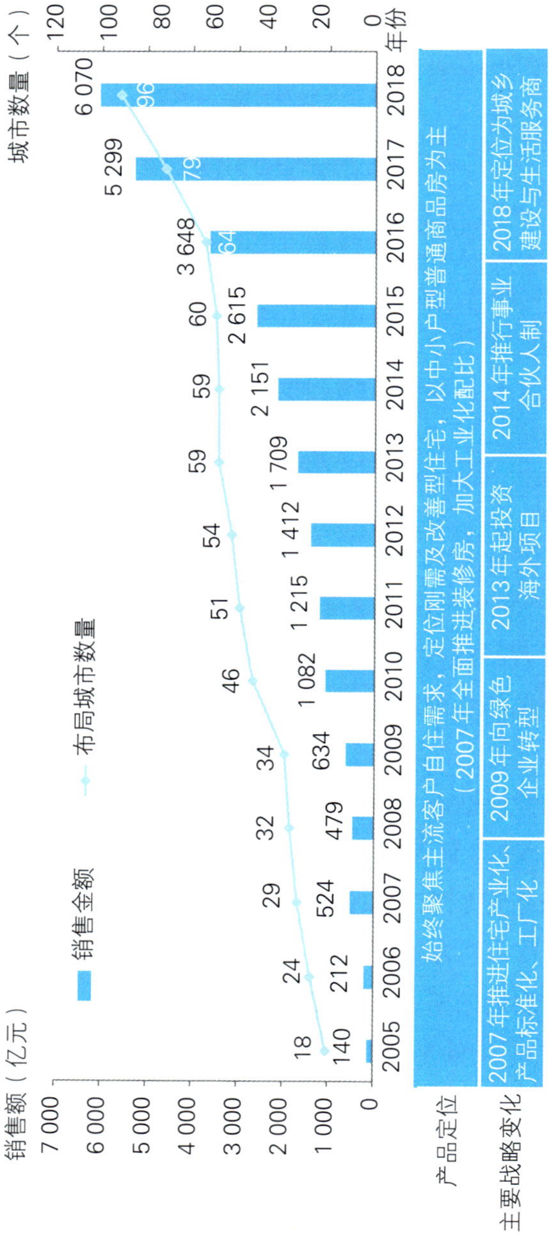

数据来源：企业年报，明源地产研究院整理。

图4-12 万科历年销售业绩与企业战略变化

局。其中，“3”指国内经济最活跃的三大都市圈——珠三角、长三角及环渤海；“*X*”指中西部中心城市武汉与成渝城市群。2010年，在率先突破千亿规模之后，万科逐渐加大战略纵深，进一步构建其城市深耕策略的护城河。2017年，在行业调控趋严的背景下，万科开始加速向核心城市周边的四、五线城市扩张（见图4–13）。

- 在城市深耕方面，单城业绩优于其他龙头房企。我们从图4–14可以看出，万科自2014年开始，每年的新进城市数量呈缓慢增长的趋势。万科近五年的业绩呈飞速增长的态势，由此可见万科的单城业绩量在持续增长。同时，我们把万科和位居行业前3的另两个龙头企业相比，碧桂园和恒大都在200多个城市有布局，而万科仅布局96个城市就创造了6 000多亿的销售业绩，城市深耕的实力可见一斑。
- 就深耕业绩来看，多地单城业绩破百亿元。我们从图4–15中可以看出，2018年万科在全国的19个大中城市中的单城业绩超过百亿规模，其中，在深圳大本营的业绩最高，逼近300亿元；而且万科在全国20多个大中城市中的单城业绩位列前3。由此可见，万科城市深耕的程度较深，而且深耕的城市多为一、二线的经济强市。

从以上的分析我们可以看出，为了践行城乡建设与生活服务商的战略，万科聚焦已布局的核心城市所在的都市圈，在区域内实现资源的互动和集约化经营，力求深耕和本土化。

（2）中南：持续深耕长三角区域

2005年开始采用整体打包方式在多个三、四线城市成功打造超级大盘的中南，并未因“造城者”这一响亮标签迅速获得较高的业绩回报。此后，中南在寻求转变的路上进行了多次尝试，运营调整多管齐下，从百亿规模到2018年首次跨入千亿规模，用7年的时间实现了18倍的业绩增长（见图4–16）。

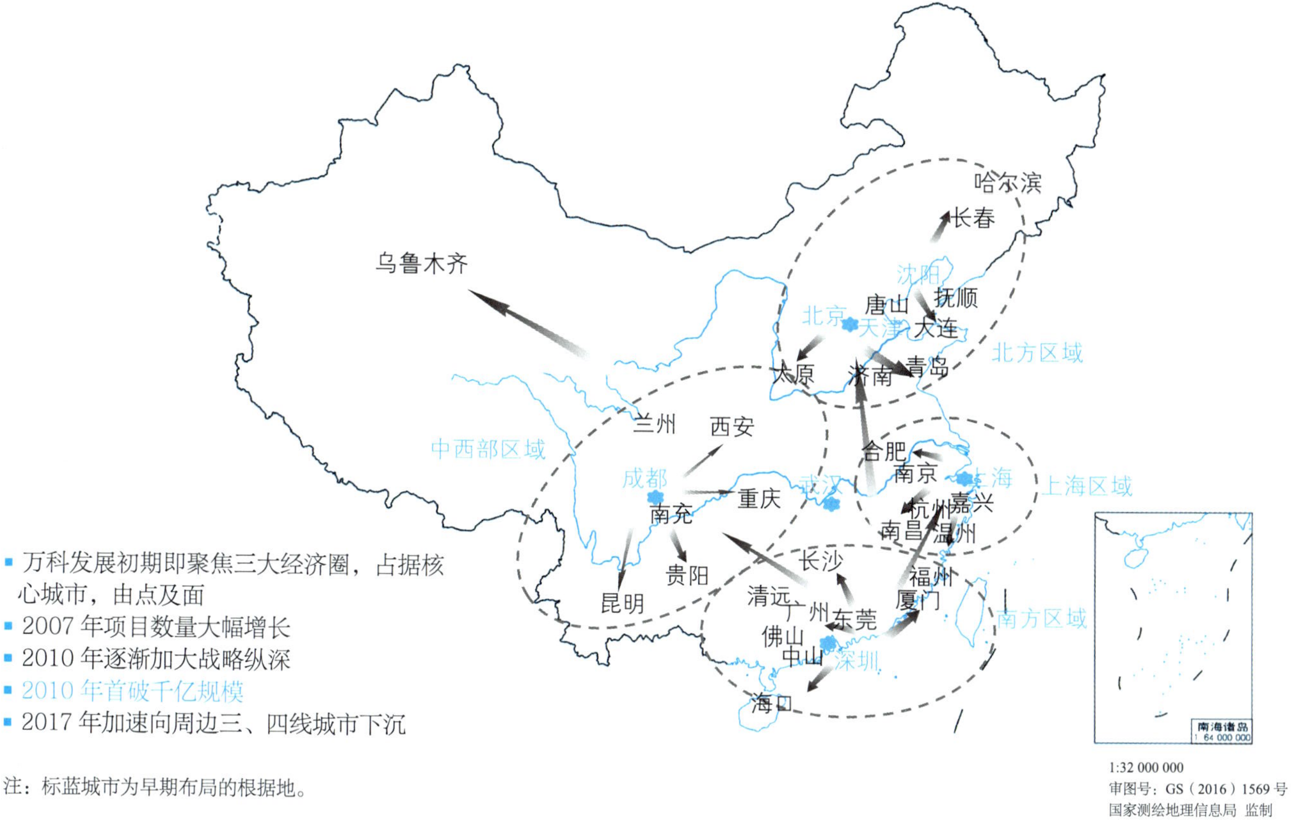

注：标蓝城市为早期布局的根据地。

图 4-13　万科片区布局轨迹（部分城市示例）

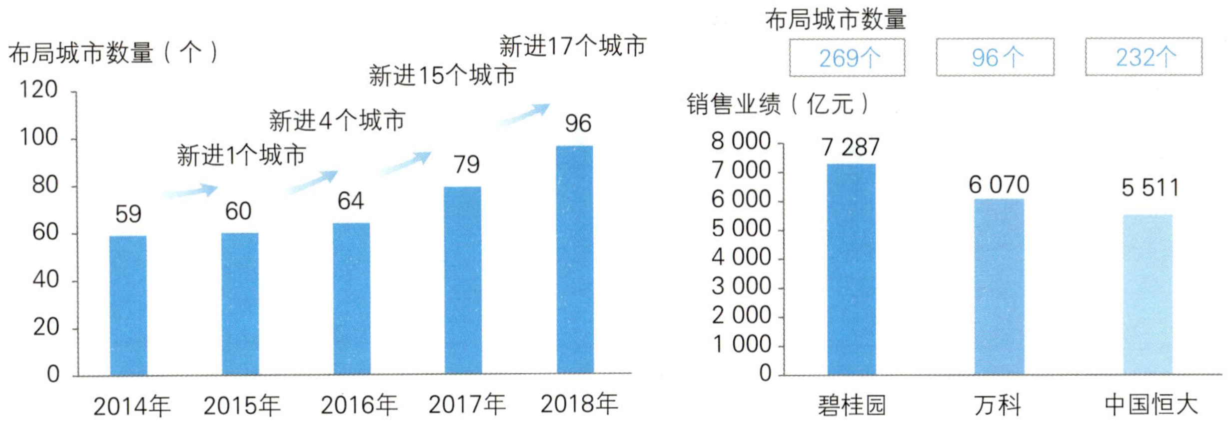

数据来源：企业年报、Wind，明源地产研究院整理。

图4-14　万科近年布局城市数量对比及2018年前3强房企业绩及布局城市数量

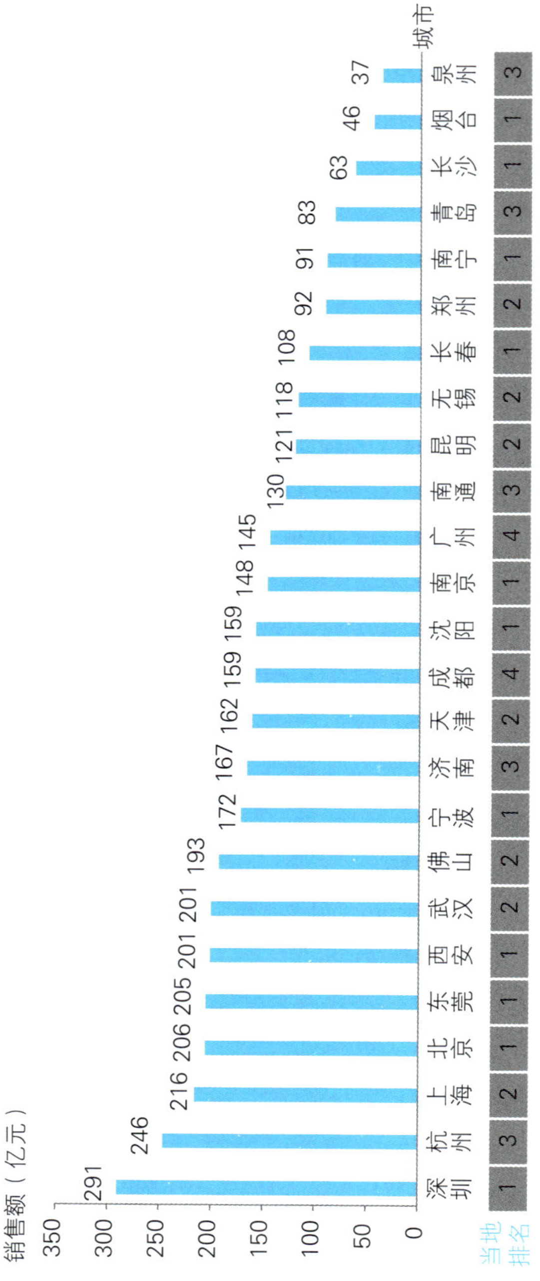

数据来源：克尔瑞，明源地产研究院整理。

图4-15 2018年万科在重点城市的单城销售额

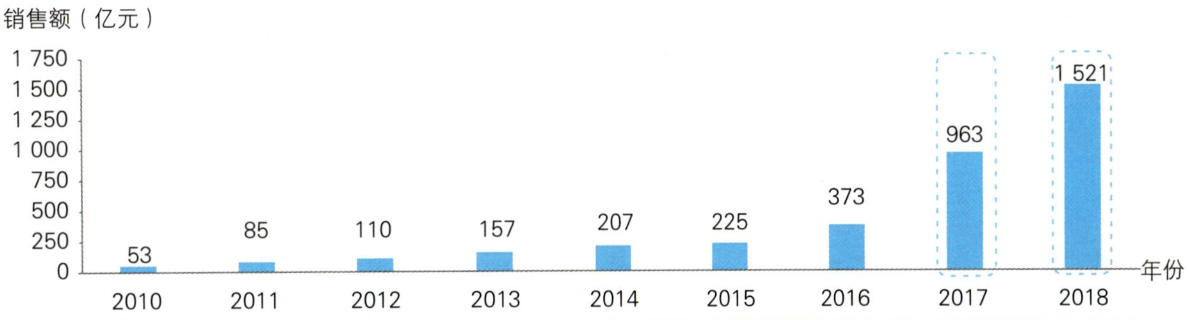

	2010	2011	2012	2013	2014	2015	2016	2017	2018
城市数量（个）	11	13	19	24	—	30	36	68	94
项目数量（个）	14	19	27	35	—	—	87	182	293
产品定位	囊括精品住宅、城市综合体、超高层地标、养生养老、产业园区以及文旅小镇等全系产品线								
主要战略变化	2009—2012年 打包拿地、大盘开发 提升企业知名度		2013—2015年 三先六快、快速复制 提高企业灵活度		2015年，首次布局一线城市 2016年，开启核心二线城市布局			2016年至今 六先六快、独立激励 构筑核心竞争力	

数据来源：企业年报、明源地产研究院。

图4-16　中南历年销售额与企业战略变化

2009—2012 年，中南主打“打包拿地、大盘开发”，认为大盘项目体量大，能够容纳比较复杂和多样的业态，形成综合性社区。但从综合布局城市数量、项目数量及业绩表现来看，大盘模式虽为中南带来了业绩增长，但其开发慢、去化难的特征也成了前进路上的重大障碍。

2013—2015 年，中南提出“三先六快”的高周转策略来弥补大盘模式开发慢的短板，但是，三、四线城市布局比例过高却成了高周转路上的重大障碍。一方面，三、四线城市平均楼面地价偏低的劣势让中南苦不堪言；另一方面，当地市场对于大盘模式接纳度偏低，多年高库存、低去化的恶性循环为中南的现金流带来了巨大压力。

2016—2018 年，中南进一步优化高周转策略——升级为“六先六快”以构筑核心竞争力，并在 2016 年开启核心二线城市布局。与此同时，中南拿地的单盘建面也由大盘转向灵活度更高的 35 万平方米以下的地块。解决了前进道路上重大障碍的中南，业绩表现节节攀升。

综上所述，我们不难看出中南因时而变的战略调整。以下我们将从中南的布局轨迹、城市布局和深耕标杆三个维度来揭秘中南的深耕战略。

- 布局轨迹：在探索与尝试中不断寻求对的方向。从城市数量来看，从 2010 年的 11 个城市到 2018 年的 94 个城市，中南的态度经历了从谨慎到开放的转变。2016 年之前，中南每年城市扩张不超过 6 个城市，极为谨慎；继 2015 年首次布局一线城市，2016 年成功布局核心二线城市后，中南宛若注入一针强心剂，开始以更加开放的心态进行全国性战略布局。接下来，我们将视角进一步聚焦至城市轨迹，以动态形式更加细致地展示中南在探索与尝试中经历的重大转变（见图 4–17）。

  起家于江苏省县级市海门的中南，2009 年以前集中发力于本省市场；2009 年，开始以打包拿地的方式尝试性地进入长三角区域若干三、四线城市，有所斩获后再进一步向中西部、环渤海、泛

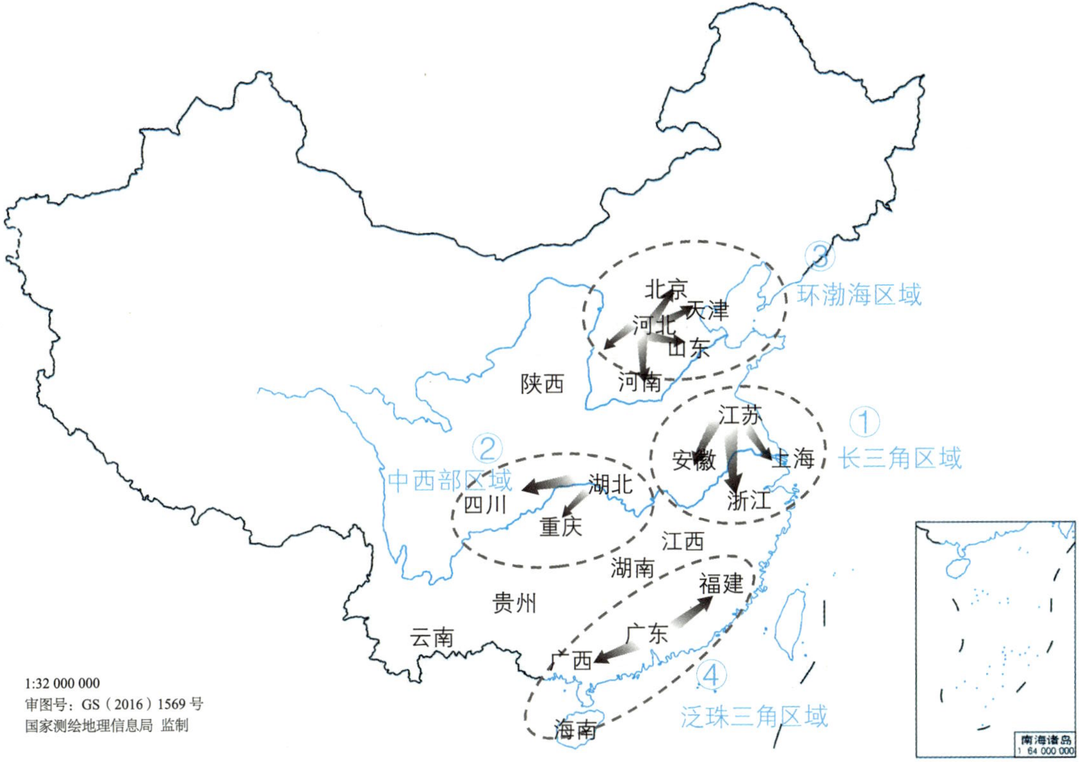

图 4–17　中南片区布局轨迹

珠三角三大区域发散性扩张。

2014 年，中南深感大量三、四线低能级城市布局为公司发展带来的巨大阻力，于是调整投资结构，开启依托一、二线城市辐射三、四线城市的战略布局；2015 年，首次布局北京、上海等一线城市。

2016 年，在一线城市调控力度大且市场空间有限的背景下，中南开启天津、杭州等核心二线城市布局；2017 年，在全国性布局地图已基本形成的前提下，中南开始进行城市群调整，提出重仓长三角区域和拓展泛珠三角区域的战略，将核心资源集中在优势区域。

- 城市布局：新进入城市以长三角为主，持续深耕长三角区域。我们从图 4–18 中可以看出，2018 年中南新进入 26 个城市。其中长三角有 10 个，而且新增土储面积也最多，平均单城土储为 80 多万平方米；新增土储面积位列第二的是中西部，其平均单城土储为 60 多万平方米；而在环渤海和珠三角区域，平均单城土储为三四十万平方米。同时，从近年单城平均业绩贡献走势来看，中南持续实行深耕策略，而且布局重点仍在长三角区域。
- 深耕标杆：南通位居中南单城销售额榜首，且中南在南通的销售额排行第一。从表 4–8 中我们可以看出，南通 2018 年的销售额位居中南单城销售额榜首，同时，单城销售额排名前 3 的三个城市的销售总额占全年销售额的 32.8%。此外，中南在南通本地的房企销售额排行榜中位居榜首。由此可见，中南在南通的深耕做到了极致，南通是中南在深耕之路上的标杆城市。

综上所述，我们可以看出中南的战略规划原则很特别，不是清楚看到未来之后再确定做什么，而是大致把握正确方向，在实际执行中持续调整，而且调整的速度越来越快。

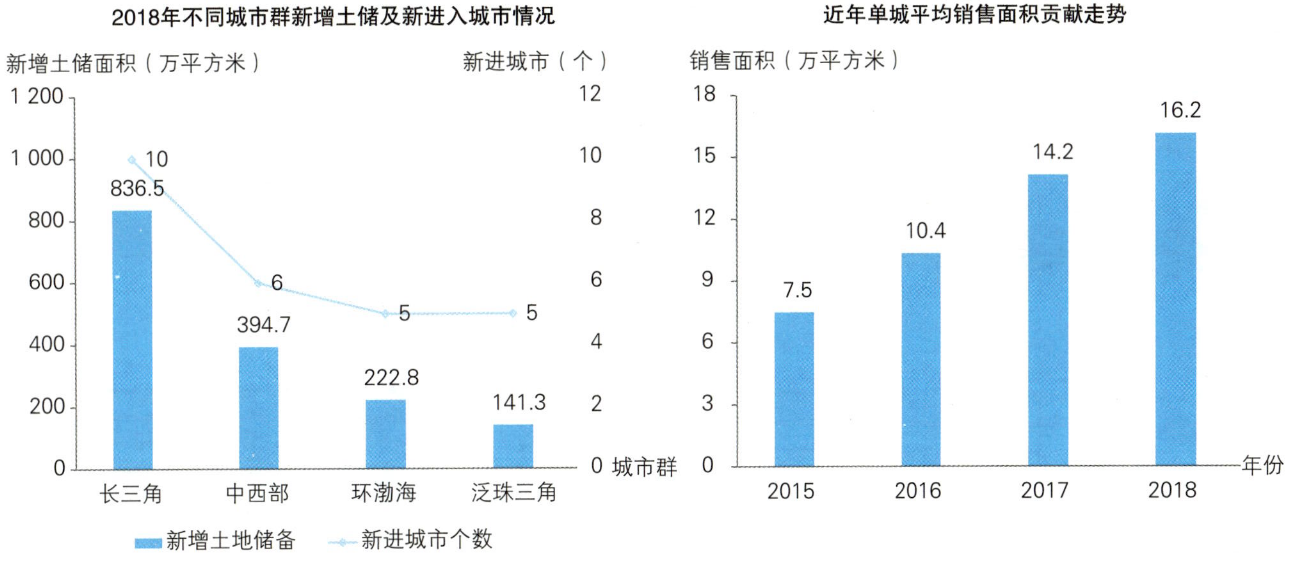

数据来源：企业年报、明源地产研究院。

图4-18　中南在不同区域新增土储及新进入城市数量、单城平均销售面积贡献走势

表 4–8　2018 年中南单城销售额

2018 年单城销售额前 10 强

城市	2018 年销售额（亿元）	2017 年销售额（亿元）	2016 年销售额（亿元）
南通	261.6	174.0	37.4
苏州	129.5	33.4	13.0
西安	108.5	4.1	—
上海	71.0	30.5	14.8
嘉兴	59.1	29.7	—
宁波	52.6	—	—
杭州	52.0	28.3	—
青岛	49.1	56.1	14.6
盐城	46.8	43.9	17.8
南京	44.2	71.2	37.7

2017—2018 年单城销售额前 3 强的占比

城市	2018 年		2017 年	
	销售额（亿元）	占全公司销售额比重（%）	销售金额（亿元）	占全公司销售额比重（%）
南通	261.6	17.2	174.0	18.1
苏州	129.5	8.5	33.4	3.5
西安	108.5	7.1	4.1	0.4
总计	499.6	32.8	211.5	22.0

2018 年南通前 10 强权益销售额排行榜

排名	房　企	2018 年权益销售额（亿元）
1	中南置地	129.0
2	碧桂园	100.0
3	万科地产	91.0
4	绿地控股	66.7
5	中国恒大	65.9
6	融创中国	38.6
7	富力地产	33.6
8	银洲置业	33.4
9	中海地产	33.2
10	世茂房地产	24.2

数据来源：企业年报、克而瑞、明源地产研究院。

（3）建业：紧抓郑州优势，向周边重点县市发散性深耕布局

2018 年，河南城镇化率为 51.71%，比 2017 年提高 1.55 个百分点，尽管保持了较高的推进速度，但相比全国平均水平仍低了 7.87 个百分点。2018 年，河南至少实现了 200 万人以上的农业转移人口在城镇落户，而郑州常住人口已突破千万，人均 GDP 突破了 10 万元。随着河南城镇化进程迎来“从量变到质变”的关口，深耕河南的建业也迎来快速增长。据统计，2018 年，建业已进入河南省的 18 个地级城市和 77 个县级城市，是全国率先做到“省市县镇村”五级市场开发的房地产企业，销售规模达到了 705.6 亿元。那么，建业的省域化深耕策略具体是怎样的呢？

- 紧抓郑州优势，向周边重点县市发散性深耕布局。截至 2018 年年底，建业已进入河南省的 18 个地级市和 77 个县级市，其具体战略是以郑州为核心，向周边重点县市发散性深耕布局。建业把郑州放在深耕战略最核心的位置，不仅是因为其作为省会城市产生的重要影响力，也是因为建业对其潜力的持续挖掘均能收到丰厚回报。

  通过对建业 2017 年和 2018 年年报数据的搜集整理，我们发现仅郑州单城 2018 年的重资产合同销售额就已接近 138 亿元，同比增长高达 72%，占总销售规模的近 20%（见表 4–9）。

表 4–9　建业 2017—2018 年各城市重资产合同销售额

城　市	2018 年		2017 年		同比增长（%）
	销售额（万元）	占比（%）	销售额（万元）	占比（%）	
郑州	1 379 900	19.1	8 033	21.7	72
周口	554 600	7.7	2 564	6.9	116
安阳	473 400	6.5	1 292	3.5	266
驻马店	439 900	6.1	2 008	5.4	119
洛阳	373 200	5.2	2 246	6.1	66
濮阳	372 500	5.1	838	2.3	345
商丘	360 100	5.0	1 987	5.4	81

（续表）

城市	2018年		2017年		同比增长（%）
	销售额（万元）	占比（%）	销售额（万元）	占比（%）	
新乡	294 100	4.1	3 052	8.2	–4
许昌	245 900	3.4	2 071	5.6	19
焦作	167 300	2.3	933	2.5	79
南阳	134 200	1.9	1 007	2.7	33
漯河	128 700	1.8	899	2.4	43
平顶山	125 800	1.7	516	1.4	144
济源	106 000	1.5	94	0.3	1 028
三门峡	97 100	1.3	1 073	2.9	–10
开封	51 200	0.7	386	1.0	33
信阳	40 800	0.6	394	1.1	4
鹤壁	22 800	0.3	1 022	2.8	–78
总计	5 367 500	74.2	30 415	82.0	—

数据来源：企业年报、克而瑞、明源地产研究院。

年报数据也许只能展现出建业自身良好的发展状况，并不能全面体现出建业在激烈市场竞争中斩获的成果。因此，我们又进一步获取了近两年郑州市权益销售排行榜（见表4–10），可以看到，在外来龙头房企强势入侵的局势下，建业依旧杀出了一条血路，在2018年房企权益销售额与销售面积排行榜中分别位列第四与第三。建业省域化深耕背后的破局之道是什么呢？

- 对外经营政商关系并塑造本土品牌形象，对内专注产品及服务力打磨。在多年深耕经验的支撑下，建业更懂本地市场，政策敏感性、政府谈判能力和资源获取能力也相对较强。在本土品牌形象的塑造上，建业也注重与当地的文化建设融合，如组织承办“民营经济论坛”“小剧场”“业主艺术团”“电影节”等公益性活动，力求渗透河南所有地市，点滴积累品牌影响力。

在对内产品打磨方面，建业一直专注提升楼盘品质，打造精品住宅。在建业的产品品质战略中，提升“产品标准化及设计管理平台”是首要目标，随后是以资讯化手段规范设计管理流程，打造产品资料库，进而保障产品落地品质。

表 4–10　2017—2018 年郑州市权益销售额和销售面积前 10 强房企

2017—2018 年郑州市权益销售额前 10 强房企

排名	2018 年		2017 年	
	房　企	权益销售额（亿元）	房　企	权益销售额（亿元）
1	正商地产	220.26	正商地产	240.20
2	碧桂园	125.36	康桥地产	155.39
3	万科地产	121.69	永威地产	129.70
4	建业地产	121.12	万科地产	103.90
5	康桥地产	112.45	鑫苑中国	67.02
6	融创中国	105.43	建业地产	65.77
7	永威置业	98.57	正弘置业	65.19
8	名门地产	75.17	融创中国	64.58
9	绿地控股	67.43	浩创地产	55.46
10	锦艺集团	62.30	碧桂园	53.27

2017—2018 郑州市权益销售面积前 10 强房企

排名	2018 年		2017 年	
	房　企	权益销售面积（万平方米）	房　企	权益销售面积（万平方米）
1	正商地产	181.40	正商地产	199.03
2	碧桂园	112.25	永威地产	97.21
3	建业地产	107.33	康桥地产	93.08
4	浩创集团	88.04	浩创地产	85.57
5	万科地产	82.94	万科地产	75.75
6	康桥地产	78.26	建业地产	67.23
7	永威置业	78.26	鑫苑中国	60.10
8	融创中国	76.34	碧桂园	57.54
9	绿地控股	62.32	融创中国	47.76
10	正弘置业	55.46	绿地集团	45.71

数据来源：企业年报、克而瑞、明源地产研究院。

那么，高品质产品具体又是如何打造的呢？首先，在产品设计的实用、合理和完善，以及设备设施的充分、新颖和高效两方面下功夫，开发出适合大众消费者需求的经济实用且美观舒适的中档房地产产品。其次，随着客户需求的变化形成独特壁垒。最后，创造客户需求，产生新的产品品类。

（4）祥生：持续深耕长三角，择机进入周边潜力城市

祥生是一家致力于打造可持续生态居住生活体验的房地产商，成立于1995年，总部位于浙江杭州，2015—2018年四年间实现了规模的跳涨，2017年进入房地产50强榜单，2018年迈入全国房地产30强行列，并在当年销售规模首次突破千亿元（见图4–19）。

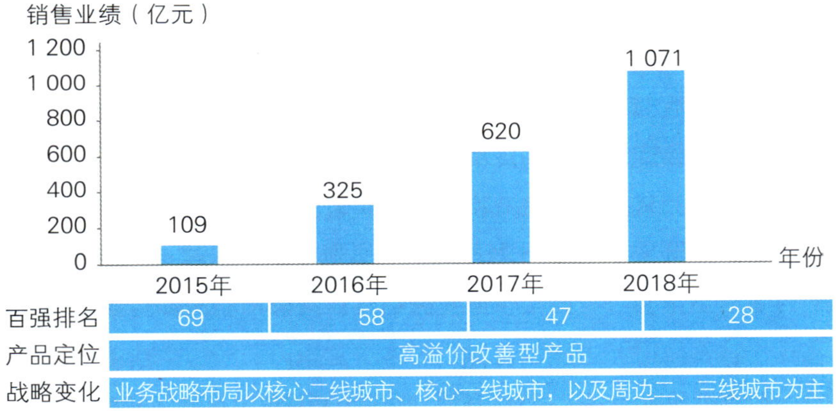

数据来源：CREIS、企业年报，明源地产研究院整理。

图4–19　祥生销售业绩及战略

如此可观的业绩，离不开祥生的“1+1+X”的城市深耕战略。“1+1+X”中的第一个“1”指的是“以浙江省为发展大本营”，第二个“1”指的是“泛长三角区域”，“X”指的是“择机布局一些核心二线城市及核心一线城市周边的二、三线城市”。在深耕的同时，祥

生也很注重产品品质的打造，主要做高溢价及改善型产品，追求品质人居。我们将从以下几个方面来阐述祥生的城市深耕战略。

- 片区布局：以浙江为龙头，持续深耕长三角，择机进入周边潜力城市。祥生在20世纪90年代起源于浙江诸暨，2003年进入上海布局，发展为全国性企业集团，开始实施全国化战略。截至目前，祥生业务遍布浙江、上海、湖北、江苏、江西、福建、安徽、辽宁和山东等地。城市布局融合了“1+1+*X*”战略，业务从以浙江省为核心的长三角地区辐射到大湾区、成渝城市群、中原区域以及京津冀地区，初步形成了全国性布局。从近两年祥生布局的城市能级来看，四、五线城市的占比有小幅提升，整体布局的城市能级变化不大。祥生在城市布局方面以战略目标为导向，稳步深耕，保证了业绩的稳健增长（见图4–20）。

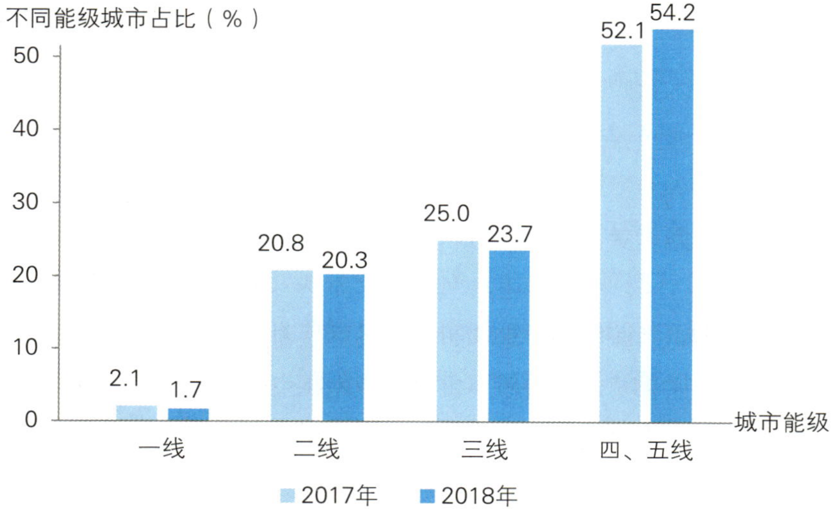

数据来源：企业官网、明源地产研究院。

图4–20 祥生全国性布局城市能级变化

- 区域深耕：在浙江全面布局，做熟做透城市，布局重心扩大至长三角区域。从近两年的销售分布来看，祥生 2018 年在浙江区域的销售额占比急剧减少，但其 2018 年浙江区域销售额绝对值依旧非常大，超过 300 亿元。截至 2018 年 5 月，祥生在浙江省内多地布局多个项目，其中在起家之地布局多达 24 个项目，整体布局范围涵盖了除金华和丽水之外的浙江所有地级市（见图 4–21）。

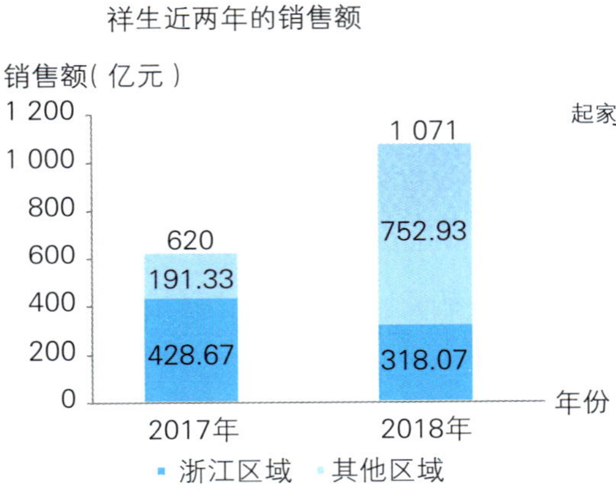

祥生省内项目分布情况

省内布局城市	项目个数
绍兴（含诸暨）（起家）	24
杭州	12
湖州	8
衢州	7
台州	7
嘉兴	5
宁波	3
舟山	3
温州	3

数据来源：克尔瑞，明源地产研究院整理。

图 4–21 祥生在浙江区域销售额和省内项目分布情况

祥生对于深耕区域地的划定，并不是按照所在城市有几个项目或者这些项目创造了多少业绩来衡量的，而是强调所在城市的市场占有率。具体来看，如果祥生在已布局或新进入的城市中市场占有率达到 20%，就叫“做熟”；达到 30%，叫“做深”；如果祥生在某个三、四线城市达到 40% 甚至更高的市场占有率，就叫“做透”。在祥生看来，如果它把一个城市的市场占有率做到 30% 甚至 40%，即使表面上仍是外来房企，但事实上，自己与这个城市已是不可分割、相互依存的关系了。如图 4–22 所示，在祥生 2018 年新增土储区域的占比中，长三角仍占很大比重，

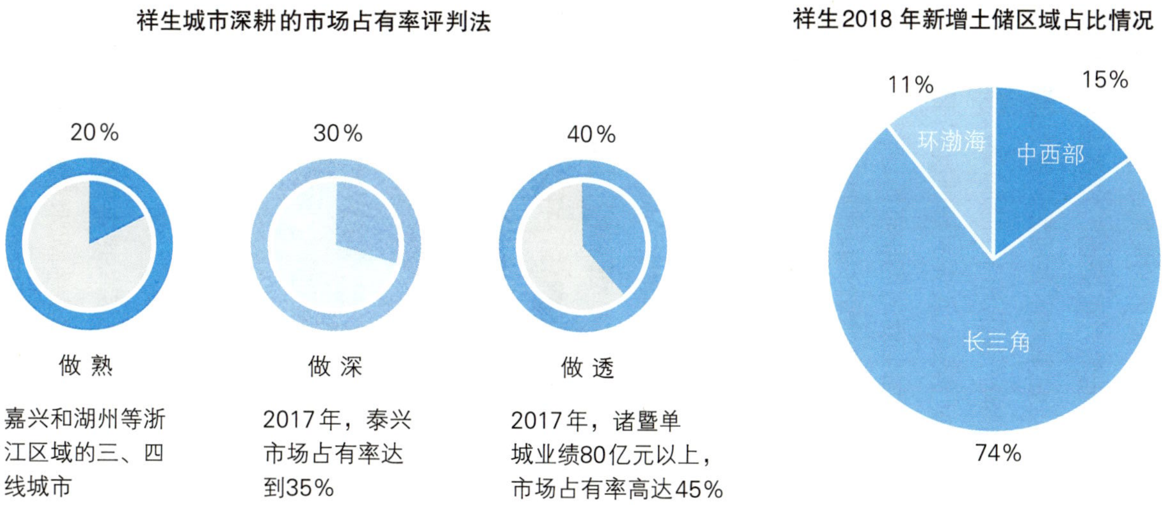

数据来源：网络查找，明源地产研究院整理。

图4-22　祥生城市深耕评判法和新增土储区域占比情况

布局的重心从以往的浙江省扩大到泛长三角，持续深耕泛长三角区域。

而在深耕的打法上，祥生的策略是不计一盘得失，而求城市市场占有率。首先，祥生的“根据地”打法强调迅速提升所进入城市的市场占有率，一旦在某城市拿地后，就会迅速布置后续的拿地策略，最终市场占有率也会迅速增加到 10%、30% 甚至 50%，最终成为当地楼市的绝对龙头。龙头的好处就在于能从整个城市的楼市大数据出发，进行更加全面的市场布局。

其次，祥生强调不争单个项目成败，而争一座城的胜利。比如在最为关键的利润率上，祥生利用根据地策略就可以消灭绝大多数对手和“入侵者”。一方面，在根据地中，祥生追求的是整体利润率的平衡，而不是从每一个项目中都获取高利润。另一方面，存量优势使得祥生具有极大的项目腾挪机会，完全可以以“低价格、低利润、高品质”让“入侵者”主动退出。一个项目即使只有 5% 的低利润率，甚至不赚钱，祥生也可以做，但这会让习惯了目标利润的百强房企或本地开发商退出竞争。

不难看出，以“城市”为根基深耕根据地打磨了祥生的项目运营与管理效率，同时高周转运营也更好地支撑了祥生的深耕战略，为祥生扩大品牌影响力，迅速构建区域规模壁垒打下了坚实的基础。在坚定的城市深耕战略下，祥生成功实现了规模的跳涨，并突破了公司的千亿发展目标。

3. 区域深耕四大利好

从以上案例我们可以发现，龙头房企或增速显著的房企大都很好地做到了区域深耕，其路径一般是先在大本营或核心城市深耕，提升城市单产规模，待管理和战略基本成熟后再向周边城市扩张，实现整体的区域深耕。总结下来，区域深耕有四大利好。

- 管理的规模经济。在一个区域深耕后，区域的管理体系已经成熟，房企也具备了成熟的“打法”与团队，因而可以基于完善的管理平台直接向周边城市扩张，这样利于实现管理的规模经济效应。例如，深耕区域有历练多年且身经百战的销售团队，其在当地多年的销售实践中总结出不少实战经验，这些经验可以在项目间传递，未来向周边城市拓展时可以直接加以利用，从而避免走弯路。
- 政府资源的复用。房地产开发与政府资源的关系非常密切，房企只有与当地政府形成良性的合作关系才能更好地融资与拿地。房企跨区域扩张相当于从零开始，缺乏政府的支持，尤其是在营商环境较差的城市，项目推进将十分艰难。区域深耕有双方的长期经营合作为基础，房企与当地政府往往形成了良好的合作关系，政府资源的积累会越来越深厚，然后房企再向周边城市扩张，关系网也可以相应地向下辐射，实现政府资源的有效复用。
- 市场协同及营销兑现。全国范围内的散点式布局易导致每个项目单兵作战，难以形成协同效应，管理的半径和难度大幅增加；而区域深耕可以让房企做到多项目协同运作。在拿地环节，基于对本片区地块信息更深入的研究判断，房企可以最大化地利用当地资源，在出现拿地及并购机会时也能够快速决策、把握机会。此外，区域深耕的背后是对当地市场和产品定位的深刻理解。在此基础上，房企开发的产品必将更加适配本地居民需求，为未来的营销兑现提供关键保障。
- 筑强壁垒、抵御竞争。房企在一个区域内进行深耕，假若没有外来大型房企的“入侵”，它可以充分享受本地的市场红利；假若面临外来房企的竞争，它也可以基于多个已开发项目构筑起强大的竞争壁垒，击败对手并拔得头筹。所以我们可以看到，在当前调控持续、地价居高不下的大环境下，部分房企在招拍挂市场上拿地往往算不过账来，而区域深耕的房企因为有过往的多个低价拿下的项目，基于“多项目算大账”的逻辑，更有实力在激烈的拿地竞争中胜出。

4. 深耕的前提是对城市的准确研判

对于房企而言，城市深耕策略虽好，但是实施时有一个重要前提：房价具备一定的增长空间。既然谈到房价，自然就离不开房企对于经济、市场及相关政策的深度研判（见图 4–23）。既然选择深耕，房企不可避免地就会将资源聚焦在特定的区域，如果不能进行更加广泛的、精准的数据研判，那么房企受潜在政策、经济和市场等风险的影响就会加大。尤其是在当前的市场环境下，房企更需要结合政策监管与市场宽松度等实际情况，对自身的杠杆使用和融资比例等问题进行深入的研究，只有这样才能集中大量资源进行深耕。

从前文所述案例我们可以发现，龙头房企或增速显著的房企大都很好地做到了区域深耕。深耕的好处在于：一是管理的规模经济，基于已有的管理平台适度向周边城市扩展即可；二是政府资源的复用，捋顺与当地政府关系之后再向周边拓展，关系网也可以向下辐射；三是市场的解读和深耕，房企只有对城市有了更深入的了解，才能对地块信息进行更准确的研判。

然而，有的企业认为城市深耕难度大，从而选择在全国范围内机会性地拿地。这类房企就不可避免地会出现散点式单项目布局，导致每个项目单兵作战，难以形成协同效应，同时管理难度加大，难以持续。

我们不难看出，房企的城市深耕战略已成主流，房企往往也会选择其深耕城市的周边城市作为新进入市场。

四、基于区域深耕和多项目算大账是房企拿地的关键

在走访多家房企时，我们时常被问到一个问题——账算不过来，价格高的地块我该不该拍下？对此，我们基于对深耕基础的分析，总结了两种模式供大家参考。

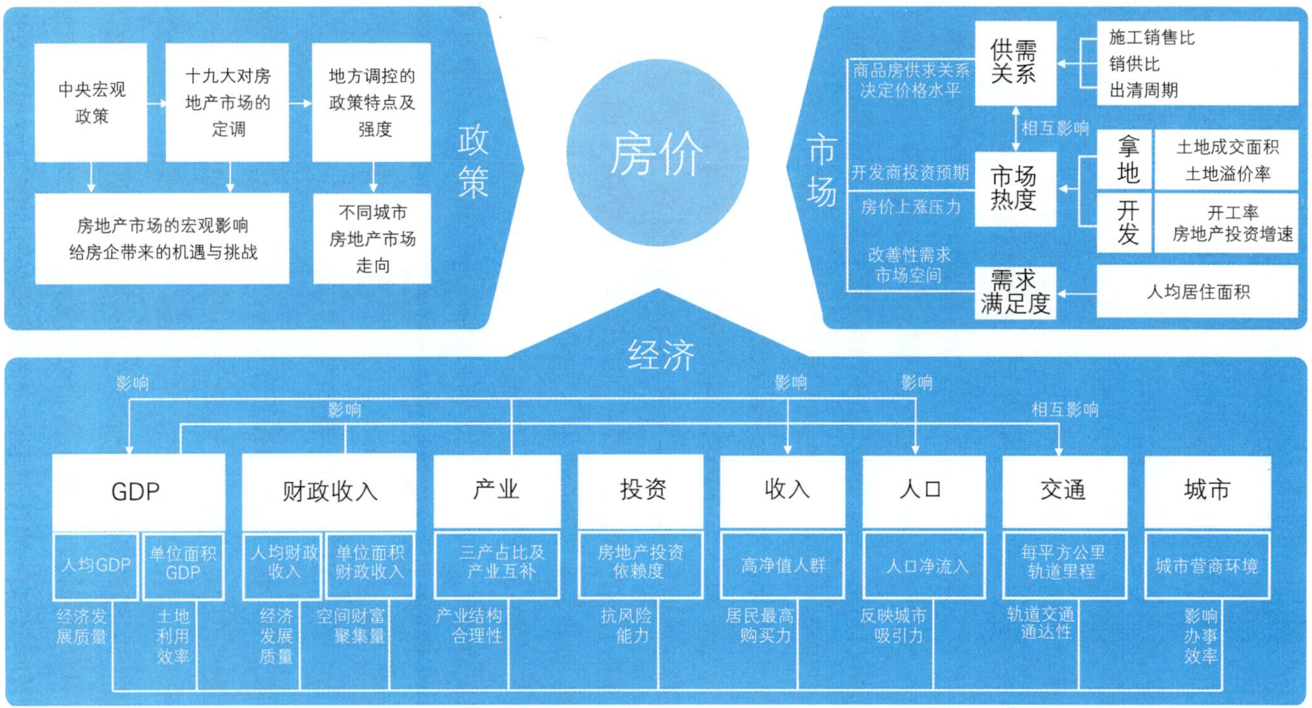

图4–23　城市研判新模型

1. 模式一：不计较单项目的得失，算多项目的大账

长期专注于区域深耕的房企形成了土地储备成本低、地段好的独特优势，因此它们在与外来房企进行拿地竞争时只需多算大账，而不必计较单个项目得失，高价优质地块也不是不可以参加竞拍。下面我们以龙光地产为例加以解释。

2019 年 1 月，深圳房地产信息网发布 2018 深圳成交龙虎榜。榜单显示，2018 年，龙光地产成交套数和销售面积均位居深圳市第一位。这是继摘得 2017 年深圳成交套数冠军后，龙光地产再一次取得重大突破。如图 4–24 所示，龙光地产 2018 年全年在深圳市销售套数达 5 663 套，以绝对优势拔得头筹；销售面积方面，龙光地产也以 35 万平方米夺得冠军。从单盘成交量来看，虽然龙光·玖云著项目 37 405 元 / 平方米的单价远低于 2018 年深圳市一手住宅成交均价 54 100 元 / 平方米，但其玖龙台项目以 72 045 元 / 平方米的高均价、11.18 万平方米的销售面积及 1 093 套的销售套数取得了光明区全年量价双冠军；玖钻项目则以 55 703 元 / 平方米的均价、17.6 万平方米的销售面积及 3 850 套的成交套数摘取了 2018 年深圳市写字楼成交龙虎榜桂冠，同时还斩获了全国单盘销售额亚军。因此，房企不能单看一个项目的得失，要算多项目的大账，只有这样才能在布局城市站稳脚跟。

2. 模式二：以退为进，后发制人

在模式一中，我们主要回答了深耕房企可不可以拿高价优质地块的问题。在模式二中，我们针对的是已有中心地段土储的深耕房企该不该直接拿下相邻位置的高价地块的问题。我们以在某核心二线城市内拥有多个地块的区域深耕房企 A 与新进房企 B 为例来说明（见图 4–25）。

面对中心地段的地块甲，房企 A 可能已有附近地段的土地储备，因此在账算得过来的情况下房企 A 抱着尽力争取的态度；而房企 B 由

龙光地产 2018 年深圳区域销售情况

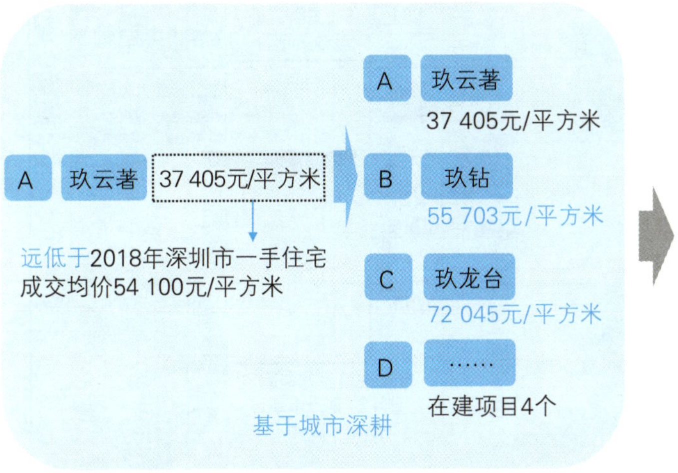

数据来源：深圳房地产信息网、明源地产研究院。

2018 年深圳区域各房企销售业绩排名

排名	销售额		销售面积		成交套数	
	房企	业绩（亿元）	房企	业绩（万平方米）	房企	业绩（套）
1	华润置地	220.4	龙光地产	35.0	龙光地产	5 663
2	万科地产	210.8	万科地产	32.4	万科地产	2 951
3	龙光地产	192.2	华润置地	25.9	佳兆业	2 567
4	招商地产	117.4	佳兆业	22.0	深业集团	2 005
5	地铁集团	115.0	地铁集团	20.2	华润置地	1 828
6	深业集团	113.2	深业集团	17.7	鸿荣源	1 704
7	华侨城地产	106.9	鸿荣源	17.6	地铁集团	1 669
8	鸿荣源	106.3	华侨城地产	12.7	宏发地产	855
9	佳兆业	104.4	招商地产	11.8	华侨城地产	781
10	宏发地产	59.9	宏发地产	8.7	招商地产	501

图 4-24　龙光地产深圳深耕案例

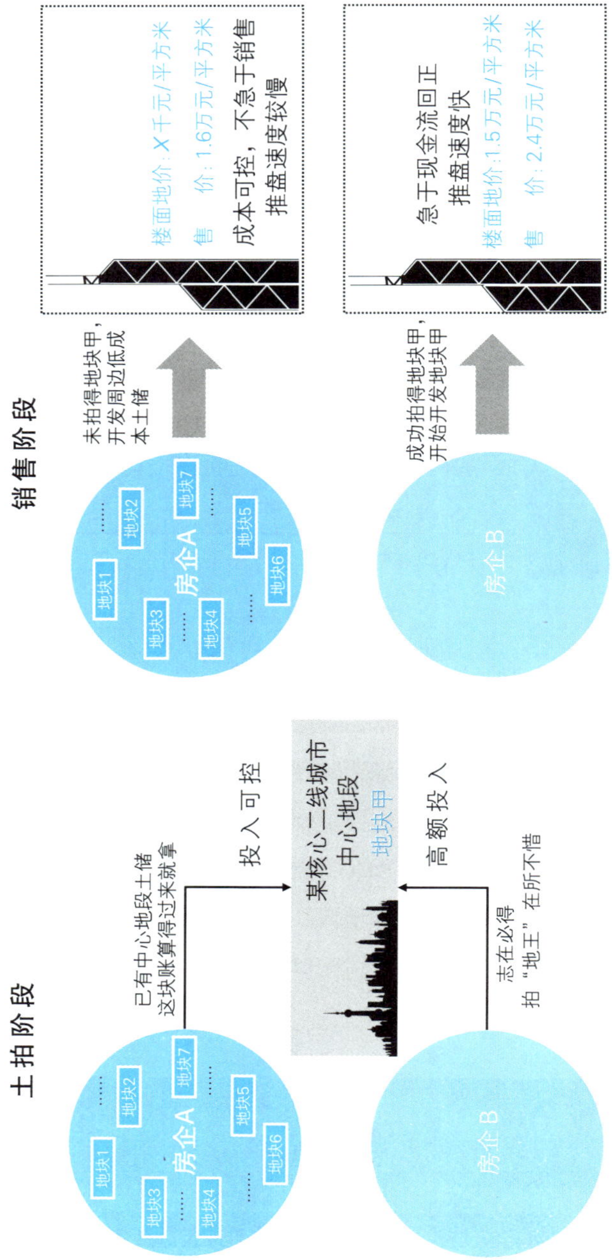

图4-25 房企A深耕案例示意图

于首次布局该市，因此拿地意愿更强烈，即使高价拿下也在所不惜。全力以赴的态度并不意味着房企 B 在拍下“地王”后，开发销售环节就会一帆风顺。

未拍得地块甲的房企 A 可能启动开发相邻低成本地块的方案，其楼面地价仅 *X* 千元 / 平方米，与此同时，成功拍得地块甲的房企 B 的楼面地价可能已超过 1.5 万元 / 平方米。首先，地块成本的差距导致两家房企的产品售价有不同定位——房企 A 售价定 1.6 万元 / 平方米依然可以赚钱，房企 B 售价定为 2.4 万元 / 平方米才可以现金流回正；其次，在推盘速度上，房企 A 由于成本在可控范围内，并不急于销售，因此推盘速度较慢，房企 B 迫于成本压力急于现金流回正，因此推盘速度较快。从当地消费者的心理来看，房企 A 的产品虽然推出速度较慢，但是值得等待。房企 A 这一运作最终可能导致房企 B 迫于现金流压力，不得不将重金拍下的地块甲拱手让出。在这一模式下，房企 A 虽未直接出手拍下地块甲，但通过后发制人的迂回战术最终取得了胜利。

第三节
“产业 + 地产”模式成房企当下破局的关键

面对当下竞争愈演愈烈的房地产市场，虽然众多房企纷纷提出多元化战略并在进行相关布局，但我们也能看到绝大多数房企的业绩贡献仍然是以房地产为主。从各个业务板块的业绩贡献来看，标杆房企 95% 以上的营业收入仍来自房地产开发（见图 4–26）。例如，万科的多元化业务涉及租赁、商业、物流、产业园建设和运营，但是这些业务仅占 1% 左右，业绩贡献相对于房地产主业微不足道；而保利和招商蛇口的非房地产业务占比相对较高，但业绩贡献占比也很小。

但是，在调控持续的外部大环境下，“产业 + 地产”仍然是房企破

万科各业务板块营业收入占比（%）

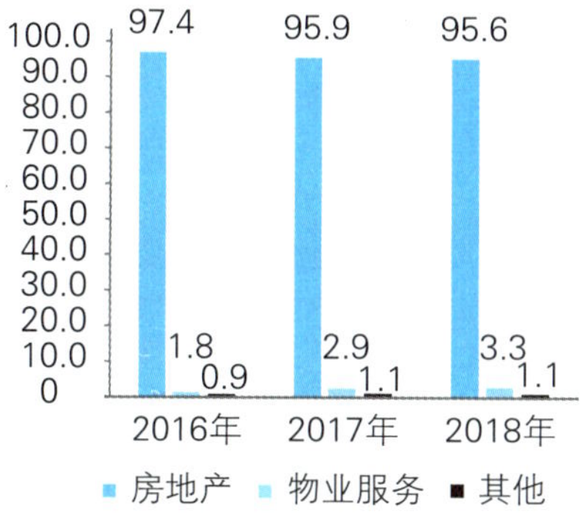

保利各业务板块营业收入占比（%）

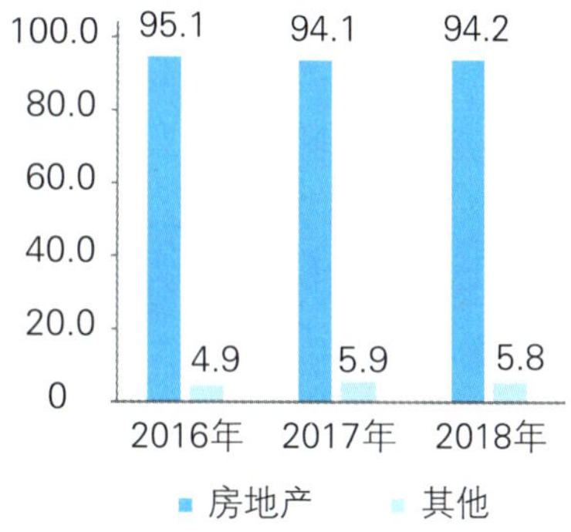

招商蛇口各业务板块营业收入占比（%）

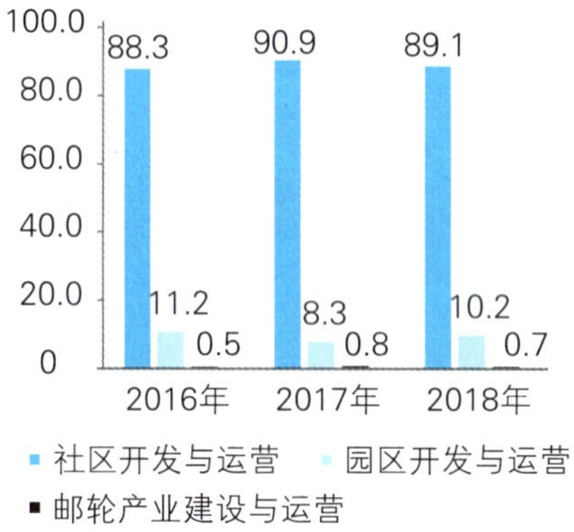

注：其他业务包括租赁住宅、商业开发与运营、物流仓储服务、产业园建设和运营管理以及与美好生活相关的产品和服务。

注：其他主营业务包括建筑、装饰、租赁、物业管理、销售代理、展览、酒店、服务费等。

注：社区及园区开发与运营都算在地产板块内。

数据来源：企业年报，明源地产研究院整理。

图4-26　万科、保利和招商蛇口各板块营业收入占比（2016—2018年）

局的关键。接下来，我们将从多产业布局的利好、产业成功的关键要素及“产业 + 地产”的几种典型模式来展开阐述。

一、越来越多的房企提出多产业布局

随着房地产横盘时代的到来，仅从房地产开发项目中快速获得业绩增长的难度越来越大，房企需要寻求新的业务领域，从而获得持续稳定的增长。在行业调控持续的背景下，政策的诸多约束条件也会促使房企被动地向多元化转型。从表 4–11 可以看出，万科与恒大等房企均相继进行多产产业布局，基本围绕物业、商业、旅游和养老等主题进行扩张。

表 4–11　龙头房企多元产业布局

房　企	产业布局（除了房地产主业外的其他产业）
万　科	商业开发和运营、物流仓储服务、标准办公与产业园 、冰雪度假、养老、教育等领域
恒　大	文化旅游、健康、新能源汽车、金融、互联网
保　利	养老地产、旅游地产、商业地产、海外地产
华　润	农业消费、体育产业、长租公寓、产业地产、大健康产业
世　茂	酒店管理、商业运营、主题娱乐、物业管理、创新服务
雅居乐	物业服务、资产管理、公共服务和社区商业
远　洋	远洋商业、远洋资本、远洋服务（物业管理、养老服务、长租公寓、医疗健康、工程服务、仓储服务、智慧物业、智慧地产、餐饮服务等）
朗　诗	物业、装饰、设计、养老、金融等
龙　湖	物业、商业运营、长租公寓、健康养老

资料来源：企业官网、年报，明源地产研究院整理。

综合来看，我们可以把房企多元化发展划分为三个层级，其中将产业作为新的利润增长极是房企多元化发展的高级阶段，大部分房企尚处于第一或第二阶段（见图 4–27）。

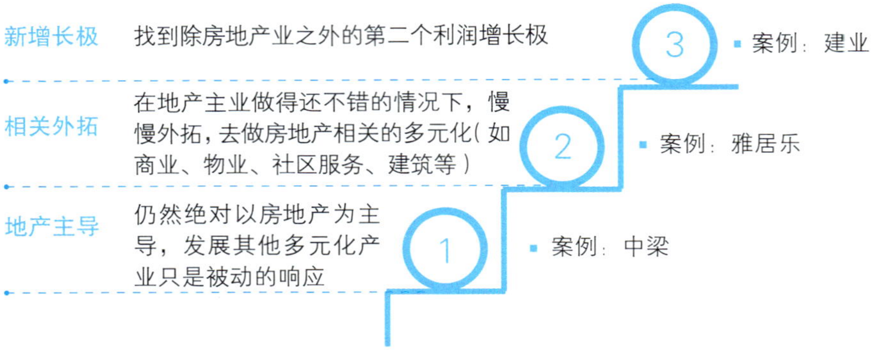

图 4–27 房企多元化发展的三个层级

第一层级，地产主导。这类多元化仍以住宅开发为绝对主导，发展其他的多元化产业只是房企顺应行业潮流的被动响应。目前，有不少房企仍处在这一阶段。它们在以房地产为绝对主导的同时开始尝试探索其他产业，总体仍停留在初步规划或概念设想的阶段。

第二层级，相关外拓。在房地产主业做得还不错的情况下，房企基于自身在该领域的资源禀赋或优势基因，逐步向房地产相关的产业进行合理外拓和延展，例如做商业、物业、社区服务和建筑等。

第三层级，新增长极。除了房地产主业之外，房企找到另外一个利润增长极，它属于房企完完全全的第二产业。要达到这个层级，成功的概率并不高，但我们可以看到行业内的确有做到的，例如河南建业就是典型代表。对于河南建业的产业发展模式，后续章节会有详细介绍。

二、“产业＋地产”模式为房企带来的三大利好

2018 年，一股房企去地产化更名风刮过房地产业。不过，改名只是一种外在表现，其本质是近年来不少房企已经开启了多元化探索。针对多元化探索，各家房企的态度也有所不同。

多家房企在展望 2019 年时调整了经营策略，与之前全面、积极出

击多元化的态度不同，它们普遍表达了要收缩多元化业务、聚焦主业的意愿。但也有一部分房企尝到了多元化布局的甜头，公开表态会侧重发展部分前景较好及赢利模式清晰的产业。

我们认为，在市场起伏多变的情况下，多产业布局已成为房企抵御风险的重要方式。一方面，多产业与房地产开发协同发展不仅可以为主业发展提供原生动力，也可以推动关联产业赢利，例如投资商业地产可以带动主业发展，也可以在促进物业管理赢利的同时提升品牌形象。另一方面，在进军新领域，尤其是与主业关联度较低的产业时，房企也可形成自身的独特优势，通过与行业龙头的合作及并购等方式快速嫁接资源和加速布局，从而进一步抢占市场，达成规模扩张的目的。

下面，我们将从资本市场偏好、规避拿地竞争以及多产业协同提效三个维度进一步阐述多产业布局为何成为当下房企破局的关键（见图 4–28）。

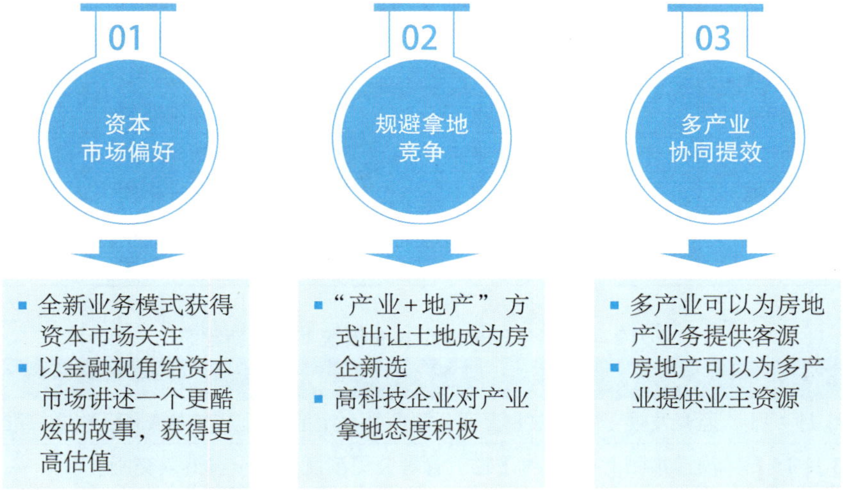

图 4–28 "产业 + 地产"模式为房企带来三大利好

1. 全新的业务模式更易获得资本市场的关注

近年来，互联网等新技术与物业服务的深度融合颠覆了传统物业服务模式，重新定义了物业服务价值，使物业服务企业获得了资本市场的青睐。资本的支持为物业服务企业注入了新的驱动力，加速企业做大做强。

在此背景下，百强房企近两年越来越关注物业管理（见表 4–12）。主要原因有两个：第一，对于房企来说，物业管理属于房地产的直接下游业务，因此房企在运营方面有优势，而且能凭借良好的物业品牌推动房地产项目销售，实现双赢；第二，从目前上市的物业公司来看，它们大都杠杆较低且基本不存在有息债务，房企提升物业管理规模并进行拆分，将更有利于提升物业公司的估值，获取融资进而扩大布局。

表 4–12 房企全新的业务模式获得资本市场的关注

截至 2018 年百强房企中物业板块上市情况

上市类型	物业公司	所属房企
港 股	碧桂园服务	碧桂园
	绿城服务	绿城集团
	雅生活服务	雅居乐
新三板	保利物业	保利发展
	鑫苑物业	鑫苑集团
	鸿坤物业	鸿坤集团
	方圆现代	方圆集团
	彰泰物业	彰泰集团

2019 年上半年部分房企物业板块上市最新动态

时 间	所属房企	最新动态
3 月 4 日	蓝光发展	旗下物业管理公司蓝光嘉宝港交所上市申请获证监会核准
3 月 15 日	滨江集团	旗下物业管理公司滨江服务于香港联交所上市
3 月 18 日	中国奥园	旗下物业管理公司奥园健康在香港联交所主板独立上市
4 月 16 日	保利地产	董事会与监事会审议通过物业分拆并在港交所上市的议案
4 月 29 日	招商蛇口	旗下物业管理公司招商物业借道中航善达在 A 股上市
4 月 30 日	鑫苑集团	鑫苑物业服务集团有限公司向香港联交所主板递交上市申请

资料来源：公开资料、明源地产研究院。

除表 4–12 中所列部分房企外，据我们了解，还有几家房企在 2019 年上半年对旗下的物业板块拆分上市已有明确的规划。比如华润置地表示，公司正在准备拆分物业上市；建业地产也同样表示，未来有拆分物业公司的可能。由此可见，房企全新的业务模式受到了资本市场的认可，这为企业或资本市场都带来了积极的影响。

但物业上市只是暂时性解决了房企融资性现金流的问题，而没有从根本上解决企业经营性现金流的问题。以彩生活为例，两大因素制约其发展：物业管理服务单位面积的效能增长不会太明显；增值业务所需的大量前期投入与短期可获得的收益不成正比。由此看来，物业上市可以为房企缓解“燃眉之急”，但不能“钱生钱”。在市场强监管和行业集中度持续攀升的现状下，房企及时结合自身规模情况，选好多元化产业发展方向是当务之急。

另外，从金融视角来看，房企将房地产资产打包交由第三方运营管理能够获得更高的资本估值。2019 年上半年，全国房地产调控政策出台共计多达 251 次，相比 2018 年上半年房地产调控 192 次，同比增加了 31%。在强管控的大环境下，房地产业的金融监管力度也进一步加大。2019 年 5 月 17 日，银保监会印发《关于开展“巩固治乱象成果，促进合规建设”工作的通知》，该通知提及对银行机构的整治包括并购贷款和经营性物业贷款等资金管理不审慎，资金被挪用于房地产开发等突出问题。在金融监管力度加大的背景下，对于无法上市融资的产业板块，企业该何去何从呢？下面我们将以商业地产为例对此给出建议。

最为常见的传统商业地产获取现金流的方式是直接投入商业资产，从而获取租金收益。这种方式需要房企在运行前期大量持续投入自有资金，通过固定租金收入维持项目日常运营，若干年后商业项目运营进入成熟期可迎来现金流回正。除了这一传统模式，房企也可从资本视角审视自身持有的商业资产，通过对其打包并量化估值的方式获取融资：一种方式是房企自持运营，通过资产打包并量化估值的方式获取融资；另一种方式是与第三方资产管理公司签订资产管理协议，通过代运营的方式提高资产量化估值水平并进一步获取高额融资。

3. “产业+地产”不仅是房企拿地新选择，也受高科技企业青睐

随着地价的水涨船高，普通住宅地块要么无人问津、面临流拍风险，要么多家房企轮番争抢导致溢价率奇高。我们曾追踪过广州市白云区某宗住宅用地在 2019 年 6 月 27 日的招拍挂现场，共耗时 102 分钟，经过 69 轮的激烈角逐，最后由保利发展以 41.16 亿元夺得，折合楼面价为 15 795 元 / 平方米，溢价率高达 19.79%。参加此次地块争夺战的房企，既有碧桂园和万科等业内龙头，以及绿城和雅居乐等千亿梯队成员，也不乏中铁建等国央企，现场竞争的激烈程度可想而知。

规模房企尚需面对传统招拍挂拿地的挑战，中小房企陷入进退两难的困境更是难免。但这并不代表这些房企就无路可走，如果它们采用“产业+地产”方式拿地，那么地块的地价会远低于市价。我们对苏州市工业园区内招拍挂时间间隔最小的两宗不同属性地块进行跟踪统计后发现，在两块用地所处区位接近的前提下，工业用地 B 成交价还不到住宅用地 A 成交价的 0.8%，楼面地价也仅为 A 的 1.7%（见图 4–29）。这对拿地困难却又想实现规模扩张的广大房企来说无疑是一大利好。

除房企之外，高科技企业对产业拿地的态度也很积极，以海尔集团、手机厂商 OPPO 和华为为例。2018 年 4 月 16 日，海尔集团以底价 1.83 亿元获得广州南沙 2018NGY–5 号地块，楼面均价为 305 元 / 平方米；2019 年 1 月 22 日，华为以 2.19 亿元拿下东莞 4 宗工业用地，4 宗地块楼面均价为 376 元 / 平方米；2019 年 2 月 15 日，OPPO 以底价 5.17 亿元竞得东莞工业用地，折合楼面均价约为 249.6 元 / 平方米。三家高科技企业在地价高涨的广州与东莞都能以不到 500 元的楼面均价拿下优质地块，可见产业拿地的物美价廉不仅吸引房企抛出了橄榄枝，也受到了高科技企业的青睐。

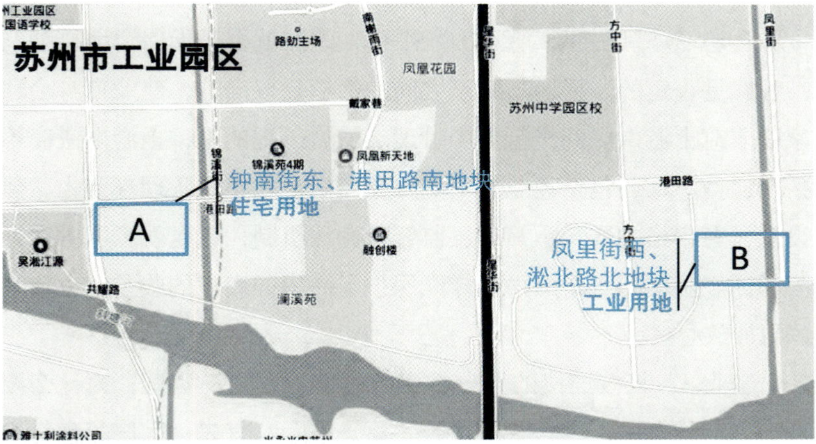

地　块	成交价（万元）	溢价率（%）	楼面地价（元/平方米）
A 住宅	356 360	37.67	30 287
B 工业	2 794	0	515

数据来源：中国指数研究院、明源地产研究院。

图4–29　“产业+地产”的模式——苏州两地块之比较

4. 业主资源与客户权益打通，实现多产业协同提效

我们以建业多产业协同的商业模式为例，该企业开发的“建业+”平台直接连接了上游供应商资源与第一方客户资源。上游供应商资源之所以愿意汇聚在“建业+”平台上，一方面是受建业充足的客户资源吸引，另一方面是在“建业+”平台上确实可以创收。简而言之，“建业+”平台对客户资源有吸引与导入作用，建业集团也充分利用这一优势进行了大量商家的定向导入。

这种定向导入是基于建业对业主生活方式以及消费偏好的了解，但仅仅局限于定向导入并不能吸引业主主动消费，商家也就很难创收。在这个层面上，建业也做了一些准备。基于对业主的了解，建业会为商家提供一系列细节化和人性化的服务建议甚至服务方案。遇到了能充分了

解自己需求的商家，业主自然愿意消费。

那么是不是只要商家愿意加入平台，建业就会毫无保留地接纳它们呢？答案是否定的。平台与商家之间的筛选是双向的，建业自身会通过商家联盟对上游供应商进行集中管理。值得一提的是，上游供应商不仅包括普通商户，还包括建业旗下的自营商户。在集中管理环节上，建业会设定一套严格的准入、筛选、监督及淘汰机制，这也就意味着商家联盟内的商户是动态更新的。这样既保护了高水准商户的收益，也让消费群体更加放心。

“建业＋”直接连接的另一方资源是第一方客户资源，为什么要强调第一方？或者说，什么客户才是“第一方”？首先，客户的身份一定是建业项目的业主；其次，客户的身份是“建业＋”会员。这两种身份所产生的需求也不同。

作为建业的业主，客户需要实现客户权益的打通。这种客户权益包括社区生活的参与感和一定的物业服务话语权等。对此，建业以君邻会为平台去打通和兑现客户权益。在此过程中，君邻会不对人群做太多的圈定，不贴标签；在为客群提供服务时，建业强调定制，但不会刻意地定向引导。具体来看，建业多年累积的业主除去业主身份外，他们的身份特征也可能是家长、球迷或影迷等，不同的特征对社区生活也会有不同的需求。君邻会也会参与业主自发组织的各类文娱活动，并且做好提供场地等基础服务，把舞台的正中心交给会员。不仅如此，对于业主所需要的话语权，君邻会也在倾听的同时有所行动。例如，建业会针对业主需要的定制服务，将正在热售的项目的细节交由业主票选决定。“建业＋”的会员客户的消费需求可以通过“建业＋”App（手机应用程序）在线上或线下实现。

三、产业地产成功的四大关键因素

我们在与许多房企的董事长交流后认为，做产业地产成功的关键是前期巨大的投入加天时、地利、人和与运气，缺一不可。这里的天时、地利、人和所代表的分别是宏观环境相对宽松，地方政府支持产业发展，企业团队高效协作。为何重点强调这三大因素呢？在产业培育过程中，常见的一个问题是产业发展所需的政策都已到位，当地政府也很配合，但邻近城市做了相同的产业规划，这就让两边的产业项目都面临着巨大的流产风险。为了避免此类局面出现，我们总结了做产业地产成功的四大必要条件。

1. 房地产团队和产业团队绝对隔离

首先，产业团队本身专业人才资源匮乏。以养老产业为例，对于养老护理机构而言，其中最大的一个问题就是护理人才的缺乏。2018 年上半年，国家卫健委曾统计，虽然目前全国护士人数已经达到 380 万，但是相对于需求来讲，供需之间的缺口还比较大。不平衡、不充分的发展和社会需求之间的矛盾，在护理领域体现得比较突出。按普华永道的预测，中国养老院床位的需求量将从 2015 年的 659 万张增至 2025 年的 1 285 万张，而参照 3 个老年人配备一个护理员的国际标准，我国养老服务从业人员也严重不足。

其次，房地产团队的薪酬待遇远远超过产业团队，这就会导致产业团队人才资源流失较快。依旧以养老产业为例，从服务水平、硬件设施及费用等维度进行划分，养老机构可以分为低、中、高三个档位。低端养老院的人均费用一般为每月 1 600~3 500 元。如果以北京、上海平均养老金水平来算，那么该档养老院将会成为一线城市老年人的主要选择，但很明显，低端养老院的收益水平将在很长的一段时间内都无法覆盖企业在产业孵化期的投入。对比住宅产品高周转、高回报的特征，养老产业投入大、回报周期长，这也就导致产业团队在较长的一段时间内都是在挣“辛苦钱”。房企让房地产团队与产业团队绝对隔离，是从最本质的人性问题出发对人事结构进行调整，旨在让产业团队能够专心、专注于所从事的工作。

2. 以长期思维看待产业地产

当房企决定投入多元产业时，在战略层面首先应该明确的是产业地产需要以长期思维来看待。以文旅产业为例，当今的文旅产业有太多项目大干快上、粗制滥造、急功近利，甚至难以落地。从投资金额来讲，一个文旅小镇的平均投资至少在35亿~40亿元，而资金回报周期则长达15~20年，项目即便能够成功落地，也很难吸引大量游客。为什么呢？

首先，产业项目同质化严重、体验感不足，客户的需求在升级，但产品却无法匹配；其次，缺乏以内容为中心的IP（知识产权）支撑；再次，文旅项目的赢利基础较为薄弱，房企除了依靠项目带动住宅产品销售外，很难寻找到好的运营模式；最后，文旅项目投资规模大、周期长、融资环境受政策影响大。综合来看，房企要有充分的市场调研、项目规划、融资渠道及现金流准备才能去开拓产业地产。

3. 从资本视角审视产业投资回报

传统商业地产获取现金流的方式一般是直接投入商业资产获取租金收益。这种方式在运行前期需要房企大量持续投入自有资金，通过固定租金收入维持资产日常运营，若干年后商业项目运营进入成熟期可迎来现金流回正。这种方式较为中规中矩，投入期较长，获取的收益水平也有限，但是适用性较强，它不仅适合品牌影响力及运营管理能力欠缺的企业试水商业地产，而且适合有成熟运营管理经验的企业长期稳定经营。

以恒隆地产为例，早些年恒隆地产曾在公开场合多次提及，其战略转型就是要从过去“短线”的“追涨杀跌”转为“长线”的“待价而沽”。在商业拿地方面，恒隆地产一直有自己严格的研判标准，尤其主张在具有发展潜力的城市购入最佳地块。在商业运营管理模式选择方面，恒隆地产采用“买地、建设及租赁”的长租模式，凭借与信誉良好的公司签订租约，可以把收入锁定数年。如此做法当然不易，首先，最佳的地块并不是唾手可得的，恒隆地产需要等待极好的时机，更何况还要有一个诱人的地价作为支撑；其次，打造极具实力的高素质物业管理团队需要耐心和时间。综上所述，好时机加上长时间运营管理经验的积累与打磨，才有可能使得房企拿到打开成功之门的钥匙，但能不能成功打开这扇门，最终还是要看大环境的政策风向，而政策是很难被提前预判的。

除去传统模式，房企也可从从资本视角出发审视其持有的商业资产，通过商业资产打包并量化估值的方式获取融资。

（1）第一种方式：自持运营，通过资产打包并量化估值融资

在有丰富自持运营经验的前提下，房企可以将商业资产以整体打包的形式包装起来，并通过客流、车流、租金单价、出租率、租金增长比例等维度的量化估值获取融资。对估值结果起决定性影响的各项量化指标会受到行业大环境的影响，进而呈现出不同程度的波动。在行业上升期，该类波动可能会呈现良性结果；而在行业下行期，该类波动产生的影响就是不可控的。

（2）第二种方式：第三方代运营，通过资产打包并量化估值融资

为了尽可能规避政策风险，房企可以采用第三方代运营的方式提高商业资产的量化估值。以万科为例，为快速提升商业地产运营管理能力，万科于 2016 年联合其他投资方收购印力集团 96.55% 的股权。基于印力集团成熟的商业开发和经营管理能力，万科决定把印力集团定位为万科商业开发和管理的平台，借助外部资本力量整合公司存量资源，促进商业地产的发展。

2017 年 5 月，万科将旗下 42 个商业项目打包转让给两只投资基金：招银成长壹号及招银成长玖号，总规模 129 亿元，其中万科出资 50 亿元，占比 39%，湖北长江招银产业基金管理有限公司是最大出资人。投资基

金各参与方委托印力集团或其下属公司运营管理标的资产包。万科拥有大量项目资源与资金优势，印力集团则深耕商业地产领域超过 14 年，拥有成熟的商业开发与经营管理能力。经过有序整合之后，两者将产生巨大的协同效应，提高商业资产估值水平。

4. 构建共创共享的激励平台

若产业地产企业的发展核心在产业，则盈利的来源主要在产业服务和产业发展，但这两项均需要经历园区规划、建设开发、产业招商集聚等多个环节才能真正获取长期稳定的收入。产业地产前期投资大、盈利周期长、利润少，企业成立后（或者一个新园区建立后）在较长时间内难以通过捆绑收入或利润等业绩指标进行长期激励。目前大多数的产业园区都会融合多种业态，各业态存在较大的差异。例如，在以产业发展运营为核心、住宅和商业为配套平衡现金流的模式下，三种房地产业的定位、盈利周期和业务模式差异大，同时各种业态又需要同时建设、相互融合，所以合理考虑企业或园区人员激励的均衡性，并保障激励的适用和有效性就成为一个难题。为了应对这类难题，房企需要构建一个基于产业板块的共创共享激励平台，让专注于产业成长的那一批“探索者”都能劳有所得。

四、“产业 + 地产”的四种典型模式

“产业 + 地产”是整合资源并承载和促进产业发展的房地产形态，是一种将房地产开发、产业发展和城市功能三方面有机结合的商业模式。“产业 + 地产”不仅可以整合产业群，提升产业效率，孵化新兴产业，而且能有效地实现城市资源的市场化配置，调整产业结构，促进产业升级与可持续发展，更能有效促进城市功能的完善，提升土地价值和城市价值。这样既顺应大势，又实现了共赢。下面我们将从“地产 + 商业”“地产 + 文旅”“地产 + 小镇”“地产 + 智能家居”四种模式出发，用具体

案例为大家阐述各典型模式下不同企业的战略打法。

1. “地产+商业”模式典型案例

在“政府推动、房地产企业规模化及趋利性要求、商业地产多年积蓄的升级动能”三大力量的推动之下，国内商业地产领域迎来投资高峰。随着行业竞争愈演愈烈，市场进入快速洗牌时期，商业地产暂时无法像住宅地产一样走出单边上扬的高回报曲线。在此背景下，有一批商业地产企业突破行业发展桎梏并保持稳定运营能力，成为行业典范。

（1）服务体验型

龙湖商业以创新的服务体验赢得消费者信赖，通过社区建设和技术驱动重构人与空间的价值，树立了行业发展新的风向标。

从龙湖集团2018年业绩发布会上的言论来看，龙湖“地产开发、商业运营、长租公寓及智慧服务四大主航道业务”的清晰布局和“空间即服务”核心理念的本土化策略都在有序付诸实践。

针对商业板块，龙湖采取的是区域聚焦战略，即大部分项目布局于二线城市以及便捷的轨道交通节点和人口消费力较成熟的地域，产品线大部分位于城市的区域中心。龙湖根据项目所在城市的区位、空间和布局维度上的差异，打造了不同的项目特色，让商业项目不仅带领着一片片商圈崛起，也影响着周边居民的生活方式。对此，龙湖给出的解释是：“我们秉承每个天街都是超级IP集群，因地制宜，打造有温度的商业街区。”

随着商业运营管理的不断提升，龙湖商业的租金收入也进入了稳定的增长期。据2018年11月数据显示，当期商场租金收入同比增长49%，达到16.8亿元，其中新商场增长32%，老商场增长了41%。北京长楹天街项目出租率从2017年的88%恢复到98.5%，达到接近满租的状态。对于未来的发展规划，龙湖曾公开表示商业地产租金回报将占龙湖核心利润的20%以上，计划2020年旗下开业商场超过40座。

（2）快速扩张型

以新城控股为代表的商业地产企业凭借快速扩张的发展路径，提前下沉三、四线城市，为抢占有利市场地位打下了坚实基础。

新城采用了商业“高周转”模式，即将综合体项目进行标准化开发运营，确保每个项目从拿地到开业的去化速度，为新城商业的快速布局提供能量。

在商业地产开发经营中，大多数房企的常规模式是将房地产的开发与后期商业运营分开。新城在市场竞争中通常采取“统筹商管团队”，建立标准化商业战略方向，即整合整个产业链，从项目土地的获取到开发建设、招商运营、资本运作、资产证券化全部由一个团队管理，为公司“资金高周转”的发展模式提供强劲动力。

比如对购物中心项目周转速度的把控，新城从拿地到开业一般不超过 24 个月，甚至 18 个月实现满铺开业。为配合商业高周转的战略模式，一方面，新城资金的占用率较小，住宅等销售项目的利润可用来培育商业地产；另一方面，较高的周转速度让新城快速获得业绩收益，以此支撑商业项目潜在的高回报和高成长空间。

对于商业广场项目，新城坚持以自持为主，其自持比例达到 80% 左右。截至 2018 年年底，新城商业开设的“吾悦广场”已接近 100 座，全国布局 74 个城市，2018 年开业 19 座，其中，吾悦广场出现在三、四线城市的频率越来越高，占比达 47%。对于未来，新城曾公开表示，将探索以品牌管理输出或证券化出标的轻资产模式，到 2020 年将实现 100 座“吾悦广场”开业。

（3）轻资产运营型

以奥园为代表的企业依托资产运营优势，形成标准化、全周期的高效开发运营体系，积极扩充商业版图。

奥园在 2018 年业绩发布会上高调表示，商业板块实行以“销售为主、自持为辅”的轻资产运营战略，同时稳步开发投资性物业，进一步实现收入来源的多元化并增加可售物业的附加值。

2010 年，奥园开始着力打造复合商业综合体品牌，推出了由大型购物中心、商业街及酒店式商务公寓组成的广州奥园广场和集主题 MALL（购物中心）、步行街、住宅为一体的综合体南沙奥园中环广场。

目前，奥园商业板块秉承奥园复合地产的基因，形成“快速开发销售、快速招商开业、快速周转增长”的标准化、全周期高效开发运营体系和“奥园广场”“奥园城市天地”“奥园冠军城”及奥园小镇核心产品线和县域商业综合体，形成独特的产品 IP 及商住融合发展的路径。奥园特色的县域综合体开发运营模式和投资模式的核心在于有策略地进入人口大县、经济强县和资源独特县，发展县域综合体项目。奥园目前已颇有成效地打造了多个县域商业综合体标杆项目。

2. “地产 + 文旅”模式典型案例

《中国家庭旅游市场需求报告》显示，在美好生活的驱动下，家庭出游已经占据整个中国境内外出游市场的 50%~60%，而渴望家庭出游的消费者占比高达九成以上。因此，家庭出游将带给文旅项目无限的想象空间。

（1）融创文旅：聚焦中国家庭的多元化需求

近年来，融创围绕房地产主业实现了“地产 + 文旅”的产业地产布局。从规模来看，融创文旅旗下目前有 10 座文旅城、4 个旅游度假区、9 个文旅小镇，涵盖 39 个乐园、24 个商业项目、约 70 家星级酒店，持有面积达 820 万平方米，整个投资超过 1 300 亿元。

从布局来看，融创文旅项目集中在核心一、二线城市，例如青岛、济南、广州、无锡、重庆和成都（包括桂林和西双版纳两个旅游城市），这些城市属于未来经济发展极具活力的城市，无论人口基础还是交通便捷性都极具潜力和优势。

在业态选择方面，融创文旅根据中国家庭对旅游度假的多元需求，将对应建设三大文旅类型：融创文化旅游城、融创旅游度假区、融创文旅小镇。在每一座文旅城，都有融创乐园、融创 Mall 和融创酒店群。同时，雪世界、海世界、水世界、电影世界、体育世界、秀场、大剧院和会议中心共八种主题业态，因地组合。

基于融创自身独特的品牌价值和运营经验，融创文旅还与融创文化产生联动协同效应，创造性地提出了“内容 + 平台 + 实景娱乐”的整体战略。融创文旅可以围绕目标客群的需求打造音乐、体育或电竞等活动 IP；同时，文化集团制作的内容可以在文旅项目落地，这不仅丰富了实景体验，也使文化集团的内容价值倍增。

从团队构成来看，融创文旅的团队人数已经超过了 7 000 人，涵盖了设计、建设及运营的完备体系。其中，有超过七成的团队成员来自原来的万达文旅管理核心团队，在传承了万达文旅优秀的管理基因和经验的基础上，他们的起点非常高。因此，项目不会因资本方的交接遇到“水土不服”，能快速运营。

综上所述，在文旅事业方面，融创高起点布局，着眼于人们追求美好生活存在的巨大需求，不仅将旗下的文旅项目打造成为辐射城市群的消费目的地，而且满足了自身中长期发展的业务诉求，成为企业发展的又一增长点。

（2）华侨城：以文旅为主链打造完整生态链

分析完融创的“地产 + 文旅”策略，我们再来进一步探究这一模式下的另一家行业标杆——华侨城。

作为一家开创了“旅游 + 地产”先河的房企，华侨城从深圳起步并逐步将这一商业模式复制到北京、上海、成都、武汉等地，以主题公园及周边综合配套、生态资源保护等带动房地产销售，又以房地产反哺旅游。通过这一方式，华侨城奠定了中国主题公园的龙头地位。

随着行业形势的变化，传统房企纷纷试水产业转型及多元化布局。作为“地产 + 文旅”模式的先行者，华侨城也加快了扩张步伐。自 2018 年以来，华侨城及其下属企业在各大产权交易平台挂牌出售和进行预披露的资产至少有18项，范围包括项目公司股权、土地、在建工程及金融资产，其中纯房地产项目为出售重点。但是，华侨城在迅速出让纯房地产项目的同时，却加大了引入文旅项目的力度。

2018年，华侨城在全国加速布局，分别与云南、西安、昆山、温州、无锡、常熟、衡阳、湛江和赣州等多个地方政府签下文旅项目。因此，我们不难看出，华侨城在验证“地产 + 文旅”模式的可行性之后开始持续发力：一方面，降低自身纯地产项目的比例；另一方面，加大文旅地产相关项目的投资，以期实现业务和资产的全面升级。

从商业逻辑来看，在1.0版“旅游 + 地产”模式获得成功之后，华侨城进一步升级为2.0版“文化 + 旅游 + 新型城镇化”三位一体的生态模式。就华侨城自身的发展经验来看，单一属性的文旅景点由于周边缺乏规划和容纳多元消费业态的空间，很难具备可持续发展的能力。因此，华侨城通过拿地建设完备的自循环系统（包括商业综合体、住宅、酒店、城市基建、城市公共空间或艺术展馆等），形成完整配套，以文旅为主链贯穿整个生态系统，从而提升区块价值，实现自我造血。

在全新的发展模式下，华侨城在业态选择方面更加丰富，业务全面覆盖文化旅游古镇开发和运营、大型自然和人文景区赋能管理与全域旅游开发三个方面。截至2018年年底，华侨城共有开业景区26个、酒店26家、旅游演出23台、旅行社5家，参与或计划建设与运营的特色小镇及美丽乡村40余家，赋能管理景区28家。

在中长期发展规划中，华侨城积极对接国家新型城镇化发展战略，通过向传统城镇导入“文化 +”相关产业，带动当地经济转型升级。为此，华侨城提出了“100个美丽乡村”计划——计划在全国建设100个美丽乡村，采取政府、村镇、企业和民间社会资本等多方合作共享的PPP（政府和社会资本合作）模式。目前，华侨城在全国参与运维和管理的特色小镇包括北京门头沟斋堂古镇和成都安仁古镇、黄龙溪古镇及深圳甘坑客家小镇等30余个。

总体来看，以文旅项目需要 3~5 年时间才能进入成熟期来计算，预计 2020 年之后，华侨城最近三年所布局的文旅项目将陆续迎来可观的回报，可以预期其又将实现跨越式的发展。

3. “地产+小镇”模式典型案例

自国家提出发展特色小镇以来，各种主题的特色小镇如雨后春笋般在全国落地，其中不乏碧桂园、恒大、华夏幸福、华侨城和绿城等房地产巨头的布局。据克而瑞统计，截至 2018 年年底，前 100 强房企中有超过 71 家涉足或参与特色小镇项目。一时间，特色小镇项目遍地开花，出现了无序发展，各主管部门不得不加以整顿。截至 2018 年年底，仅国家体育总局就淘汰整改了 34 个运动休闲特色小镇。各省份在省级特色小镇创建培育名单、市县区级特色小镇创建培育名单和政府创建名单外的市场主体自行命名特色小镇中，共淘汰整改了 385 个“问题小镇”。

特色小镇的建设运营需要面对和解决三个很现实的问题：第一，能力要求高，各地政府希望开发商能够拥有更强的综合能力，包括产业导入能力、新型城镇化能力及改善人口结构并扭转人口持续流出拐点的能力等；第二，开发难度大，开发商现在获取的土地是兼有工业用地和农保用地的复合型用地，这也意味着开发商需要通过多种手段和多种手法来提供解决方案；第三，运营要求高，消费者对生活和消费有了更高的需求，这就需要特色小镇有更高的建设和运营水平。那么，房企的特色小镇之路到底该怎么走?

（1）建业小镇：房地产与多产业的协同提效，客户资源打通

建业足球小镇涵盖运动特色产业集聚、美好生活、郊野公园和田园综合体四个板块，以“足球文化 + 属地文化 + 中原传统文化”的多元融合模式深化足球小镇文化产业项目的内涵，形成特色的中原文化体验目的地。这也是建业融合以足球运动和文化体验为核心的运动美学小镇与“泛足球、大运动、新商业”特色产业小镇的产业项目。作为郑州二七区的一项重点

工程，建业足球小镇体现了运动与文化的完美结合，传递了健康阳光的生活理念，符合建业做河南省新型生活方式服务商的战略定位。

建业华谊兄弟电影小镇结合中原本土文化，打造以电影场景为形，以历史文化和城市记忆为魂，集电影场景游览、电影文化展示、电影互动游乐、民俗和非遗体验、大型系列演出、特色餐饮及主题客栈等于一体的电影文化体验地，为游客提供最电影、最本土、最人文和最时尚的沉浸式电影实景体验。作为电影实景文化旅游项目，小镇集电影文化体验、电影互动游乐、电影展览、民俗演绎、民俗展览、特色美食和商业旅游等于一体，形成以电影小镇为形、以文化差异为内涵、以城市休闲为核心的休闲娱乐旅游综合商业街区。

（2）祥生小镇：以“共生融合”为内核，打造县域商业综合体标杆

目前，祥生小镇已在全国16个城市布局30余个项目。这些小镇旨在以田园农业为支撑，打造产业特色鲜明且资源禀赋丰富的，以文旅、康养、科技小镇为主导，以主题游乐+体育休闲为辅助的“1+3+2”特色小镇体系。

项目的立意决定着一个特色小镇建设和运营的高度。在运作小镇方面，祥生小镇坚持高起点和大格局。祥生贵州开阳硒谷小镇总占地面积75平方公里，立足于成为贵阳周边的生态卫星城，通过保护当地环境构建和提升当地富硒全产业链导入周边城市人口，改善人口结构，振兴区域经济，创造一个宜居、宜业、宜游、宜养的新型城市空间，成为贵州乡村振兴的示范区。

特色小镇须以特色产业为抓手，这样才能实现可持续发展。拥有房企背景的祥生小镇的最大优势在于产业能力平台的构建。祥生小镇在组建自身实力团队的同时，整合各行业一线资源，与奥飞动漫、花间堂、PVCP（璞蔚）集团等机构合作，目前已形成主题乐园、康养、体育、教育、农业、乡村振兴、酒店、地产和物业九大资源板块，构建了特色小镇的支撑能力，推动祥生小镇的迅速落地和发展。

创造标杆性的特色小镇项目需要创造力。祥生小镇在小镇创建和运

作中特别重视小镇特色的培育，确立了“以田园农业为支撑，以文旅、康养、科技为主导，以主题游乐和体育休闲为辅助”的“1+3+2”特色小镇战略布局。无论是南浔的蚕桑产业还是开阳的富硒产业，祥生小镇所到之处首要考虑的就是当地特色产业的整合与提升。

特色小镇运营的复杂性需要创造性解决问题的执行力。祥生小镇通过收购、参股、控股、共享和租赁等多种形式很好地解决了项目的复杂性问题，与政府和合作伙伴进行良性互动，吸收优质资源和团队，共同推进小镇的落地运营，打造高品质的标杆项目。

其中，祥生诸暨春风十里休闲小镇、南浔国际田园文旅小镇、太湖发现岛主题乐园、衢州楼云体育小镇和贵州开阳硒谷小镇已落地运营，矩阵式、网状性分布的祥生小镇集群，为破解城乡二元结构问题及推动供给侧改革和新经济增长做出了积极实践，是引领新型城镇化建设和十九大乡村振兴战略的“特色担当”。

4.“地产+智能家居”模式典型案例

当前，在房地产业竞争日趋白热化的背景下，美的作为非科班的住宅建设企业在主流房企中走出了一条差异化的道路。与业内主流房企相比，美的置业更具有科技基因，更具备强大的产业资源整合能力。这些普通房企所不具备的能力，正是美的置业发力“地产+”的优势所在。

作为智能家居解决方案的先驱，美的致力于为客户提供一站式的智慧生活系统化解决方案。依托美的大科技平台，联合美的智慧家居科技有限公司、美的集团中央研究院、阿里云和海康威视等战略伙伴，美的置业打造了智慧家居、智慧服务、智慧社区及智慧城市等一套完整的智慧人居生态链。正是基于这种具备完整产业链的家居和社区一体化解决方案，美的置业才可以全面打通当前割裂的各个子系统，整体上发挥智慧化的最大价值，无论是在具体产品或场景的体验上，还是在后期的物业服务中都能做到既全面打通又各自升级。

与许多半路出家做智慧家居业务的房企或互联网企业不同，美的置业从一开始就是系统性地涉足这一领域。美的置业率先在实践中提供了全产业链平台服务，从“端—管—云”全链路介入整个产业，布局自己的智慧生态。在智慧家居中，美的置业实现了智能监控设备与智能电器间的互联互通以及智慧家居和智慧社区间的联通，并通过生态链整合实现了智慧服务和智能社区的联通，还通过搭建自有的物联网和智慧管理平台率先实现了全景智慧新生活。

在智慧房地产供应商方面，美的置业更是具有天然的领先优势。首先，在资源方面，同属于美的控股旗下的家电制造板块拥有行业顶级的研发团队、最全的智慧家电品类及强大的云系统。这样的产业背景必然会成为美的置业发力智慧产业的强大助力。其次，在产业链布局层面，美的置业基于智慧生活的全产业链布局以及专业的执行团队，在未来的智慧生态体系建设中势必会凸显优势。再次，在交付层面，美家智能科技已经交付了装有智慧家居系统的住房3万套，除了满足美的置业的房地产开发项目外，还与恒大、融创和旭辉等龙头房企合作，对外输出一站式智慧家居解决方案。最后，强大的美的智慧产品售后网络和人员可以为智慧生活的售后维修提供专业的支撑。

美的置业无可比拟的资源优势、强大的研发团队、智能电器品类以及线上的云系统，为它实现智慧产业的协同发展提供了有力的支持。作为房地产业内唯一参与编制《智慧居住区标准白皮书》《智能家居标准白皮书》的企业，美的置业在智能家居领域也获得了领先的标准制定者的地位，同时也被授予全国首个“国家智慧居住区标准创制基地”。

目前，美的置业正从软硬件设计和应用层面着手，通过标准化建设打通研发、设计、生产、建设和运营等环节，对产品、协议和端口等进行技术统一，形成完整而具有兼容性和扩展灵活性的智慧生活系统。

在此背景下，作为“智慧生活的引领者”，美的置业也不断加快工业产业布局及产城融合发展的步伐。依托美的集团的大平台、过硬的技术基础和可以与其他产业共享的资源，美的置业形成了产业协同和联动。因此，美的置业的定位不仅仅是房地产开发商，而是以科技为核心、以产业为基础、以聚集高端产业人口为目标的产城复合功能方案提供商。这样一种宜产宜居的智慧地产模式，突出了美的置业的差异化竞争优势。

经过多年发展沉淀，美的置业已成长为“产业+地产”复合型企业。在发展智慧地产和运营管理体系的不断升级下，美的置业还将基于优势继续扩展企业的智慧版图，在康养和医疗等板块构建涵盖更多民生内容的智慧生态系统，与智慧居住区形成互补，从而实现“地产+”战略的全面升级。

五、房企纷纷通过数字化转型支撑多产业布局

首先，在行业新周期下，房企在房地产主业方面必然要告别粗放的增长模式，实现有质量的增长，做到高周转、高品质、强运营。其次，房企要实现生态链的协同提效，做到内外互联、供应链打通，进而使企业降本增效。例如，除了开发板块外，房企可以将建筑公司、材料公司和物业公司等上下游都控制起来。如此一来，在增值税的背景下，房企就有更多的税筹空间，同时整体的开发经营效率能得到提升，收益也能得以放大。再次，除了房地产开发外，房企能否找到另一个利润增长极特别关键，而产业地产、存量市场和城市运营是潜在的三大方向。最后，多元化也是趋势，房企应打破业务的边界，让各个业务线之间形成价值链和生态圈。这一切都需要房企基于数字化进行智能决策，推动整体的房地产业务升级，构建数字化房地产，搭建房企自身的数字化“神经网络”，重构业务流程，为多元化业务协同提效打好基础。这已然成为当下的一股行业潮流。

1. 通过数字化神经网络的构建，提升内部洞察力和反应力

房企当前面临的生存挑战越来越大，如何去应对挑战并确保企业的

可持续发展是房企需要深刻思考的问题。在政策出台的路径升级为中央依据宏观指标进行决策的新常态下，房企越来越难以把握未来行业的发展走向和对自身战略的洞察。因此，通过追求绝对正确的战略来保障企业的长治久安对于房企而言并不可控，即使战略定位一贯很准确的房企也概莫能外。

我们认为房企当下很务实的策略应该是力求做到“我能够做得比对手、比同行更快”。这就要求房企对外部环境有更敏锐的洞察，内部有更敏捷的执行，从而提升企业整体的商业效率（见图 4–30）。

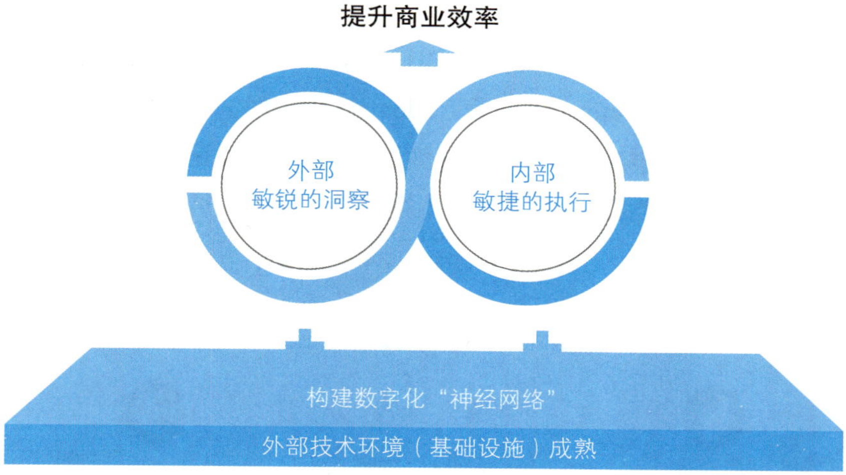

图 4–30　数字化“神经网络”效果图

房企对外部环境有更敏锐的洞察，包括对外部市场和外部竞争对手的洞察两个方面：对外部市场，要对宏观的城市发展格局和行业发展前景有前瞻认知，对微观的土地供需和楼市供需有明确的分析与了解；对竞争对手，关键是洞察同类标杆企业的战略动态及其核心竞争力，明确自身的短板及发力空间。

就内部有更敏捷的执行而言，只有把内部经营活动更快更好地开展下去，一个经营指令下来，立即把它执行到位，发现错了立即调整，房企才能在市场上灵活应变、把握先机。

要培育这种敏锐的洞察力和敏捷的执行力，房企不能依赖于高薪挖人，而要构建企业自身的数字化“神经网络”，用数字驱动运营、优化决策，从而打造敏态的洞察体系。可以说，数字化能力正成为房企的“门槛能力”，只有跨过这道门槛，房企才能提升对内外环境的冷暖感知并做出快速的反应，真正做到先人一步，确保“活下去”。

当下，外部技术环境及基础设施不断成熟，为房企的数字化转型提供了很好的土壤。尤其是在阿里云的推动下，中国的互联网设施日趋成熟，数字化浪潮席卷而来。例如，人工智能、VR/AR（虚拟现实与增强现实）等新兴技术不断涌现，ABCDE［algorithm（算法）、big data（大数据）、cloud computing（云计算）、domain（领域）、ecosystem（生态）］技术正全面发力，移动应用、云应用和大数据应用已经是进行时。可以说，数字技术正在改变商业社会生存与竞争的基本逻辑（见图 4–31）。

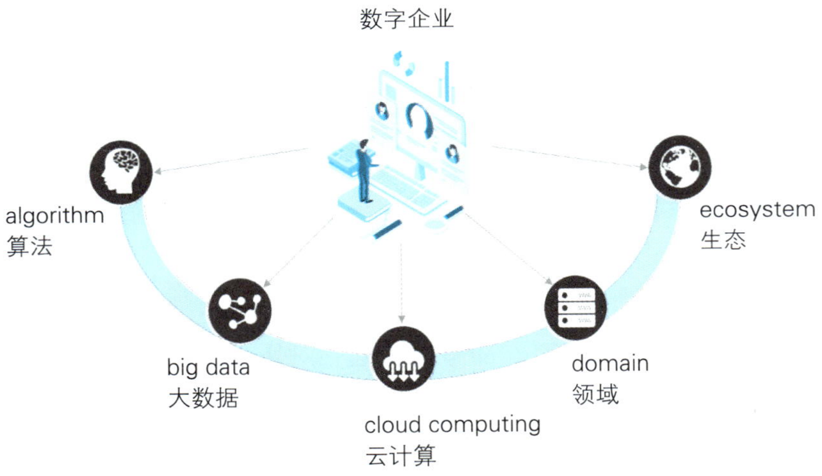

图 4–31　外部技术环境及基础设施催生数字企业

对于房企而言，尽管面临着严峻的生存挑战，但各项科技手段的成熟以及阿里云和明源云在房地产业基础设施方面打下的坚实基础，为升维房地产业务和催生创新业务创造了千载难逢的条件，使得企业更有条件去构建全新的数字化运营体系，从而为房地产业精细化管理提供巨大的提升空间。

2. 数字化建设对房企的四大核心价值

在明确了当下应该发力的战略重心后，房企应该如何将整体的战略体系落地呢？无疑是要向数字化转型升级，基于战略维度来规划数字化落地策略。这样可以为房企带来四个维度的价值（见图 4–32）。

第一，实现对业务信息的全面洞察，提升业务决策的效率。在与标杆房企 B 企的交流中我们发现，它在提升决策效率方面的头等大事是减少会议的数量。会议多不是某一家房企的困惑，而是行业普遍面临的难题，那我们就很有必要细想为什么会议这么多。首先，因为业务信息不通畅、不透明，没有共享，没有及时推送，导致管理者在其关注的信息上看不到数据，所以就必须得开会，责任人要专门整理报表或用很详尽的 PPT（演示文稿）进行汇报。如果企业能够通过"在线"的思路把业务信息全方位地及时同步，那么会议的数量就能真正减少。其次，通过数字化的手段在开会时将各类数据及时推送给管理者，会议决策的效率也会得到提升，会议时长则会相应缩短，从而减少员工加班时间。最后，缺乏业务数据支撑的流程审批效率是低下的，管理者通常得一个一个地询问情况，而借助数字化手段，管理层在业务审批过程中就能够明确清晰地了解业务情况。

第二，实现对业务指标的洞察并定向赋能，进而提升业务的效率。通过数字化建设和新模型的应用，管理层可以明确了解各项业务指标的表现情况，例如资金效益提升百分之多少，回款周期缩短多少天，运营工期缩短多少天，成本费用降低百分之多少，等等。基于这些业绩情况，管理层可以针对短板进行针对性的赋能，促进业绩的提升。以缩短回款周期为例，通过在线手段，基于权责体系在系统中设定好催款的流程，

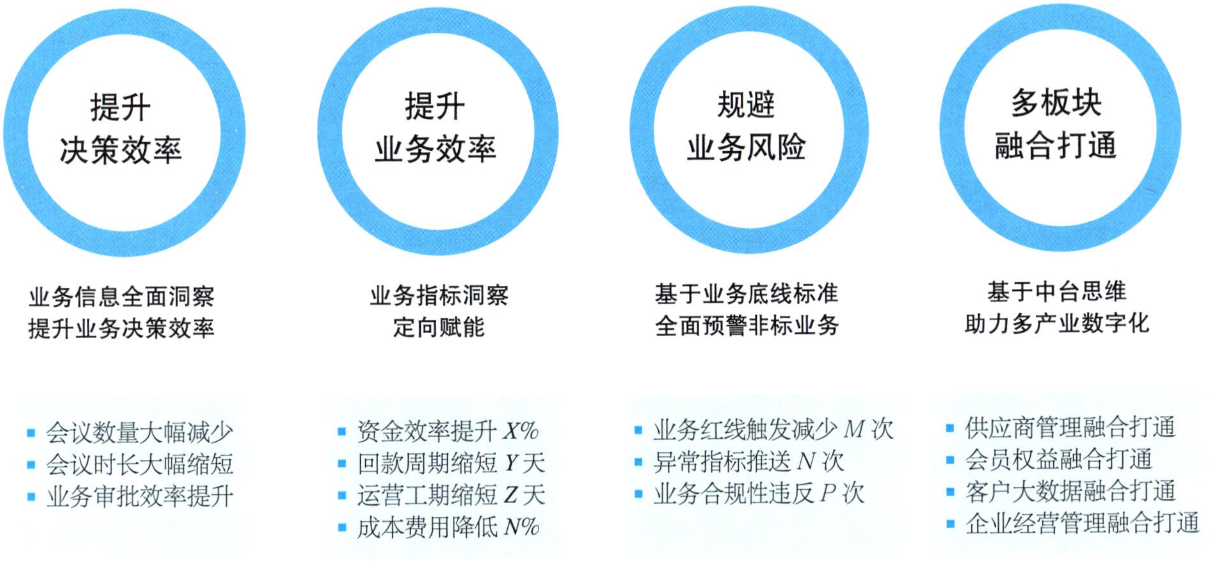

图 4-32 企业数字化建设的四大核心价值

定期推送提醒消息并把相关信息收集回来，房企就能大幅缩短回款周期，这已经在诸多房企的数字化实践中得到了有效验证。

第三，基于业务底线标准，全面预警非标业务，规避业务风险。随着规模越来越大，房企对区域的放权越来越多，集团总部并不是不管，而是重在管底线，比如业务红线触发多少次，业务合规性违反多少次，异常指标推送多少次。通过数字化的在线手段，集团总部可以将这些数据明确监控出来。以业务红线触发为例，现在很多企业都在实行事业合伙人制度，合伙并不意味着集团总部放任不管，而是把企业很多的管理标准融入业务的底线或红线中。例如，一线队伍虽然按照利润来提点，但是它们不能虚报成本与费用，这就是红线。如何准确监控一线是否触及这条红线，触发了多少次？数字化的确是一个高效的工具，能把这些数据指标全部精准监控出来，一旦异常指标到了一定的幅度，集团就要进行干预。

第四，多板块融合打通，基于中台思维助力多产业数字化。在多产业布局已成趋势的背景下，房企的多业务板块如何融合打通就显得尤为关键。基于中台建设的思路进行数字化转型，将有助于多维度数据的融合打通，包括供应商管理融合打通、会员权益融合打通、客户大数据融合打通以及企业经营管理融合打通。

综上所述，我们不难看到，数字化能够为企业业务流程、业务决策、风险监控以及多板块融合打通四个方面带来巨大价值，而这些恰恰是助力房企战略落地的关键路径。

第五章

后规模时代的房企新对策

如今的房地产业，在持续的政策组合拳下已步入一个相对较长的横盘期。如图 5–1 所示，从拿地维度来看，一方面，受城镇化持续推进的影响，市场仍存在大量购房需求，使得行业在调控下依旧保持着较高的热度。这种热度蔓延至土地市场，导致地价仍在持续上涨，部分开发商受限于资金成本压力，面临一地难求的困境。另一方面，在政策调控下，地方政府的土地供应往往伴随着诸多附加条件，如产业匹配、配套人才房或自持面积等。房企若配合附加条件拿地就会导致成本上升，利润空间不断受到挤压。

图 5–1 在当前行业大环境下，房企拿地不易、赢利不易、转型不易

在拿地维度遇到重重障碍时，部分房企开始尝试进行传统房地产开发运营之外的转型——探索多元化产业布局。时下诸多房企纷纷更名去地产化更是印证了这一观点，但不幸的是，更名之后对于新产业的培育，大多房企均无功而返。究其原因，房企贸然进入陌生领域，缺乏相关人才储备和管理经验，大概率会在业务发展上失焦。不仅如此，新产业培

育困难、产业间打通难等问题还会进一步拖累房地产主业的发展。

因此，在政策周期波动和限价天花板双重约束下，面对拿地不易、赢利不易、转型不易的行业大环境，不同规模房企都需要主动找到适合自身发展的应对策略。下面我们将通过不同规模下的标杆房企案例分析，来具体探索房企在后规模时代的应对策略。

第一节 奔万亿房企的典型应对策略

近年来，在楼市调控步入“高压区”的大环境下，龙头房企没有停止规模增长的步伐，跳涨速度之快不断突破我们的想象。那么，房企间的规模争霸战到底有没有终点？对于奔万亿的房企而言，后万亿时代，房地产发展的逻辑又是否有根本性的变化？

我们在与业内多家规模房企探讨后发现，奔万亿房企为了解答这些问题已经开始有所行动。以下我们将选取四家代表性房企，为大家梳理总结其战略方向与应对策略。

一、B 企：提质控速，在夯实主业的基础上多元化发展

2018 年，B 企继 2017 年合同销售额突破 5 000 亿元后，权益销售额也突破 5 000 亿元，达到 5 018.8 亿元，全国市场占有率达到 3.35%；权益合同销售面积约为 5 416 万平方米，同比增长 23.06%，持续占据着行业领先地位。当前，随着房地产业发展的聚集效应越发明显，B 企在实现了多年高速发展后，不再过度追求规模跳涨，而是专注于“提质控速”（见图 5–2）。

战略主基调
“提质控速、行稳致远”

- 在战略主基调下，开始将“保安全、保质量、保交楼”作为首要任务
- 在从高速发展进入平稳持续发展的过程中，在保障经营稳定的前提下夯实房地产主业

产业布局
地产 + 机器人 + 农业

- 布局智能制造（机器人产业）将有效提升房地产主业的建筑效率
- 利用机器人研发优势，布局“地产 + 农业”全产业链

坚决下沉四、五线城市
继续扩大覆盖面

- 继续下沉市场，既然三、四线城市不行，那就四、五线城市，甚至是六线城市
- 依托城镇化，农民工收入比我们想象的高，抓住农民进城后的住房需求

拓展多元融资渠道
优化投资组合
提高回款速度

- 拓展多元融资渠道
  ——发行优先票据及可换股债券
  ——2018 年成功发行首期百亿租赁住房 REITs（房地产信托投资基金）产品
  ——发行 400 亿元保理资产支持专项计划
  ——2018 年 6 月，分拆物业服务在港交所上市
- 优化投资组合
  ——至 2020 年完成建设 100 万套长租公寓战略目标
  ——2018 年 4 月，与方糖小镇合作首个联合办公项目
- 2018 年去化率高且回款迅速
  ——2018 年 B 企权益去化率达到 76.4%，权益销售回款率高达 91%

图 5–2　B 企战略和多元化产业布局

1. 战略定位：更加注重提质控速

在规模和效益双双创下历史新高的时候，B 企主动进行了战略步伐的调整。2018 年 6 月，B 企曾公开表示：“宁可放慢一些发展速度，也要追根溯源地全面提升公司管理水平。”

在具体战略调整上，B 企在保持基本增速的前提下将质量和安全放在了战略的首位，明确提出“速度和效益让位于安全和质量，未来将高

度重视安全问题并彻底清除安全隐患”。此外，B 企还主动增加了一项有关“反省与行动”的内容。在这项内容中，B 企强调了此后将质量把控落到实处的具体行动措施，包括但不限于成立安全生产委员会，进一步筛选施工合作方并加强管理，引入当地第三方机构监控工程安全和质量，等等。未来，B 企将不设定销售及供货考核目标，主动调减供货及销售节奏，同时调整部分有需要的联合验收节点并豁免考核，进一步将“保安全、保质量、保交楼”的任务做到实处。

在销售业绩不断增长的带动下，随着公司进入“提质控速”新阶段及步入效益和质量优先的新纪元，B 企凭借出色的成本管控能力，以夯实房地产主业为核心，为净利润的提高腾挪出更大空间，各项赢利指标增长显著，增收又增利态势延续。2018 年，B 企实现营业收入 3 790.8 亿元，同比增长 67.1%；净利润 485.4 亿元，同比增长 68.8%，营收和净利润总额及增速均远高于 2018 年百强均值水平。

2. 产业布局：围绕主业跨界不越界

在当前房地产业集中度日趋提升的背景下，多元产业布局不仅为企业业绩增长创造了新的可能性，也为企业可持续发展增加了新的业务触点。在这一点上，B 企在夯实主业的同时，将目光投向了新型产业——机器人和现代农业，逐步把定位从“综合性房地产开发商”转变为“为全世界创造美好生活产品的高科技综合性企业”。B 企确立房地产、机器人和现代农业为三大主业，以多产业协同和多极创新突破传统产业的天花板，探索穿越周期的可持续发展路径，为企业构筑基业长青的第二增长曲线。

在 B 企看来，未来是科技创新引领行业的时代。因此，进军机器人领域是 B 企布局多元化发展的重要举措之一，而 B 企做机器人正是顺应时代的号召和社会发展的趋势。国家统计局发布的《2018 年农民工监测调查报告》显示，近五年来农民工的平均年龄逐年提升，50 岁以上农民工所占比重已达22.4%。主动选择从事建筑行业的年轻人越来越少，导致建筑行业的用工缺口不断加大。机器人的应用除了可以帮助农民工减轻劳动压力外，也对保障房屋的安全和质量及提升劳动生产率有帮助。

B企认为，机器人产业能成为其未来强大竞争力的源泉，也能给其他各项业务的应用效率带来质的提升。现阶段，B企开发研制的机器人主要应用于建筑业、餐饮、物业管理、医疗、农业、智能家居和制造业等领域。

在现代农业方面，B企延续了房地产主业全产业链生态圈的布局模式。为此，B企将重点放在了提升农业的科学技术含量上，计划广聘农业人才，引入世界一流的农业生产技术与设备，采用“公司+农户”发展模式。B企通过进军现代农业助推乡村振兴，建设农业博览园，聚焦先进农机业和种业，打造农产品质量安全体系。

B企认为，不仅房地产业，而且农业、商业和服务业的各个环节都会产生对机器人的应用需求。B企可以通过机器人产业串联起房地产主业与农业，即使产业孵化前期对外推广存在一定难度，集团内部的“自带订单”也可以成为B企进军机器人的有利条件。

3. 城市布局：坚决下沉四、五线城市，抓住农民进城住房需求

我们曾在前文论述过城镇化所带来的利好。从城镇居民的改善性需求维度来看，城镇人均居住面积由2010年的31.6平方米增长至2016年的36.6平方米。基于现有8亿多人的城镇人口人均居住面积改善性需求，从人均居住面积正常增长率来看，假设每年增长1平方米，亦能带来一两亿平方米的需求。从城镇存量住房市场维度来看，现有中国城镇存量住房面积总量接近300亿平方米，每年按国际通行的2%的折旧率计算，一年亦能新增近5亿平方米的需求量，巨大的市场潜力吸引着不少房企前来淘金。

截至2018年12月31日，B企累计进驻国内超过1 156个县或区，

布局广度远超同行，同样，享受到的城镇化利好亦超同行。从区域布局和产品定位方面来看，自 2018 年年初提出一、二、三、四线城市均衡布局结合差异化产品定位后，2019 年年初，B 企重新提出要“坚决下沉四、五线城市”，专注于满足农民进城住房需求以及改善型产品的打造。从土储总量来看，截至 2018 年 12 月 31 日，B 企在国内已签约或已摘牌的权益土地储备已经达到约 2.4 亿平方米，其中未售权益可售货值约 1.7 万亿元，可满足集团未来三四年的销售目标。

作为中国新型城镇化进程的身体力行者，重回四、五线城市的布局是 B 企抓住规模扩张机遇的最优选择。面对调控力度不断加码，B 企及时调整自身的发展策略。在高周转要求下，B 企的拿地策略更强调精准，所有拿到的土地都按照当地政府的限价反推土地成本，确保每一块地都是相对优质的土地。B 企对于四、五线城市的看好并不局限于市场潜力与土地储备，对于大量农村年轻人外出务工，导致农村人口流失等社会现象也有相应的考量。在 2019 年的“两会”上，B 企建议有条件的地区在小镇规划建设农民集中居住小区，把附近的农民集中起来居住，形成达到一两万人口规模的小镇；在农民到小镇居住后，可对原村落开展土地平整，盘活闲置土地；平原地区可推广农业机械化作业，提高生产力；已落户城镇的农民可以到合作社工作，解决部分就业问题。

4. 经营重心：多元化融资保障现金流

2018 年以来，房地产业的销售和融资压力持续趋紧。为确保充裕的现金流，房企一方面整体放缓拓储速度并加快销售回款，确保经营性现金流的良性循环；另一方面加大筹资力度，以期缓解资金周转压力。

在此背景下，受益于良好的销售回款，B 企营运资本充裕，发展后劲充足，通过自身强劲的造血功能实现了经营效益和风险管控的有效平衡，确保了企业运营的有序和稳定。

2018 年，B 企房地产销售现金回款约 5 412.9 亿元，权益物业销售现金回款 4 557.9 亿元，后者同比增长 91%。扣除支付土地款和工程款等经营性现金支出后，经营性现金流净额延续此前两年为正值的态势。截至 2018 年 12 月底，B 企可动用现金余额约 2 425.4 亿元，另有约 3 017 亿元的银行授信额度尚未使用。营运资本充裕，意味着 B 企在实现经营效益和风险管控平衡上已初见成效。

此外，2018 年，B 企发行了 2.5 亿美元于 2023 年到期的 4.75% 优先票据及 6 亿美元于 2025 年到期的 5.125% 优先票据；通过配股融资 78.16 亿港元，另发行 156 亿港元可转换股债券；在租赁住房方面，B 企联合中联基金发行百亿储架租赁住房 REITs 产品。作为租赁住房领域首个百亿级资产证券化项目，该只 REITs 产品不仅能帮助 B 企持续盘活自身的成熟存量资产，还能成为其并购合格资产以提供租赁房源的利器。

在资金密集型的房地产业，充裕的现金流始终被房企视作“生命之源”。作为行业内运营能力较强的龙头房企，B 企在财务上的较强内控能力为广大同行做出了良好示范。

二、万科：收敛聚焦、巩固基本盘

2018 年 9 月末，万科喊出“活下去”的口号，在业内“一石激起千层浪”。虽然“活下去”是每一家房企的梦想，但并不是所有的房企都能像万科一样成功“活下来”。事实上，自 2016 年让出业内第一的宝座后，万科就开始在情怀之外寻求新的突破（见图 5–3）。

1. 战略定位：升级为城乡建设与生活服务商

作为行业龙头企业，万科近几年在转型的道路上步履不停。自 2012 年首次提出“城市配套服务商”定位后，经过多年发展，万科各项业务稳步推进。随着行业总体形势的变化，2018 年万科决定在“城市配套服务商”的基础上进行战略升级，变为“城乡建设与生活服务商”，并进

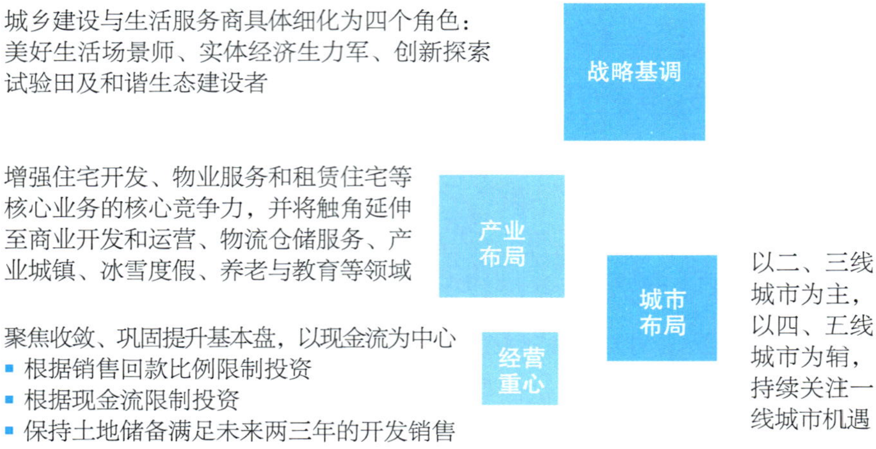

图 5-3　万科战略基调、城市布局、产业布局与经营重心

一步细化为四个角色：美好生活场景师、实体经济生力军、创新探索试验田及和谐生态建设者。

这四个角色的内涵分别是：美好生活场景师是指凭借专业能力，为人民的美好生活搭建场景、提供舞台和贡献价值；实体经济生力军是指万科作为世界 500 强企业，必须为中国的实体经济腾飞助一臂之力，成为所在的每个城市实体经济的生力军；创新探索试验田是指要探索企业管理机制，重点推进事业合伙人机制等方面的创新探索，成为中国企业乃至全球公司治理的样板之一；和谐生态建设者是指保护环境，加强绿色工业的战略推进，探索新的解决方案，坚决拥护“绿水青山就是金山银山”的发展理念，既包括人与自然的和谐，也包括人与人的和谐。

从面向“城市”到面向“城乡”，战略升级后的万科不仅要关注城市发展带来的机遇，也要关注乡村建设蕴藏的机遇，更要关注城市与乡村间的良性互动。这里的“乡村”不仅包括城中村和城市周边的乡村，也包括远离城市的乡村。而城市和乡村间的互动不仅包括城市人群的田园情节和安全健康的食品，还包括大规模城市化之后的乡村振兴。

这里所谈的乡村振兴并不意味着万科要去乡村盖房子，而是重在场景建设与服务升级，即从建设美好生活的场景到建设乡村振兴的场景，从“配套服务”升级到“生活服务”。在此指引下，万科逐步把开发业务延伸到了服务领域，已经布局了四大新核心业务：租赁住宅、物业服务、物流仓储和商业运营。

2. 产业布局：打造服务客户和城乡的生态平台

受行业内外环境复杂多变的影响，众多房企纷纷开启多元化升级的发展路径。作为行业率先转型的标杆之一，万科致力于打造服务客户和城乡的生态平台，在巩固住宅开发、物业服务和租赁住宅三大核心业务的基础上，积极拓展商业开发与运营、产业办公、物流仓储、教育、度假和养老等业务。

首先，在物业服务领域，万科从原先的住宅物业服务拓展至写字楼物业服务、资产服务、智能科技和生活服务等多个细分领域。据 2018 年年报披露，报告期内万科物业实现营业收入 98 亿元，同比增长 33%；在新增签约饱和收入中，住宅业务占比 65%，非住宅业务占比 35%。截至 2018 年 8 月底，万科物业已布局中国 69 个最具发展潜力的大中城市，合同项目共计 2 314 个，其中住宅项目 1 833 个，商企项目 481 个，合同管理面积突破 4.6 亿平方米。

万科物业之所以能够成为行业标杆，主要有两方面的原因：一方面是将物业管理公司的核心竞争力定位于通过对业主的个性化服务和对物业的标准化管理，让业主的物业升值，20 余年的管理经验积累、庞大的业主基数以及良好的业主口碑构成了万科物业未来发展的护城河；另一方面是引入事业合伙人机制，从制度上保障了物业公司快速发展。

其次，在商业地产领域，2016 年 10 月，万科成立投资基金并以 128.7 亿元从黑石收购了印力集团 96.55% 的股权，成为印力集团的核心股东，将印力集团打造成了万科商业地产开发与管理的主要平台。印力集团于 2003 年成立，前身为深国投商置，专注于购物中心投资、开发和运营管理，业务贯穿商业地产领域的全价值链，是极具国际化视野的中国商业地产投资开发运营商。

截至目前，印力集团和万科均拥有自己较为成熟的商业产品线。印力集团主要以中高端旗舰品牌“印象城”为主打产品，包括印象城、印象汇、印力中心和印象里四大产品系列，基本涵盖了从社区型购物中心到大型商业综合体，实现了全客层覆盖；万科商业拥有“万科广场、万科里、万科红、万科 2049”四个不同定位的商业中心，包括了低端及中高端社区商业及城市级中高端购物中心。在印力集团成为重要平台后，万科商业开始聚焦区域扩张战略，即重点关注长三角、珠三角、环渤海、以西安为中心的西部区域和以武汉为中心的华中区域的“3+2”战略。截至 2018 年上半年，印力集团在国内的在管商业项目达 126 个，总建筑面积 915 万平方米，覆盖全国 40 个城市，形成以北京、上海、广深、杭州、武汉和西安为核心区域的城市群。

最后，在跨业态的物流领域，万科 2015 年正式进军物流地产，经过三年多的发展，物流独立品牌“万纬”已奠定行业领先地位。万纬物流定位为现代仓储设施和物流一体化运营的物流园区与产业园区的专业开发运营商，主打高标库产品，主要客户为国内主流电商、快递快运、高端制造业、现代零售业和生鲜食品企业。因此，公司在城市布局中更倾向于一、二线城市，2015—2017 年新增物流地产项目在一、二线城市的建筑面积和成交金额占比分别为 91.0%、96.7%。截至 2018 年 9 月，万纬物流累计获取项目 110 个，总规划建筑面积 783 万平方米。2019 年 1 月 22 日，物流品牌普洛斯完成退市，万科与其他财团为收购普洛斯而设立的基金成为普洛斯权益的单一最大持有人。自此，万科的物流业务板块也形成了万纬物流地产（万科物流品牌）+ 普洛斯的格局，这意味着万科的物流布局走向了国际舞台，万科的物流开发逻辑也逐渐清晰起来。

3. 城市布局：聚焦核心二、三线城市

2017 年，在一、二线城市调控风险加剧的背景下，万科向四线城市下沉的布局动作明显加快：以前期布局的核心城市为基础，逐渐向周边邻近城市适度扩张下沉，四、五线城市的占比稳步提升。

2018 年，基于“城乡建设与生活服务商”战略基调的转变，万科的城市布局转向聚焦核心二、三线城市，并持续关注一线城市的发展机会。万科认为，城市化的进程已进入下半场，以后大都市会向都市圈演变。因此，在城市扩张方面，万科相对谨慎并更加趋向于深耕策略，即以完成布局的核心城市为据点，择机向周边城市扩张。对于未来项目储备规划，万科表示会继续坚持稳健的投资策略，在确保价格合理的前提下积极发掘各类潜在的市场机会。

在城市布局的总体流程上，万科分为三个步骤进行。首先，选定中心城市并进行分级，基于城市宏观经济规模和房地产市场容量筛选出中心城市：连续两年操作三个以上项目，完成经营计划且无重大经营失误。确定中心城市后再根据销售面积这一核心指标来划分城市级别。其次，进行区域划分及分析，依据国家发改委划分的经济圈、城市群和城市带确定全国区域划分，同时对比各区域经济规模和空间跨度并结合增长极理论判断区域发展阶段，根据区域分布图明确重点发展区域。最后，对重点区域进行深耕和拓展，在中心城市深耕到一定市场份额、连续两年操作三个以上项目、完成经营计划且在无重大经营失误的情况下，再向周边卫星城市扩张。

在选择布局城市时，万科还会精选城市宏观经济及市场指标。宏观经济指标包括常住人口、GDP、固定资产投资、三产占比、人均储蓄余额和人均可支配收入等；市场指标重点参考商品房销售面积指标，以判断一个城市的市场容量。万科针对具体的指标设定可供参考的底线值，对没有达到底线值的城市则不考虑进入。

4. 经营重心：聚焦收敛、巩固提升基本盘，以现金流为中心

从表面来看，万科“跨业态、多领域”的布局似乎在有意弱化其住宅开发商的身份。但就当前万科整体业务走向而言，住宅开发业务仍将是未来 10 年集团主要收入、利润和现金流的来源，也是支撑万科向“城乡建设与生活服务商”战略转型和进行新业务开拓的基础。

在此基础上，万科坚持以现金流为基础的价值创造理念，强化资金管控。2019 年 3 月 25 日，万科发布了 2018 年年报，年报显示，其各项业绩指标都在逆市稳健增长。2018 年，万科实现营业收入 2 976.8 亿元，归属于上市公司股东的净利润 337.7 亿元，同比分别增长 22.6% 和 20.4%。2018 年，万科实现 6 069.5 亿元的合同销售金额，同比增长 14.5%，在全国商品房市场的占有率进一步上升至 4.05%。

不同于其他房企的高负债与高杠杆，万科的财务情况极其稳健。截至 2018 年年底，万科持有货币资金 1 884.2 亿元，远高于一年内到期的流动负债总和 931.8 亿元，净负债率为 30.9%，处于行业低位。

良好的财务和资金状况让万科继续保持着行业领先的信用评级，标普、穆迪、惠誉分别给予其“BBB+”、“Baa1”和“BBB+”的信用评级，评级展望均为“稳定”。得益于领先的信用评级，2018 年万科总体融资成本继续处于较低水平。相比其他很多房企的融资成本都处于 10% 上下，万科集团公司债券（5 年期）最低发行利率为 4.05%，超短期融资券（188 天）最低发行利率为 3.13%，中期票据（3 年期）最低发行利率为 4.03%

在财报发布当天，万科还披露了分红派息预案。在各大房企资金短缺并设法高息融资的情况下，万科的现金分红却极为慷慨，高达 118.1 亿元。按照最近一个交易日的 28 元股价计算，股息率接近 4%。

“城乡建设与生活服务商”的战略定位，意味着万科将坚定地在住宅开发业务之外进行新业务探索，力图找到未来第二曲线的转型决心没

有任何改变；“聚焦收敛、巩固提升基本盘”意味着万科新老业务都要遵守商业逻辑，都要以客户为中心，以现金流为基础，创造真实价值，实现有质量的发展。

三、保利：保持战略定位，动态调整经营决策

沧海横流、大浪淘沙，在本轮调控中，多年保持稳健经营风格的保利厚积薄发，展现出了令人惊叹的逆周期生长能力。接下来，我们将从战略定位、产业布局、城市布局和经营重心四个方面来具体解读保利在行业新周期下的应对之策（见图 5–4）。

1 “一主两翼”战略定位定位

- 以不动产投资开发为主，以综合服务与不动产金融为翼，搭建不动产生态发展平台
- 提前布局两翼产业，逐步形成多产业协同发展格局，并培育新的规模与利润增长点

2 产业布局

- 综合服务：物业管理、销售代理、商业管理和建筑四大核心业务板块；积极培育会展、文旅、康养、教育和公寓等多个潜力板块
- 不动产金融：信保基金、保利资本和太平保利三驾马车并驾齐驱；REITs 领域先行者

3 城市布局

- 公司坚持聚焦一、二线城市及核心城市群，形成以珠三角、长三角、京津冀、中部、成渝和海西等城市群为重点的布局体系
- 区域布局方面，公司继续加大重点城市深耕发展

4 经营重心

- 发挥信用优势，构建以银行信贷为主，以股权融资、直接债务融资和资产证券化等为辅的多元化融资体系
- 强化现金流管理，提升销售回款率，为公司经营提供充足的现金流保障

图 5–4　保利战略、城市布局、产业布局和经营重心

1. 战略定位：“一主两翼”，构建多元利润增长模式

2018 年，在众多房企纷纷更名、去房地产标签的热潮下，保利地

产于当年 9 月正式更名为“保利发展控股集团股份有限公司”，更名的背后是保利在行业新周期下战略的再一次升级。新保利明确了“以不动产投资开发为主、以综合服务与不动产金融为翼，搭建不动产生态发展平台”的新战略目标。

我们可以看到，不动产投资开发仍然是保利坚定的主业方向。在房地产主业的战略层面，保利结合外部宏观环境与市场需求进行定位，并根据市场情况灵活微调指导经营决策。保利强调，在“房住不炒”的政策基调下，继续坚持刚需及改善性需求定位，回归房屋居住属性，不断提升产品设计与配套服务水平；同时，加大一、二线城市及核心城市群的聚焦与深耕，基于对城市的精准研判把握土地市场周期性机会，并继续发挥央企资源整合优势，深度参与城市更新；加大管理和苦练内功的力度，进一步完善运营全链条管理，细化考核与激励机制，全面提升运营效率。

以不动产开发投资为原点，保利也在积极培育和发展两翼业务，打造新的利润增长点。在行业步入新周期的大背景下，规模房企纷纷展开多元业务的探索，希望找到一条和房地产主业规模相当且足以支撑企业未来发展的第二赛道。而保利早已前瞻布局，将多元化布局上升到企业战略的高度，并长期保持着布局的连续性。

早在 2002 年，保利地产就在制定的“三个为主，两个结合”发展战略中明确提出“以房地产业为主、适度拓展相关行业”，积极布局相关多元产业发展，并在多个领域取得了不错的成效。2016 年，保利地产进一步提出“以房地产开发经营为主，以房地产金融和社区消费服务为翼”的“一主两翼”战略，全面试水商业、养老和旅游地产等领域，逐步构建“多元”利润增长模式，并成立保利资本为进一步发展房地产金融开辟新的通道。

2018 年，在更高的战略定位上，保利将“一主两翼”战略升级为“以不动产投资开发为主、以综合服务与不动产金融为翼”，打造不动产生态发展平台。由此，保利在发挥地产开发业务的“强基固本、创新引领”重要作用的同时，以产业链资产经营为基础提供美好生活服务，以产业金融服务为基础实施产业资本运作。

从保利的战略发展脉络中我们可以看到，其战略升级并非一蹴而就，而是经过一步步精心布局且在各方面时机成熟的情况下，才迎来现在的全面升级。正如保利发展董事长宋广菊所言：“保利地产升位至保利发展，这一过程的孕育凝结了公司多年来的战略规划、蓄势谋远和几经求索。”

2. 产业布局：依托主业立体延展，发力两翼业务

从保利发展的最新战略定位中我们可以看到，不动产投资开发仍然是保利坚定的主业方向。在多元化布局上，保利围绕“综合服务”和“不动产金融”两翼业务展开，且在多年的积累沉淀下，保利发展的两翼业务已经取得了不俗的成绩。

（1）综合服务：全面布局四大核心板块及多个潜力板块

在综合服务方面，保利以产业链价值挖掘与资产经营为主线，加快发展物业管理、销售代理、建筑和商业管理四大核心板块，同时重点培育会展、文旅、康养、教育、公寓和科创等多个潜力板块，创新发展模式，运用资本力量快速提升市场化程度，完善综合服务布局。

在综合服务翼的各项业务板块中，物业管理无疑是保利最具规模和潜力的板块之一。2018 年年报数据显示，保利物业管理项目布局达到 130 个城市，面积达 2.5 亿平方米，在管面积 1.5 亿平方米，稳居行业前 5。2018 年，在房企物业分拆上市潮涌的大背景下，保利物业也走出了登陆资本市场的第一步。与此同时，保利还通过并购整合模式加快物业布局，为上市铺平道路，例如 2018 年保利物业收购湖南省的校园物业管理龙头企业天创物业，进一步完善物业管理 4+*N* 的多业态布局。

在商业板块方面，据 2018 年年报显示，保利在这一板块运营的项目达 65 个，管理面积 266 万平方米，累计外拓购物中心 10 个、酒店 4 个，

以轻资产模式实现品牌及管理输出。在代理业务板块上，2018 年 8 月，保投顾与房地产代理服务商龙头企业合富辉煌完成股权整合，双方一、二手物业代理业务融合发展，截至 2018 年年末累计覆盖超过 150 个城市，代理项目超过 1 700 个。在建筑板块上，保利建筑将通过并购与资本运作成为建筑产业链资源整合的主要平台。

除了四大核心板块外，保利在其他潜力板块上也已有不俗的表现。例如已有两个自主品牌展会的保利会展，其年营业额达两亿元，接下来将加快展会并购和管理输出的步伐，筹备分拆上市；保利教育旗下的幼儿园和青少年宫储备规模已过百家；在康养领域，保利发展已经在上海、北京、广州和三亚等城市布局 6 个养老地产项目，其中北京西山林语和熹会专业养老机构入住率达 70%，基本实现收支平衡。

（2）不动产金融：信保基金、保利资本和太平保利并驾齐驱

在不动产金融方面，保利年报指出，以产业金融服务为基础，继续提升房地产基金管理规模和市场化能力，提升产业链投资及资本运作能力，通过并购基金、资产证券化和产业基金等方式加大主业和多元产业协同。对保利发展而言，在金融业务领域的布局不仅能够扩展融资渠道和提高赢利能力，而且有利于贯穿“建设—运营”两大环节，打造多元化的业务格局，促进房地产与金融的协同，甚至实现产融结合的循环放大。

在不动产金融业务方面，保利发展旗下目前已拥有信保基金、保利资本和太平保利，三驾马车并驾齐驱。

信保基金是保利发展专注于产业投资、金融创新、并购整合与资产管理的市场化、专业化及独立运作和主动管理的股权投资基金管理机构。截至 2018 年年末，保利累计基金管理规模逾 1 000 亿元，累计投资项目超过 150 个，其中信保基金多次被评为“中国房地产基金十强”。

保利资本的核心业务包括开发类地产股权投资基金管理、商业不动产投资基金管理、私募股权投资基金管理和创业投资基金管理等资产管理业务。保利资本为保利发展的整体生态服务。相关资料显示，近一年来，

保利资本依托房地产主业，聚焦大消费、教育、医疗、物流和产业园运营等领域，相继投资了生鲜配送平台每日优鲜、AI（人工智能）算法提供商商汤科技、柔性显示屏及传感器研发商柔宇科技等一大批产业契合度比较高且市场预期比较好的项目。在 REITs 领域，保利是当之无愧的先行者，早在 2006 年，保利就尝试以 REITs 形式将旗下商用物业打包上市。2018 年 3 月 13 日，国内首单 REITs 产品“中联前海开源 – 保利地产租赁住房一号资产支持专项计划”的总募集金额达 50 亿元，为租赁住房资产证券化提供了“保利样本”。

太平保利是保利发展布局健康养老产业的重要抓手，由中国太平旗下的太平人寿、太平资产与保利发展共同发起成立，成为国内首例保险央企与房地产央企在大健康产业领域的跨界合作。太平保利以占领行业高地为目标，输出优质的养老地产和健康医疗项目，助力保险和房地产主业双发展。

总体来看，保利在继续做强房地产主业并保持第一赛道竞争优势的同时，“以物管业务为代表的综合服务翼”和“以信保基金为代表的不动产金融翼”布局第二赛道已经初步成型，两条赛道互相协同。除了两翼业务对房地产主业的协同外，两翼的物管业务和金融业务本身也具备巨大的协同优势。

3. 城市布局：聚焦一、二线城市和六大核心城市群，坚持区域深耕

在城市布局方面，保利发展长期看好一、二线城市和核心城市群，坚持区域深耕战略，为规模增长提供强有力的支撑。同时，强调对城市投资机会的精准研判，从而更好地把握周期性的土地市场机会。

早在 2013 年，保利就明确提出了以一、二线中心城市为主的“3+2+*X*”（3 即环渤海、长三角、珠三角，2 即中部和成渝地区，*X* 即其他区域散点城市）城市群布局战略，以区域中心城市为据点，各片区实施等量拓展和梯级下沉覆盖，逐步形成了以珠三角、长三角、京津

冀、长江中游、成渝和海西城市群为核心的六大片区的全面布局。2017年，在政策调控的大环境下，保利继续落实城市深耕策略，进一步加快对六大片区内中心城市周边三、四线城市的覆盖渗透，各片区内的城市数量明显增长。

坚持区域深耕的策略，使得保利的区域业绩规模甚至单城业绩规模都十分可观。据2018年年报数据显示，2018年保利仅珠三角一个片区的签约销售额就达到了1 170亿元，同比增长24%；从单城来看，保利单城签约金额过百亿的城市达到了12个，其中大本营广州达400亿元，佛山和北京超过250亿元，东莞和中山首次突破100亿元。

2018年，保利继续加大重点城市及片区的深耕发展，持续优化土储结构。据年报数据显示，截至2018年年末，保利的合计待开发面积为9 154万平方米，其中，一、二线城市占比达到60%，城市群周边的核心三、四线城市占比达到30%，仅珠三角的待开发面积就达到了3 447万平方米。

在拿地策略方面，保利强调在房地产主业上将收购兼并作为重要拓展方式，发挥央企资源整合优势，通过招拍挂、收并购、合作开发或城市更新等多元化拓展方式持续优化资源储备。从数据来看，2018年，保利通过收并购、合作开发、旧城改造和产业拓展等方式获取项目75个，占全年拓展金额及拓展面积的比重分别达到了54%和58%。

4. 经营重心：优化债务结构，强化现金流回笼

在调控持续、市场下行及融资趋紧的外部大环境下，保利也相应调整经营管理动作，以有效应对严峻的行业形势。

在当前融资环境较为紧张的情况下，保利发展充分发挥信用优势，构建了以银行信贷为主，以股权融资、直接债务融资和资产证券化等手段为辅的多元化融资体系，保障充足的融资头寸和极具竞争力的融资成本。同时，合理控制负债规模，优化账龄结构，严控债务风险，确保

资产负债结构稳健可控。年报显示，2018 年保利有息负债总额为 2 637 亿元，其中直接融资占比超过 15%，有息负债综合成本仅占 5.03%。

此外，在行业资金趋紧的背景下，保利发展持续加强现金流管理，强化销售回款，2018 年销售回款率再度提高 3 个百分点，达到 88%，为公司经营提供了充足的经营现金流保障。

在组织激励方面，保利通过绩效考核、内部审计和组织监督等管理机制打造了一支具备高效执行力的队伍。同时，通过持续完善激励机制，构建股权激励与项目跟投相结合的长效激励体系，保利提升了团队凝聚力与战斗力。

综上所述，在行业新周期下，保利通过战略升级推动房地产主业与多产业协同发展，持续深耕一、二线城市及核心城市群，动态调整融资和销售方面的经营策略，从而更加从容和有效地应对行业形势，把握区域市场机会，保证企业的可持续发展。

四、融创：前瞻布局文旅产业，匹配居民消费升级

近年来，房地产市场的发展受到多方制约。虽然房企的生存越发艰难，但融创依旧能够积极应对，一方面储备了充足的高质量可售资源，一方面打造了高品质的产品，因此其继续保持了较高的去化水平，2018 年销售额达 4 600 亿元，同比增长 27.3%，稳居行业第四。在 2018 年业绩发布会上，融创中国董事长孙宏斌表示：“我们不想做第一已经很多年了，目前排名第四挺好。”这在行业已然步入横盘时代的大环境下，相比高喊着“活下去”的万科，融创安于现状的态度令人好奇，也不免令人为其担忧。究竟是什么魔力让融创在疾风中依旧能够急速前行？下面我们将从四个方面来分析融创的强者之路。

1. 战略定位：中国家庭美好生活整合服务商

融创以“至臻、致远”为品牌理念，致力于通过高品质和多元的产

品与服务整合高端居住、文旅、文化及商业配套等资源，为中国家庭提供美好生活的完整解决方案。集团下设四大战略板块：坚持“全国优势布局和高端精品发展战略”的融创地产集团；定位于“品质生活服务专家”的融创服务集团；以“中国家庭欢乐供应商”为发展愿景的融创文旅集团；聚焦内容环节，布局文化行业全产业链，致力于成为“中国文化行业领军企业”的融创文化集团（见图 5–5）。

融创认为自己定位“美好”的战略并不突兀。事实上，作为行业领先的房地产公司，融创近来的动作并非全都为外界所理解，尤其是收购乐视资产与万达文旅两个重大举措受到了不少非议。但孙宏斌显然对融创的新战略颇有信心，并很有见地地系统阐述了他投资“大文娱”的逻辑。孙宏斌分析，融创的快速发展得益于企业能成功把握住行业的时代脉博。在行业发展的第一个阶段，融创通过高周转策略实现企业快速扩张；在行业发展的第二个阶段，公司又提出“高端精品”战略，实现了产品溢价水平的不断提升，并最终成为高端精品领域里的标杆企业；此后，通过不断并购，公司又迅速扩大市场份额，从而成功成为第三个阶段的领先企业。

但随着调控力度的不断加大，行业逻辑已发生改变，以往的经营方式让企业的风险不断加剧。即便保持高周转、高产品并加大并购力度，企业依旧面临着考验。孙宏斌把投资“消费升级”称为“投资美好生活”，他认为行业前景十分广阔。

2. 产业布局：围绕“地产+”全新布局四大板块

融创坚持房地产开发业务在未来仍是集团的绝对核心业务，严格控制非房地产业务的投资，重点提升现有资产的运营和赢利能力，培育公司未来新的增长点。公司目前定位于中高端住宅的开发，除此之外，业务覆盖文化旅游、产业地产、商业地产、酒店、物业服务、文化娱乐的内容制作发行及影视拍摄一体化服务等。

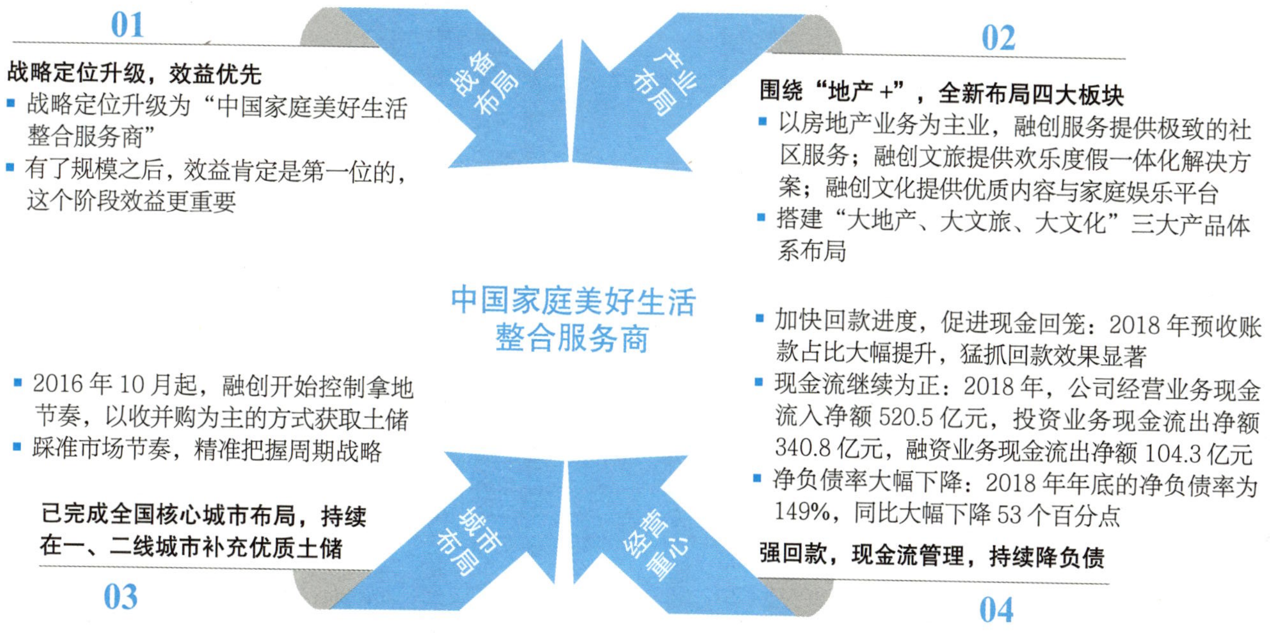

图5–5　融创的战略定位、城市布局、产业布局和经营重心

如前文所述，融创全面升级四大战略板块。例如，融创于 2017 年开始布局文旅板块，2018 年成立融创文旅集团，并于同年 10 月和万达达成交易，收购了万达集团的一支优秀的文旅团队。在完成对万达文旅产业的收购后，融创文旅也是目前国内最大的文旅运营商。目前，包括收购万达的 13 个文旅项目，融创文旅已有 20 多个项目，同时融创文化还将乐创文娱的资源与融创文旅的资源相结合，实现迪士尼式“自造 IP—自体制作运营—实景落地”的一条龙产业链。

在近期一直备受龙头房企关注的存量领域，融创也不甘落后、积极布局。2018 年 3 月，融创与盛煦地产携手设立总额高达 200 亿元的存量资产并购基金，双方将各占一半权益并聚焦在一、二线城市的核心商业存量资产。从具体分工来看，基金所投项目将由双方合作搭建的平台进行运营管理，同时融创地产开发团队提供专业的开发及改造支持。项目物业进入成熟运营后，再通过多种渠道从资本市场退出。

3. 城市布局：持续在一、二线城市补充优质土储，深耕已布局城市

融创 2018 年新增土储 46% 是通过收并购获得，通过公开市场拿地占比 26%，旧改等协议状态拿地占比为 28%。据融创公开资料显示，不考虑旧改等协议状态下的土地，其土储平均成本仅为 4 181 元 / 平方米，而目前在售项目的均价为 1.55 万元 / 平方米左右，未来预计销售均价还会继续提升，这个土地成本利润率是非常可观的。

2015 年至 2016 年 9 月，融创在土地成本与融资成本同时都很低的关键时间窗口投入巨资，坚决把握土地市场城市轮动机会，迅速完成了全国化核心城市布局，建立起了全国前三的优势土地储备。2016 年 10 月至 2018 年 9 月，随着土地溢价率大幅提升以及融资利率的明显提升，融创提高拿地标准，控制拿地节奏和规模，基本停止公开市场拿地，有效规避了拿贵地的风险。融创在这一时期主要是通过发挥并购及合作品牌的优势把握大型并购机会获取了成本合理的优质土地，强化了土地储备优势。

自2018年10月以来，土地市场是近五年来溢价率最低、流拍率最高的黄金时间窗口，融创坚持较高的土地获取标准，充分发挥集团在并购领域的口碑和品牌影响力，充分整合并利用合作方的资源获取优质项目，即不贸然拿价格不合理的地块，深入推进“踏准市场节奏、精准把握周期”战略，抓住机会在一、二线城市进一步补充优质的土储。同时，也发力在其所布局的城市深耕。

2018年，融创集团在16个城市的单城销售额突破100亿元，并在越来越多的城市提升其市场份额，融创在所布局的上海、杭州、天津、重庆、武汉、郑州、青岛和济南等37个城市的销售额均位列前10，其中在25个城市的销售额排名位居前5。

4. 经营重心：高品质、强回款、降负债

融创近年来的规模翻番增长同样耀眼，但是在2018年业绩发布会上，融创高管层明确提出要适当降速，把效益摆在第一位，冲规模已经不再是其核心目标。一提到效益，我们又不免联想到融创大批量“买买买”背后的融资问题。从融资方式来看，2018年的融创依旧保持2017年的三大渠道，但不同的是融创开始更加关注融资引发的债务安全问题并开始着手调整融资方式方法，具体做法是降低银行借贷占比的同时，通过加快回款速度提高预收账款占比。

融创继续坚持产品领先战略，持续创新并完善产品线体系，进一步巩固并扩大高品质产品的领先优势，并不断升级质量管控体系，更加高效地确保项目的高品质交付。

在加快回款速度和促进现金流回笼效果方面，2018年融创预收账款占比大幅提升，猛抓回款效果显著。此外，2018年集团现金流继续为正。年报显示，公司经营业务现金流入净额为520.5亿元，投资业务现金流出净额为340.8亿元，融资业务现金流出净额为104.3亿元。此外，融创集团也同时采用更为谨慎的新项目投资策略等措施进一步降低集团的杠

杆水平，2018 年借贷总额相比 2017 年有所降低，同时，2018 年年底的净负债率为 149%，同比大幅下降 53 个百分点。

作为行业规模优等生，融创在做强做精房地产主业的同时，理性拓展服务、文旅和文化等产业板块，同时，继续坚持在一、二线城市获取优质土储，优质土储及总货值均保持在高位并深耕已布局的城市。此外，融创注重产品品质的提升；纵观融创近几年的负债率，整体随行业形势而动，数值虽然高但是依然安全；一直在提的缩短回款周期也已初见成效。看到这些战略表现，我们再去回味 2018 年业绩发布会上孙宏斌说的那句“我们不想做第一已经很多年了，目前排名第四挺好”，似乎也理解了他的底气源自哪里。

五、小结：奔万亿房企战略已发生质变

综合几家房企的总体战略方向和行动举措来看，我们可以看到，奔万亿房企的战略已经发生明显质变，主要体现在四个方面（见图 5–6）。

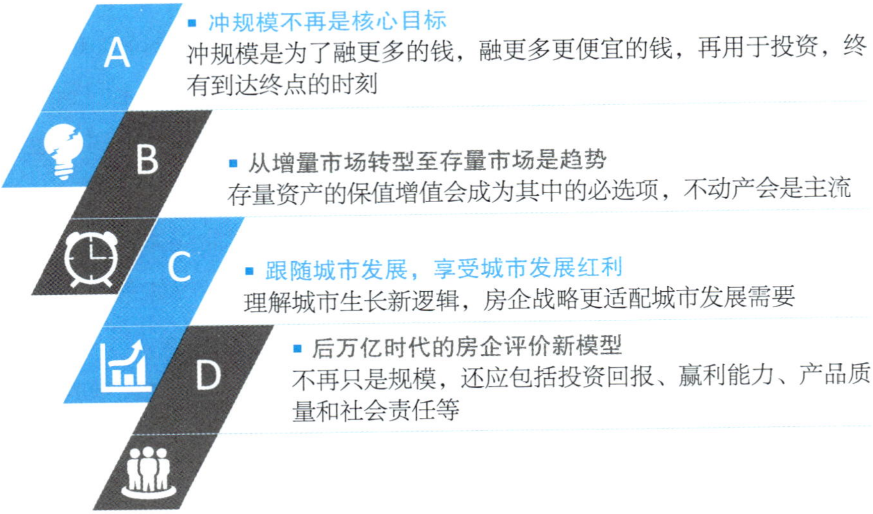

图 5–6 奔万亿房企的战略发生的四点质变

- 冲规模主要还是为了提升自身的借债能力，为了融更多的钱，融更多更便宜的钱，再用于投资，但是，冲规模也终有到达终点的时刻。如恒大和融创等规模房企，近年来均明确提出效益第一，把规模适度降下来，追求规模与效益的均衡。
- 从增量市场转型至存量市场将是趋势。对于一线城市而言，已经由新房市场迈进存量市场，而部分二线热点城市也已经向这条路上迈进，未来，奔万亿房企必然要在存量市场上转型发力，存量资产的保值增值会成为其必选项，不动产将成主流。
- 房企战略将更加紧跟城市发展走向，享受城市发展的红利。从规模房企纷纷提出转型做城市运营商或城市综合服务商等战略来看，它们已经充分认识到房企要做的事情并不仅仅是盖房子和打造一个物理空间，而是要理解城市生长的逻辑，与地方政府携手经营，提升城市整体品质，为人们打造更舒适的人居生活环境，所以在战略上，房企也要更加适配城市的发展需要，如此才能持续发展。
- 对于后万亿时代房企的评价，我们也应该构建全新的模型，以全新的视角、更加均衡的逻辑去审视和评判一家房企，而不再只是看销售排行榜和规模这些单一指标。例如，我们还应该将企业的投资回报、赢利能力、产品质量甚至对城市的贡献或社会责任等指标纳入进来，以此综合评判一家房企。

第二节
准千亿及千亿房企的典型应对策略

近年来，行业内涌现了不少黑马房企，它们在日趋严峻的外部形势和激烈的竞争中突出重围、脱颖而出，或是距离千亿规模仅一步之遥，或是已经快速跃进千亿龙门。那么，这些业界黑马高速增长的秘诀是什么？它们是如何调整发展战略以有效应对新的政策大环境的？

我们在与行业内的诸多黑马房企进行深入交流后，总结出它们的一些发展战略和经营策略。我们选取其中四家代表性的房企（见表 5–1），深入剖析它们的应对之道。

表 5–1 四家典型千亿房企 2016—2018 年的销售额及同比增速

房企	销售额（亿元）			同比增速（%）	
	2016 年	2017 年	2018 年	2017 年	2018 年
中梁控股	336.8	757.9	1 288.7	125.0	70.0
雅居乐	530.2	866.1	1 025.8	63.4	18.4
美的置业	212.7	450.1	790.3	111.6	75.6
建业地产	221.4	370.8	705.6	67.5	90.3

数据来源：克而瑞排行榜，明源地产研究院整理。

一、准千亿房企美的：依托“产业 + 地产”的复合型增长战略

美的置业背靠美的集团在家居产业的深厚积淀和核心优势，融合优秀的制造业基因，走出了一条依托“产业 + 地产”的差异化增长之路，近三年来业绩增速迅猛，2018 年的销售额已逼近千亿元。美的置业高速增长的路径主要体现在以下四点（见图 5–7）。

1. 践行“产业 + 地产”的复合型发展战略

美的置业在奔向千亿房企的道路上，并没有过度冒进，而是在持续强化“产业 + 地产”的复合型发展战略的基础上，把握房地产市场智能化的趋势，强调稳健与可持续的高质量增长。

在战略定位上，美的置业致力于成为智慧房地产制造商，强调在做实、做强和做精房地产开发主业的前提下，智能产业化和建筑工业化两翼协同发展，打通上下游产业链，实现“一主两翼”纵向一体化发展。在两翼业务上，顺应大众对科技、健康和品质的消费升级需求，美的置业不

- “产业+地产”复合型发展战略
- 做实、做强和做精房地产开发及服务主业
- 建筑工业化与智能产业化两翼协同发展，打通上下游产业链，实现“一主两翼”纵向一体化发展

- 城市布局将重点向二、三线等中心城市靠拢，提升布局城市的级别
- 结合国内“八纵八横”高铁线路规划，优化区域深耕
- 专注于珠三角、长三角、长江中游、华北地区及西南经济区的深耕

- 向客户提供品质生活及智慧家居系统解决方案，包含物业管理、智慧家居、商业物业投资及运营、装配式建筑、产城运营和整体卫浴等，形成多元一体化业务体系
- 涵盖城市综合体、社区邻里商业、购物中心、特色商业、文旅商业和长租公寓等

- 美的电器全品类，180多个事业部，如果都要报送总部审批，难以做到。因此美的集团习惯基于全责体系去充分授权，集团总部作为财务投资管控方
- 主产业为房地产业务赋能：这一模式延续到房地产业务，总部对区域充分授权和信任

资料来源：企业年报，明源地产研究院整理。

图5-7　美的置业高增长的四张“王牌”

仅追求提供优质的建筑产品，更希望提供技术先进的智慧产品，因此，建筑产业和智能产业是美的在多元化布局上发力的核心方向。

在建筑工业化方面，美的置业主要布局装配式建筑和整体卫浴两大市场。装配式建筑已经进入落地投产阶段，其中 2019 年 2 月联成住工徐州产业园已经于 2019 年 2 月进入投产阶段，2019 年 5 月首批建筑工业化 PC（预制装配式）产品交付并完成首次吊装；在整体卫浴方面，2019 年 8 月美的置业投资的睿住优卡装配式整体卫浴项目预计实现投产，将成为国内第一条自动化瓷砖整体卫浴生产线。

在智能产业化方面，传承“美的”制造业基因，自 2015 年发布“5M 智慧健康社区”（集成五大多功能智慧健康标准体系的创新社区，分为云智慧管理、多功能健康园林、超人性化家居、全方位社区服务和全系统精工品质五大构成系统）。至今，美的置业较快地实现了智能家居产品线的快速落地和全国推广。为此，美的置业先后成立美家智能科技有限公司和慧生活研究院等，实现智慧家居从研发、设计生产、销售施工到后期运维的全产业链打通，并与阿里云、海康威视及华为等行业头部企业共建智慧生态。截至 2019 年上半年，美的置业 2018—2019 年交付智慧家居约 3 万套，落地 200 多个项目，仅智慧家居展厅就超过了 500 个。

2. 提升城市级别，深耕优势区域

在城市布局上，美的置业践行区域深耕、精准布局。自 2004 年成立至 2009 年，美的置业深耕大本营佛山，并逐渐向珠三角城市进行多项目扩张。2010 年，美的置业开始发力，提出了“走出去”的战略，先后在珠三角、西南地区、长江中游、长三角及环渤海区域进行布局。

2018 年以来，美的置业基于对行业大势和城市机会的预判开始提升其布局城市的能级，当年策略性地进军了广州和郑州等核心省会城市。据其年报显示，未来美的置业将继续向一、二线核心城市和区域中心城市靠拢，同时抓住高铁网络带来的机遇，进一步渗透至有高增长潜力的周边城市，深耕珠三角、长三角、长江中游、华北地区及西南地区。美的置业通过精准布局和招拍挂、股权收购及旧改等多元化拿地方式获取了极具竞争力的土地储备，2018 年年末总土地储备的平均楼面地价仅 2 337 元 / 平方米，这为美的置业提升赢利能力提供了坚实基础。

2019 年上半年，美的置业新增土储建面 966 万平方米，新增地块 46 个。在拿地布局维度，美的置业积极调整土储结构，稳步提升城市能级，除了在二线或核心城市深耕之外，坚定进入一线及新一线城市，新进上海、杭州、天津和武汉等一线及新一线城市，布局城市的能级稳步提升，竞争力持续增强。

3. 打造多元一体化业务体系

在产业布局上，依靠美的集团，美的置业在房地产开发与智慧家居的结合方面有先天的优势。美的置业充分利用美的集团的技术、资源和品牌优势，联合物业管理团队，为客户提供一站式智慧家居解决方案，包含物业管理、智慧家居、商业物业投资及运营、装配式建筑、产城运营和整体卫浴等，形成多元一体化业务体系，业态涵盖城市综合体、社区邻里商业、购物中心、特色商业、文旅商业和长租公寓等。下面我们选取智慧家居和装配式建筑，来剖析美的置业多元化布局对房地产主业的支撑。

美的集团以做家居产品起家，在家居市场举足轻重，而美的置业依托美的集团的大平台具备了做智慧家居的技术基础，与房地产业相结合后走出了自己的特色之路。如今，美的置业对自己的定位已不再是单纯的房地产开发商，而是以科技和产业为双核开发智慧健康住宅物业，向客户提供品质生活及智慧家居系统解决方案。

除了给客户提供智慧家居系统解决方案，美的置业还涉足住宅物业开发价值链上的强相关增长性领域，例如上文所提及的装配式建筑。装配式建筑是指在工厂或其他生产场地组装各部件，再将整套配件或子配件运输至结构所在工地。这种建筑方式不仅提高了生产效率，也大大降低了生产成本，节省了生产部件所需的时间、空间、水资源和电力等。装配式建筑突破了传统建筑方法，让资源利用由粗放型转向集约型，从而缩短了施工时间并降低了成本。

4. 充分授权，高效运营

在经营方面，美的置业延续了集团旗下美的家电的基因。美的在家电领域深耕多年，拥有全品类家电产业，目前已有 187 个事业部，每个事业部负责一种产品。每种产品都要经历市场调研、方案定夺、资金投入、市场运营、销售及售后等阶段，如果每个阶段的每个方案都报给总部领导审批，首先将会面临诸多的文件难以及时完成审批的问题，其次总部领导对具体产品的了解不如一线负责人全面。鉴于此，美的家电很早就做出了决策授权的改进，而美的置业更是将授权运用得恰到好处。

美的置业通过订立管理标准、技术标准和流程来实现其做强区域的目标，制定了分权手册并将其作为各岗位权责的纲领性文件。美的置业的分权手册对内部各类大小事项的权限进行了划分，对涉及经营和管理的各项工作决策权限按提议、提案、审核、裁决与备案等环节进行了详细的规定。在此分权体系下，经营决策权交给区域，而企业高管层对区域最核心的考核指标则是利润、销售规模增长和费用控制。有了具体的经营决策权，区域可以更快捷高效地决定内部的大小事项，从而提升整个区域的运营效率。

总体而言，在当前的行业形势下，美的置业基于自身的独特优势和对城市机会的精准研判，通过“产业 + 地产”的差异化打法，实现了规模的连翻跳涨。在运营提效方面，美的置业充分放权给各区域，让区域可以最大化地发挥自身的运营管理优势。未来，美的置业将通过不断强化“产业 + 地产”复合型发展战略，实现高质量的增长，向着千亿目标稳步前进。

二、准千亿房企建业："建业+"实现多元化产业布局

对始终坚持深耕河南的建业地产来说，2019年上半年出现的"小阳春"行情是丰收的好兆头。从前五个月的销售表现来看，建业的目标完成情况整体表现不错，以40.8%的目标完成率远超其他同等规模的房企。

这是2015年建业地产正式提出由"房地产开发商"向"新型生活方式服务商"战略转型后的新突破。也正是因为这次战略转型，建业形成了"建业+"生态模式。从布局城市的选择来看，2019年5月建业依旧坚持在河南省内进行能级下沉式布局。多年深耕经验造就了建业对区域市场的深刻理解，也让建业打造的产品可以深度贴合用户需求。

下面我们将从产业协同维度展现建业对省域化发展的思考。

1."河南王"建业选择的是怎样的战场

从历年的销售金额排行榜前100强名单来看，豫系房企的上榜数量远远不如强大的粤系、京津系以及闽系房企。从2018年销售业绩综合表现来看，豫系房企中的佼佼者建业和正商的销售规模均达到500亿元以上，而建业更是以705.6亿元的表现，稳坐豫系房企销售"一哥"的宝座。那么建业面对的市场环境又是怎样的呢?

2018年河南省的GDP为48 056亿元，在全国各省区市中排名第6位；房地产投资开发额达到7 015亿元，在全国排名第五；商品房销售面积更是达到了13 991万平米，在全国各省市中仅低于广东省。可以说，河南省的经济总量以及房地产市场的整体规模在全国来看处于不错的水平。2018年全省的人均可支配收入仅为21 964元，距离全国平均水平28 228元还有相当的差距，这直接导致市场购买力相对较弱。据国家统计局数据显示，2018年河南省的商品房销售均价为5 758元/平方米，在全国仅排在28位，大大落后于全国平均水平，与周边各省相比也较低，河南房地产市场整体发展动力显得较为不足。

面对这样的市场环境，建业却仍然游刃有余。那么建业的省域化深耕战略背后的破局之道是什么呢？

2. 认清自身优势，采用线上线下交互体验的方式贴近客户生活

在认清自身优势的维度，建业显得十分理性。作为深耕河南省域多年的本土企业，建业有其自身的优势：一是可靠的客群资源，二是依靠高品质产品与服务多年积累下的口碑，三是多年省内深耕带来的高密度网状布局。尤其在第三点上，对规模房企全国撒网式布局，建业更倾向于为河南省内人民织起一张体验至上的服务网络。对于服务网络的密度，建业强调的是无盲点，即在地域、时间、业态及场景方面都要达到精细化覆盖。在这一点上，建业做了许多准备，也攻克了很多难题。

建业通过其打造的“建业 +”平台串联起客户线上与线下生活，也更强调交互体验提高客户满意度。从企业运营角度来看，通过平台上的各项功能，建业可以实现在线营销，为房地产项目营销精准化提供信息支持，并通过平台更有效地为建业品牌做全方位宣传，提高建业的品牌价值。从客户体验角度来看，对比诸多互联网平台，“建业 +”更了解当地居民的消费习惯与消费偏好；同时随着建业布局能级的下沉，那些被诸多互联网平台及规模房企所忽略的县级城市业主，在“建业 +”平台上受到了同等重视。

相比其他互联网平台更愿意把客户留在线上，通过对客户线上操作以及留下的数据进行分析后开展定向推广，建业则更提倡客户尽量少在线上停留，把更多的时间花在线下体验，通过线下体验的直接反馈，帮助建业不断迭代服务品质，这与建业战略中强调的新型生活方式服务商定位是匹配的。

3. 轻重资产分开运营，“建业+”整合多方资源，实现多产业协同提效

我们曾在前文提到建业的多产业布局，想将这么大的一盘棋下好，

建业在运营维度必定要有所作为。对此，建业首先对重资产及轻资产业务做整体分隔，建业地产主要负责重资产持有，轻资产的运营管理则全部放在建业集团的新生活板块下。建业之所以这样分隔是因为两块业务强调的重点不一样：重资产业务强调的是收益率，团队也要保证一定水平的收益率；而轻资产的运营团队则专注于怎样最大化地提高运营效率。

在两块业务有明确分隔后，建业强调专业的人做专业的事。因为不同产业的经营思路不同，如果用做房地产的思维去做文旅，那么基于文旅产业的特殊性，投入的项目无法高周转后立刻产生收益，所以建业现在都是找那些拥有文旅产业运营经验的团队来专攻文旅板块。

有了业务分隔和专业化的团队后，产业协同提效中最为重要的一个环节就是多方资源整合。这里提到的多方资源不仅包括建业所涉猎的多元产业内部的资源，还包括产业上游的供应商资源与下游的客户资源。我们曾在前一章介绍了“建业 +”平台的应用场景（见图 5–8），在此就不再做过多讨论。

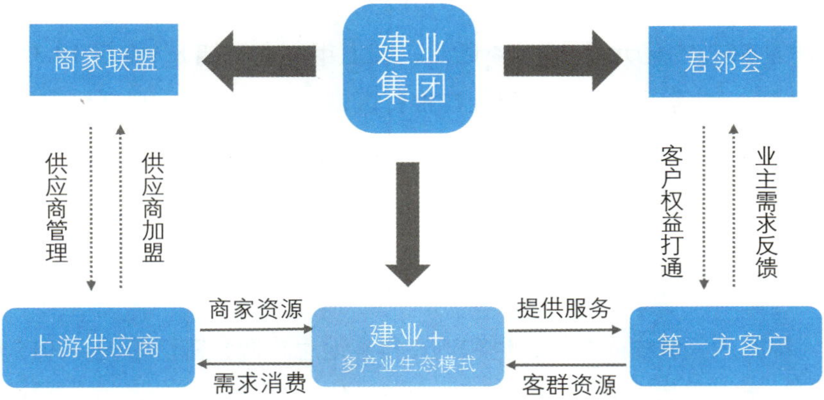

图 5–8 “建业 +”平台的应用场景

综合来看，建业所布局的全省 18 个地级市 77 个县级城市都通过“建业 +”平台打通成为一个集合，建业所能触及的所有商家和客群资源也相应地建立了深度连接，形成了生态联盟。

综上所述，面对河南房地产市场整体发展动力显得较为不足的形势，深耕河南省域的建业另辟蹊径地打出了一套新“拳法”。首先，建业紧抓郑州优势，向周边重点县市发散性深耕布局，对外经营政商关系、塑造本土品牌形象，对内专注产品及服务力打磨；其次，使用多产业协同策略，专注打造“建业 +”生态模式，而生态模式背后是建业的区域商家资源、区域客群资源及省域联盟资源三方资源打通及以“君邻会”为切入点的客户权益打通；最后，建业的深耕和多产业布局并不是相互独立的，高密度城市深耕为多产业布局带了更多机遇，多元产业布局又恰巧迎合了不同地方政府的需求。由此可见，专注省域的建业已在新“拳法”的支撑下立得稳、行得快。

三、千亿房企雅居乐：打造“1+*N*”多元产业布局模式

2018 年，雅居乐稳步跨越千亿规模，实现销售额 1025.8 亿元。据其年报数据显示，截至 2018 年 12 月 31 日，雅居乐营业额及毛利分别为 561.45 亿元及 246.74 亿元，较上年分别增加 8.8% 及 19.3%。2018 年，雅居乐的产品销售继续推行区域多元化策略，成效显著。雅居乐不仅在华南区域继续占据领先的市场地位，而且在华东、西部及华中区域也赢得了广泛认可。

1. 深耕粤港澳大湾区是雅居乐不变的发展目标

雅居乐区域横向拓展，也和近几年拿地思路调整密切相关。2015 年之前，雅居乐旅游地产项目偏多，而且大多是三、四线城市百万平方米的超级大盘。虽然以清水湾为首的优质旅游大盘为雅居乐带来了持续不断的现金流，但清水湾模式有一定的独特性，不可以在全国复制。况且这种土地结构比较单一，抗风险能力低。2015 年之后，雅居乐的拿地战略有了明显调整，优先考虑竞争优势和销售表现突出的城市，主要选择一、

二线热点城市以及周边的潜力三线城市拿地。

在 2018 年业绩发布会上，雅居乐强调："现在我们已经做到了全国均衡布局，在旅游地产板块的份额逐渐下降。虽然海南受到了影响，但我们可以通过其他地区份额的提高来进行平衡。云南旅游地产板块的增长也非常快，2018 年至少有五六十亿元的销售收入，未来云南的旅游地产板块也会慢慢发展起来，所以暂时影响也不会太大。"根据业绩发布会上公布的信息来看，未来雅居乐会首先聚焦长三角和珠三角这种大城市群，然后重点关注沿长江中游和上游的中西部地区。

深耕粤港澳大湾区依然是雅居乐不变的发展目标。雅居乐在粤港澳大湾区持有土地储备约 980 万平方米，总货值达 1 500 亿元。在 2019 年预计投入房地产方面的 400 亿元资金中，雅居乐希望大湾区的投资比例能占到 20% 左右。"如果机会好，甚至在这一区域的投资占比可以更大一点。"雅居乐集团副总裁王海洋说。

2. "以地产为主，多元业务并行"发展模式下坚持"1+*N*"战略布局

2018 年，在"以地产为主，多元业务并行"的发展模式下，雅居乐坚持"1+*N*"全面战略布局，即在保持房地产业为核心的基础上，全力推进物业发展、物业管理、环保、建设及教育业务，并新成立了房管业务板块，以及通过整合现有物业组成了商业管理业务板块。对此，雅居乐给出的解释是："未来，雅居乐不仅仅要做房地产开发商，更要努力成为以房地产为核心、贯通全产业链的服务供应商和运营商，致力于成为'优质生活服务商'，助力每一个人的精彩生活。"

通过这句话我们可以看到，首先，房地产依旧处于雅居乐发展战略最核心的位置；其次，多产业发展方向是贯通全产业链，发展重心则是放在服务和运营方面；最后，雅居乐对自己的定位是优质生活服务商。在接下来的内容中，我们将重点阐述多产业布局为雅居乐带来的价值，以及雅居乐对于多产业布局的思考。

3. 多产业布局为雅居乐带来了哪些价值

仅从2018年财报来看，与其他产业发展尚处于摸索阶段的房企不同，雅居乐多元产业布局已有所收获。

（1）物业管理、酒店运营、物业投资及环保业务已实现盈利

我们在前文提到，2018年雅居乐集团营业额为561.45亿元，较上年增加8.8%。其中，房地产主业的销售收入为524.88亿元，较上年增长6.5%。房地产主业收入与多元化业务收入的占比分别为93.5%及6.5%，多元化业务收入占比同比增加2个百分点。其中，来自物业管理、酒店运营、物业投资及环保业务的收入分别为21.33亿元、7.22亿元、1.89亿元及6.14亿元，分别同比上升65.3%、5.5%、13.5%及199.8%。

2018年，雅居乐旗下的房管集团和资本投资集团均实现了当年成立、当年赢利。截至2018年年底，雅居乐房管集团已实现签约项目6个，代建货值预计超过200亿元；资本投资集团快速推进优质项目资源的整合梳理，并迅速与多家头部机构建立起战略合作关系，整体业务规模已达26亿元。

值得一提的是，自2018年初雅居乐旗下物业板块雅生活拆分上市后，雅生活自身业绩表现增长势头较好。2018年，雅生活营业额为33.77亿元，同比增长91.8%；毛利率及净利润率分别为38.2%及24.0%；股东应占利润为8.01亿元，同比增长176.5%。

（2）站在全产业链角度打通上下游，与房地产主业形成协同效应

“相关多元化”意味着一条线能把产业链串起来，这种多元化方式更能充分发挥资源的协同效应。比如支付宝串联阿里帝国，微信串联腾讯帝国。如果是不同领域的多元化，那肯定隔行如隔山，比如格力造手机就很失败。雅居乐目前的五大重点发力业务（房地产、雅生活、教育、环保和建设）都是具备关联性的（见图5–9）。

比如2017年成立的雅居乐建设集团，涵盖设计、施工承包、家居装饰、园林景观、智能化工程、造价咨询审计和材料贸易等业务内容，是一个贯

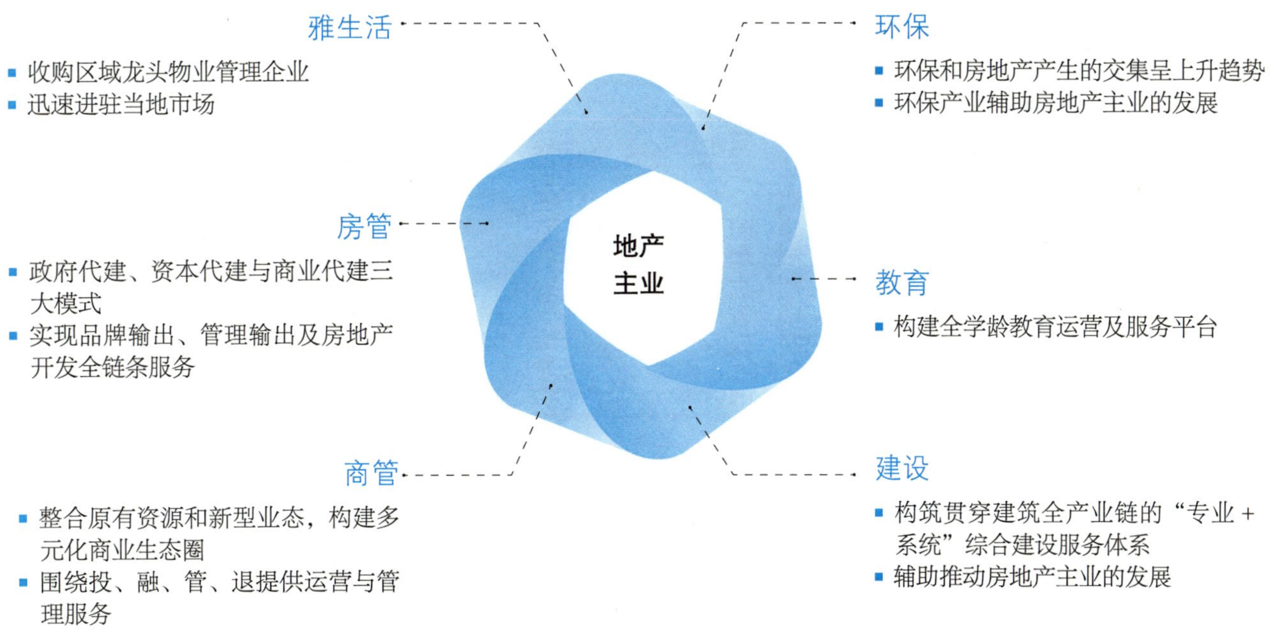

图5-9　雅居乐“1+N”多元产业布局

穿房地产开发全流程的综合性建设产品集团。建筑板块中的园林景观又可与环保板块形成交叉，而雅居乐环保板块目前拥有近30家项目子公司，已累计投资将近百亿元，业务范围涵盖三大领域：固体废弃物、环境修复和水务。环保板块自身又可以与房地产开发业务形成“环保产业 + 地产开发”的创新协作模式，通过投融资、规划设计、园区兴建、企业招商、技术指导和服务运营等为城市打造新兴的环保产业新城或特色小镇。

为什么说多元化产业布局要渗透上下游，与主业形成协同效应呢？一个新兴产业成功运营的关键在于服务或产品能否获得市场的接纳及认可，只有通过上下游渗透销售出去再收集相关的反馈，新产业的运营模式才会有相应的迭代更新。当然如果短时间内市场认可有困难，那也可以先在内部消化，例如雅居乐建设板块再不济也能拿下集团的所有住宅项目，如此一来它既可以对外接活，也可以对内直接承建雅居乐的项目。

4. 雅居乐为什么选取了这些产业进行布局

雅居乐在产业选择上，充分考虑了以下两重因素。

（1）契合大湾区发展规划的要求

2019年，《粤港澳大湾区发展规划纲要》重磅出炉，其中提及该区域发展的首要目标之一就是产业大融合。《粤港澳大湾区发展规划纲要》明确指出大湾区要分工合理、功能互补、错位发展，区域内各城市的产业定位十分清晰。通过振兴传统产业和大力发展新兴产业，粤港澳大湾区将打造成以供应链联盟为纵向和多元化产业联盟为横向的产产结合的世界级大湾区。

从业态的视角来看，产业地产在大湾区融合的背景之下有较好的发展土壤；而从城市的视角来看，大湾区内的产业融合将直接促进区域的特色城镇建设与运营。大湾区作为雅居乐2019年重仓的区域，在产业大融合的背景之下，毫无疑问是雅居乐大力发展产业地产的最佳土壤。

（2）产业拿地相对容易，也有利于规模扩张

在拿地态度上，雅居乐保持“拿好地不拿错地”的“积极审慎”态度，表现在重点拓展核心城市以及周边城市副中心地区，同时选择具有潜力的二、三线城市以推动产业小镇和城市更新。据了解，2018 年上半年雅居乐在 9 个省、12 个城市签订了 3 个产业小镇投资协议及 15 个产业小镇和城市更新项目的框架协议，其中威海体育休闲特色小镇项目已获取 715 亩[①] 土地。对于通过产业小镇的方式拿地，雅居乐表现得很自信，其公司管理层曾透露：“2018 年如果是正常的情况下，我们可以通过产业小镇获取 3 000 亩以上的土地，未来还会持续投入。”

5. 雅居乐如何实现多产业的打造

目前房企常见的多产业打造方式大致可已归为三类：内生发展、“内生 + 外生”兼容发展及外生发展。内生发展顾名思义是指由房企地产主业延伸出的物业板块等有较强关联性且可自主培育的发展领域；“内生 + 外生”兼容发展，是指通过与其他企业合作的形式进一步培育发展房企本身已有所涉猎的板块；外生发展，则是指房企通过收并购形式将半成熟或已成熟的产业收入囊中，并根据自己的企业战略进行整合。接下来，我们将重点围绕雅居乐对第二类及第三类多产业打造方式的思考与做法来具体阐述。

（1）物业板块强强联合，引入合作伙伴绿地集团

第二类多产业打造方式“内生 + 外生”兼容发展因为较为复杂，所以在业内比较少见，但雅居乐旗下的雅生活就是这种模式。2017 年 6 月 30 日，世界 500 强企业绿地集团将其全资子公司上海绿地物业 100% 股权转让给雅生活集团。同年 8 月 17 日，绿地集团又以 10 亿元资金战略入股了雅生活，获得雅生活 20% 股份，成为雅生活集团的长期战略性股

---

① 1亩≈666.67平方米。

东。雅生活因此也成了中国物业管理行业唯一一家同时以两家一线房企为股东的物业服务企业。我们认为，双方的合作在物业板块只是一次尝试，未来有可能会上升至集团内的战略合作。从长远来看，绿地的大份额入股将会给雅生活未来的发展带来更大的驱动力。

（2）先买再消化然后提升，通过收购快速完成多元布局

第三类多产业打造方式外生发展也是最快的多元化布局方法，比如雅居乐的环保产业和教育产业。以环保产业为例，雅居乐环保集团已并购了近 30 家具备危废处理资质的环保公司，拥有 45 大类危废品的处理资质。在收购对象的选择上，雅居乐本着严选的原则，把投资指标作为收购的核心要素，被收购公司的投资回报期原则上不超过 8 年，IRR（内部收益率）必须大于或等于 10%，这也是雅居乐环保集团定下的投资底线。然而，收购后在业务、企业文化及发展战略等方面的整合事实上比收购本身更复杂，不过从环保集团当前的业绩以及未来的可持续发展能力来看，雅居乐还是做得不错。

四、千亿房企中梁：把握城市轮动机遇，探索多元化布局

中梁控股在 2013 年突破百亿规模，经过 2014 年短暂调整，2015 年销售额达到 168 亿元，2016 年实现 337 亿元的销售额，同年中梁总部迁至上海。进驻上海后的中梁在 2017 年实现了 758 亿元的销售额，同比增长高达 125%；2018 年中梁成功跨入千亿阵营，实现销售额 1 288.7 亿元。2019 年 5 月，中梁控股在更新版招股书披露了 2018 年全年财务数据。数据显示，2018 年，中梁控股实现营收 302.15 亿元，同比增长 115.41%，实现净利润 25.26 亿元，同比增长 406.70%。

1. 走出温州后，业绩规模三年翻四倍

不知是上海竞争激烈的市场环境感染了中梁，还是中梁试图用野心改变整个房地产市场，走出温州后的中梁迸发出来的拼劲一直延续到

2018 年。截至 2018 年年底，中梁实现了销售额 1 289 亿元，位居百强榜第 23 位，即使是房企“500 亿魔咒”也丝毫没有阻碍中梁的前进速度。我们将从中梁阿米巴生态经营模式与城市轮动特征角度为大家详细解读千亿背后的故事。

中梁的快速发展得益于阿米巴模式的运用，它解决了中梁的规模瓶颈问题。那么什么是中梁的阿米巴模式呢?

（1）为业绩扩张赋能，打造“精总部、强一线、小组织”架构

中梁的“阿米巴”模式以“精总部、强一线、小组织”为原则进行职能分工：作为企业发展神经中枢的集团总部负责制定标准和规则，整合资源，对区域充分授权；而作为经营主体的各区域公司承担经营责任，独立核算、自负盈亏。对这一模式落地给中梁控股带来的好处，中梁招股书中解释称：“该机制可实现快速扁平化复制和扩张的组织特性，与房地产开发业务同质性高的特点高度契合。”

中梁基于阿米巴经营模式构建了三大闭环系统。其中一个是经营哲学系统，一个是经营核算系统，这两个都是稻盛阿米巴的经典，最后一个生态竞争系统是中梁的创新。中梁认为只有竞争倒逼才能推动高素质经营人才的快速成长，这是中梁的底线。

中梁独有的阿米巴生态竞争系统明确表示要限定一个区域的发展不超过 12 个项目、4 个事业部，重点考核年度销售规模、利润和回款等核心指标，同时实行末位淘汰制：对于业绩核算排名最后的区域，阿米巴系统会对其进行合并与重构。此外，为保证竞争的公平合理，中梁还设立了独立的监察体系，从核算经营、品牌贯彻和文化学习等多个维度进行全方位监察，从而有效保障各级阿米巴组织健康运行。

不仅如此，与其他房企避免公司内部竞争不同，中梁鼓励旗下的八大集团相互竞争，在公司已经进入的九省一市，八大集团全部可以进入，谁先拿到地就归谁，从而充分刺激区域集团的“狼性”。对此，中梁曾公开表示过对区域公司的发展规模是有限制的，比如一个区域公司按照

规定只能拥有 X 个项目，当它拿到第 $X+1$ 个项目的时候，就要采用内部交易的方式卖给其他区域公司。那么在一向强调以人为本却又竞争如此激烈的阿米巴模式下，中梁是如何留住人的呢？

（2）实行多层级的高激励体系，项目跟投高达 24%

激励和考核是阿米巴模式的重要一环。中梁在向区域充分授权的基础上制定了多层级激励体系，并实行“赛场文化”，将企业利益和员工利益牢牢绑定。多层级激励体系包括专项激励、事业合伙、成就共享、项目跟投及费用包干。我们可以说每一项激励的力度在行业里都属高水平。因为这一激励体系能达到促使每个人达到“想干、能干、敢干、会干和为自己干”的状态，所以中梁的发展动力和战斗力都极强。

以“费用包干”为例，区域公司对其所有项目经营实行“费用包干”（管理费和营销费），例如管理费是销售额的 1.5%~2%，营销费的 2%，即区域集团规模越大，所获得的费用份额就越高。费用超出部分由区域公司承担，结余则由区域公司内部分享。

中梁刚开始推项目跟投时，跟投比例分别为控股集团 8%，区域集团 8%，区域公司 8%，合计 24%。这一比例在行业内已属高水平，远超业内规模房企，如碧桂园的 15%，万科的 10%。与此同时，中梁进一步提出要求核心管理层强制跟投，其他人员自愿跟投，并且为内部提供 1∶4 的高杠杆。对此，中梁给出的解释是：企业提供的内部杠杆既能满足公司的强制跟投要求，又能保证股东利益，更能激发所有员工的“老板意识”，共同参与经营，共享企业经营成果。

2. 把握轮动机会，深耕三、四线机会型城市后，回归二线城市

在城市布局策略上，中梁布局与国家政策的步伐基本一致，遵循“战略、市场、投资”为核心的投资机制，在不同市场周期采取不同的投资策略（见图 5–10）。

2014 年之前，中梁拿地并不积极——刚走出温州的中梁仅仅是家小

2015—2017 年："农村包围城市"

- 由温州逐渐下沉进入周边四、五线县市
- 深耕江浙周边安徽、江西和福建三省的四、五线市场
- 布局部分长三角核心城市

2018—2019 年 1~4 月：回归二线城市

- 加大对二线及省会城市的投资力度
- 对部分二线城市重点深耕

图 5-10　中梁城市布局轨迹

房企。中梁对城市轮动机会的把握，表现在三个重要的节点上。

- 2015 年，在三、四线城市高库存导致众多房企转向一、二线城市布局时，中梁看好了江浙一些三、四线城市的潜力。随后，三、四线市场升温为中梁带来一波红利，加上当时获取土地的成本比较低，这让企业积累了丰厚的收益。
- 2017 年中梁进一步“往下走”，将触角伸向内陆省份的三、四线城市，因为江浙的三、四线城市有更多的外来开发商进入，地价走高且部分城市开始限购。2017 年年底，中梁采取“农村包围城市”的战略，开始积极拓展一、二线城市的房地产市场，以杭州和上海等长三角核心城市为主要抓手进行布局。
- 2018 年中梁看准了二线城市新的机会，开始加大对苏州、银川、佛山、昆明、重庆、长沙、合肥、青岛、西安、武汉、成都和沈阳等核心二线城市的投资力度。这样一来，中梁既做到了全结构布局，有效降低了风险，又把握住了城市出现人口红利的机遇，进一步助推规模扩展。

3. 中梁深度研究当前的宏观形势，对企业战略进行动态适配

对于未来的战略新风向，在上市发布会上，中梁主动提及未来的投资原则主要是稳健、风险可控、加快周转以及提高收益。在行业内融资和监管整体收紧的时候，地价往往会相对便宜。在中梁各项财务指标领先行业的情况下，公司未来可能会有获取更多土地的机会。目前中梁仍处于全国化布局的过程中，我们也曾提到自 2018 年 7 月后中梁的布局重心逐步往二线城市转移，未来这部分的占比会进一步加大。具体来看，中梁在资金宽裕或土地竞争激烈时就多在三、四线城市发展，而在资金收紧或土地竞争缓和的时候就以二线城市发展为主。

从拿地维度来看，中梁过去在拿地方面略显保守。2016 年年底，

中梁土储总量约为 766.16 万平方米，而到了 2018 年年底，中梁土储总量已经快速增加至 3 644.37 万平方米；进驻城市的数量也从 2016 年的 17 个城市增加至 2018 年的 117 个城市。对此，中梁给出的解释是：土地储备要看市场机会。过去中梁抓住市场红利，把握住了市场轮动机遇，所以发展速度快一些；未来在土地储备上，中梁会从以下三个方面筛选。

- 在战略方面，中梁会关注城市宏观层面并由此判定未来发展潜力和投资机会：关注客户基数大、城市化率提升快、人口流入多的城市；关注价格上涨晚、涨幅小或绝对值低、限价较早且执行严格、销售未透支且市场相对健康的城市。
- 在市场方面，中梁关注房地产市场数据，看市场健康程度和地块质量是否符合标准，并且考察能否实现快速周转。
- 在财务方面，中梁会评估项目的预期经济回报和抗风险能力。中西部省会城市和大湾区城市群及有人口和产业导入的地方将是中梁未来的主要方向。

总体来看，自 2017 年提出双千亿目标到 2021 年销售额和总资产均超过千亿元，中梁对于规模的冲劲与渴望让人刮目相看。在中梁敢于冲规模的背后是它对阿米巴生态经营模式的熟练运用，这一模式解决了中梁的规模瓶颈问题。在城市布局策略上，中梁布局与国家政策步伐基本一致，遵循“战略、市场、投资”为核心的投资机制，在不同市场周期采取不同的投资策略，即把握城市轮动，在深耕三、四线机会型城市后，回归二线城市布局。在当前充满不确定性的大环境下，中梁深度研究宏观形势，对企业战略进行动态适配，在更为理性和稳健的发展道路上，中梁做好了起跑准备。

五、并购拿地与合作开发成为千亿房企关注的焦点

并购重组是房地产业的永恒话题。2018 年无论是在房地产销售市场，还是在土地交易市场，并购重组规模都创下历史新高。2019 年，在房地产业调控不放松、融资渠道难打开且房地产市场销量下行的形势下，我们认为房企整合趋势将比 2018 年增强。部分小房企可能会提前退出，而更多想弯道超车的房企会借机展开并购；同时在地价攀升的情况下，通过招拍挂方式在核心城市扩大土地储备的难度将加大，而并购则是增加土地储备的有效方式。

例如，对于从 2016 年就开始大举并购扩张的阳光城而言，2019 年上半年就是丰收的好时候。据公司官网披露，在其 6 月的单月新增土储中，有 92.7% 来自并购及其他方式。2019 年前 6 个月，阳光城拿地金额 304 亿元，新增 34 宗地块，计容建筑面积 526.71 万平方米，楼面均价 5 769 元 / 平方米，分别位于北京、杭州、贵州、福州、重庆、蚌埠、南昌和启东等城市。拿地方式的转变让阳光城的土储成本也有一定下降，数据显示 6 月阳光城拿地成本较前 5 个月下降了 4.6%。

再以奥园为例，除了招拍挂、城市更新及战略合作的拿地方式外，收并购成为奥园近期拿地的重要方式之一。根据 2019 年上半年搜集的最新动态来看，奥园连续拿下的 28 块地中 21 块是通过并购方式拿下的，并购力度迅猛。其中，据公开信息披露，2019 年 1 月 4 日，奥园以 6.63 亿元收购银亿旗下湖州四幅商住地块，平均楼面地价为 3 400 元 / 平方米，土地出让金合计 11.38 亿元，出让面积合计 27.26 万平方米。收并购显著降低了奥园的拿地成本，其财报显示，2018 年奥园土储平均成本约为 2 167 元 / 平方米，以 2018 年奥园房地产平均售价约 10 300 元 / 平方米来计算，奥园目前的土地成本仅占其平均售价的 21.04%。这也意味着，奥园的平均售价是地价的将近 5 倍。

除了发力收并购外，房企之间尤其是大型房企与本土房企的合作开

发也成为一大趋势。通过合作开发，大型房企能够用更少的资金开发更多的项目，从而进一步提高市场占有率，巩固自身的龙头地位。对于上市公司而言，合作的方式可以将更多的销售收入合并至财务报表，制造漂亮的销售业绩数据，进一步提高其市场占有率，赢得资本市场的好评；另外，利用本土房企在本地的资源配置和政商关系等方面的优势，龙头房企能够快速打入一个新市场，借力本土房企实现品牌宣传，逐步实现业务的迅速铺开。

我们以本土房企湖南湾田与规模房企中梁之间的合作为例。中梁2017年首次落子长沙，目前已进入宁乡、衡阳、株洲、益阳和怀化等城市。布局城市虽多，但在省会城市长沙，中梁2018年的销售额还未迎来丰收期。从克而瑞2018年湖南省内土储面积的排行榜来看，中梁以57.9万平方米排名第12位，排名第一的房企为碧桂园，其土储面积为643.52万平方米。但从2018年长沙成交金额前30强排行榜来看，中梁还未入榜。由此看来，为了提高在湖南省内市场——尤其是省会城市长沙市场的占有率，中梁与本土房企湖南湾田合作是很有必要的。

深耕湖南本土多年的湖南湾田在政商资源、土地资源、资金资源及产业资源方面形成了自己独特的优势。在土地资源维度，湖南湾田以娄底和邵阳等深耕区域为重心，在湖南省内三、四线城市积极拿地，同时以长沙望城区为根基，在长沙下辖的六区一县适当囤地，这样可以为中梁带来更多项目资源。在资金资源维度，湖南湾田背靠湾田煤业，拥有充足的现金流来保证其房地产开发业务的顺利开展。在产业资源维度，湖南湾田打造的湾田国际专业市场是湖南省“十二五”规划重点商贸物流项目，目前已发展成为望城区乃至长沙专业市场的代表项目，而多元产业布局恰恰是中梁要尝试的新领域。

六、小结：千亿房企战略破局的五个重心

当前的行业大环境下，千亿及准千亿房企的战略方针、城市布局和经营重心都趋同。在赛道趋同的背景下，这类房企应该如何突出重围？经过与业内诸多标杆房企的交流，我们总结了千亿房企发展的五个战略重心（见图 5–11）。

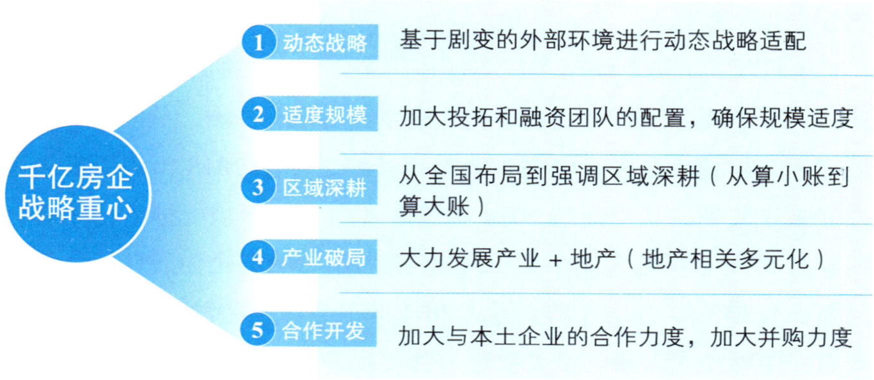

图 5–11　千亿房企如何破局

1. 动态战略：基于剧变的外部环境进行动态战略适配

以前，房企制定一个战略可以延续三五年不变，只要战略部署分解执行到位，企业就可以获得不错的发展。但在目前外部环境越来越不确定的形势下，房企三五年内都奔着一成不变的方向前进的时代已然过去，它们需要结合对宏观环境的洞察和对政策动向的敏锐捕捉来及时调整战略方针，如此才能有效地规避风险并保障企业的长远发展。

2. 适度规模：加大投拓和融资团队的配置，确保适度规模

行业大分化日益加剧，房企竞争日趋激烈，逆水行舟、不进则退，有规模才有话语权已是行业共识。有了规模，房企的发展局面才能真正打开，企业经营才会步入一个良性的轨道，例如更能获得资本的青

睐，吸引更多的高端人才，甚至是企业内部的人才成为同行挖角的对象。尽管龙头房企的规模已经达到一定高位，纷纷强调效益第一、规模第二，但是对于准千亿或千亿房企这一群体而言，适度的规模仍然是必要的。要保证企业的规模适度且可持续，加大投拓团队和融资团队的配置，实现更精准的拿地布局并以更低的成本融到更多的资金是重中之重。

3. 区域深耕：从全国布局到强调区域深耕，从算小账到算大账

在行业新周期下，越来越多标杆房企的城市布局都已经从以前广撒网的散点式布局向区域深耕转变。在外部环境愈加不确定的当下，区域深耕有利于房企更好地规避风险，实现管理的规模经济和政府资源的复用，从而更精准地把握投资机会。同时，在面临外来房企竞争时，区域深耕能够构建起强有力的竞争壁垒，用多个项目算大账的逻辑去抵御强敌、击败对手。我们也可以看到，区域深耕为房企规模增长带来的好处不言而喻，已经有不少房企已达到了单省破千亿的规模。随着区域深耕战略的推进，预计未来单省破千亿的房企会越来越多。

4. 产业破局：大力发展产业+地产，布局房地产相关的多元化

当前，调控仍然维持不放松的态势，但是，在GDP增速保6%的背景下，房地产调控政策大概率要放松，只不过直接放松住宅或只放松住宅调控的可能性不大。在此情况下，“产业+地产”模式成了国家顶层设计导向和房企共同的出口，在这个风口，房企能否抢占先机就特别重要。我们可以看到，无论是万亿房企还是准千亿或千亿房企也都纷纷提出多元化战略，以匹配国家整体的产业导向。

在“产业共生”的政策新常态下，地方政府对土地坪效的关注度远胜从前，房企也不能再像以前一样打着产业的旗号去做住宅开发，而必须提升到更高层面，真心实意做产业。除了摆正心态外，房企还应从房

地产相关的多元化领域开始，这样成功的可能性会更大。同时，从前述案例我们也可以看到，房企在区域深耕——奠定了布局密度——的基础上大力发展产业，也使产业发展步入快车道。

5. 合作开发：加大与本土房企的合作力度，加大并购力度

加大合作与并购力度，是准千亿或千亿房企应该发力的另一重心。一方面，在整体的融资环境趋紧且房企投资额度有限的情况下，合作加杠杆一定是房企的第一选择，尤其是加大与本土房企的合作力度，充分借用本土房企在当地的政商资源优势、土地优势、资金优势和产业优势等实现“强龙＋地头蛇”的合作双赢，而合作开发反过来也对房企自身各种体系的开放和完善有促进作用。另一方面，加大并购力度，在房地产调控不放松且融资渠道难打开的形势下，我们预计会有更多的小型房企被淘汰出局，从而为大型房企带来更多的并购机会。同时，在地价热度不降的情况下，并购成了房企低成本增加土地储备的有效方式。

第三节
百亿及成长型房企的典型应对策略

除了奔万亿及千亿两类房企，我们认为市场内百亿规模左右的成长型房企也不可忽视。行业里常用“小而美”来指代这一类房企。它们开发的项目一般以非典型性项目居多，做完一个，再找下一个，很少同时操盘多个项目。与规模房企的高周转开发模式泾渭分明，它们的策略可称为“以慢打快”。

在政策相对宽松的时期，成长型房企虽然能以精雕琢和慢开发的方式偏安一隅地平稳度过成长的前期阶段，但随着行业形势发生转变，楼

市调控不断升级，市场走向愈发扑朔迷离，大型房企快速向三、四线城市下沉，成长型房企赖以生存的“温室”开始闪现刀光剑影，从前的生存方式似乎正在“失灵”。

一、成长型房企面临的五个降维打击

要破解“小而美”伴生的难题，成长型房企就要首先从根本上认知到它们正面临着来自规模房企的五个降维攻击，即资金、拿地、风险、开发体系和人才五个层面。这五重打击之间层层递进，在开发运营的全周期对成长型房企造成连环式的攻击，使企业的生存发展陷入“死胡同”（见图 5–12）。

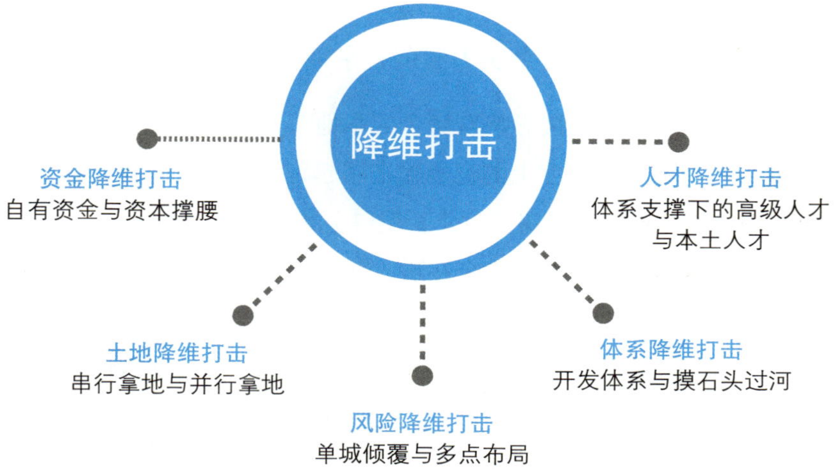

图 5–12　成长型房企面临五个降维打击

1. 资金的降维打击：融资能力和渠道范围都十分受限

成长型房企可分为两类：一类是在本地偏安一隅多年，每年开发一两个项目，在当地的发展始终不温不火；另一类则在本地已经做到“龙头”的位置，资金储备也相对充裕，但无法满足未来规模扩张的需求，资金缺口仍然较大。

随着龙头房企向全国扩张，成长型房企所在的城市顿时迎来了众多“强龙”，如碧桂园、恒大和中梁等。城市房价水涨船高，地价猛涨，土地市场竞争激烈，成长型房企过少的资金储备难以支撑其与规模房企的竞争，这时其资金来源就要从以自有资金为主逐步转向其他渠道进行融资。但这类企业的规模有限，品牌知名度也不高，因此融资渠道十分受限，即便拿到融资，与规模房企相比，其融资成本也会非常高。

整体来看，行业强者基本上都获得了更优厚的发展条件，而弱者的融资空间却越来越狭窄，不对等的关系日益加剧，这导致很多中小企业陷入“越穷越没钱”的困境。

2. 土地的降维打击：资金实力薄弱，拿地节奏非常迟缓

资金的充裕程度直接影响着房企的拿地节奏，这就意味着成长型房企和规模房企在拿地维度上的竞争输在了起跑线上。下面我们以拿地的“两轮对决”来演绎规模房企对成长型房企的打击。

在第一轮对决中，规模房企在进入新的三、四线城市时的拿地势头颇为强劲，凭借其强大的资金实力和品牌优势，它们可以同时拿多个地块。与规模房企相比，成长型房企由于资金实力有限，加之运营能力等各方面存在一定程度的短板，因此往往以串行拿地为主，即拿到一块地之后慢慢开发，一个项目做完再去找下一块地。在这一轮较量中，虽然成长型房企拿地数量不及规模房企，但由于对本地市场更为了解，产品打磨更加精细，它们往往在单个项目上能够获得不错的利润。

进入第二轮对决，成长型房企去寻找第二块土地，会发现自己的劣势已经被极度放大，甚至对很多成长型房企来说，根本没有第二轮对决的机会。这是因为，在第一轮的拿地竞争中，规模房企大量拿地等因素直接抬升了政府对土地价格的预期，导致土地价格猛涨。对串行开发、一次只拿一块土地的成长型房企来说，这无疑是堵死了再次开发的大门，

高地价成为其发展路上不能承受之重。

3. 风险的降维打击：大多单城布局，难以做到风险分摊

布局于多个城市的规模房企在单个城市的风险可能仅为 1‰，而如果成长型房企单城倾覆，那就是 100% 的风险。对本土成长型房企而言，要想规避“所有鸡蛋都放到一个篮子里”的窘境，就势必会想着到其他城市去布局，以分摊本土市场和政策的风险，但实际上“走出去”也绝非易事。

一方面，跨城市或跨区域布局对企业的管控能力和运营能力等都提出了更高的要求，一些小企业在走出去之前内功修炼不足，因此在这条路上遭遇重重阻碍；另一方面，成长型房企在城市的选择上面临着“高不成、低不就”的尴尬局面。在一线城市调控加码的背景下，一些热点二、三线城市楼市火爆，成长型房企也想到这些城市去寻找投资机会。但是，它们往往因为其品牌效应不强，产业配套资源相对匮乏，所以在进入新的城市时往往只能通过招拍挂的方式拿地，因此会面临重重困难。

再加上规模房企当前常选择区域深耕的策略，在一些热点和有潜力的城市早已进行了大量的项目布局和土地储备，因而留给成长型房企的机会实在少之又少。

4. 体系的降维打击：开发运营能力弱，难以与规模房企抗衡

龙头房企经过诸多项目的反复锤炼，在开发体系上已经较为成熟，在业态、目标客群、产品体系、供应商选择和销售定价等多个方面都已经形成了自己的一套打法。而大多数本土成长型企业在运作体系中，仅仅满足于对工程计划的节点控制，能做好关键风险的管控已颇为不易。对于行业内大量的成长型房企来说，它们更多的是“摸着石头过河”，在施工上往往是反复打磨，历经三五年才能把看似很不错的产品做出来。

其项目的成功，更多依赖于“人治”，开发体系不够健全，周转速度也相对缓慢，因此其在市场竞争中很难与规模房企抗衡。

5. 人才的降维打击：成长型房企的人才劣势正不断被放大

人才是房地产企业的核心资源之一，有了合适的人才，企业的改革创新和规模跳涨才具备最坚实的基础。但近几年来，随着规模房企不断向三、四线城市扩张，成长型房企的人才劣势正不断被放大。不能吸引优秀人才，留不住自身的核心团队以及薪酬激励无法与规模型房企相比都是成长型房企在人才维度遇到的绊脚石。该如何破解规模房企的人才围攻？这值得每一家成长型房企深思。

整体来看，规模房企在全国的扩张和城市下沉，的确在资金、拿地、风险对冲、体系和人才等维度对长期以来偏安一隅的成长型房企造成了极大的降维打击。首先，在这个背景下，我们认为成长型房企需要调整心态，不能总是抱着“被占便宜”的心态；其次，成长型房型要建立强大的研判体系，有了研判能力才能让自己看得更准，尤其是在拿地环节少走弯路，把资金更多地用在刀刃上，多囤几块地才有可能与龙头房企一战；最后，修炼内功，无论从哪个方面来看，房企“内功”的修炼要求是全方位的，而修炼内功的核心是均衡，即打磨自身产品的同时也要不断提升自身的服务能力。我们看到，那些已经实现突围和破局的优秀房企在物业服务上都投入了巨大的精力，这种服务力往往是以产品力为依托并形成了品牌，从而能转化为房企的销售能力。

二、成长型房企战略破局的五个典型打法

对于当下成长型房企的破局之路，我们认为它们应该聚焦以构筑美好生活为目标，通过精准的客户需求识别以及企业产品和服务的创新与迭代，从细分市场切入并逐步做大做强。从现有情况来看，规模房企在试探性地进入以构筑美好生活为目标的房地产新领域，而很多以产品力

见长的企业在这个领域更是凭借长期的积累取得了不错的成绩。可以说围绕居住构筑美好生活一定是未来的趋势，为此，我们认为成长型房企实现破局有五种典型打法（见图 5–13）。

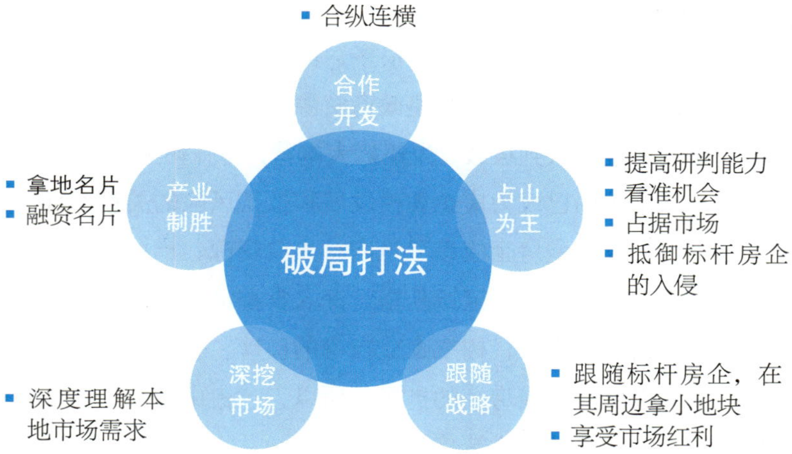

图 5–13　成长型房企破局的五种打法

1. 合作开发：在业绩扩张的同时，向标杆房企全面学习

从行业曲线来看，从初创期的百花齐放到最终走上整合与联盟的道路，房企数量将急剧减少，“快鱼吃慢鱼、大鱼吃小鱼”的现象未来将成为常态。这种情形下，“合纵连横”是一种很有效的策略。

大多数的成长型房企由于深耕区域多年，往往有土地或资金的优势，但在产品和运营上存在较为明显的短板。因此很多本土成长型房企通过与碧桂园、新城或旭辉等规模房企合作，找到自身的不足，快速提升自己的运营能力和产品能力。此外，成长型房企拥有着较好的政商关系，更懂本地市场，其政策的敏感性、与政府谈判的能力和资源获取能力也相对较强，与规模房企合作可以帮助其更好地融入当地市场。由此可见，合作开发不论对成长型房企还是规模房企都是互利互惠的选择。

2. “占山为王”：从区域深耕开始，构筑企业自身发展的根据地

要获得未来的胜利，成长型房企需要从建立自己的根据地开始。有了根据地，企业的发展就有了大本营；有了抵抗规模房企的基地，就有了让企业发展缓冲的空间。

构筑根据地的考量因素当然有很多，但是我们认为最重要的因素一是城市的选择，二是资源，尤其是政商资源。就城市的选择来看，房企对城市的研判一定要做到极致，先建好大本营，再开拓周边，找准机会、逐个击破。城市布局已成为房企规模发展和抵抗风险的关键一环。从目前的发展来看，成长型房企应该尽量向有人口资源、产业资源或自然资源支撑的城市深耕，在这些区域扎根，深入掌握消费者心理，打造适宜的产品，提供良好的服务，树立企业自身的口碑，并在核心区域提前储备优质地块，以应对规模房企的扩张。所以，“占山为王”在很大程度上应作为成长型房企的核心策略。

3. 跟随战略：借鉴标杆房企，弥补格局和战术能力上的不足

跟随战略，也有房企称为寄生战略，其核心是跟随标杆房企的战略或战术，以避免因研判能力不足而导致自己错判形势或拿错土地。

对于跟随战略，成长型房企在宏观层面上可以实施模仿战略，例如中梁对于碧桂园的模仿，当年的龙湖对万科的跟随。在中观的层面上，它们可以学习对标企业的某种业务体系，例如广西彰泰学习龙湖的物业服务，祥生学习碧桂园的高周转体系。在微观层面上，成长型房企可以模仿项目的获取和运作模式，在标杆房企落子处的周围拿地。我们所谈的跟随战略，主要是指项目用地的获取方式（见图 5–14）。

跟随战略建立在对城市和市场深入分析的基础上，因此成长型房企进入新的城市前需要认真考虑当地的市场潜力、政策环境、市场空间、产业规划和房价走势等多种因素。简单来讲，跟随是以市场和购买力存

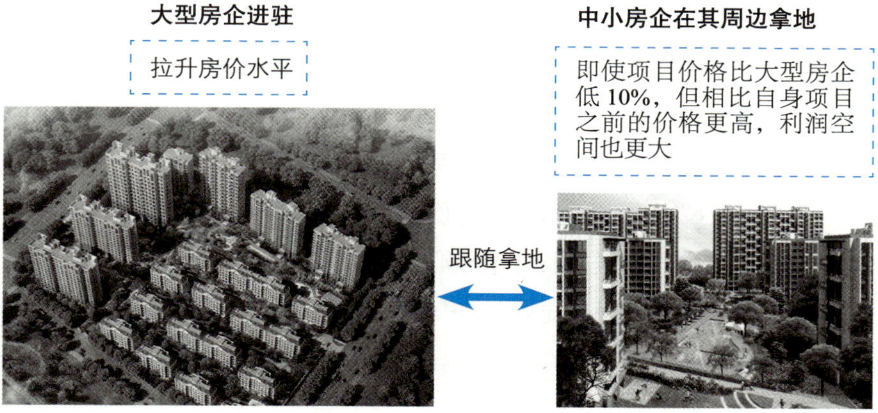

图 5–14　跟随战略示意图

在为前提的。此外，跟随并不意味着盲从，成长型房企还需考虑企业自身的管理资源和优势。如果跟随进入一个物理距离较远或者业务较新的城市项目——超出企业的管理范围之外，企业没有足够的管理精力，没有足够的风险管控体系，没有足够的资金渠道优势，也没有足够的人力资源支撑，那么成长型房企在进行跟随时千万要慎之又慎。

4. 深挖市场：只有站在战略制高点上，成长型房企才有胜算

在产业链条上进行差异化定位，针对细分市场提供差异化产品并构建适宜的商业模式，对于成长型房企的战略破局至关重要（见图 5–15）。

外来大型房企	本土中小房企
产品标准化	差异化产品 打造完备的生活空间
通用需求（刚需投资）	匹配地块属性及客户需求
价格相对较低	中高端精品，价格相对较高

图 5–15　深挖市场战略示意图

成长型房企因为资金实力弱，项目规模势必不会太大，因而可以发挥其产品个性化和差异化的特点。例如，在产品设计的实用、合理和完善以及设备设施的充分、新颖和高效等方面下功夫，开发出适合城市大众消费者需求的经济实用又美观舒适的中档房地产产品等。

当然成长型房企也可结合自身优劣势，以客户需求为根本，专注于房地产产业链中自身最擅长、最核心且最富有价值的环节来经营。以此为出发点，成长型房企就更容易在局部市场或局部产品中全情投入，规避惯性思维，通过培育一个细分市场或提供某种爆款产品来挖掘出自身与规模房企差异化的市场机会。

5. 产业制胜：传统业务模式转型与创新突破

房企过往纯粹的住宅开发和销售模式在当前已经到达一个平台期，未来的市场会聚焦空间和场景的使用，也就是我们当前在行业内见到的“产业地产”的打法。

因为产业地产的关键词是产业而不是地产，所以房企必须围绕着产业挖掘关注点。一是真正做产业，而不是做房地产，所以关键在于打造产业链，这也是房企未来转型的核心；二是解决资金难题，产业地产不管是前期规划还是产业的投资，从规模而言都不是传统房地产业“卖楼花”的发展方式可以相提并论的。

三、有一批成长型房企已走出了独具特色的发展之路

2018 年，大部分房企对于销售规模的扩张呈现出谨慎的态度。这背后是2018 年房地产市场调控不放松与金融持续去杠杆的大环境，以及“租购并举、住有所居”新时代带来的沉重压力。成长型房企在经历了企业的初创生存期之后，已经有一定的项目、人员和资源积累，此时摆在它们面前的是企业如何持续发展的问题。在这个阶段，房企依然要树立在行业中快速发展壮大的信念，这是其发展最重要的基础。

基于此，有一批成长型房企为了在严峻的市场环境下紧握手中优势已行动起来了。在这批先行者中，有一部分在产业地产领域探寻了新的突破口，例如湖南湾田与友阿投资，也有一部分准确把握城市发展周期，在产品力与服务力维度苦练内功，如鸿通与乾道。接下来我们就针对这四家有代表性的房企展开讨论，探究它们的破局之路。

1. 湖南湾田：聚焦省内产业资源，“强龙+地头蛇”合作开发

湾田集团起源于贵州省盘州市淤泥乡湾田煤矿，是由湘籍民营企业家刘祖长于2003年创立的。湖南湾田是湾田集团对房地产业探索的载体。2013年湖南湾田总部落户于长沙望城区后，集团就确定以望城为核心发展基地。接下来，集合贵州、云南和湖南各省相关资源的大湾田总部以及全国煤炭营销总部相继落户望城，当地成了湾田二次创业的大本营。除了长沙望城区外，湖南湾田房地产板块还布局到湘潭、娄底和邵阳等地，开发物业面积超过500万平方米，累计投入资金达100亿元，年销售额超30亿元。现代城市综合体邵阳湾田广场已成为当地的商业地标，湘潭湾田九华湖壹号、娄底湾田和悦公园等住宅项目也大幅提升了当地的人居环境和城市形象。

湖南湾田聚集省内产业资源打造的产业旗舰项目——湾田国际位于长沙市望城区，是湖南省“十二五”规划重点商贸物流项目和《长沙市专业市场布局规划（2013—2020）》的核心项目，也是湖南新兴市场的先行者。湾田国际经过7年的开发和运营，已发展成为望城区乃至长沙市专业市场的代表项目，是华中和华南地区唯一获邀参与国家标准制定的商贸企业。湾田国际开业5年来，包括木业、陶瓷、石材、五金机电和化工等业态的5 000余家商户集中入驻，市场月交易额逾5亿元，月货运量突破10万吨，是中部地区最大、配套最齐备的建材家具集散中心。

为巩固其区域行业的龙头地位，顺应行业变革和消费升级，2018年，湾田国际实施新的战略规划，明确了打造成中国首个建材家居产业小镇

的目标。湾田国际将依托现有建材家居的产业资源，布局互动体验、情景消费、智慧物流、数字仓储和生活居住等多元化业态，不仅为商户提供全产业链的服务，还提供一体化的生活服务，给消费者带来场景化的体验式消费。湾田国际的战略规划代表着专业市场转型升级的先进方向，对于新兴专业市场来说具有积极的示范意义。

不仅如此，湖南湾田还采用“强龙＋地头蛇”模式在合作开发层面狠下功夫。在合作对象的选择上，湖南湾田选择了与标杆房企中梁进行战略联合，共享市场情报、土地、供应商、金融机构、人才和管理体系等资源。中梁的业绩跳涨速度在业内有目共睹，从 168 亿元、336.8 亿元再到 757.9 亿元， 2015—2017 年的三年间实现了业绩三连跳，行业排名从 60 位跃升至 26 位，2016 年、2017 年连续两年业绩增速超过 100%，2018 年更是规模突破千亿，是行业内名副其实的一匹“黑马”。中梁逆袭的重要砝码是精确把握了城市轮动周期下城市布局与拿地的策略并在此基础上落实高周转、快回款，项目跟投和阿米巴等多层级激励体系。

中梁从源自温州的中小房企到全国性布局的规模房企，其身上无疑带着中小房企突围的拼劲与狠劲。通过近距离观摩这家黑马房企的增长之道，湖南湾田不仅可以学习其在经营开发模式上的独家秘籍，还可以使团队的经营能力和素质得到大幅度提升。除了团队管理层面外，与中梁的合作更像是湖南湾田在中西部省份打开房地产市场的一把钥匙，这意味着湖南湾田在市场情报、土地、供应商及融资渠道方面都会有所收获。

竞争和合作，当下已经成为房地产业的常态。中小房企应该充分利用与规模房企合作开发的机会，在获得经营收益的同时倒逼自己的团队能力的提升，使自身在合作开发中得到成长和壮大。

2. 友阿投资：聚焦县域商贸机遇，多产品打通产业价值链

友阿投资全称湖南友阿商业投资有限公司，是湖南省一家专注于县

域发展的综合型企业。其母公司友阿集团全称是湖南友谊阿波罗商业股份有限公司，是一家以商业零售为主，集商、工、贸、科于一体的大型企业集团。

友阿投资一直以商业地产开发商的身份拿地，以匹配地方产业发展需求。由于母公司友阿集团在湖南省商业领域内具有较高知名度与品牌优势，友阿投资更易获得当地政府的认可，这对于其在湖南省内城市尤其是县级城市拿地而言十分有利。不仅如此，友阿投资在与县级城市政府沟通后认为第三产业的发展是提升当地产业能力的最好方式，对此双方已达成高度的共识。这项共识意味着友阿投资所专注的第三产业发展，不仅可以通过增加就业机会来帮助当地的经济发展，而且将以产业导向为核心增加地方财政收入。这样的共识无疑带来土地资源获取方面的便利。对此，友阿投资强调要以关注地方产业发展诉求为基础，如果诉求变了，那么其商业地产布局也要相应地做出转变。

由于面对的是人口规模相对较小且消费水平较低的县级城市，所以友阿投资对新进入城市设立的标准更为精细化，态度也更为谨慎。为此，友阿投资在如下几个方面进行了深入的前期调研，保证其进入的城市都能产生可观的经济效益。

- 政府意愿：通过前期调研，友阿投资确保当地政府有强烈的意愿引入商业地产项目来解决产业问题，进而推动解决阻碍城市发展的问题，同时满足不同消费层次的需要。
- 产业规模：友阿投资在入驻县级城市前，需要当地的商业和产业发展到了一定的基础规模。只有确定当地具备了品质升级的可能性后，友阿投资才会考虑进入。如果当地存在直营户数目过少之类的对营业额提升不利的问题，那么友阿投资不会考虑进入。
- 消费能力：友阿投资认为商业进入前要对当地的人口规模和人均消费能力等情况进行基本调研。首先，当地人口要具有一定规模，可以产生一定的聚集效应，对此友阿投资制定的投资前提为人口不少于 12 万；其次，当地居民要有收入，这项指标不能用简单的存款来衡量，而是要有可持续的收入——持续的收入代表了持续的购买力，可以促进商业的良性发展。

- 土地价值：友阿投资认为做商业地产，地段最重要。因此对于地段的选择，友阿投资也基于自己的标准优先选择县域的核心地段及人口聚集地。

在产品打磨和产品线的布局上，友阿投资从全供应链角度出发重点打造 3+6 产品业态，即三大综合体与六类产品线。

- 三大综合体，立足县域城市需求：友阿投资的三大综合体包括商业综合体、商贸博览中心及电商物流园，它们分别匹配县域城市在居民消费、区域交易和流通渠道方面的需求。商业综合体旨在打造城市会客厅，提高城市商业品质，提升城市形象，满足人们对美好生活的期望；商贸博览中心旨在推动城市产业升级，点燃产业发展新引擎，提升区域交易市场品质，打造县域一站式商贸产业中心；电商物流园则是为了构建城乡物流枢纽，突破贸易壁垒，建设统仓、统配物流中心，打造全国县域物流门户，跻身县域物流第一梯队。
- 六类产品线，多样化整合产业资源：当提到如何整合应用资源时，友阿投资表示要坚持构筑核心优势，以便提升运营能力。友阿投资的六类产品线包括品质人居、商业步行街、旅游会展、文化艺术中心、跨境电商平台及电商创业，这是对住宅、商业、文旅、电商及物流等多方资源的整合应用。

一般的企业，如果纯粹用自用资金去做县域商业项目，因周期太长、运作有压力，通常也很难找到资本。在这个问题上，友阿投资主要依靠的资金来源有两个方面：一方面来自上市母公司友阿股份，充分发挥其在湖南的商业资源和品牌优势；另一方面，通过县域商业综合体、商贸和产业等多种业务，友阿投资可以获得条件较好的住宅用地，从而通过其住宅贡献现金流和利润。

面对商业地产市场的激烈竞争以及商贸领域的诸多挑战，对于刚走出初创期并仅凭稍纵即逝的机会得以扩张规模的成长型房企而言，选择适合自身发展的赛道尤为重要。在赛道选择上，友阿投资瞄准中小房企争相布局的县域级商贸蓝海，在资源获取、产品打造及标杆项目树立上集中发力，其经验值得中小房企学习和借鉴。

3. 鸿通：顺周期而动，争做四川区域龙头

鸿通集团 2011 年成立于成都，在短短 6 年的时间里，投资布局已扩展到四川省内的泸州、宜宾、乐山和南充等 6 个城市，业绩规模快速增长。2017 年 3 月成都出台限购令，在购房资格和限购范围等层面严格限制房地产交易，使得大量成都本市购房需求外溢，带动周边地市房价上涨。能够准确评估行业当前所处的阶段、清晰预判房地产后市并依据行业环境制定可行的策略对每个求生存和谋发展的房地产开发商来说都至关重要。特别是对于资金和土储实力都不及大房企的中小房企来说，如何应对行业周期性波动更是关乎生死存亡的问题。

在这个问题上，鸿通的思考显得冷静且理性：在行业的上行期，鸿通认真预测和研判城市轮动节奏，积极拿地布局，把握城市轮动红利；而在行业的下行期，鸿通则深耕已有区域，养精蓄锐，不贪大贪快，在安全度过行业“寒冬”之后，准备迎接下一个春天。

事实上，鸿通在成都限购令出台之前，就已提前进军四川省内有产业和人口规模支撑的城市，如泸州、宜宾、乐山和南充等。在这些城市，鸿通拿地坚决，布局积极。鸿通对四川其他地市的布局决策源于其对房

价和购房需求的精细化考量。2017 年 8 月以后，鸿通敏锐地嗅到了市场转向的气息。一方面，在四川的土地市场上，面对众多全国性的外来大型房企，鸿通拿地坚决、举牌不放，逼得地价直线攀升；另一方面，2019 年以来，很多四川本土中小房企都在加速充血，通过加大银行负债或购买土地等方式透支未来的销售。面对市场环境的巨变，鸿通清醒地意识到行业下行期已经来临，因此，在同行大肆拿地或透支现金流的时候，鸿通反而选择了全面收缩的战略。

面对行业下行的趋势，与其顶着风险冲规模，不如在可持续发展上下功夫，在鸿通看来，安全地活着比短期规模扩张更有意义。因此，鸿通在 2019 年以来，一方面调整投资布局策略，放缓拿地速度，停止进入新的城市，只深耕已有城市；另一方面积极偿还负债，严控资产负债规模，保证企业的风险可控。

近两年来，中西部热点城市受到大型规模房企的高度关注。它们长驱直入三、四线城市，这给中小房企的生存发展带来了巨大压力，但在鸿通看来，面对巨头们如此密集的出击，中小房企仍然有很大的市场机遇。

以南充为例，在市场正常的情况下，南充一年有 300 多万平方米的成交量。从 2013 年开始，万科、恒大、蓝光和中南等很多全国性大型房企都进入了南充，但由于利润并不高，它们先后在 2017—2018 年撤了出来。这样的撤退事实上是将市场机会留给了鸿通，鸿通得以趁机进入并深耕非常看好的南充。

此外，鸿通也一直在密切观察市场占有率比较高的本土企业。在过去一年，四川地区楼市很热，一些县级市的房价甚至比周边地级市还要高，一些本土区域房企因此将目光转向了县级市，在县级市大肆拿地，并且做到很高的市场占有率。但在鸿通看来，一方面，鸿通不会在同行已经深耕的城市再接尾盘；另一方面，这些县级市的资源和禀赋与地级市差距还很大，短期过热不足以说明其市场长期向好，这些区域受政策波动影响的可能性更大，因此鸿通在判断这些县级市的潜力时会格外谨慎。

从鸿通的经验我们可以看到，如果在大型房企来袭的时候，中小房企已经在某个城市获得了较高的市场占有率并在产品上获得了不错的口碑，那么中小房企在这个城市仍然有很高的胜算。

4. 乾道：修炼内功，锻造产品力和服务力，打造邵阳本地龙头

乾道自 2013 年成立后就扎根邵阳，勇于创新。6 年来，在董事长姚柱碑的带领下，乾道团队以其坚定的文化自信，精工锻造出乾道一品、乾道·SOHO 时代、乾道·金湘花园、康桥名门、乾道·金域东郡 5 个项目。

作为湖南省内人口规模较大的城市，邵阳除了本身的城市化发展带来的持续需求之外，当地居民对美好生活的需求也在持续叠加。因此，邵阳房地产市场有较大的发展空间，有一定的市场纵深空间供企业腾挪和发展。乾道对于自身的定位非常清晰，希望自己成为邵阳百姓的美好生活之居住产品的缔造者。乾道产品的人文观足够让人沉思：没想改变邵阳，我们只是最懂邵阳的人居美学。

在锻造产品力方面，乾道选择了乾道大院来做品牌的爆发点。这个项目具备足够的规模，可以逐步形成品牌的势能，尤其在重视客户敏感点的体验、面积规划符合当地习惯和引入外地优质施工单位三大方面进行重点发力。那么，在邵阳这种三、四线城市，乾道大院这个产品如何才能具有较好的品质呢？

- 重视客户敏感点的体验：在很多标杆房企的成本构成里，产品的建设成本被分成了敏感性成本和结构性成本，乾道重点聚焦客户容易感知的地方进行发力。在姚柱碑看来，邵阳的当地客户群体中，初改和中改的客户更在意园林景观、公共部分装修和门窗等，这些是客户能够感受得到的。乾道通过对乾道大院这个产品的打磨，在如何针对结构性成本与敏感性成本的有效分配方面总结和提炼了很多

经验，也锻炼和提升了企业的成本控制能力。

- 面积规划符合当地习惯：在邵阳的当地市场上，其居住习惯不像一、二线城市，对于初改和中改的客户群体而言，其房屋面积起步基本上都是 130~140 平方米，如果有人购买 80~90 平方米的房子，一般是给老人家住；而 90~100 平方米的三户则很难销售。因此，乾道大院的房屋面积起步就是 130~140 平方米。
- 引入外地优质施工单位：如万科和龙湖等标杆房企为保障自己的产品品质，公司中大都有自己的园林绿化单位，由于项目大多身处一、二线城市，也容易吸引到优秀的供应商进行合作。对于乾道大院这个项目，符合期望的园林景观和装修等供应商在邵阳本地比较缺乏，因此姚柱碑从深圳等地引入有过万科项目经验的优质供应商。另外，乾道对土建工程等也非常注重质量，采用了较高的省优、市优标准来做，虽然业主可能不是很容易看到这些方面，但是建成交付后的产品在品质和效果方面完全可以和一、二线城市类似产品的质量相匹敌。

我们可以看到，作为本土成长型房企的乾道为了扎根邵阳这个根据地，在利润和长远发展之间做出了一种很好的权衡和选择。乾道大院这个项目的成功，对于建立支持其长期发展的标杆项目显得尤为重要。

在提升服务力方面，乾道主张以开放的心态通过合作来提升自身实力。虽然物业板块有很大的发展空间，但考虑到当前的经营发展重点，乾道还是选择暂时先全身心把房地产板块做好，采取外包的形式引入优质物业管理公司。目前乾道的乾道大院产品线已与一线城市的知名物业管理公司达成合作意向，双方签署了战略合作协议，乾道今后开发的所有楼盘全部都由对方进行管理。

在行业整体去库存的大背景下，邵阳的房地产市场表现良好，量价齐升，乾道也凭借着优质的产品充分享受了市场的红利，逐步在本土市场上建立了良好的口碑。

除了以质取胜并放大产品优势外，乾道还通过跟投机制和奖金激励等高效激励手段，留住核心团队，打造人才高地。很多本土房企在面对龙头房企竞争的时候，其实已经形成了自身差异化的打法优势，但是和区域内的其他本土房企相比，它们对本地市场的需求把控及其他方面的优势相当微小，那么如何凸显自身差异化的竞争优势呢？核心就在于人才，当下，包括乾道在内的很多本土中小房企都提出了引入一线的思维、一线的技术和一线的人才，从而实现对本土竞争对手的降维打击，在片区内立足并进一步形成辐射效应。

四、成长型房企的四大破局之道

综合成长型房企遇到的困境以及其中的优秀房企破局案例，我们总结认为：本土成长型房企的真正破局之道就在于多合作、保深耕、建优势以及补短板（见图 5–16）。

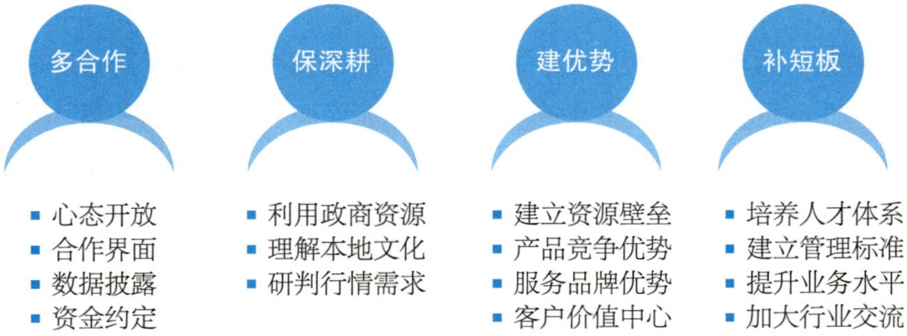

图 5–16　成长型房企的四大破局之道

1. 多合作：心态开放的同时明确合作原则和底线

多合作的首要前提是成长型房企自身要保证心态开放。另外，不论是与龙头房企还是与同等规模的成长型房企合作，合作界面要厘清，项目运营中涉及的数据若有纰漏也要及时清查，尤其是在资金层面，双方的约定要有清晰的书面证明。

成长型房企虽然在发展过程中面临不小的困难与挑战，但这是成长路上必经的过程，并不能因此失去信心、自暴自弃，毫无原则地与其他房企合作，而应充分认识和把握合作的底线。这是行业内多年沉淀下的经验教训。

2. 保深耕：核心是对政商资源的深度利用

本土的成长型房企在城市深耕这一维度是极具优势的。在这些优势资源中，最重要的也最敏感的其实是政商资源。在中国的商界中，这是一个敏感的话题，却是真实存在的。房地产项目开发周期长，管控环节较多，对当地的经济贡献巨大，影响面非常广泛，因此，构筑良好的政商关系，与政府相关部门形成密切的互动和沟通，为企业发展营造一个良好的外部环境，对于成长型房企而言是非常重要的。

成长型房企基于区域深耕往往拥有较好的政商关系，可以充分加以利用。它们的政策敏感性、与政府谈判的能力及资源获取能力相对较强，不仅对其自身发展有利，在遇到外来规模房企寻求合作的情况下，还能充当中间人的角色，帮助双方达成合理的谈判和协议，此外还能在合作中全面向标杆企业学习经营管理经验。同时，成长型房企基于本土的多年深耕经营，对本地文化也有更深的理解和共鸣，对本土市场的行情和需求把握会更加精准。

3. 建优势：打造产品及服务核心竞争力，构筑资源壁垒

苦练内功、提升产品力和服务力对于成长型房企而言同样重要。通过产品力和服务力的打造，建立自身的独特优势，从而构筑起强大的资源壁垒，也是成长型房企重要的破局方向。

那么差异化的产品该如何打造呢？首先，应在产品设计的实用性、合理性和完善性，以及设备设施的充分性、新颖性和高效性两个方面下功夫，开发出适合城市大众消费者需求的经济实用又美观舒适的产

品。其次，深入洞察和理解客户的需求，随着客户需求而变化，精准定位产品，形成独特的“壁垒”。最后，创造客户需求，产生新的产品品类。客户需求在不断升级，客户也在不断地被教育，新的机会层出不穷，因此，通过不断改善和升级产品来满足和培育差异化的需求，是中小企业构筑优势的应有之义与动力之源。

有了产品力，服务力又该如何提升呢？通过多元化布局为房地产主业赋能，实现“产业+”或“商业+”的模式是值得尝试的方向。例如乾道，通过与知名的物业服务品牌进行合作，以优质的物业服务打动消费者并通过口碑传播形成营销势能，将服务力转化成强大的营销力，从而实现其规模的快速扩张。这为想提升服务力却又不知从何下手的中小房企提供了有益借鉴。

4. 补短板：建立管理标准，加强人才培养，加大行业交流

除了产品力和服务力的打造之外，练内功还体现在经营管理的提升与补齐企业发展的短板上。例如建立明确的管理标准，提升管理的业务水平和运营效率，同时，注重人才培养的同时加大与行业的交流学习，充分借鉴行业的先进管理经验。例如，在人才培养和行业交流这两个方面，鸿通也有一定的思考。

- 立足自身培养。在薪酬和福利上，比肩一流的房企，确立较好的容错机制和包容机制，伴随企业的由小变大，员工也能共同成长，由此培养出兼具专业能力和忠诚度的员工。当然成长型房企想要在“抢人大战”中获得一定的优势需从三个方面入手：首先，薪酬待遇需要提升；其次，给予充足的晋升通道；最后，对于引进的高素质人才，要学会倾听他们的想法，这样才有可能避免人才流失。
- 领导带头学习。鸿通认为，只有领导不断向先进的企业学习，不断去踩别人的盘，不断去观察别人的产品、管理和销售，才能第一时

间夯实自身的能力并更好地将先进的发展理念贯彻到企业管理中，最终推动员工和企业的成长。

五、成长型房企的运营管理落地

在明确了成长型房企的破局之道后，运营管理层面具体该如何落地呢？明源地产研究院基于与行业内诸多成长型房企的交流和探讨，梳理了这类房企普遍面临的核心问题，并结合行业标杆的最佳实践，总结出了“1253 落地管理模型”（见图 5–17）。下面我们就从企业战略、经营管理、专业管理和落地支撑这四个层面具体展开。

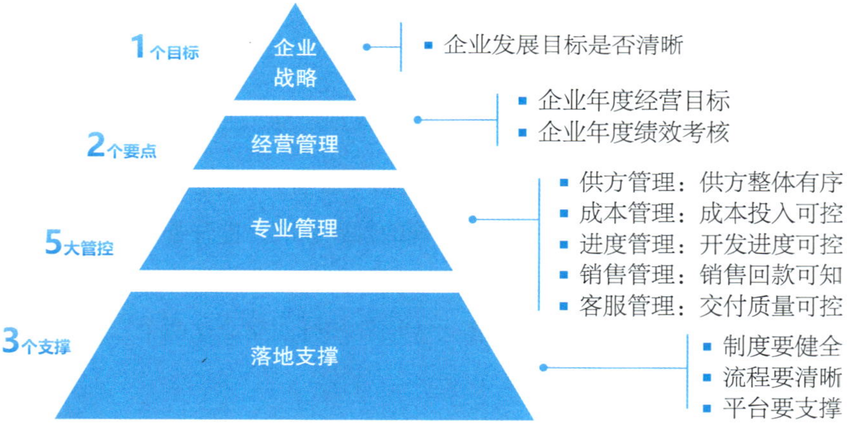

图 5–17 “1253”落地管理模型

1. 企业战略：企业发展目标要清晰、战略要统一

企业的发展目标要清晰并在战略层面达成统一，这是首要前提。一方面，在行业大势的研判上，在行业持续调控和外来竞争压力加大的背景下，成长型房企往往容易对行业失去信心且备感压力。对于这一点，基于我们前面对行业形势的论述，成长型房企应该充分坚定信心并使企业上下保持信念一致，而这是发挥员工战斗力的基础。

另一方面，对于很多成长型房企而言，企业发展的战略目标往往仅停留在企业管理者的脑海中，并没有充分全面地与企业的职业经理人、管理团队或全体员工达成共识。如果在战略目标方面尚不能达成共识，那么具体到执行层面，结果自然会大打折扣。

在我们看来，房企要获得可持续的长远发展，在坚定信心的前提下，应基于科学研判来识别外部环境，制定清晰、明确且连续的战略发展目标，而不仅仅是盲目地向前冲。在明确了战略目标之后，企业的决策者与职业经理人还需达成深度共识。

具体到战术层面，我们基于与行业的深度交流，总结提炼了“想三看二做一管一”的战术方针（见图 5–18）：老板需要与职业经理人一起制订企业未来三年的经营规划，然后通过盘点两年的经营资源缺口，确定企业的投资和融资节奏等；在此基础上，制定更为详细的一年期经营目标、计划、预算及对应的考核目标，并基于实际的执行情况，监控和分析企业一年内的执行情况，适时地进行管理的纠偏与完善，以确保目标的达成。

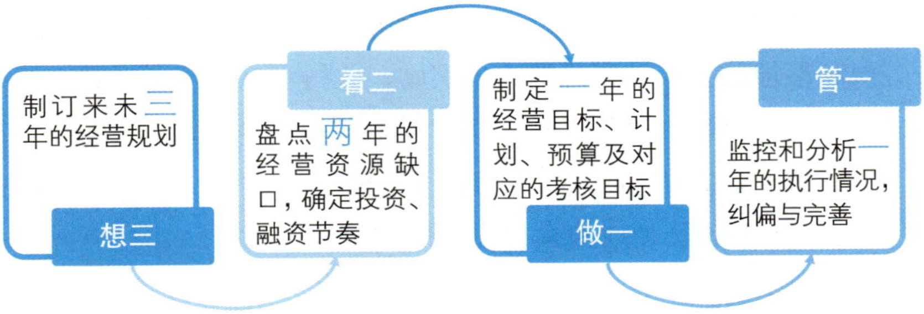

图5–18 “想三看二做一管一”的战术方针

以位于山东的 A 企为例，其在战略和战术上就非常清晰。在战略目标上非常稳健，在 2018 年完成销售额 72 亿元的基础上，A 企为 2019 年制定了 80 亿元的销售目标，并计划在 2020 年突破百亿。在落地的具体策略上，A 企基于其省内的人口数量，对地级市、县级市、县甚至是乡镇的覆盖量均做出了理性的研判，有效支撑战略目标的落地。

2. 经营管理：有效分解目标并建立对应的考核机制是关键

企业要将战略目标具体落实执行到位，还必须在经营管理层面下功夫。核心要关注如下两个要点。

- 战略目标的有效分解：管理层需将企业的发展目标和年度目标有效地分解到各个部门，并通过年度经营计划分析会进行沟通宣贯，确保其在执行层面的有效落地。比如为了达成销售目标，成本部门与营销部门应该怎么支撑。为此，企业可以拟定和签署“经营目标责任书”，将发展目标详细分解，明确各部门的职责和具体执行计划，并落实到各个部门中去，甚至包括各部门基于目标达成情况反向对管理层提出相应的要求，从而全面支撑其年度目标的达成。
- 建立和完善年度绩效考核体系：在明确战略目标并分解到各个部门之后，企业就可以将其量化纳入绩效管理考核体系当中，然后基于客观的数据和平台准确评估各部门、员工对于任务的执行情况和落地效果，做得好的给予奖励，做得不好的给予惩罚。这样就可以有效解决“考核无结果”“奖惩难落地”的问题，避免对员工评价的主观臆断以及“大锅饭”的平均主义现象，极大地提升员工的积极性，推进战略目标的达成。

3. 专业管理：传统业务全面在线化，提升管理水平及运营效率

针对供方管理、成本管理、进度管理、销售管理和客服管理五大方面的传统痛点，我们认为，在移动互联网时代，房企应充分运用信息化手段，将传统的线下流程全部搬到线上，全面提升企业的管理水平和运营效率。

在供方管理方面，很多成长型房企缺乏合理的供应商评价体系，这会造成供方管理的相对混乱，不便于企业及时补充“新鲜血液”。针对

供方不可控、灰色隐患多及供方管理乱的问题，基于当前成熟的移动互联网技术，明源云通过信息化手段使前期的供方考查以及整个招投标的管理过程都实现在线协同，有效地将房企与供方进行直连，从而搭建出完善的供方管理体系。

在成本管理方面，针对传统成本管理领域的目标不准确、变更不可控、投入超标多及投放效果差的问题，明源云通过合约规划和移动工程协同等信息化系统，使合同管理和变更签证等流程全部在线化，使合同签订、变更、付款和结算等合同管理的全生命周期都可以做到动态可知，并通过动态成本进行预警与控制，确保成本的投入可知、可控且可优化。

在进度管理方面，针对项目进度延期成为常态的痛点，我们认为需要将企业的战略规划及年度经营计划进一步分解为项目的主项计划和专项计划，从而有效地把控各部门的月度计划，避免项目进度延期和不可控。明源云通过计划管理系统将项目计划进度搬到线上进行统筹管理，帮助房企做到进度可控，这既提高了计划节点的达成率，保证计划的执行效率，又可以解决部门之间的壁垒问题，并在此过程中沉淀下大量的知识、成果和数据，为以后的项目优化打下基础。

在销售管理方面，针对在销售管理过程中出现的特批折扣多、认购转签约慢、回款效率低和营销费用不可控等常见痛点，明源云通过销售管理系统，以在线化手段全面颠覆置业顾问跟客模式，大大提升了案场效率，强化销售过程管理和风险控制，确保退房可控和销售回款高效等目标的达成。

在客服管理方面，针对产品交付效率低、过程质量监控难和客户满意度差等痛点，明源云也已经有非常成熟的各类管理模型和解决方案以供参考。例如移动质检与移动验房等，通过移动 App 的使用，验房工程师和业主等多方的操作都能做到全面在线，实现房企与承建商、业主等多方的高效协同，切实提升交付品质，提升交房率并提高客户的体验和满意度。

4. 落地支撑：从制度保障、流程梳理和平台搭建三方面实现强力支撑

成长型房企在管理方面还存在目标落地支撑不足的问题，核心体现在以下三个方面。

- 制度不健全，无法将项目经验沉淀为企业的宝贵资产，导致成长型房企开发十年沉淀的经验不如标杆企业一年沉淀的。
- 流程不清晰，公司的业务流程不清晰，很多的业务流程仍然需要等老板审批，但老板很难顾全，导致业务效率低下。
- 无平台支撑，缺乏固化管理流程的信息化平台，导致无法对项目过程中的关键节点做到有效监控和预警，导致开发计划经常变、作业标准不明和进度经常失控等一系列问题。

要解决这些痛点，房企就要做到：制度要健全、流程要清晰、平台要支撑。

- 要有相对健全的制度保障，基于数据将具体的目标逐步分解，进而具体审视关联的部门及相应的流程，明确部门职责，只有在这些方面形成有效的基础保障，才能确保目标执行到位。
- 在流程管理方面，通过对内部权责体系的全面梳理，充分优化和规范管理流程，明确哪些流程才需要得到老板的审批，哪些流程部门负责人就可以决策，从而大大提高决策效率。
- 通过信息化平台的搭建，有利于企业管理层对经营数据、重点业务的审批与异常指标做到及时了解和动态把控。例如管理者对成本投放偏差率、利润率与进度偏差率等指标数据的掌握，对目标成本超标、计划外的大额付款、关键节点的延期以及高库龄存货等异常指标的监控等。这一切都需要信息化平台来进行支撑，唯有如此才可

能在过程中及时准确地进行有效监控和预警，提升高层决策效率并有效规避风险。

5. 人才诉求：成长型房企发展过程中的人才诉求

除了通过“1253”管理模型进行管理的全面提升外，对于成长型房企而言，识别和保留人才也是最基本的核心需求。无论是规模房企还是成长型房企，在当前的行业大环境下，对人才的诉求都可以归纳为“五懂人才”（见图 5–19）。

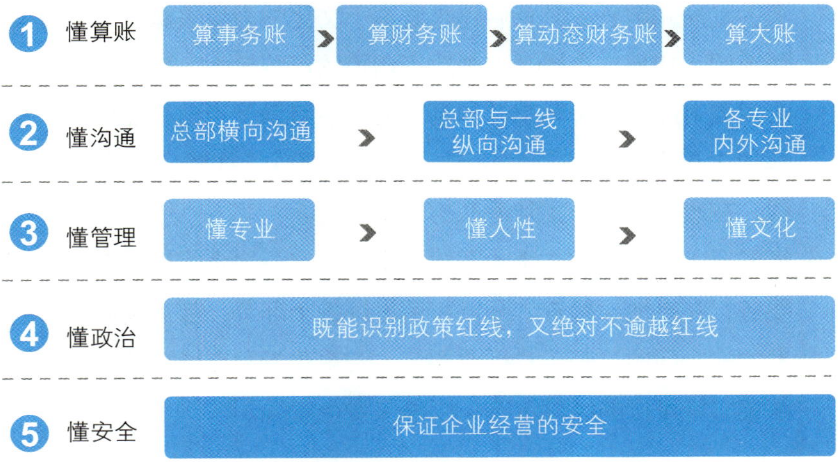

图5–19 行业新周期下的“五懂”人才

- 懂算账。对于未来的区域总经理、项目总经理或其他部门管理者，懂算账是基本的要求。懂算账还包括逐渐深入的几层含义：从会算事务账到会算财务账，从会算静态的财务账再到会算动态的财务账，从会算财务账到会算整个企业的经营账，从会算小账到会算大账。在当前严峻的外部形势及激烈的竞争环境下，房企对于这一类会算账的人才的需求已是迫在眉睫。

- 懂沟通。企业发展之后，无论是集团总部各部门之间的横向沟通交流，还是总部和一线或者说总部跟项目的纵向沟通，抑或是各专业线的内外沟通都需要具备良好的沟通能力。
- 懂管理。这包含三个层面的含义：首先，懂专业，房地产业对于专业素质的要求相对较高，房企的管理者需要具备行业所需的各项专业技能并辅以相应的管理能力。其次，懂人性，在人性的洞察方面也要具备一定的能力，在利润分成和跟投激励等方面，只有懂人性的管理者才能够真正激发团队积极性，顺利推进跟投制度并实现企业和员工的利益共享。最后，懂文化，企业要基业长青、实现可持续的发展和增长，其背后还是要基于文化的力量去整合、去凝聚。
- 懂政治。房地产市场受宏观政策调控的影响极大，房企的相关人才必须要对政策具备敏感性和洞察力，能够基于当前行业相关政策的解读来识别风险和洞察机遇，既能识别政策红线，又绝不逾越红线，在政策约束下找到潜在的发展空间。
- 懂安全。任何时候，企业经营的安全一定是房企管理者考量的第一要务，在拿地、融资、开发和销售等各个环节，都需要明确可能诱发的安全问题，基于对行业形势、宏观政策和市场环境等的全方位解读实施可行的经营策略，以确保安全底线。

第四节 基于 ROE，定位房企发力的战略重心

在行业形势积极向上、地价快速上涨的年代，企业拿地即赚钱。依靠低地价，坐着行业向上的电梯，房企拿地后慢慢开发也能获得丰厚的利润，所谓“躺着也能赚钱”。但是，随着行业外部环境的不断变化，不确定性持续加大，地价越来越高，房价面临调控的天花板，拿地即赚

钱的时代已经过去。所以，在行业新周期下，一个企业的成功，关键不在拿地，而是综合维度的成功，其中的关键是企业的战略运营策略要对路且要适配外部环境，由此才能获得长足的发展。ROE 是综合体现一家企业战略运营适配度的最核心指标。我们在这一节将围绕 ROE 进行全面拆解和深度分析，不同于以往财务视角的静态分析，我们这里是上升到企业战略运营落地的动态视角剖析企业的核心竞争力。

为此，我们选取了 2016—2018 年平均销售额前 20 强的房企作为分析样本（见表 5–2）。其中的绿地控股由于有近 40% 的业务为建筑施工业务，因此我们未将其纳入此次的分析样本，而是将第 21 位的中国金茂递补入样本序列。在数据来源方面，所有分析数据均根据房企公开数据整理。

表 5–2　2016—2018 年平均销售额前 20 强房企样本

百强排名	企业名称	2016—2018 年销售额均值（亿元）	百强排名	企业名称	2016—2018 年销售额均值（亿元）
1	碧桂园	5 292.4	11	新城控股	1 383.2
2	万　科	4 976.7	12	金地集团	1 344.3
3	中国恒大	4 791.4	13	招商蛇口	1 188.8
4	融创中国	3 240.1	14	世茂房地产	1 150.8
5	保利地产	3 134.4	15	旭辉集团	1 106.1
6	中海地产	2 208.9	16	阳光城	1 010.3
7	华润置地	1 566.0	17	中南置地	995.3
8	龙湖集团	1 475.0	18	富力地产	983.1
9	华夏幸福	1 472.7	19	正荣地产	901.2
10	绿城中国	1 385.6	20	中国金茂	819.5

注：销售额为销售流量金额数据；前 20 强样本剔除绿地，递补金茂。
数据来源：克而瑞排行榜，明源地产研究院整理。

根据杜邦分析法，ROE 约等于净利润率、总资产周转率、权益乘数三项指标连乘之积。这 20 家房企 2018 年的 ROE 及三项拆分指标数据如表 5–3 所示，新城控股占据 ROE 第一的宝座。从拆分指标来看，中海占据净利润率首位；碧桂园的存货周转率最高；资产负债率指标则由中南占据首位，体现出其通过快速加杠杆推动企业高速发展的经营策略。

表 5–3　前 20 强房企 2018 年 ROE 及拆分指标

ROE 排名	房企名称	ROE（%）	ROE 拆分指标		
			净利润率（%）	存货周转率（次）	资产负债率（%）
1	新城控股	41.05	22.55	0.31	84.57
2	融创中国	32.92	13.82	0.29	89.80
3	碧桂园	32.20	12.74	0.52 最高	89.36
4	中国恒大	30.18	14.23	0.29	83.58
5	华夏幸福	29.05	14.08	0.20 最低	86.65
6	万　科	23.42	16.55	0.28	84.59
7	旭　辉	23.26	16.78	0.46	79.49
8	龙湖集团	21.33	17.96	0.37	72.22
9	招商蛇口	21.13	22.04	0.28	74.28
10	正荣地产	19.54	8.44	0.31	82.69
11	金地集团	18.57	24.06	0.29	76.12
12	华润置地	18.38	22.43	0.24	72.44
13	保利地产	16.52	13.44	0.29	77.97
14	中海地产	16.35	27.19 最高	0.29	59.52 最低
15	中国金茂	15.18	18.90	0.47	71.19
16	世茂房地产	15.12	14.39	0.36	72.12
17	阳光城	14.33	6.92	0.31	84.42
18	中南建设	13.95	5.77	0.26	91.69 最高
19	富力地产	12.90	11.30	0.29	80.92
20	绿城中国	3.71	3.92 最低	0.33	78.51

数据来源：Wind，明源地产研究院整理。

但是，仅仅从这三个拆分指标进行静态的财务对比分析还远远不够，无法深刻洞察企业发展背后的运营本质，因此明源地产研究院全新提炼了 ROE 分析模型（见图 5–20）。这里的分解不再是一个纯粹的财务指标的分解，而是基于战略运营角度的拆解。例如，企业如果在某一项指标上高，那我们就具体往下拆解其原因是什么；如果企业在某一项指标

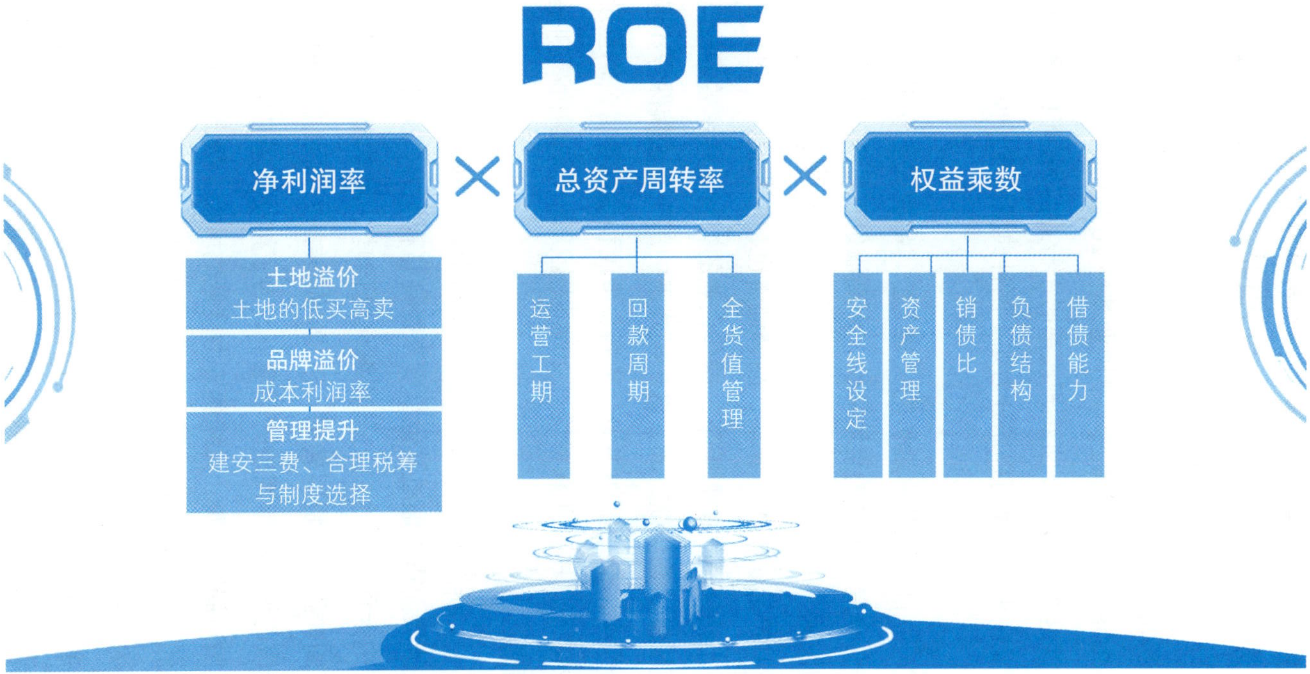

图5-20 战略运营视角的ROE分析模型

上低，那我们就往下拆解具体是什么因素导致的。通过对每一项指标进行细致的拆解，无论是万亿、千亿房企还是成长型房企，无论是国央企还是民企，每一家房企都可以分析得出自身的短板及核心竞争力，并明确自身未来战略的发展重心。

根据 ROE 模型及连续三年平均业绩前 20 强房企的数据，我们可以发现，尽管这 20 家房企的业绩规模都居于行业前列，但其高增长的模式却存在明显区别，具体可以划分为如下两种典型的增长模式。

- 模式一：随着近年来地价的快速上涨，坐拥大量五年以上土地储备的房企享受了极高的土地溢价，而高溢价正是铸就其高净利润率的关键因素。同时，因为这一模式下的房企大多重点布局在高能级城市，其产品定位相对高端，品牌溢价也相应较高。不过，在一、二线城市持续调控的影响下，这些企业的存货周转率普遍较低，周转速度较慢。在负债方面，这一模式下的房企普遍偏保守和谨慎，资产负债率偏低。例如中海、华润、金茂和金地等房企均呈现出这一典型特征，其净利润率均在 20% 以上，而土地溢价高则是核心影响因素。
- 模式二：某些房企在过往并未大量囤地，获取的土地价格较高，它们只能转而重点通过其他维度来提高赢利能力，实现高速增长。具体措施大体有三个：一是精细化练内功、降本增效。二是重点通过高周转提升存货周转率，以货物轮转的方式来提升 ROE。在一、二线核心城市持续调控的环境下，为了推动高周转策略，这些房企也开始布局三、四、五线调控力度低的城市，因此其品牌溢价也相对较低。三是善于利用杠杆，这些房企的资产负债率普遍较高，而其中的一些佼佼者更是会根据外部形势制定匹配的加杠杆策略：在行业形势上行时，这类房企加杠杆会做到极致；在行业形势下行时，它们则会适度降杠杆，以保障企业的安全。如碧桂园、融创、恒大、中南和旭辉等房企均属于第二种发展模式。

接下来，我们就结合前 20 强样本房企的数据对净利润率、存货周转率和资产负债率三大指标进行全面分析。同时，我们也将探讨在当前的行业大环境下哪一种增长模式才更契合行业走势且更可持续。

一、净利润率：赢利能力分析

一家企业要提高净利润率水平，不外乎从提升企业营业收入和降低成本费用两大方面入手。房企往往着重依赖土地溢价、品牌溢价及管理提升三个要素来实现降本增效（见图 5–21）。

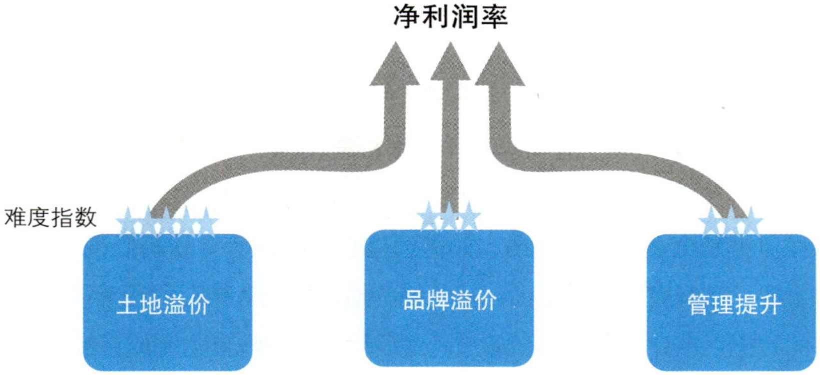

- 房企布局城市近五年的平均地价涨幅

- 产品视角：销售单价
- 投资视角：成本利润率（RPC），一分钱投入几分钱产出

- 成本控制：目标成本变动率
- 费用控制：销售、管理与财务
- 合理税筹：企业税负占其销售额的比重
- 制度选择：利润考核与审计补漏

图 5–21　净利润率影响因子分析

- 土地溢价：如果房企五年以上土储在总储备中的占比高，那么伴随着近年来地价的快速上涨，即使房企的管理水平较差，也能坐收土

地红利，从而获得较高的净利润率。这种“低买高卖”的储地模式是任何一家房企都希望的。基于可获取的数据，我们从房企布局城市的近五年平均地价涨幅的角度来衡量土地溢价。

- 品牌溢价：主要是从产品的销售单价和成本利润率两个角度来衡量的。其一，房企的品牌效应越强，其产品的溢价能力越强，销售单价相应越高，这意味着同样地段的房子就能比竞争对手卖出更高的价格。更关键的是，在面临限价天花板的当下，有品牌优势的房地产能比竞争对手卖得更快，现金流回笼更快，而这是房企保证正常经营，甚至是在当前调控大环境下生存下去的关键所在。其二，成本利润率同样是体现房企品牌溢价的重要因子，成本利润率 = 净利润 /（营业成本 + 三费），数值越高表示房企为取得利润而付出的代价越小。
- 管理提升：精细化的管理提升的目的是实现降本增效。在成本控制维度上，我们以目标成本变动率指标来衡量；在费用控制维度上，我们以营销费用率、管理费用率和财务费用率指标来衡量；此外，税负也是企业的大额支出，如何通过合理的税务筹划降低税负至关重要；在制度选择维度上，从传统的指标红线考核向利润考核转变，同时配以审计补漏机制，通过制度设计驱动一线自主完成目标。

不同的房企选择的铸就高净利润率的措施可能都不一样。但我们认为，影响房企净利润率的三项因子中，按影响力从高到低进行排列分别为土地溢价、品牌溢价和管理提升。如果一家房企能够在土地溢价这一项上获得巨大的空间，即使其管理水平差一些，那么仍然可以获得较高的净利润率。

接下来，我们就针对近三年业绩前 20 强房企在以上三个维度的数据表现，从企业战略运营的视角，分析其数据高低背后的原因并提出相应的提升措施。

1. 土地溢价：地价高企+限价政策，一、二线城市土地溢价不可持续

土地溢价是影响房企赢利能力的一个重要指标。房企的土地溢价有高有低，究竟该如何量化房企的土地溢价？近三年平均业绩前 20 强房企土地溢价的具体值是多少？下面我们将为大家演绎土地溢价的计算方法，并以此为依据计算前 20 强房企的土地溢价率，最后，分析现阶段土地溢价增长模式给房企带来的挑战。

（1）土地溢价的计算方法

首先，根据中国指数研究院对全国近 300 座城市近几年土地溢价数据的统计，我们可以计算出不同能级城市近年来的平均土地溢价率。其次，我们需要整理房企在不同能级城市的销售签约额占比。以金地为例，明源地产研究院通过对其 2018 年年报项目数据的截取、统计和计算，得出其在一线、二线、三线和四、五线城市的销售签约额占比分别为 24.62%、73.95%、0.28% 和 1.15%。由此，我们就能算出金地在其所布局城市享受的土地溢价率为 25.74%（见图 5–22）。

2012—2016 年各能级城市平均土地溢价率

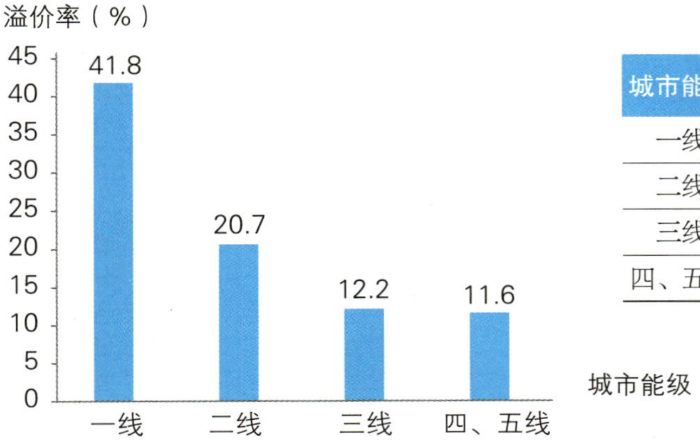

金地 2018 年销售签约按城市能级的占比

城市能级	销售签约额占比（%）
一线	24.62
二线	73.95
三线	0.28
四、五线	1.15

金地基于其各能级城市销售占比所享受到的土地溢价率：

41.8% × 24.62%+20.7% × 73.95%+12.2% × 0.28%+11.6% × 1.15%=25.74%

一线城市　二线城市　三线城市　四、五线城市

图 5–22　房企土地溢价计算过程（以金地为例）

最后，把金地各能级城市的销售签约额占比与相应城市近年来的平均土地溢价率相乘并求和，即得出金地 2018 年在各布局城市所享受的整体土地溢价率。

（2）前 20 强房企的土地溢价率对比

我们收集整理了 2016—2018 年平均业绩前 20 强房企 2018 年的各能级城市销售额占比，并依据前述的土地溢价率计算法，得出这些房企 2018 年城市布局的土地溢价率，即这些房企近些年在所布局城市的平均地价涨幅（见表 5–4）。

表 5–4 前 20 强房企的土地溢价率对比

排　名	前 20 强房企	企业性质	布局城市 2016—2018 平均地价涨幅（%）
1	中国金茂	民企	20.39
2	金地集团	民企	20.12
3	龙湖集团	民企	19.62
4	旭辉集团	民企	19.49
5	中海地产	国央企	19.19
6	招商蛇口	国央企	19.03
7	华润置地	国央企	18.99
8	正荣地产	民企	18.89
9	融创中国	民企	18.24
10	世茂房地产	民企	18.07
11	万科	混合制	17.75
12	保利地产	国央企	17.60
13	阳光城	民企	17.40
14	中南置地	民企	16.85
15	华夏幸福	民企	16.82
16	绿城中国	民企	16.66
17	新城控股	民企	16.63
18	富力地产	民企	16.53
19	碧桂园	民企	15.64
20	中国恒大	民企	15.62

数据来源：Wind、企业年报，明源地产研究院整理。

国央企，“老贵族”，在土地溢价率上的得分偏高

近几年增长快的房企，“新贵族”，土地及品牌溢价率均较低，只能寻求其他途径来提高投资回报率，即高周转

从上表中我们可以看出，国央企在土地溢价率上的得分普遍偏高，主要是因为大部分国央企坐拥很多五年以上的土地储备，而且大多数布

局在核心一、二线城市。近年来这些城市土地价格快速攀升，国央企因此享受了极高的土地溢价率，可谓是“躺着就能赚钱”。反观民企，过往没有太多的土地储备，也就无法享受相应的土地价格上涨带来的红利，因此土地溢价率偏低只能通过其他方式谋求更多的利润空间。

我们再把视线投向具体的房企，土地溢价率排名位于第一、第二的房企是中海和华润，排名最后的两家房企是碧桂园和恒大（见图 5–23）。我们可以看出，土地溢价率高的中海和华润都是重仓一、二线城市，充分享受了这些城市快速发展带来的红利，土地溢价率低的碧桂园和恒大 2018 年主要重仓四、五线城市，它们必须从高周转等角度来寻求企业发展空间。

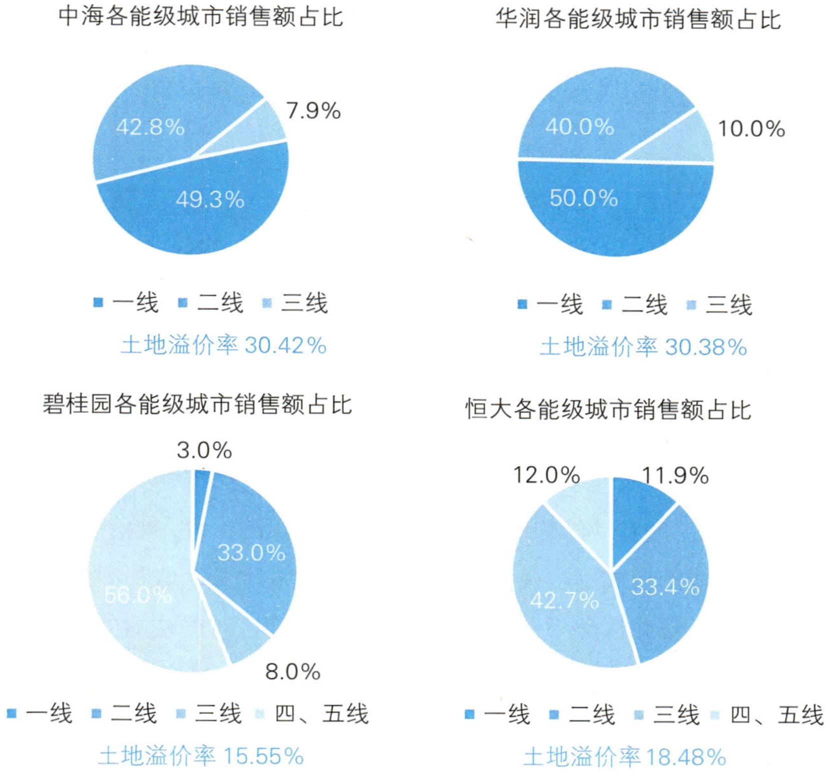

图5–23　中海、华润、碧桂园和恒大不同能级城市的土地溢价率

（3）地价走高，依赖土地溢价的增长模式面临挑战

任何一家房企最期望的获利方式都是通过土地的低买高卖，这样一来只要土地溢价空间可以保证的话，即使管理做得不够精细，它也可以活得很好。然而，一、二线城市的土地价格已至高位，以准一线城市杭州为例，我们可以看出2014年以来地价大涨且此后一直处于高位，地价的持续走高（见图5–24）。同时，叠加持续的限价政策，让房价面临天花板，也让地价涨幅明显受限。再者，房企过往的囤地用一块则少一块，依赖过往存量土地获利的方式无法持续。

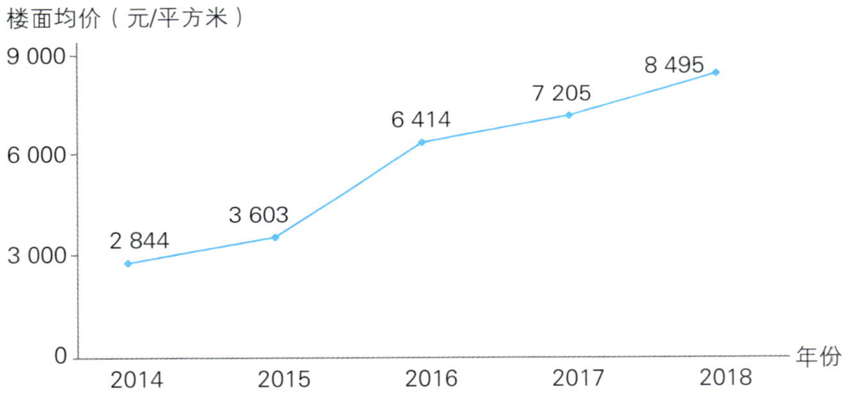

数据来源：Wind、明源地产研究院。

图5–24 准一线城市杭州住宅类用地成交地价趋势

综上所述，随着地价的走高，再加上限价政策的出台，地价涨幅趋缓，以往晒地赚钱的模式不再灵验，房企依赖土地溢价来获取利润的模式面临巨大挑战。在此情形下，房企需采取一些措施应对严峻的外部环境，我们认为主要有以下几点。

- 运用勾地手段，拿低价地。从政府的角度来看，勾地有利于事先筛选开发商，可以引入持有优势产业资源的意向勾地者，同时可以设

定地价底线，防止土地被贱拍、流拍或者拍出高价地王。对于房地产开发商而言，在土拍市场火热的背景下，通过土地招拍挂的方式不仅不容易获得土地，即便能获得土地，价格也可能较为昂贵。在这种情况下，它们可以通过产业名片与政府进行商洽，政府也会筛选出对经济发展和民生最有利的产业，以招商、选商为出发点，在土地价格上给开发商优惠，这样开发商就能拿到低价的土地。

- 城市布局调整。一直以来，国央企都普遍重仓一、二线城市，在限价背景下，这些城市的土地红利变薄，同时也存在不好卖也不想卖的问题，因为如果卖出土地的利润达不到预期、甚至亏损，那就是国有资产的流失。因此，适度下沉城市能级是这些房企应该考量的一个选择，暂无调控或者说调控力度相对较弱的大多数三、四线城市是可行的转移方向。由于在地价上涨的同时房价也可以跟着水涨船高，因此，这些房企能够通过房价的上涨来覆盖其土地成本的增加。
- 收并购运用。由于招拍挂市场竞争火热，土地获取成本高，所以诸多房企另辟蹊径，运用收并购手段从二级市场获取土地。这种方式除了可以快速拿地，还可以降低土地的获取成本。此外，鉴于部分项目处在开发过程中，收并购拿下后，企业在开发流程上会比正常拿地做项目快一大步，从而实现快速销售回款。
- 土地性质变更。房企通过招拍挂途径拿来的土地通常价格较高，在这种情况下，一些房企寻求通过变更土地性质来获得相对较高的土地溢价。变更土地性质通常有两种操作模式：一种是房企的自有工业用地，通过向政府提出合理的变更申请，变为住宅用地，该项操作手续复杂，一般较难实现；一种是房企自身无可变更土地性质的资源，但有变更土地性质的外部能力，通过与有这种能力的机构合作开发，房企也能获得高溢价的住宅用地。

2. 品牌溢价：在限价政策下，依靠品牌溢价掩盖高成本不可持续

对于房企而言，品牌溢价通常借助销售单价和成本利润率两项指标来共同衡量。从产品视角来看，企业的产品品质好，物业服务好，通常就能卖出更高的单价，从而提升品牌溢价；从资本视角来看，品牌溢价借助成本利润率这个指标来衡量，本质上反映了“一分钱进，几分钱出”的问题。下面我们将分别从产品视角和资本视角详细剖析品牌溢价。

从产品视角来看，我们以销售单价来衡量品牌溢价，房企产品的销售单价高，则品牌溢价高。我们采集了2016—2018年平均业绩前20强房企的2018年流量金额和销售面积等数据，并计算了销售单价（见表5–5）。

表5–5 前20强房企的品牌溢价及相关指标

品牌溢价排名	前20强房企	企业性质	流量金额（亿元）	销售面积（万平方米）	销售单价（万元/平方米）
1	中国金茂	民企	1 280.0	501.2	2.55
2	招商蛇口	国央企	1 705.0	815.3	2.09
3	绿城中国	民企	1 563.7	813.6	1.92
4	金地集团	民企	1 623.5	866.0	1.87
5	华润置地	国央企	2 106.0	1 205.9	1.75
6	世茂房地产	民企	1 761.2	1 065.6	1.65
7	中海地产	国央企	2 687.9	1 630.7	1.65
8	龙湖集团	民企	2 006.7	1 245.9	1.61
9	旭辉集团	民企	1 625.2	1 029.3	1.58
10	融创中国	民企	4 600.0	3 020.4	1.52
11	万　科	混合制	6 069.2	4 015.6	1.51
12	保利地产	国央企	4050.0	2 715.3	1.49
13	正荣地产	民企	1 303.4	907.2	1.44
14	阳光城	民企	1 628.4	1 238.9	1.31
15	中南置地	民企	1 520.5	1 158.4	1.31
16	富力地产	民企	1 415.0	1 094.1	1.29
17	新城控股	民企	2 204.3	1 791.2	1.23
18	华夏幸福	民企	1 680.0	1 538.9	1.09
19	中国恒大	民企	5 511.0	5 239.5	1.05
20	碧桂园	民企	7 286.9	7 730.7	0.94

数据来源：克而瑞销售排行榜，明源地产研究院整理。

可以看出，排在前列的房企是金茂、招商蛇口、绿城、金地和华润。它们的共同特征是主要布局一、二线城市，产品定位相对高端，售价相对较高，这样就很容易通过高售价去覆盖高成本，从而获取了较高的品牌溢价。而像恒大和碧桂园，大量布局三、四线城市，这些城市的房价天花板较低，售价很难提升，因此品牌溢价较低。

从资本视角来看，成本利润率反映的是每投入一分钱有几分钱出来，这是衡量品牌溢价的另一个关键指标。成本利润率的计算公式是：成本利润率 = 净利润 /（营业成本 + 销售费用 + 管理费用 + 财务费用）。成本利润率越高，表明房企为取得利润而付出的代价越小。我们搜集了 2016—2018 年平均业绩前 20 强房企的净利润、营业成本以及销售费用、管理费用、财务费用的数据，并据此计算出这些房企的成本利润率（见图 5–25）。

我们可以看出，成本利润率排在前列的房企是中海、金地、华润和招商蛇口。它们主要布局高能级城市，这些城市的房价较高，从而可以在建安成本相差不多的情况获得较高的利润。而排在后面的阳光城和中南等房企大量布局三、四线城市，售价难以提升，而建安成本和三费等又很难降低，因此难以获得较高的净利润，因此成本利润率较低。

在限价政策频出的背景下，房企依靠品牌溢价的增长模式面临挑战。房企布局在城市能级高的地方，可以通过做高端产品抬高售价，而抬高的那一部分售价远高于打磨产品品质所付出的成本，因而可以获取高额利润。但是在当下，一、二线城市的房价受到严格调控，可抬高售价的空间变得非常狭小，因此，通过抬高售价来提升品牌溢价并由此覆盖高成本的发展模式已然行不通，那么广大房企该如何破局呢？下面，我们将从品牌形象、产品及服务品质、经营管控和团队建设四大维度出发为大家出谋划策。

（1）搭建“公司品牌 + 产品品牌”双向联动建设的品牌思维

想要达成高品牌溢价的结果，房企首先应构建自身的品牌思维，这里的品牌思维包括品牌组成及定位。如今房地产业已是一片红海，千帆

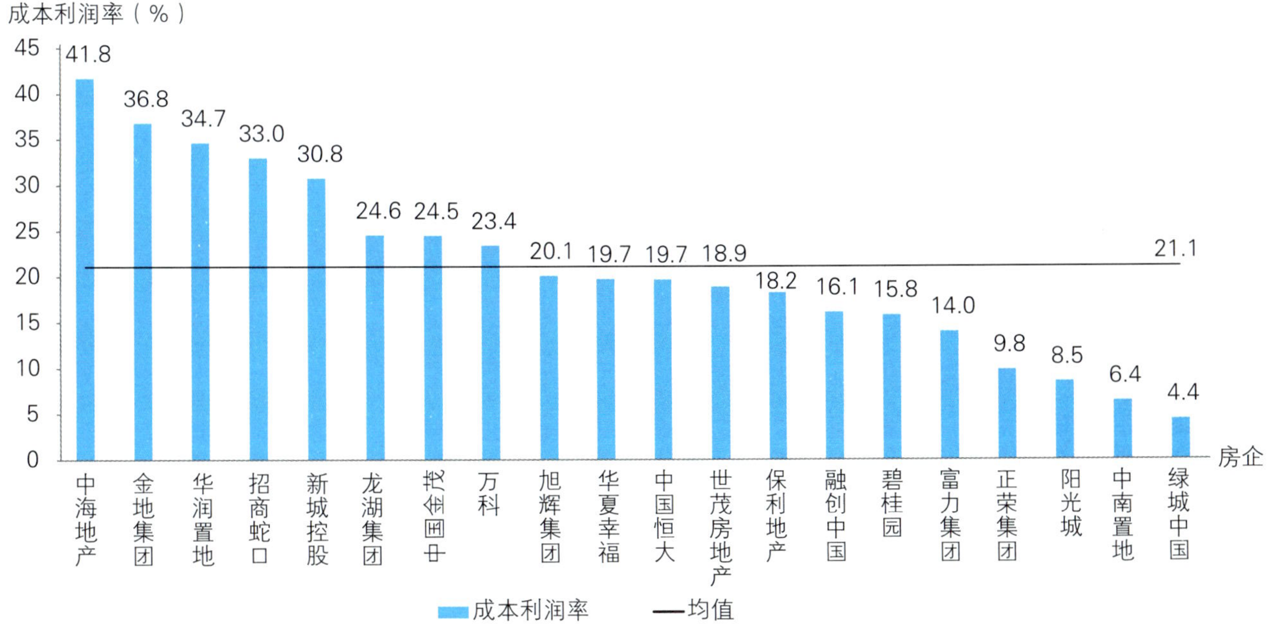

数据来源：Wind、企业年报，明源地产研究院整理。

图 5-25　前 20 强房企 2018 年成本利润率

竞技，而不再是以往的“酒香不怕巷子深”的局面。如果企业对品牌打造缺乏思考，后期宣传又缺乏目的性，那必然会导致客户对该房企缺乏了解，直接影响对其价格的预期。更进一步来说，这样就会导致在相同投入的情况下，不仅销售价格缺乏竞争力，而且在去化层面，同样的价格会卖得更慢。因此，企业需要搭建“公司品牌＋产品品牌”双向联动建设的品牌思维，这里的双向联动建设强调的核心是关注客户需求，即打造公司品牌时辅以从客户需求出发锻造产品品牌，在成就自身品牌建设的同时成为客户生活知己的品牌价值观。

在具体实施方向的把控上，我们认为可以首先基于对客户需求的了解和洞察，形成好的产品设计方案；其次基于工程品质的严格把控，形成好的产品质量以赢得客户的信任；最后基于客户家庭生命周期的变化和持续居住的需求，为他们打造好的产品配套和服务。

（2）基于客户需求提升产品品质和服务水平

上文我们提到的要从客户需求出发锻造产品品牌，落在实施阶段可以具体拆分为提升产品品质与提升物业服务水平两个维度。众所周知，中海、绿城和龙湖均是业内的品质标杆，它们强调做精产品品质，使其产品在当地同等的竞争条件下可以卖出更好的价钱。在物业服务方面，万科、龙湖和花样年都是行业内的佼佼者，它们都成立了专门的物业公司，对物业服务的细小方面精益求精，更注重业主的体验。物业是伴随业主入住后的终身问题，好的物业可以吸引潜在客户。因此，做好物业可以吸引更多的购房者，也可以说物业是房企竞争的一块金字招牌。

再进一步落到具体操作的层面，则要求房企坚持从客户的视角出发形成全周期的客户调研机制，即从定位、销售、交付和入住四大环节不断洞察客户需求，以推动产品的升级或优化。房企要尽可能运用两个独立的客研机制从内到外探索客户需求，持续提升产品力。例如在项目策划阶段，房企可以挖掘并构建每个项目的排他性价值体系，用客户听得懂的语言进行传播和沟通，从而更贴合客户内心的需求。

（3）从营销的思维和视角出发，加强内部经营管控，降本增效

为了进行品牌建设，企业要从营销的思维和视角出发，以实现公司或项目经营目标为导向倒逼企业“练内功”。首先需建立四大管理要点：管定位、管节点、管量价和管规范。这四点落在实施层面是做打动客户的产品，抓住合适的时机，以符合要求的价格和流速实现项目经营目标，同时严格规范和控制风险。在这里我们着重对管节点和管规范两点进行展开阐述。

- 管节点：一方面是在项目考核指标上建立项目在不同阶段的全周期动态考核指标体系，并以到访成本、到访完成率、成交成本和整体费效为重点过程管控指标，做到精细考核；另一方面则是建立多维风险控制体系并对主要风险点进行报备，实时判别客群且全程数据留痕，这样可以有效避免风险。此外，再通过内审、互查或稽查等方式强化工作规范和风险控制。
- 管规范：沉淀和形成具有企业特色的工作标准化手册，以应对人员流动性较大、新人多的挑战，从而快速提升团队的工作水平。

（4）通过流程化管理和制度化管理提升团队凝聚力

高素质的专业销售团队是房企赢得市场的法宝。优秀的团队不仅需要规划流程和提高工作效率，也需要借助严格的制度规范来提高竞争力与执行力。因此，“流程化”与“制度化”的管理是销售团队建设的重要环节。

就人才流程化管理而言，房企可以针对不同层级的人员形成不同类别的训练营，分别是针对新人的新兵训练营、针对主管级员工的尖刀训练营和针对营销经理级的管理训练营。其中管理训练营的日常落地载体可以是集团月度营销例会。

就人才制度化管理而言，房企应建立高效的管理组织。通过明确的

责任界定、科学的决策机制、公平的岗位职责评估以及精确的内部审计和组织监督，管理团队可以打造高效的执行力。同时，针对不同类型岗位上的销售人员，企业可以采用均衡的人员配置及收入保障体系，其目的在于提升员工的工作认同感和价值感，进而提升凝聚力。

3. 管理练内功：通过精细化练内功，提升内控水平，降本增效

在过往地价快速上涨的阶段，房企拿地即赚钱，甚至有标杆房企曾在一段时间内采取“盲投”策略拿地。但是，在当前大环境下，地价已至高位、房价面临限价天花板，房企利润空间被极度压缩，房企练内功、降本增效的重要性就凸显出来了。房企练内功，具体可以从成本管控、三费管控、合理税筹及制度选择四个方面进行展开。

（1）成本管控（目标成本变动率）

首先从房企的成本控制水平来看，核心指标目标成本变动率 =（目标成本 – 实际成本）/ 目标成本，体现的是企业的实际成本与目标成本之间的偏差，进而反映企业在目标成本管控上的水平高低。从明源与客户合作了解到的数据情况来看，前 20 强房企的目标成本变动率一般控制在 ±3% 的范围内，总体管控水平较高。

其中数据差异比较大的是 Z 企，该指标为 –7%。如果仅从表面的数据表现来看，其成本管控水平差，但这一判断其实并不合理。根据明源与 Z 企多年的合作，我们发现，为确保企业整体绩效的达成，它必须把目标成本定得高一些，因为如果定得过低，万一没有达成，作为国央企的 Z 企面临的形势要比民企严峻得多，因此它在成本这个一级指标的目标值上会设定得相对宽松。但其实 Z 企在前期成本、建安成本和配套成本等二级指标的管控上做得相当到位，确保每一项二级指标红线都不被突破。

（2）三费管控

对于房企而言，营销费用、管理费用和财务费用一定是越低越好吗？

并不一定，以下我们分别以前 20 强房企的三费数据并结合其具体实践举措进行分析。

- 营销费用率并非越低越好，而是要以销售目标达成为导向。从 2018 年前 20 强房企的营销费用率（见图 5–26）来看，中海和招商蛇口两家国央企最低，如果从表面的财务角度来分析，大家会直观地认为其营销费用控制得很到位，而新城和恒大的营销费用控制较差。但我们进一步分析后就会发现，并不一定是营销费用率低就好，高就不好。中海和招商蛇口这两家企业在城市布局上均高度聚焦在一、二线核心城市，这些热点城市的房子本身就不愁卖，尤其是在限价的背景下，买到即赚到，热点城市房子的抢房大战不断上演。那我们就要反问一句：为什么企业的营销费用率不是零呢？所以，对于营销费用率的高低，我们应该基于房企的城市布局来考量其数据标准，而不是根据静态的数值去审视。此外，伴随着其营业总收入的提升，即分母的增大，营销费用变化不大的情况下，该指标自然会较低。

  而对于新城和恒大等房企而言，营销费用控制不是管控目标，而只是管控手段，核心是为了加快销售回款、加大资金回笼和支撑销售目标的达成。也就是说，这些企业不会特意为了把营销费用这个绝对数值降下来而影响销售业绩的按时、按量达成。所以我们也可以看到，这些高周转的房企在加大销售佣金等营销手段的使用上都非常到位。
- 管理费用率过低，反映对高级人才的薪酬激励和基础设施投入不足。在管理费用率方面，如图 5–27 所示，中海和招商蛇口同样占据最低的前两位，远低于平均值。那么，管理费用率低就好吗？我们不难看到，近年来这两家企业高管出走的情况屡见不鲜，所以其管理费用率低在一定程度上意味着对高级人才的薪酬激励不到位，

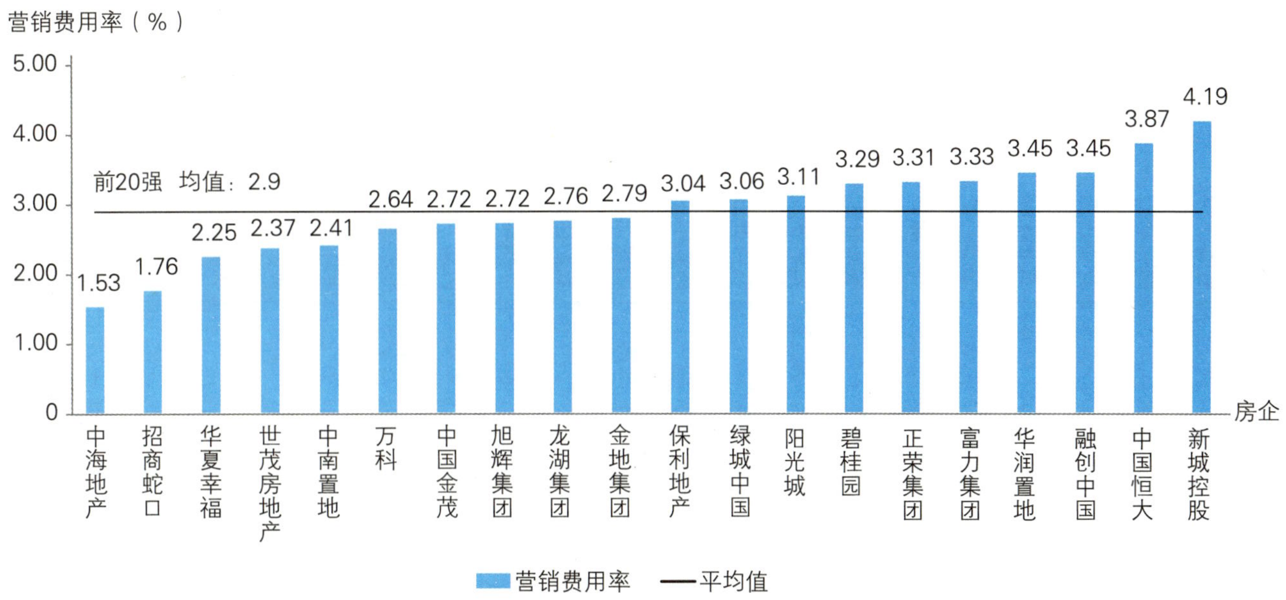

数据来源：Wind、企业年报，明源地产研究院整理。

图 5-26　前 20 强房企 2018 年营销费用率

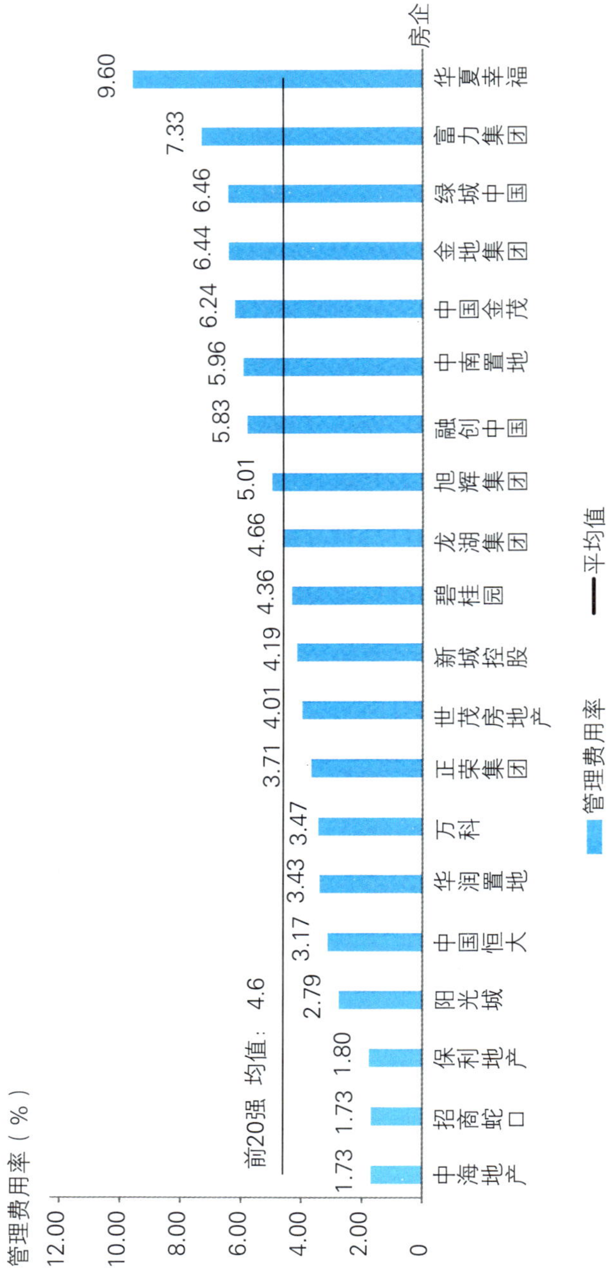

数据来源：Wind、企业年报，明源地产研究院整理。

图5-27 前20强房企2018年管理费用率

没有随行就市对薪酬体系进行改革，同时也从侧面反映企业在信息化建设等基础设施上的投入不足。

- 在新的会计准则下，财务费用率更多地体现企业的周转能力。仍以 Z 企为例，其在融资方面的资源禀赋不低，集团旗下有银行和证券业务，各路资本对其授信额度和融资成本都相当优惠，但是，它的财务费用率反而较高，原因何在？其本质原因就在于会计准则发生了根本性的变化，新的企业会计准则已经在向经营能力、赢利能力和周转能力强的企业倾斜。根据 Z 企的准则条例，当项目已经达到预售条件时，它就可以把期间费用结转为项目成本。

  通过高周转，充分运用“财技”，将大量财务费用尽快结转到项目成本里面去，已经成为房企的标准套路。如图 5–28 所示，因为新的会计准则实施时间还不长，所以有些企业的财务费用率甚至为负值，如金地。所以，在新的会计准则下，财务费用率指标不再直接体现企业融资成本的高与低，而是更多地体现一家企业的周转能力。

（3）合理税筹

在“营改增”的大背景下，房企越来越倾向于向内部要效益，此时合理税筹就显得非常重要。很多企业非常强调通过对整个供应链的控制来实现合理税筹。在我们选取的前 20 强样本房企中，中南 2018 年整体税赋占销售额的比重为 1.4%，可见其税筹在样本房企中更为合理（见表 5–6）。合理税筹的含义是通过对供应链上下游的控制，在供应链的各环节将收入、利润和成本做一番调整，降低各环节的税负，从而获得企业综合收益的最大化。

（4）制度选择：利润考核导向及审计补漏机制

成本费用的管控，最终还是要落到一线层面来执行。那么，房企该

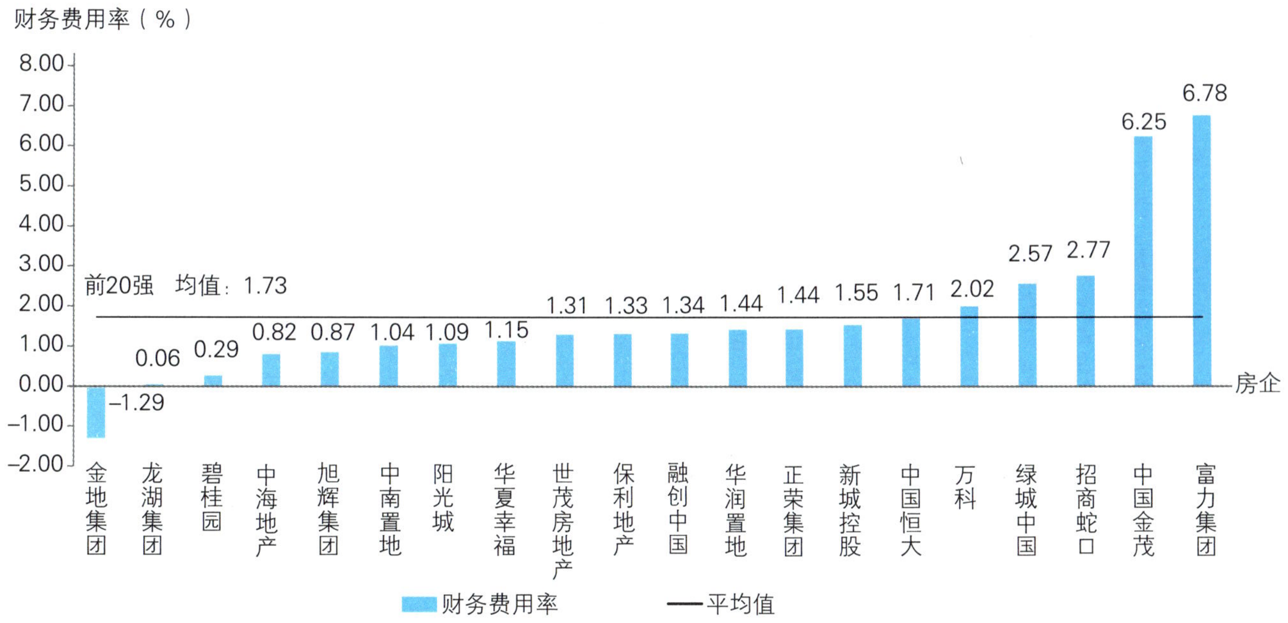

数据来源：Wind、企业年报，明源地产研究院整理。

图5-28 前20强房企2018年财务费用率

表 5-6　2018 年房企税负占销售额的比重

序号	前 20 强房企	企业所得税（元）	土地增值税（元）	销售额（亿元）	整体税负占销售额比重
1	中南置地	1 135 676 951	955 270 809	1 466	1.4%
2	正荣地产	1 279 020 000	1 047 904 000	1 080	2.2%
3	万科	9 435 377 420	5 870 983 559	6 070	2.5%
4	新城控股	3 724 255 964	2 851 588 712	2 211	3.0%
5	融创中国	10 066 909 000	5 097 202 000	4 608	3.3%
6	中国金茂	3 184 808 000	1 467 896 000	1 280	3.6%
7	阳光城	2 509 930 355	3 421 984 292	1 629	3.6%
8	绿城中国	2 373 034 000	4 782 105 000	1 564	4.6%
9	碧桂园	20 031 000 000	13 922 000 000	7 287	4.7%
10	旭辉集团	3 436 417 000	3 676 467 000	1 520	4.7%
11	金地集团	3 411 815 483	5 499 077 896	1 623	5.5%
12	保利地产	9 963 679 754	13 259 235 776	4 048	5.7%
13	华夏幸福	6 469 893 846	3 856 315 225	1 628	6.3%
14	世茂房地产	5 382 757 000	4 537 855 000	1 400	7.1%
15	富力地产	5 411 019 000	4 856 761 000	1 311	7.8%
16	龙湖集团	7 741 254 000	8 625 483 000	2 006	8.2%
17	中海地产	13 612 892 000	11 463 969 000	3 012	8.3%
18	招商蛇口	8 132 699 501	7 352 316 965	1 706	9.1%
19	华润置地	11 507 794 000	12 722 209 000	2 107	11.5%
20	中国恒大	36 232 000 000	27 267 000 000	5 513	11.5%

注：恒大的企业所得税同比增长 37.5%，土地增值税同比增加 31%，毛利润同比增长 50.5%。
数据来源：企业年报，明源地产研究院整理。

如何驱动一线更好地达到成本费用管控目标？

以前是靠“管”，也就是给一线设定指标红线并进行量化考核，比如费用指标不能超过 2.5 个点。落到执行层面就是通过各种手段和各种条条框框去限制一线，确保其指标不触碰红线。但是，这种方式显然效果有限且难以持续。

现在，行业内已经开始有一个很重要的趋势，就是从靠“管”转向基于人性洞察的“制度选择”。具体而言，现在对一线的考核导向，从卡指标红线变为实施利润考核，并从项目利润中提取一定比例用于一线发放奖金，对员工进行激励。转变管控方式后，一线自然就有动力自发地节省费用，此时三费管控就不再成为一个问题。所以在这个导向下，很多企业不再以费用管控作为管理目标，而是将其作为管理手段，企业的核心目标是要保证资金回笼，保证企业的 ROE。

但在利润考核模式下，集团总部需要关注的重点是要保证项目品质，防止一线为压缩成本来保障其利润空间而克扣原本应该花的成本，进而造成产品品质的下降。另外，集团层面还需要注重定标准并经常审计，通过审计补漏机制，杜绝一线藏业绩或虚报成本等行为。

（5）小结：成本适配、合理税筹和制度选择助力房企降本增效

综上所述，企业降本增效的关键路径包括三个方面（见图 5–29）。

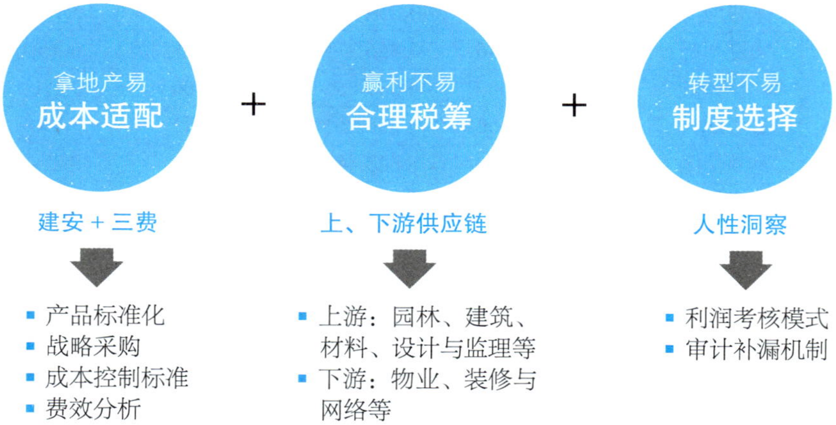

图 5–29 房企降本增效的关键路径

- 树立正确的成本费用管控理念，成本费用不是越低越好，而是要“适配”。房企可以通过产品标准化和战略采购做到成本适配，同时，要明确成本控制标准，进行费效分析并了解企业的成本适配度。
- 房企要进行合理的税务筹划，通过搭建上下游供应（如上游的园

林、材料和设计等，下游的物业和装修等）最大程度地实现各个环节的合理避税。

- 基于对人性的深刻洞察，企业将利润考核与审计补漏机制相结合，驱动一线自主节省成本，确保成本管控到位。

4. 小结：管理练内功正当时

前面我们提到，净利润率的影响因子由高到低排序是土地溢价、品牌溢价和管理练内功，但是，在当前的行业大环境下，要提升这三方面的难度顺序恰恰是反过来的，土地溢价提升最难，品牌溢价提升也不容易，唯有管理练内功是短期可以发力的。也就是说，在地价已经涨至高位且限价的天花板持续悬在头顶的压力下，房企希望像以往那样通过土地晒太阳获取高溢价已经不可能，所以土地溢价已经很难往上走；而品牌溢价也并非一朝一夕之事，需要长期的品牌宣传和口碑积累；而只有管理练内功（通过内部的精细化管理提升降低成本，提升运营效率）才是房企在当前环境下可以发力并能在短期内见效的。所以说，房企练内功正当时。

二、存货周转率：运营能力分析

周转速度是影响 ROE 的第二项关键因子。对于近几年规模上升极快的房地产新贵而言，因为它们手中几乎没有五年以上的存量土地储备，无法在第一项关键因子净利润率方面取得较高的水平，因此，往往只能通过 ROE 的第二项关键因子（加快周转速度）来寻求企业发力的空间，提升投资回报率（见图 5–30）。

我们从存货周转率这一指标来衡量房企的周转速度。存货周转率又可以从三个维度来体现：一是运营工期，也就是房地产全价值链上关键节点的时间要求，例如从拿地到开工，从拿地到开盘以及从拿地到现金流回正等关键节点上，房企能做到什么速度，运营工期越短，周转就越快；二是回款周期，即从购房合同签约到全部房款到账所需要的时间周期，房子卖出去了，款项没有收回来，也无法为企业快速周转提供现金流，所以，房企要提高周转速度，也必须关注回款周期；三是全货值管理，审视“投—产—供—销—存”各个环节的转化率和损耗情况，由此才能找到关键瓶颈环节，并做出优化改进，基于全货值前后打通，才能真正让企业周转快起来。

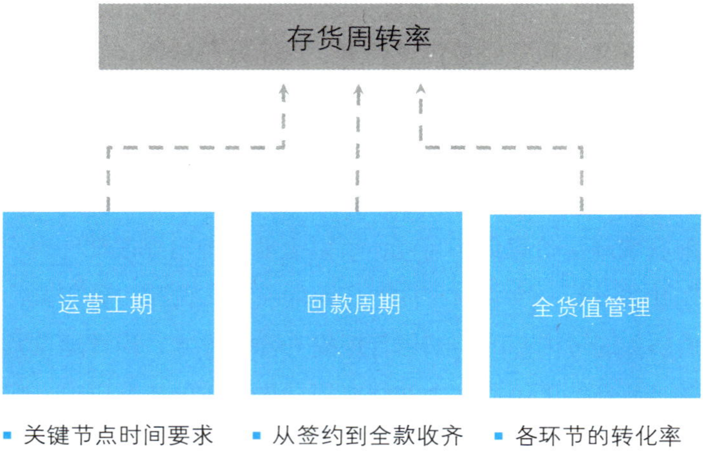

图5–30　存货周转率的影响因子

接下来，我们就结合前20强房企的整体表现，从以上三个维度具体展开阐述。

1. 运营工期：选对城市、供应链控制、产品标准化和开发流程再造

整体来看，碧桂园、新城和中南等房企的运营工期较短，周转速度较快（见表5–7）。有些房企会针对不同的产品业态或不同的城市能级设定不同的运营工期标准。

重仓一、二线城市的房企，运营工期普遍较长，其背后的原因在于：其一，在持续的限价和调控影响下，利润空间必然被压缩，所以房企本

身就存在“捂盘惜售”的心理；其二，即使房企想卖房也不好卖，限价之下容易导致项目亏损，对于国央企而言，还容易背负国有资产流失的责任；其三，布局的城市能级高，取得预售证的时间周期自然更长。

表 5–7　前 20 强房企运营工期对标

序号	房企名称	关键工期
1	碧桂园	456：拿地后 4 个月开盘，5 个月现金流回正，6 个月资金投入下一个项目
2	万　科	5986：拿地后 5 个月动工，9 个月销售，第 1 个月售出 8 成，产品必须 6 成是住宅
3	中国恒大	暂无
4	融创中国	5912：拿地后 5 个月动工，9 个月开盘，12 个月归还股东投入
5	保利地产	一、二线城市 8372：8 个月首开，30% 的首开比，70% 的首开去化，两年回正 三、四线城市 5481：5 个月首开，40% 的首开比，80% 的首开去化，1 年回正
6	中海地产	暂无
7	华润置地	多层 / 别墅：开工到封顶 7 个月，封顶到竣工 8 个月 小高层：开工到封顶 9 个月，封顶到竣工 10.5 个月 高层：开工到封顶 12 个月，封顶到竣工 12.5 个月 超高层：开工到封顶 19 个月，封顶到竣工 20 个月
8	龙湖集团	拿地到开工：一般是 3~5 个月 拿地到开盘：一般是 6~9 个月 现金流回正：一般是 10~15 个月
9	华夏幸福	3510：拿地之前 3 个月要与政府就地块的经济指标、规划等内容达成共识，拿地后 5 个月示范区开放，拿地后 10 个月现金流回正
10	绿城中国	5912：5 个月取得施工许可证并开工，9 个月取得预售证并开盘，12 个月收回股东投入
11	新城控股	住宅 0346：拿地开工，3 个月售楼处开放，4 个月开盘，6 个月现金流回正 商业 0458：拿地开工，4 个月售楼处开放，5 个月开盘，8 个月现金流回正

（续表）

序号	房企名称	关键工期
12	金地集团	拿地至项目开工：按不同地区分 5、6、7、9 个月 拿地至项目首期开盘：按不同地区或不同物业类型分 10、11、12、13、14、15 个月 项目开工至竣工：按不同物业类型（毛坯或精装）分 15、17、20、22、23、26、29 个月 项目竣工至入住：按不同物业类型（毛坯、精装）分 3、4、6、9 个月
13	招商蛇口	周转型项目 4818：拿地后 4 个月内开工，8 个月内开盘，18 个月内现金流回正。 均衡型项目 41024：拿地后 4 个月内开工，10 个月内开盘，24 个月内经营性现金流回正 43810：周转型和均衡型项目首开推盘要求不低于 4 万平方米和整盘货量 1/3 之间的较大值，加推货量不低于 3 万平方米和整盘货量 1/3 之间的较大值，每次推盘间隔不得越过 6 个月，每次推盘货量 3 个月内去化 80%，6 个月内去化 100%
14	世茂房地产	暂无
15	旭辉集团	612：拿地后 6 个月开盘，12 个月现金流回正
16	阳光城	一类城市：拿地后 2 个月开工，5 个月开放，6 个月开盘 二类城市：拿地后 1.5 个月开工，4 个月开放，5 个月开盘 三类城市：拿地后 1 个月开工，3 个月开放，4 个月开盘
17	中南置地	拿地到定位会：一、二、三、四线城市均为 15 天 拿地到全程策划会：一、二、三、四线城市均为 45 天 拿地到开工：一线 130 天，二线 90 天，三、四线 70 天 拿地到取得施工证：一线 6 个月，二线 3 个月，三、四线 2.5 个月 拿地到亮点展示：一线 7 个月，二线 3 个月，三、四线 3 个月 拿地到开盘：一线 9 个月，二线 6 个月，三、四线 4 个月 拿地到现金流回正：一线 12 个月，二线 9 个月，三、四线 7 个月
18	富力地产	暂无
19	正荣地产	拿地到开盘 8 个月，融资性现金流回正 17 个月，经营性现金流回正 22 个月
20	中国金茂	内部标准：10/20/30/40，即拿地后 10 个月开盘，20 个月现金流回正，毛利率 30%，项目清盘周期 40 个月 拿地到开工：一般 3~5 个月

数据来源：明源各区域解决方案中心，明源地产研究院整理。

房企缩短运营工期，提升周转速度，有四大核心举措（见图 5–31）。

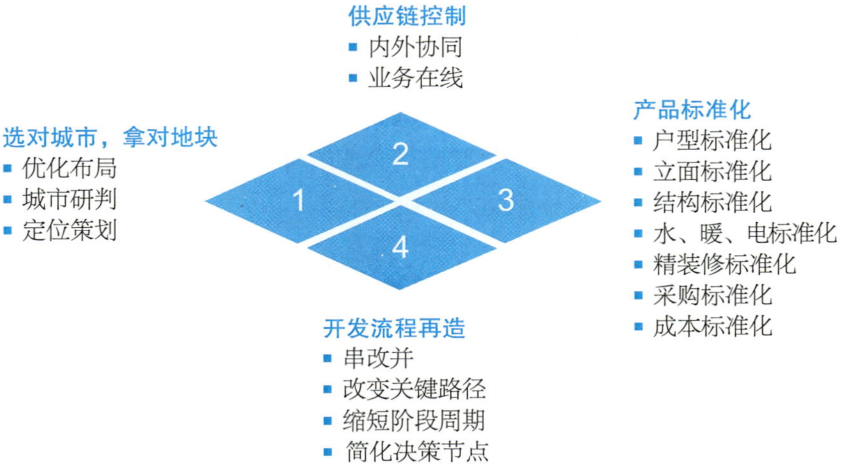

图 5–31 缩短运营工期的四大举措

- 选对城市，拿对地块。运营工期首先考量的是政策，只有在没有政策调控或调控力度较松的城市，在融资和销售等方面没有受到过多限制的情况下，房企才能把周转速度提上来。对于很多三、四、五线城市的本土房企而言，在周转速度方面不会受到太多的政策束缚，但对于全国布局的企业而言，首先要考量的就是一个城市的政策是否利于房企实现高周转。例如在调控严厉且土地稀缺的一线城市深圳，企业很有可能需要几年时间才能拿到一块地，而且即使拿了一块地，要获得理想的利润，很可能要等到限价放开再销售。所以，从企业投资回报的角度来看，在这一类城市投资的短期变现能力很差，周转速度自然上不来。
- 供应链控制，即内外协同、业务在线。例如通过搭建企业自身的上下游供应链（如上游的园林、材料和设计等，下游的物业和装修等），且各项业务环节在线化，实现真正的协同提效。
- 产品标准化。如果企业秉承持续发展壮大的目标，那么建标准就非常重要，不管做什么档次的产品，房企都需要沉淀标准，不仅基于刚需定位的产品需要标准化，高端定位的产品同样需要标准化。通过产品标准化，确保“一次性做对”，因为这才是提高回报率的一种方式。以敲敲打打的工匠精神去反复修改、雕琢一个艺术化的产品，其实反映的是企业的核心竞争力尚未提升，还没有沉淀和形成标准化的产品开发体系。

- 开发流程再造，包括串改并、改变关键路径、缩短阶段周期和简化决策要点等。例如串改并，项目如果串行开展，可以一个一个慢慢地做，但工期必然拉长。将串行改为并行模式是提升开发效率的重要方式之一，但在并行模式下，企业在同一个时间段要处理的事情就多了，对于企业而言，能力是否相应提升到足以支撑串改并？这才是关键。例如改变关键路径，有些企业的项目开发总是习惯性地在某几个环节卡壳，关键点无法突破，比如前期的方案变更环节，因为其决策主要都依赖于老板，所以关键路径很多都指向老板，而老板要关注的事务太多，导致来回修改，方案迟迟定不下来，必然导致整个决策效率偏低，延误了整个工期。那么，无论实际做法的好与坏，企业都有必要通过一个平台把过程中的经验和做法沉淀下来，然后在可视、可得的基础上再去慢慢优化，然后把项目成熟的和优秀的做法固化下来。由此，企业不至于一直都不清楚应该怎么做，或者因为人员离职而导致经验流失。早年的龙湖就是这方面的典型代表，通过对关键成果进行扎实的梳理，龙湖将其成功的做法快速复用，提升了集团整体的运营效率。

2. 回款周期：重视回款的跟催是缩短回款周期的关键

没有回款的销售就是“空头支票”，所以，企业的高周转必须基于回款。有不少企业（包括很多的销售人员）普遍认为认购签约已经完成，就不用再管了，而没有跟进客户首付款和银行放款等后续环节。事实上，是否跟催是导致企业回款周期差异的直接原因，银行放款额度有限，其资金也必然是优先放给跟催的一方，所以它是一个此消彼长的生态。

从前 20 强房企的回款周期来看，碧桂园和金地的回款周期能控制在 1 个月左右，其他房企平均在 2~3 个月（见表 5–8）。试想，假设 1 000 亿元的销售额，回款周期慢 1 个月，意味着这 1 000 亿元的资金在账面上多趴了 1 个月，现金流没有得到盘活，房企为此而付出的资金成本可想而知。

表 5–8 前 20 强房企回款周期对标

序号	前 20 强房企	回款周期
1	碧桂园	30 天左右
2	万　科	暂无
3	中国恒大	暂无
4	融创中国	90 天左右
5	保利地产	40 天
6	中海地产	50 天
7	华润置地	60 天
8	龙湖集团	平均 48 天
9	华夏幸福	暂无
10	绿城中国	平均 90 天内
11	新城控股	控 60 天
12	金地集团	35 天
13	招商蛇口	50 天
14	世茂房地产	暂无
15	旭辉集团	60 天或 90 天
16	阳光城	60 天
17	中南置地	60~90 天
18	富力地产	暂无
19	正荣地产	82 天（不含车位 102 天）
20	中国金茂	平均 60~90 天

注：回款周期指的是从销售签约到银行放尾款的时间周期。
数据来源：明源各区域解决方案中心，明源地产研究院整理。

明源地产研究院在与众多的房企交流后看到，目前已经有不少企业（如中国奥园等）在狠抓回款。经研讨总结，我们提炼了房企加快销售回款、强化现金流回笼的十大要点，从业务流程来看，每一个阶段其实都有很多缩短回款周期的策略（见图 5–32）。

土地拓展阶段

- 拿现金流能快速周转的地，优化项目投资标准
- 调整借贷结构，把短债变长债
- 充分利用合作方资金，充分运用商票保理等金融手段

开发阶段

- 利用当地资源，尽快拿到开发贷
- 注重首开现金回笼比例，实现更高利润
- 尽可能多地寻找战略（能垫钱的）供应商
- 尽可能多地利用供应链金融，前提是高周转、高回报

销售及运营阶段

- 开发流程，快速实现销售节点
- 加大销售激励，高佣金、高回报
- 通过信息化平台做好回款的全过程管理，加大客户交款、银行放款的跟催

图 5–32　缩短回款周期、强化现金流回笼的十大要点

在土地拓展阶段：第一，在拿地时一定要选择那些能够实现现金流快速周转的地块。对于高周转的企业而言，这一点是铁律。这就要求投资拓展团队在衡量项目投资的标准上，不能只看静态的投资回报率数据，而要基于现金流来进行决策。另外，在收并购项目方面，我们在与中梁和祥生等企业的交流中了解到，有些项目尽管明显是亏钱的，但是现金流特别好，有很多的应收款，它们仍然会选择把这个项目拿下来，所以，它们的确做到了超脱于项目的盈亏而真正从现金流的角度去审视回款和投资拓展。第二，调整借贷结构，把短债变长债，从而降低融资成本和风险。在土地价款的支付上，甚至有些企业通过延长支付时间，把缴纳滞纳金视作企业的融资成本，尽可能加大应付账款的比例。第三，充分利用合作方资金。例如在工程款的支付条件上，不少标杆房企都要求工程款达到一定金额后就采用商票保理的方式，通过保理公司来支付进度

款。所有这些手段，都是为了保障企业有充裕的现金流。

在开发阶段：第一，利用当地资源，尽快拿到开发贷。第二，在方案规划阶段，要充分注重首开现金回笼的比例，由此来推算后续的每一个环节能否覆盖企业的资金，比如首开地货比、去化率和回款率等，从而实现更高的项目利润。因此，房企在产品特点上需要重点考究，无论每家企业的产品标准有多大差异，其核心导向都是保障企业的现金流。第三，尽可能多地寻找战略（如能垫钱的）供应商。在这一点上需要特别注意的是，一定要“在阳光灿烂时修屋顶”，也就是说要在行情好时就做这件事，不能等到行情不好再去找能垫钱的供应商。第四，尽可能多地利用各种金融手段。在这一点上也有一个重大的前提，即企业是否深刻理解了什么是真正的高周转，能否获得高回报。如果没有理解，那么企业连运用金融工具的意愿都没有。中梁和祥生等非上市企业，发展同样很快，民间资本是其重要的融资渠道，如何将大量的小股东聚集在一起，公司治理架构的梳理十分关键，这就需要公司在实现投资回报的同时确保股东在行业整体形势不好时仍可以全身而退。

在销售及运营阶段：第一，在开发流程上，快速达到销售节点。第二，加大销售激励。从行业经验来看，高佣金、高回报是普遍方法，卖得快卖得好的项目，其销售佣金通常都不低，“想要马儿跑，又要马儿不吃草”是很难的。第三，通过信息化平台，做好回款的全过程管理，真正提高客户交款和银行放款的跟催效率。明源云作为一家第三方信息化服务商，给房企做的大量项目连续几年排名第一的就是“回款专项”，将从认购签约直到放款到企业账户的全过程管理起来，不断给置业顾问、业主、财务部门和管理层自动推送跟催信息。如此一来，房企的回款周期平均缩短了两个月以上，真正做到了通过信息化平台为企业经营赋能。

3. 全货值管理：审视投—产—供—销—存各环节损耗，突破关键瓶颈

基于房地产开发的各个业务点，从资金流入到资金流出，我们都需

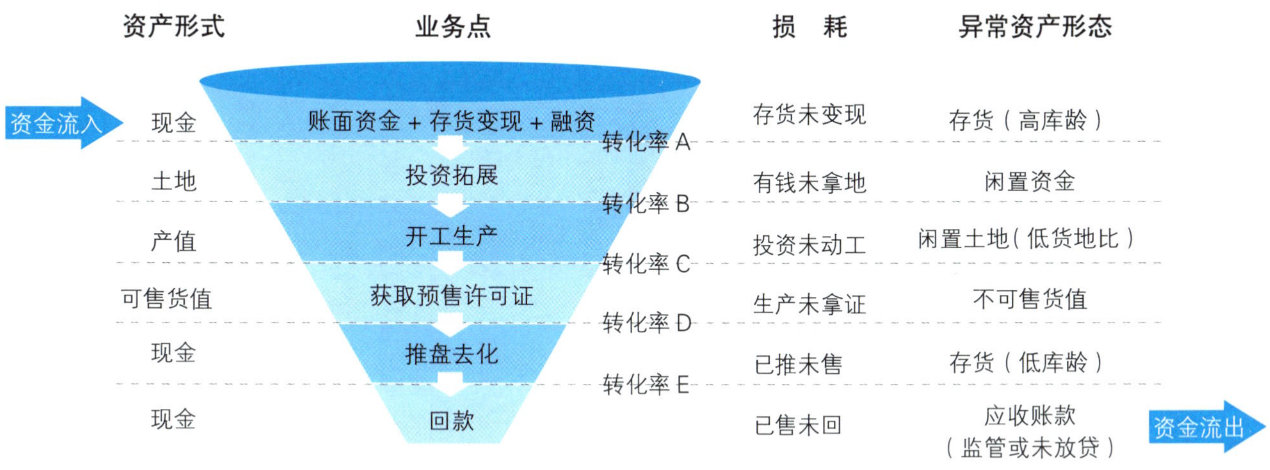

图 5-33　找缺口，审视投—产—供—销—存各环节的转化率

要从全货值前后打通的视角去审视和监控各个环节的转化率和损耗率，把整个业务链条监管起来。通过综合梳理各个业务点，我们可以看到主要存在六个环节的损耗，整体呈现出一个漏斗的逻辑（见图 5–33）。

- 在最初的资金流入环节，企业的资金一般源于三个方面：账面资金、存货变现以及融资获得的资金。如果房企存在两年以上的“高库龄”存货且一直“未变现”，那么这些存货就是企业的损耗。
- 在投资拓展环节，企业融到了钱却没有去拿地，出现了大量“闲置资金”，这是第二个环节的损耗。
- 在开工生产环节，企业投资拿地后没有动工，造成“闲置土地”这一异常资产形态，这是第三个环节的损耗。
- 已经动工生产工变成货值，但是没有拿到项目预售许可证，导致出现大量“不可售货值”，这是第四个环节的损耗。
- 在推盘去化阶段，如果存在一部分当年没有卖出去的“低库龄存货”，这也是企业的损耗。
- 如前所述，没有回款的销售就是空头支票，在项目卖出之后，如果没有及时跟催回款，银行迟迟未放贷，钱没有真正落到企业的账上，导致大量“应收账款”，这也是企业的巨大损耗。

在行业已经步入微利时代的当下，业务的每个环节损耗一点，可能最终就会导致企业的巨额亏损。因此，房企必须基于全货值管理去审视房地产整个开发价值链上的每一个环节的损耗，如此才能对企业自身的投资回报做到心中有数。同时，从中找出关键瓶颈环节，及时采取措施进行优化、改进和提升，而这也是保证企业高速周转的核心。

明源云作为信息化服务商，也在协同企业共同搭建货值管理的整套体系，例如做货值的大屏、中屏、小屏，通过大屏、PC 端或移动端手机报表，全盘、全方位地呈现企业的货值状况（见图 5–34）。

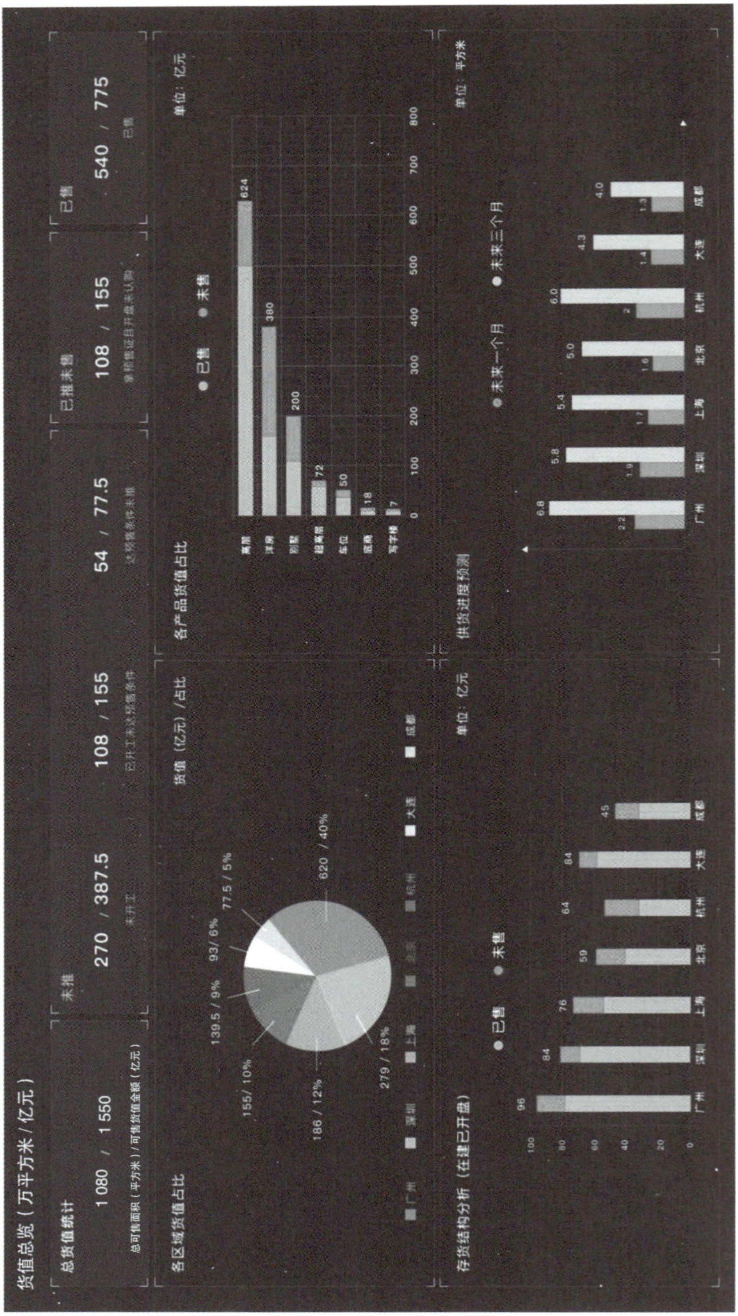

图5-34 盘家底，对企业货值进行整体盘点和掌握

在看待“货值”这一概念时，我们不能一概而论地看总量，而要结构化地看待它。明源地产研究院在与诸多房企探讨货值这一问题时都会发出“货值四连问”，这四个问题搞明白后，房企才能真正看清楚自家的家底（见图 5–35）。

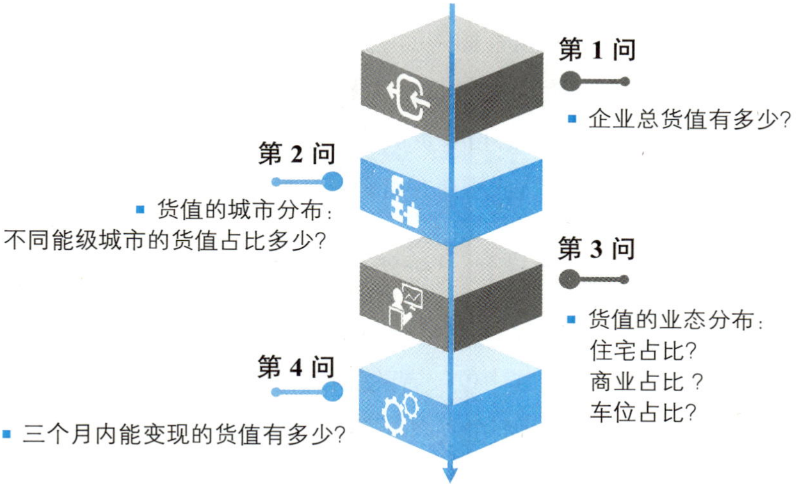

图 5–35　货值四连问

- 第一问：企业的总货值有多少？如果只是问到这里，不少房企会很容易下结论认为自身的家底很殷实。
- 第二问：企业的货值都分布在哪些城市？各线城市分别占比多少？不同能级的城市，存货去化和变现的速度是不一样的，假如企业的货值都集中在调控强度大或去化慢的城市，就容易出现转化率低、损耗大的情况。
- 第三问：企业货值的业态分布是怎样的？住宅、商铺和车位各占多大比例？如果企业的存货中有大量是商铺或车位这一类较难去化的业态，那么存货去化风险自然更高。
- 第四问：在企业总货值中，三个月内能变现的货值有多少？也就是说，如果三个月内就要把手头的货值去化变现，那么企业能够去化多少？企业是否想好如何处理剩下的货值？如果能变现的货值很少，那么风险自然更高。

四个问题连问下来，可以预见，不少企业会百般滋味。所以，很多时候我们看到企业的货值好像账面上光鲜，事实上，只有结构化来看才能真正看清楚。货值大屏之类的信息化系统为企业提供了这样一个有效工具，帮助企业全方位了解自身货值的内在结构、盘清家底，从而直观、快速地找到企业货值的病症所在并有针对性地进行优化改进。

三、资产负债率：负债情况分析

在前述企业分析中我们谈到，近年来行业内快速崛起的一批黑马房企的杠杆普遍较高，且其中佼佼者的加杠杆策略会随着外部环境变化而动态适配，而老牌的国央企在资产负债率上普遍偏低且保持平稳。那么，企业的负债到底是高好还是低好？我们认为，关键还是在“高”和“安全”之间找到一个平衡。且评判企业的负债情况和现金流安全不能仅看资产负债率，还要从以下五个方面进行整体考量：安全线设定、资产管理、销债比、负债结构和借债能力（见图 5–36）。

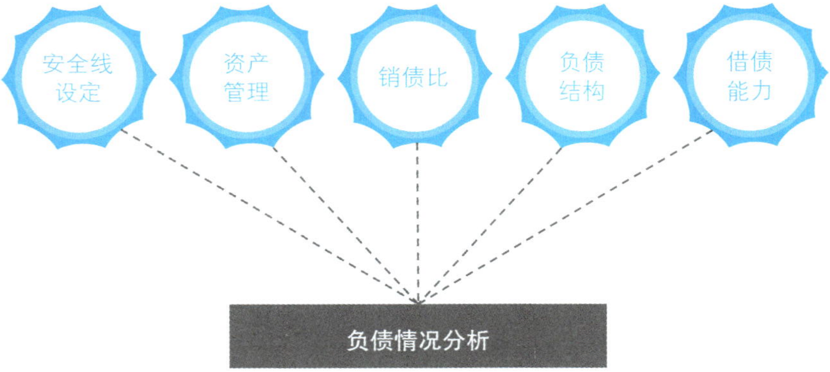

图 5–36 负债分析的五个维度

1. 安全线设定：根据外部环境设定适配的负债比例

整个房地产业对于负债的态度，可以说是冰火两重天：有些企业认为负债越低越安全，有些则认为负债高一点儿才能发展更快。但事实上，负债并不是低就好，也不是高就好，而是要根据不同的外部环境选择适合企业的负债比例。

我们可以看到行业的龙头房企融创和恒大近十年来的资产负债率走势都相当类似，而且都与行业形势的变化高度契合（见图 5–37）。当楼市调控、行业形势开始趋冷时，就适当地降低杠杆，先人一步踩刹车，确保资金的安全；而在政府出台利好的货币政策和财政政策来刺激楼市发展、行业回暖及市场上行的形势下，这些房企则都抓住机会，快速地加杠杆。由此，这些房企在整个行业波动向上的浪潮中自然而然地快速做大。可以说，适应外部环境设定合适的负债安全线，已经内化为这些企业的核心能力。

那么，对于房企而言，如何合理地设定企业的负债安全线？其核心在于适应外部环境。当外部形势积极向上时，负债就可以加大，例如国家出台宽松的货币政策和信贷政策来刺激经济增长时，无论是企业还是个人，在融资贷款方面都可以得到更多的利好，企业更愿意扩大生产经营，居民也更愿意贷款消费，经济形势一片向好，房企为什么不趁此机会快速加杠杆，增加投资，助推企业的快速增长呢？而当外部形势向下时，房企就要严控负债水平，确保现金流安全（见图 5–38）。

假如投资回报周期为 1.5 年，如果企业靠把一个项目做长，例如按照 2 年的周期来获得盈利，那它会发现，项目方案一确定，还没开工，利润空间已经比其他高周转的企业少了 1/4 左右。这是为什么呢？假定房企都可以抓住行业低点进入，投资回报周期为 1.5 年的房企就可以在行业高点出清，最大化获得回报，而投资回报周期为 2 年的房企大概率出清时点已经到了如图 5–38 所示的 B 点，赢利空间已然被压缩了 1/4。

而事实上，所有的企业都很难真正在行业低点进入，大概率进入时

融创 2007—2018 年资产负债率走势

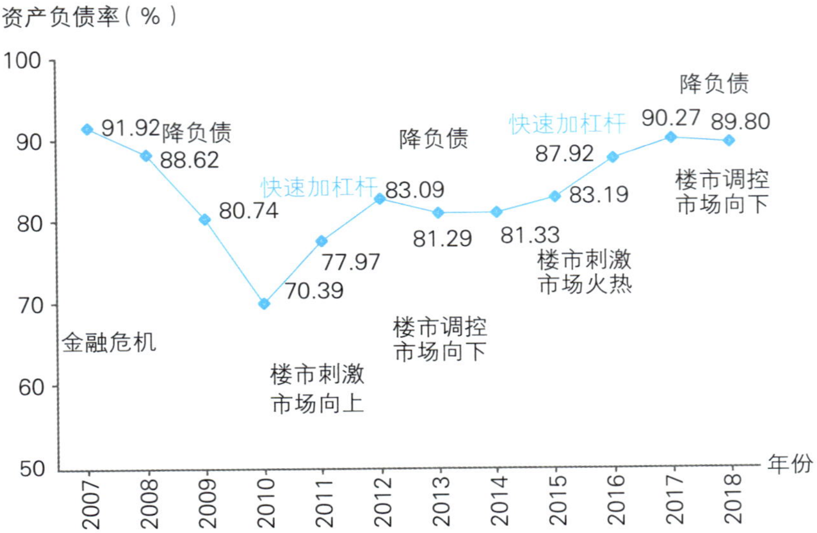

恒大 2007—2018 年资产负债率走势

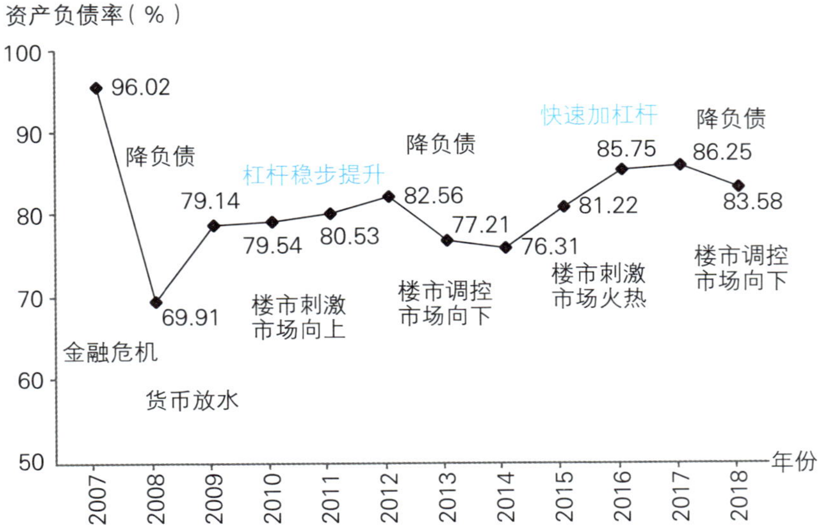

注：各家企业因自身的经营情况，负债调整时点会有略微差异。

数据来源：Wind，明源地产研究院。

图 5–37 融创和恒大的负债走势与外部环境高度适配

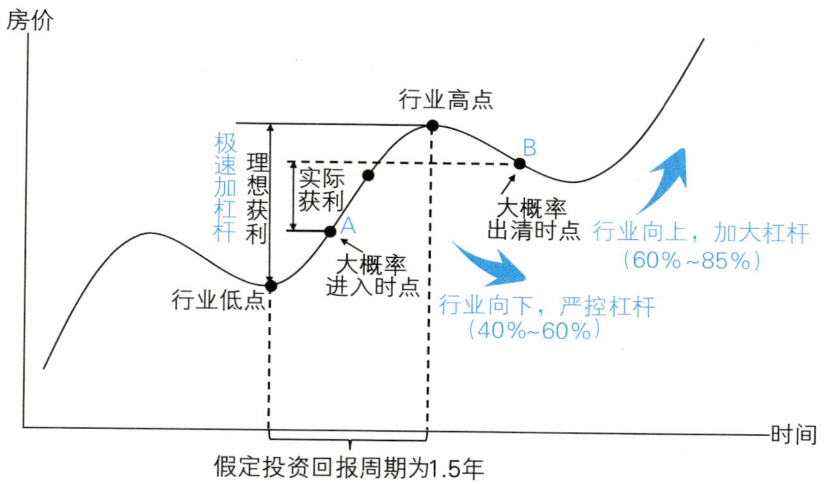

图5–38　企业负债安全线设定的核心举措

点都在如图 5–38 所示的 A 点。所以，善于抓住机会的企业一定会尽可能缩短投资回报周期，甚至压缩到半年左右。在行业上升周期中，快速地、极致地、不惜一切代价地加杠杆，从而推动规模快速做大的企业（比如碧桂园、中梁和祥生）无一例外都是利用这种模式。

即使在行业下行周期，这些企业并不会纠结于某一个项目的亏本，而会把上一个项目的亏本当作下一个项目的融资成本或者说资金放大器。也就是说，即使一个项目亏本，这些企业也能够快速而坚决地降价，快速出清并回笼资金，再投入到有利可图的项目中去，通过资金的放大效应来最大化获得回报。更何况行业的下行周期不意味着企业所有的项目都亏本，只是说亏本的项目变多了而已。由此我们就不难理解，为什么这些企业能够抓住机会快速做大了。

2. 资产规模：做大资产包也是降低负债率的手段

虽然不少企业在面临负债高企的情况下通常都会高呼“降负债”，但是我们从资产负债率的公式（资产负债率 = 总负债 / 总资产）中不难发现，降低资产负债率的方式并不仅仅是减少负债这一条路，做大资产规模，也就是把分母加大同样是降低负债率的重要途径。

那么，如何做大资产规模？一方面，利用周转把资产做大，也就是通过“货如轮转”的方式，提升资产从投入到产出的流转速度，提升企业资产的利用效率。另一方面，充分利用金融手段，把企业的存量资产变现，尤其对国央企来说这一点更为关键，具体的变现方式可以是将资产打包上市，把资产抵押贷款变现，抑或是通过股权转让把存量资产卖出去。所以，对于国央企而言，如果它们能将存量资产变现，做大资产，即使负债多一点儿，整个资产负债率也不会太高，这是值得国央企思考和审视的重要问题。

3. 销债比：就经营安全性而言，除了看资产负债率外，还看销债比

一家企业的资产负债率高，就能断定其企业经营不安全吗？不能，因为资产负债率并不能完全体现一个企业现金流的安全状况，还要看“销债比”指标，也就是销售业绩除以企业负债的比例。

打个形象的比方，如图 5–39 所示，A 老板与 B 老板各自拥有 100 万元的资产，在借款额度上，A 老板借了 80 万元，B 老板借了 500 万元，表面上看，人们都会认为 B 老板资金不安全、风险更高。但是我们如果再加一列，A 老板的销售回款是 30 万元，B 老板的销售回款高达 1 000 万元，难道我们还能说 B 老板的企业经营健康状况不如 A 老板的吗？显然不能，因为 B 老板的销售回款远远能够覆盖其借款金额，资金风险反而远低于 A 老板。所以我们可以看到，企业的核心能力已经不是资产的多少，而是创造财富的能力，这才是无形的信用资产。

再从前 20 强房企 2018 年的销债比数据来看，除了富力低于 1 之外，其他房企的销售业绩均能覆盖其净负债（见图 5–40）。另外我们可以看到，万科和新城的销债比高达 10 以上，尤其是万科，2017 年的销债比更是高达 30 以上，从万科 2018 年年报中我们发现，在融资收紧的大环境下，万

图5–39 资产负债率并不能真实体现企业现金流的安全性

科高度重视强化资金管控、以风险控制为主要发展导向。但相比而言，我们认为这从侧面反映出万科对安全的关注度过于敏感，而没有充分利用其资源优势快速地做大，这也是万科过往几年丢失行业头把交椅的关键原因。

我们也将富力与融创的销售额与净负债进行了对比（见图 5–41），结果非常明显。富力的负债其实比融创低，但是近年来行业频频传出关于富力现金流危机的传闻，反而关于融创资金危机的传闻很少。其背后的原因是什么？就是企业销售回款的能力，融创的销售额是其净负债的三倍以上，而富力的销售额比其净负债还要低。所以我们可以看到，尽管从资产负债率上看，富力的 80.9% 低于融创的 89.8%，但是从销债比来看，其实融创的现金流更加安全。

所以，整体而言，我们认为，只要企业的销售额完全可以覆盖负债，现金流就是安全的，在这种情况下，可以适度加大负债，充分利用资本的力量，扩大企业的投资回报。

4. 负债结构：加大长期负债、应付账款和预收账款占比

对于企业的负债分析，以结构化思维来审视企业负债也非常重要，

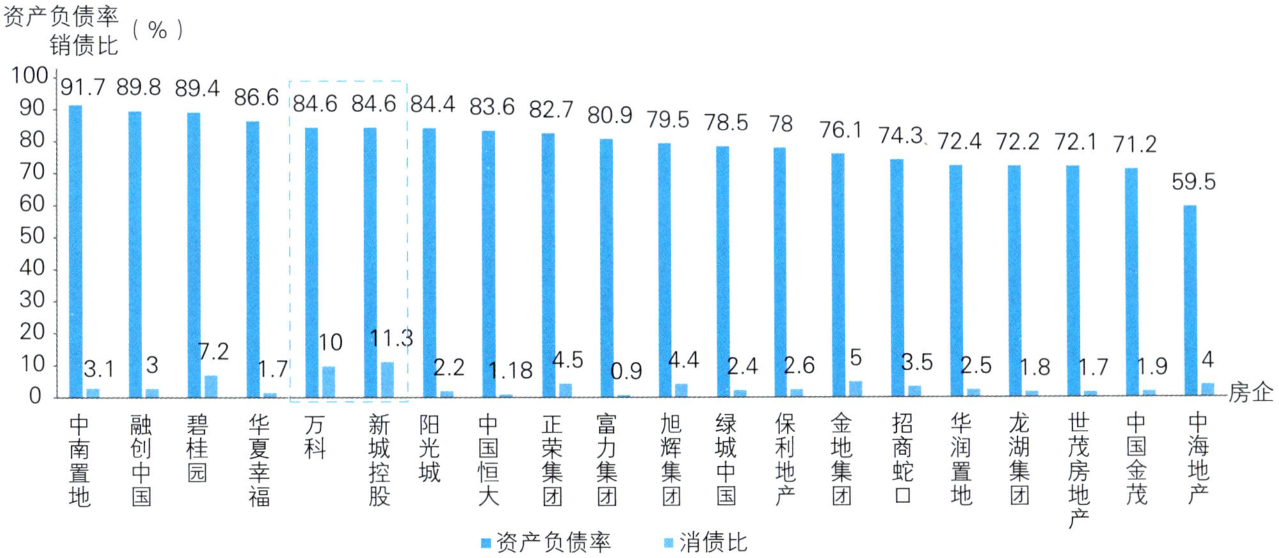

注：销债比 = 签约销售额 / 净负债，其中净负债 = 有息负债 − 货币资金。在沪深股市，有息负债 = 短期借款 + 一年内到期的长期借款 + 长期借款 + 应付票据 + 应付债券；而在港股市场，因指标不同，有息负债需从年报资产负债表中采集数据计算。

数据来源：Wind、企业年报，明源地产研究院整理。

图 5–40　前 20 强房企 2018 年资产负债率与销债比

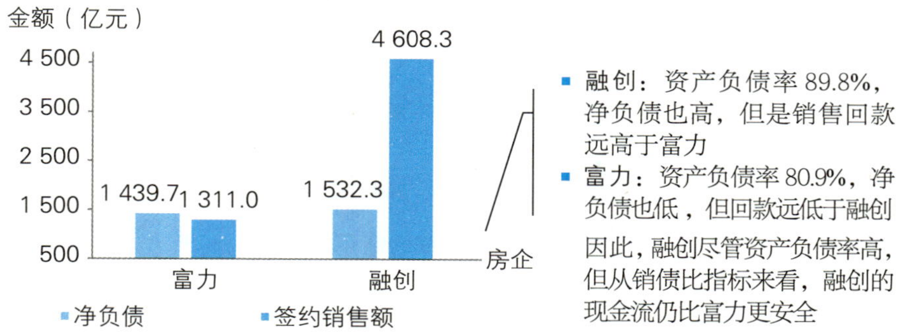

注：净负债 = 有息负债 − 货币资金。
数据来源：Wind、企业年报，明源地产研究院整理。

图 5–41　销售额与净负债：融创和富力

所以我们也要看负债结构。主要指标包括企业的长短期负债占比、应付账款占比以及预收账款占比，通过它们你才能真正找到企业在负债上的短板或核心竞争力。

（1）长短期负债占比

同样金额的负债，分 5 年偿还，还是分 30 年偿还，完全是两个概念。显然，债务期限越长，意味着企业的资金越安全，债务结构越优。融创的孙宏斌就曾直言："多借能穿越周期的钱！"吴建斌到阳光城后做的第一件事就是调整长短期负债结构，短债变长债。从前 20 强房企的短期负债占比来看（见图 5–42），中海占比最低，这意味着其负债结构中更多的是长期负债，对于企业而言这样更加安全。

为了加大长期负债占比，房企虽然可以跟资本市场去谈，拉长还贷周期，短债变长债，但要真正将"短变长"的战略落到实处是一个系统性工程，需要房企与政府和供应商等多方进行筹谋，整体优化融资条款，审视融资合同可能造成的整体损失。

（2）应付账款占比

应付账款指的是无偿占用但是需要短期归还的资金。房企的这类账款主要包括应付的地价款和工程款（占用施工方的资金）。应付账款占

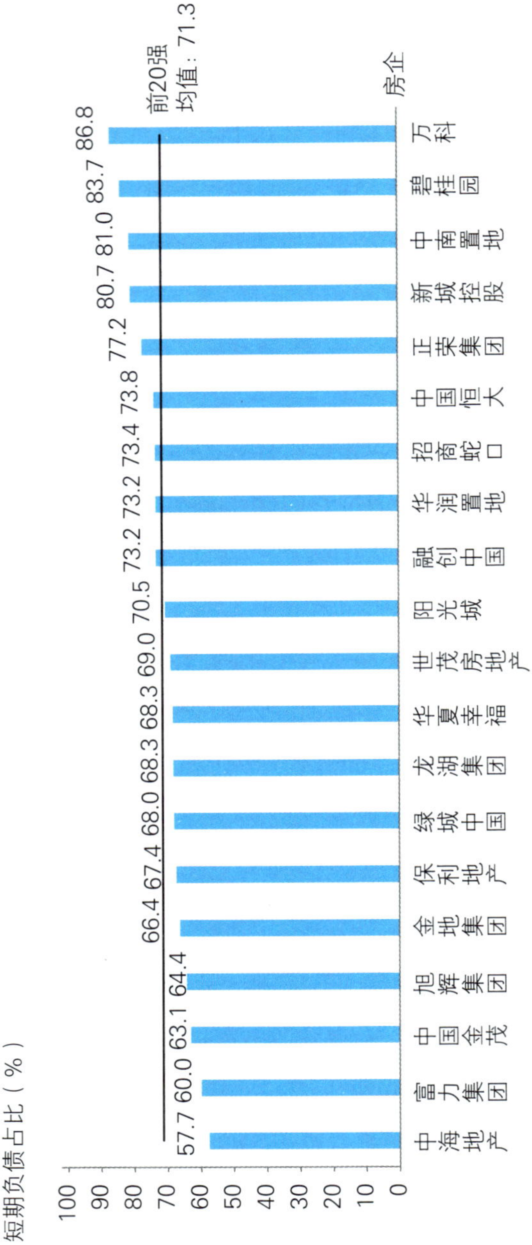

数据来源：**Wind**、企业年报，明源地产研究院整理。

图 5-42 前 20 强房企 2018 年短期负债占比

比越高，意味着占用资金的能力越强。房企应加大应付账款的比例，加大和盘活企业的现金流。如图 5–43 所示，恒大的应付账款占比就非常突出，高出前 20 强平均值 16.7 个百分点。其背后的核心举措包括：一是与政府谈判得到优惠的地价款支付条件，比如降低地价款的首付比例，采用分期付款模式或前文提到的将延期支付地价款所要缴纳的滞纳金视作企业的融资成本；二是同样如前文所述，寻找能垫资的供应商；三是对于实施项目跟投的房企而言，员工的跟投资金滚存模式也是加大应付账款比例的一个途径。

（3）预收账款占比

预收账款是无偿占用又无须现金归还的客户资金，作为销售收入在未来确认，待项目结算后这笔资金方可转由集团自由支配。因为有了预收账款回笼的资金，企业就可以减少银行借款，还能节约利息支出，所以企业一般都会尽可能加大预收账款占比。

房企的预收账款主要来自销售回款，所以预收账款占比越高，意味着房企的回款能力越强。而提高预收账款占比也是房企降低负债的一个关键手段，也就是说，在同等负债的情况下，如果企业能够有更多的销售回款，就意味着其负债率也会更低。如图 5–44 所示，中南置地 2018 年预收账款占比以 51% 位列第一，超过 20 家样本房企均值 20.2 个百分点，表明其回款能力强于其他 19 家房企。

所以，企业要加大预收账款占比，一方面可以结合市场行情对付款方式进行适当调整，比如在房子好卖的时候，适当提高首付比例或要求全款购房。如此一来房企就能够更快地回笼资金。另一方面，提升销售能力仍是重中之重。我们不难看到发展很快的企业都有一个共同的特点，即销售能力都很强。对此，房企应予以充分重视。具体举措可参考如下：一是文化先行，在企业文化上，树立员工的“销冠精神 + 强烈决心 + 狼性心态”；二是渠道为王，全员营销；三是人山人海、智慧案场，明源云为房企的营销团队开发了很多小工具，使一线的业务场景全面在线化，

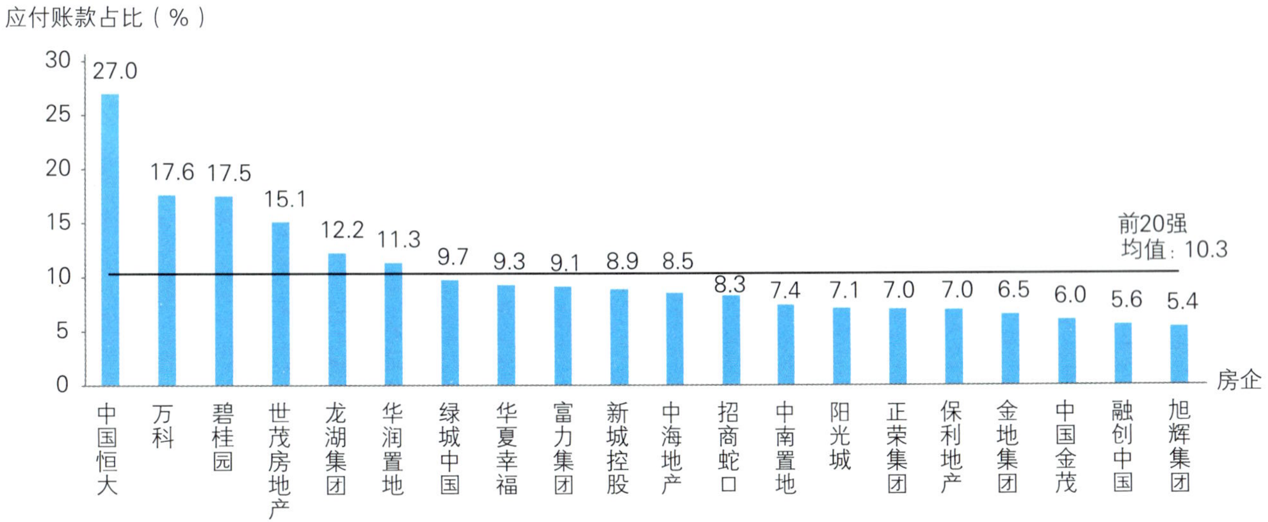

数据来源：Wind、企业年报，明源地产研究院整理。

图5-43 2018年前20强房企应付账款占比

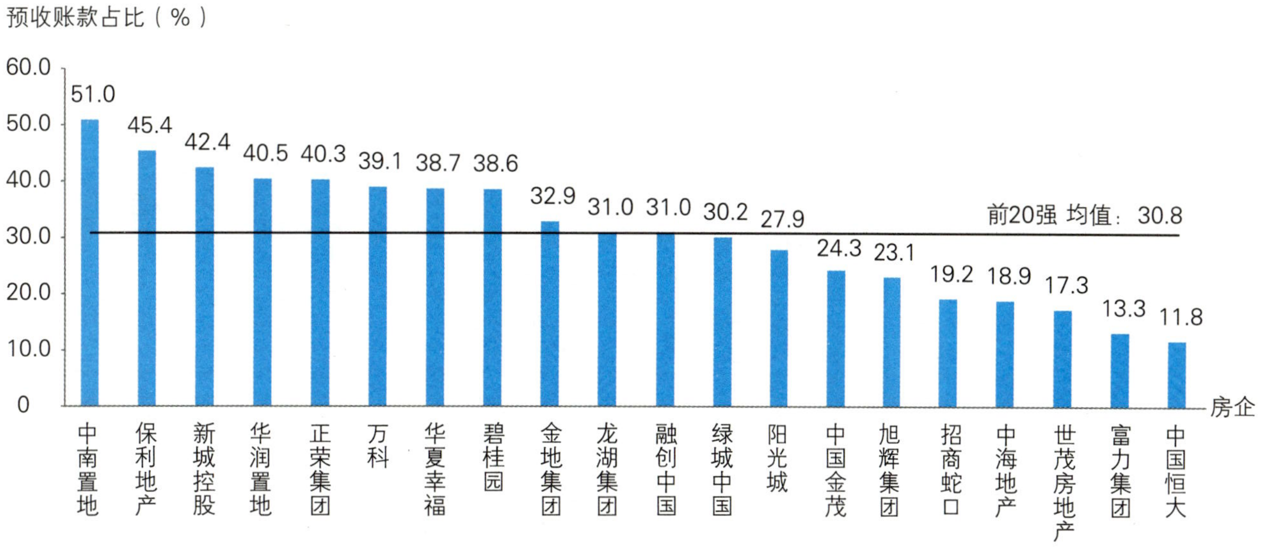

数据来源：Wind、企业年报，明源地产研究院整理。

图5-44　2018年前20强房企预收账款占比

大大提高案场效率；四是支付高额佣金并及时兑现，增强销售激励；五是回款标准化，责任到人、灵活变通。

5. 借债能力：做大销售规模，提升赢利能力，充分运用金融工具

说一千道一万，我们要关注一个本质问题就是企业借债能力的高低。如果一家企业一味地认为负债太高就意味着不安全，那么是否更应该先回过头来思考企业自身的借债能力如何。如果企业的借债能力提高了，可以多借钱也可以少借；但是如果企业的借债能力没上去，想多借也借不到，还是无法突破企业发展所需资金的核心边界。

借债能力的高低，主要体现在两个方面：一是借债额度的高低，二是融资成本的高低。那么，房企如何提高借债额度和降低融资成本？房企重点可以从以下三个方面去发力。

- 做大销售规模。为什么当下房企都在争规模、争排名？因为资本必然要关注房企的销售排行榜，它们肯定更看好那些规模快速增长和排名持续提升的企业，给予其更优惠的融资成本。所以，适度做大销售规模，对于每个房企而言都特别重要，包括万科等龙头房企也在进行转型，其核心目的还是为了进一步提升自身的借债能力，降低融资成本。
- 提升赢利能力。房企提升自身的赢利能力，也更能吸引资本的关注，在资本市场获得更高的信用评级。如何提升赢利能力？以龙头房企恒大为例（见表5–9），恒大的发展导向自2017年初以来从“规模型”转向“规模＋效益型”，聚焦高质量增长。从2018年年报数据来看，恒大的毛利润、净利润及核心净利润水平均远高于其他龙头房企，净利润相当于1.5个万科，其核心净利润相当于2.5个中海。恒大通过什么途径提升利润水平？梳理下来，主要包括几个方面：其一，降低负债，2017年恒大彻底还清了1 000多

表 5–9 2018 年龙头房企利润对比 （单位：亿元）

房企	总资产	净资产	营业额	毛利润	净利润	核心净利润
恒大	18 800.0	3 086.0	4 662.0	1 689.5	722.1	783.2
碧桂园	16 300.0	1 734.0	3 790.8	1 024.8	486.4	341.3
万科	15 300.0	2 356.0	2 976.8	1 115.0	492.7	—
中海	6 180.4	2 501.6	1 461.0	552.1	398.0	316.0

数据来源：上市公司公告、明源地产研究院。

亿元的永续债，降低了负债率，避免了遭受去杠杆的冲击，还为 2017 年、2018 年及未来释放出巨量利润空间；其二，恒大将速度降下来，使其可以更加从容地将精力聚焦在提升内部管理、队伍建设和精品打造上，恒大狠抓管理和团队建设，不断提升产品品质和附加值，其高性价比的产品获得了市场的高度认可；其三，标准化运营，统一规划、统一招标及统一配送的标准化运营模式大幅降低了销售及管理费用率；其四，拿地更加严格审慎，避免土地市场特别热时拿高价地，降低土储成本，2018 年平均土储成本仅 1 635 元 / 平方米，为龙头房企中最低。

- 运用金融工具。如图 5–45 所示，行业内的标杆房企都会充分运用金融工具，挖掘多样化的融资渠道，包括发行公司债券、中期票据、优先票据、保理资产支持计划或供应链金融等，进而提升自己的借债能力。

四、小结：精细化练内功是房企高增长的秘诀

以上就是我们基于近三年平均业绩前 20 强房企样本，从动态的战略运营视角对全新 ROE 模型进行的整体拆解分析。每家房企都可以对号入座，找到自身的资源禀赋和优势，明确自身的核心竞争力，同时找到企

碧桂园

- 银行借款
- 发行债券和优先票据
- 配股融资
- 发行可换股债券
- 发行租赁住房 REITs
- 发行保理资产支持专项计划

万科

- 银行借款
- 发行公司债券
- 股权融资
- 发行中期票据
- 境外融资
- 供应链金融 ABS

中海

- 银行借款
- 银团贷款
- 发行公司债券

招商蛇口

- 银行借款
- 发行公司债券和中期票据
- 发行 CMBS（商业房地产抵押贷款支 持证券）
- 发行 ABN（资产支持票据）

图 5–45　标杆房企金融工具的运用示例

业发展的关键短板，明确未来需重点提升的方向。各个维度的提升举措具体可以参考图 5–46 的总结。

整体而言，我们纵观行业连续三年平均业绩前 20 强的房企（如恒大、碧桂园、旭辉和中南等），它们因没有五年以上的土地储备，所以在土地溢价这一项上没有太多发力的空间。与坐拥大量长期土地储备的房企相比，它们走出了一条完全不同的发展道路，其普遍通过精细化管理练内功，提升内控水平，充分把握数字化浪潮快速升级，打造企业核心竞争力；此外，它们重点通过提高周转速度来改善企业的投资回报，并辅以适配外部环境的负债，抓住资本驱动房地产开发这一属性，充分运用资本的力量，在行业形势向上时抓住一切机会快速加杠杆，驱动企业规模快速增长，而在行业形势向下时，及时地踩刹车，确保企业的资金安全。通过这种发展模式，这些房企在高业绩基数的基础上，仍获得了显著的

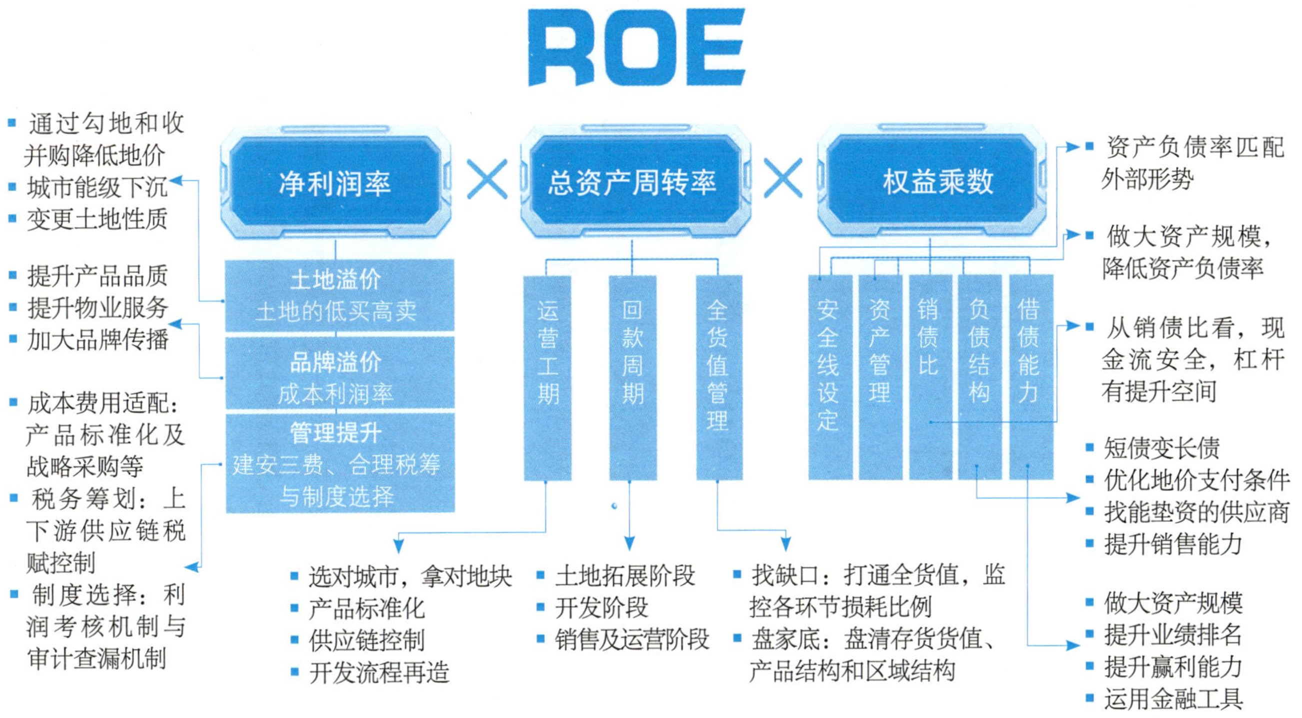

图 5-46　ROE 提升的核心举措

业绩增速。

我们看到，这些高速增长的房企所获得的成功并非偶然，而是有其秘诀和核心竞争力。我们还认为，在把握房地产发展的本质和脉搏后，这些企业的高速发展并非昙花一现，它们会持续地闪耀在房地产业的舞台。

无论是奔万亿房企，还是奔千亿房企，抑或是成长型房企，都应该基于ROE对标分析模型，找到企业自身的长处和短板，并有针对性地去对企业经营的各个维度进行调优，从而弥补短板，实现多维度的均衡，为企业的长足发展做好准备。

第五节
房地产业前景依旧看好，房企练内功正当时

在宏观定调、严控慢松、精准调控、产业共生与城市共生的政策新常态下，房地产业到底走向何方？房企如何在不确定的外部大环境下实现战略破局？经过与行业内诸多标杆房企的交流探讨，我们总结了以下四点，供房企参考。

一、认清政策逻辑，顺势而为

在当前不确定的大环境下，房企一定要更加注重对宏观形势的研究，并基于对政策的研读更深入地认清政策的逻辑，进而从更高的维度去洞察行业的发展前景，做到顺势而为。

例如，2018年《政府工作报告》明确提出2019年的GDP增长目标为6%~6.5%。这背后有两个方面的考量：一方面，经过我们的测算，其实就是要保证GDP不低于6.12%，才能确保经济10年翻番目标的达成；另一方面，GDP要达到这个水平以上，才能保障整体的就业率，维护社

会稳定。再如，《政府工作报告》明确了地方债转移支付的增加额，这意味着有中央的兜底，地方债一定不会引发危机，尤其是对于四、五线城市，在金融资本不愿意支持的情况下，只要有资金流入，房地产项目的闭环就会成型，仍然具备发展潜力。

基于对宏观政策的解读，我们就不难预判，在中国经济体中占据重要权重的房地产业的发展前景仍然会整体向好。但是我们也要认识到，在调控成新常态的背景下，房地产业面临的外部环境已经发生了根本性的变化，主要体现在三个方面：一是房价已经不会再快速上涨；二是房企融资渠道总体受限；三是热点城市的周转周期长，利润率快速下降。

在理解了政策逻辑并认清环境变化后，房企就要进一步思考如何顺势而为并抓住机会。例如基于对金融政策、GDP 走势及地方调控政策的密切关注，房企必须判断行业什么时期可能会出现融资窗口，哪些城市可能会出现土地窗口，房企能否抓住这个窗口期获得一波发展红利，等等。整体而言，房企应根据政策走势动态地制定企业发展战略，以适应瞬息万变的外部环境，只有对政策形势看得更真切，企业的决策才会更加理性和合理。

二、房地产业仍有前景，房企仍需坚持

尽管本轮调控已接近三年，行业所期待的调控放松一直没有到来，但是，房企并不能因此而丧失信心。有些房企当下的现金流没问题，却因为看不清行业前景而人心惶惶、军心不稳。事实上，缺乏信心才是房企内部存在的最大隐忧。这种信心的缺乏，是因为房地产业习惯了过去“拿地即赚钱”的黄金时代，但这种状态终究是不正常的，行业现在只是略微回归正常状态，房企应树立正确的心态来坦然面对。

以下六个方面可以充分说明房地产业前景值得长期看好，这个行业仍然是中国最好的行业之一，房企需要保持信心、继续坚守。

- 经济增长情况是决定房地产市场好坏的基石。从中国整体的经济增速来看，尽管已经告别了前些年高增长的时代，目前稳定在6%~6.5%的水平，但是，相比其他国家2%左右的经济增速，中国的经济增速依然较快。
- 基于中国当前59%的城镇化率基数，按年均增幅1.2%计算，中国要达到城市化高速增长期结束时75%左右的水平，至少还有12年。这意味着对于房企而言，房地产业的高速增长期至少会延续到2030年前后，城镇化带来的红利将在中长期内持续释放。
- 对标世界城市发展趋势来看，中国百万人口规模的城市占比仍偏低，大量的城市仍有待发展和生长，在未来吸纳更多的人口，为房地产市场带来巨大机会。
- 从改善型住房需求的角度来讲，全国范围内仍有巨大的棚改需求。本轮棚改并不是凭空创造了住房需求，只是顺应了中国城镇化的发展趋势，加速了就地城镇化住房需求的落地。未来，伴随中国就地城镇化的持续推进，棚改的需求也将持续释放。
- “十九大”后，在新时代的顶层设计下，“美好生活”成为人们的奋斗目标，对应“美好生活”需求的品质住宅成了人民居住升级的重要目标。多年来持续处于高位的国民储蓄率，则为“美好生活”需求提供了强劲的购买力支撑。
- 从生活方式的变化角度来看，小型化的现代家庭对房地产业有稳定的需求。随着家庭的裂变，一个家庭将陆续被拆分成更多小家庭，大量新增购房需求也将持续释放。

三、房企破局的六把“密钥”

在认清政策逻辑并坚定发展信心后，房地产业本身发生了什么变化？中长期来看，房企应该从哪几个方向来实现战略破局？

我们认为，在新常态下，房地产业告别了每个项目都赚钱的时代。

以前，在“遍地黄金”的时代，房企往往以“算小账”的逻辑强调每一个项目都赚钱；而现在，房企亏本的项目越来越多。有全国布局的房企曾总结道：“当下的项目已经形成‘三三开’的局面，1/3 的项目亏本，1/3 的项目持平，仅 1/3 的项目赢利。”尽管实际情况可能没有如此严峻，但不是每一个项目都赚钱已经成为行业当下不争的事实。我们还发现，亏本的项目往往呈现出一个特点：经济越发达地区的亏本项目越多，而经济欠发达地区的亏本项目反而较少。所以，房企应充分认清这一现实并做出相应的业务调整。

经过与业内人士的交流与总结，我们认为，在新的行业外部环境下，房企应关注以下六个核心要点，也可以说是房企破局的六把钥匙。

1. 选择大于努力：全新对待不同能级城市的潜力及项目定位

在新的行业周期下，房企冲规模的内在逻辑已发生根本变化，首要的就是城市布局要进行调整，选择大于努力，选对了城市方就可以起到事半功倍的效果。

以前，房企的城市布局绝对是以二线和强三线为主。但是，在当前限价、限售且融资趋紧的调控大环境下，要求这些城市的项目还像过往一样既能高周转又能赢利，还能够加杠杆，已然很难。所以，从投资回报的角度来讲，房企在城市布局上应该做出调整，二、三线城市应该只是作为一个补充的布局区域，房企更多地应该向普通三线和四、五线城市下沉，但是，在这些城市也并不是广撒网，而应该是以严选的逻辑去精选城市和项目。

同时，房企对不同能级城市的项目定位变化也要有充分的认知。在前述章节我们谈到，虽然二、三线城市的赢利空间被压缩，但房地产需求有保障，房企转而走高周转路线，导致项目定位从利润型项目转变为现金流项目；而四、五线城市尽管不受调控，但缺乏金融支持和流动性，整个项目闭环无法完成，导致项目定位从现金流项目转变为利润型项目。

因此，房企应以全新的态度来对待这种变化并体现到投资拓展和项目策划等业务中。

总体而言，当前二、三线城市可以确保企业经营的安全，但房企越来越难赢利，无法保证企业的利润空间；四、五线城市虽然风险系数在加大，但提高投资标准并进行严选仍是其不错的布局策略。

2. 布局先于运营：收缩投资范围，从“游击战”切换为“阵地战”

在行业环境愈加不确定的当下，房企在投资布局时一定要把资源和兵力都集中在几个核心城市，以建立自己在这些城市的竞争优势并构筑起强大的竞争壁垒。我们预判，未来区域深耕型房企将大量出现。

以前，在行业整体向上的背景下，房企在往往采用的是广撒网的“游击战”模式，资金分散在不同城市的大量项目上，在全国范围内“割韭菜”。在没有调控的情况下，这种模式是行得通的，但是，房企现在如果还采用这种模式，那么势必会面临巨大风险。以前行业的钱大家一起赚，以后将出现大量的“你死我活”的竞争，如果不建立资源壁垒，项目做得再好也很可能会失败。在这一点上，房企应该明确看到布局先于运营。

因此，未来从“游击战”模式切换为“阵地战”深耕模式是必然趋势。房企应收缩投资范围、聚零为整，选择优质的城市，将有限的资金聚集到单一片区或几个核心城市，在当地建立起资源壁垒，从而形成局部优势，抵御强敌、降低风险。正如前文所述，城市深耕——在一个地区布局多个项目并算多个项目的大账，基于历史项目来阻击竞争对手，应该成为房企在拿地竞争中的核心考量。但是，算大账的前提是房企的投资考核标准和激励模式要从单项目切换到多项目的轨道上来，而制度变化跟上时代的需求是顺利切换的关键。

3. 大运营练内功：构建“大运营”体系，提升运营管控

在行业利润空间大幅受限的当下，构建“大运营”体系，解决“单项目利润管控与成本管理、多项目运营管控与现金流统筹管理”问题已成为行业的热点。

以利润管控为例。以前，在有土地红利支撑的大环境下，房企对于项目“成功标尺”的概念知之甚少，因为不需要产品力和资金的高周转就能获得巨额的回报，基本上每个项目都能赚钱。因此，以前的房企不愁项目利润，相应地对于利润管控系统的需求也很少，并且利润管控都是基于单项目视角，强调每个项目都赢利。

但是现在，在行业已然告别每个项目都赚钱的新周期下，房企也应从单个项目上升到“城市公司”的视角去审视利润情况，因为城市公司还是赢利的。如果仍以单个项目的视角去审视利润，房企很有可能会面临单个项目亏本的情况——如果房企因为这一个项目亏本就不拿这一块地，那么这个项目对于房企推进全盘的布局规划和构筑竞争壁垒将产生不利影响。

因此，在当前环境下，大运营练内功对于房企而言至关重要。经与业内人士交流探讨，我们认为在运营策略上重点可以从三个角度进行运营提升：第一，财务高周转。在当前环境下，提速去化、加快现金流回笼及提升投资回报是房企的关键策略，无论是住宅板块还是持有资产板块，均是如此；第二，管理练内功，全成本复盘。当前，房企成本部门的压力和责任都在加大，因为在行业的外部利润空间受到挤压的情况下，房企必须向内部要效益，通过对各环节的“跑冒滴漏”进行审视和管理来降低损耗，提升利润空间，同时，通过数字化手段形成大运营数字化闭环；第三，开放合作。无论是大型房企还是中小房企，在合作开发上都需要认真思考对方为什么要选择跟自己合作而不是别人。从这个角度而言，建立自身的核心优势是合作的重中之重。

4. 现金为王：提高投资标准，保障企业现金流

当前外部环境下，房企的融资和周转的确受到了明显限制，房企利润率有所下滑，而且部分项目出现亏损。但是，对于企业而言，亏损不可怕，现金流断了才可怕，一个企业的经营安全即意味着它的资金流动性强。在当前市场下行的大环境下，资金的流动性比资金的盈利性和安全性更重要，正如融创董事长孙宏斌所言："高负债不可怕，关键是现金流能回笼！"所以，当前各个房企能够做的，一定是要充分保障企业的现金流。

资金的流动性重点体现在"存货的去化和销售回款的提升"上，存货快速去化方能实现资金的快速兑现。尤其是在融资渠道依然收紧的情况下，房企加杠杆能力下降，沉淀资金的使用对现金流的贡献最大，保回款是基本任务。当前行业内诸多房企明确提出，要用好预售制这个最大的杠杆，把销售回款率作为未来一段时间内最重要的经营指标。要实现存货的快速去化和加大销售回款，重点可以从以下几项举措展开。

- 提高投资标准。严选城市，例如选择经济基本面良好、市场去化速度较快的城市。企业的销售回款可以快速投入到新的项目中去，这有利于房企抓住短暂的土地窗口期，把握城市投资机会。同时，在城市轮动的外部环境下，房企还可以将收回的资金快速投入潜力更大的城市，快速"换仓"，从而进一步加快销售去化，实现现金流的高周转。当前，已有不少标杆房企提高了投资标准，例如对于四、五线城市进行严格筛选，针对去化慢的城市快速"换仓"。
- 及时清理尾货。在当前外部环境下，有不少标杆房企通过打"城市标签""房源标签"，对去化较差或回款较差城市的存货及近一两年内没卖掉的高库龄项目进行重点清理，实施降价促销，"快刀斩乱麻"，尽快将沉淀在住宅、车位和商铺中的资金释放出来。同时，

它们还通过阶段性的存货去化率考核最大程度地减少库存积压，提升企业资金的流动性。

- 制度层面调整。这一点尤其值得强调，例如有些标杆房企出现这样一种冲突的局面：集团层面要求预期不太好的项目降价，快速回笼资金，确保集团安全；而一线人员因为做了项目跟投不愿意亏本销售，以“拿不到预售证”为名延缓销售。对此，房企需要从项目团队的激励考核标准等制度层面进行调整，提升一线销售人员的积极性，加速资金回笼。

5. 组织调整：投融资与大运营分离，跟投制度打补丁

随着行业步入新的周期，房企的组织调整也迫在眉睫，调整重点在于以下两个方面。

（1）组织架构的调整

组织架构调整的核心是大运营体系的调整，其中的关键举措就是分享“投融资”与“大运营”。以前，在每个项目都赢利的时代，房企只需要考虑如何分红，至于项目具体是因为地拿得好还是因为项目做得好才赢利，管理层并没有去深入总结。但是现在，房企的个别项目开始出现亏损，这时候管理者自然就要开始思考项目亏损的原因，到底是投资卡位没卡好，市场没看准，后端的开发运营没做好，还是整体的大运营没管好？有些情况下，项目的各项经营指标都很好，进度、质量和成本都管控到位，但仅仅因为前端投资拿地没拿好，导致项目仍然出现亏损，或者因为项目本身的定位就不是为了盈利，而是基于战略布局或者是与其他房企竞争的角度来考量的。房企在这些情况下克扣项目团队的薪酬很容易招致员工的不满。而在当前环境下，类似的问题已经成为非常普遍的矛盾和焦点。

所以，业内的一些标杆房企基于大环境的变化对组织架构进行了快速调整。重点将区域集团的董事长和总裁的权限进行分离：区域集团的

董事长不负责具体的经营事务，主要负责投拓和融资；而区域集团的总裁主要负责大运营（内部的生产经营），同时明文规定一把手不能干预一线经营。当然，对于重大决策，房企仍然保留集体决策的相关制度。

除了投融资与大运营分离这一调整外，在组织架构调整上，还需关注四个要点：首先，区域公司层面的专业中台的建设；其次，从“管头、管尾”到“管头、管尾、强过问、强支持”的转变；再次，基于数字化建立“战略风险控制、经营风险控制和管理风险控制”的三层风险控制体系，风险控制体系的建设一定是规模跨过 300 亿元，尤其超 500 亿元的房企要重点关注的；最后，继续锄弱扶强，建立内部的市场淘汰机制，内部有狼性竞争，整个企业才能有效面对外部的激烈比拼。

（2）激励考核模式的调整

这方面的调整包括让利于基层组织、跟投制度打补丁及创新合伙模式（如半合伙人模式及事业合伙人模式）的创新等，而其中跟投制度的调整是关键。

在行业外部环境变化、利润空间大幅压缩的情况下，房业产业内不乏一些声音，有的从业者因为项目利润出了问题就将以前极力推崇的跟投制度全盘否定。事实上，这背后的根源不在于跟投制度不好，而是因为外部环境发生了根本变化，所以跟投制度也应该与时俱进。某标杆房企总裁明确指出：“目前形势下，项目跟投仍然是最好的激励制度之一。”虽然以前的跟投制度设计的确存在缺陷——没有考虑到项目出现局部亏损的情况，但是在行业遇到挑战的时候，房企更应该把大家捆绑在一起，继续奋斗前行、攻坚克难，项目才有可能真正做活。所以，跟投制度不应被全盘否定，而是需要“打补丁”，重点需从以下三个方面进行调整。

- 强投调整。目前看来，大幅调低总部集团人员强投的额度很有必要。例如某千亿房企 Z 企，已经明确提出下调总部强投人员的跟投额度，加大保障力度。

- 对象调整。以前在每个项目都赢利的情况下，房企的激励和考核均是以单项目为主，跟投也不例外。但在行业利润情况突变且房企已不再是每个项目都赚钱的情况下，单项目跟投就会遭遇挑战，所以跟投对象也要从单项目切换至多项目，也就是上升到城市公司这个层级，以多个项目来进行整体跟投。唯有如此，指挥棒才不会出问题，房企才能真正推进“多项目算大账”的落地。
- 亏损保底。针对因市场因素出现亏损的历史项目以及将来风险系数较高的项目，房企都要考虑设置亏损保底机制。房企经营归根结底还是要为大股东负责，避免在有利润的时候都由小股东“瓜分”，而在有风险的时候又由大股东来承担，因此需要通过建立亏损保底机制，在大股东利益和小股东利益之间取得平衡。当然，对于具体的制度设计，不同的企业根据自身的股权结构和认知有不同选择，也不能一概而论，需进行多方的沟通和权衡。

6. 产业转型：真金白银地投产业，真心实意地做产业

如前文所述，“产业 + 地产”将成为房企未来破局的主流趋势。在认可 GDP 仍要保 6% 以上的前提下，房地产调控很可能要放松，但是只放住宅地产的概率不大，产业作为当前顶层关注的重点，“产业 + 地产”自然而然成了新的出口。

事实上，多元化布局并非行业的新鲜词，过往几年里，已经有很多的房企向多元化转型。但是，从过往来看，经常出现拿着产业资金转而做房地产开发的现象，抑或是一味地迎合地方政府的偏好，图纸规划得很美好，却难以落实。其背后的原因在于，做产业地产开发，不仅周期长、运营难，投资回报也远低于住宅开发，让做惯了住宅开发的团队转而做产业，成功的难度确实很大。所以，目前来看，行业内真正把产业做成功的房企少之又少，例如在文旅地产领域，百强房企中真正把文旅产业做好的也只有万达和华侨城两家。

尽管如此，在调控步入新常态、中央和地方愈加关注产业结构优化的新形势下，房企大力发展产业是必然趋势。因此，房企需要改变心态，真金白银地投产业，真心实意地做产业。

在产业领域的选择上，不能什么产业赚钱就投什么，而是要基于更高维度的商业模式设计来选择。房企还可以选择房地产相关的多元化方向进行拓展，并结合各地的产业比较优势，与地方政府共同协商，进行合理的产业定位。在产业试点上，房企不妨以“做样板”的逻辑从小地块做起，风险相对可控，做成的概率比较大。

此外，多产业布局对房企运营能力也提出了更高的要求。要求房企从传统的“开发”能力向“运营”能力升级，基于资本视角构建“大运营”体系，以打通全货值的视角去审视项目开发各环节的转化率和损耗率。同时，大运营也不再是仅覆盖房地产板块，而应涵盖整个集团的多元业务，推动多产业领域的打通和协同提效。

总体而言，做产业的难度不小，必定要经历一番苦战，要好好熬一段时间，才有可能守得云开见日出。“产业 + 地产”领域仍然有未知的蓝海，值得房企去探索和挑战。

四、练内功正当时，赛道趋同，狭路相逢勇者胜

伴随房地产业向遍地黄金时代的告别，房企之间“你死我活”的竞争已经在上演，并且将越来越激烈。对于房企而言，要在竞争中胜出，除了资源优势外，练好内功、打造自身的核心竞争力是关键。而持续调控的大环境正是房企练内功的好时机。在 ROE 分析章节中我们提到，在影响房企净利润率的三项关键指标中，影响程度由高到低分别是土地溢价、品牌溢价和管理练内功。在地价已至高位、限价调控持续的背景下，享受极高土地溢价的时代已经过去，品牌溢价短期内也很难提升，而管理练内功成了房企短期内可以发力并快速见效的关键途径。

正如某标杆房企董事长所言，要“趁着阳光灿烂的时候修屋顶”。

房企应在坚定信心的同时，抓住时机，基于 ROE 分析模型定位企业自身的优势和短板，在新的行业环境下发挥优势并补足短板，把企业内部的管理体系加以完善。同时，把团队练精，通过练算账的内功、练管理的内功、练政治的内功、练安全的内功及练沟通的内功，让区域总和项目总都成为懂算账、懂管理、懂政治、懂安全及懂沟通的“五懂”人才。唯有如此，房企在行业下一波利好行情到来的时候才能真正抓住机会。

与此同时，房企的竞争赛道趋同，尤其在城市布局策略、土地市场的取舍、企业战略方向的制定以及企业经营重心等方面，均呈现出趋同的选择，由此，诸多的房企将会在同一赛道上狭路相逢。其中谁才有可能胜出？狭路相逢勇者胜，这个“勇”核心体现在两个方面：第一，做到多维度的均衡，没有明显的短板；第二，把企业自身的资源禀赋发挥到极致。如此，房企才有可能顺利走出不确定大环境下的“迷雾森林”，并在激烈的竞争赛道中胜出，迎来下一步的发展壮大。

结束语

在宏观经济形势风云变幻、楼市走向扑朔迷离的当下，我们坚信，这样一本书的诞生对整个房地产业而言具有重要意义。

然而，找寻宏观经济形势与房地产之间的关系，探索中国房地产业发展过程中诸多问题背后的真相，驳斥当下如洪水般的“主流”舆论观点，并非易事，需要十分的勇气。要在迷雾重重的不确定的大环境下，寻找战略破局的方向也同样不易。

幸好我们不是单枪匹马。在潜心研究的基础之上，我们结合了大量房企高管的交流和沟通实录，站在巨人的肩膀上，我们还参考和借鉴了任志强、陆铭、董藩、徐远和高善文等行业先行者、专家与学者的观点——他们的意见多年来已被实践验证是极为正确的。结合多方智慧，我们最终凝聚成了这本书。

在本书中，我们从宏观经济的高度对过往的典型认知误区做出了澄清和梳理，试图斧正长期以来的认知偏差。针对广大房企心生困惑的焦点问题，我们深入解读了当前的政策走势，提炼了行业面临的五个新常态。同时，行业大分化、逆水行舟不进则退的竞争格局已是房企必须面对的处境。未来，在适者生存的丛林法则下，只有敢于破局且有谋略的房企才能占有一席之地。我们结合行业标杆的成功实践和它们的战略思考，为不同规模房企提供了可借鉴的战略破局方向。

当然，书中的一些内容和观点难免仍有错漏，但我们希望尽可能如实地将真相呈现给大家，我们也欢迎和期待与大家一起不断验证并迭代其中的认知与结论。

特别感谢明源地产研究院房地产宏观形势研究团队长时间的辛勤付出，有了他们的努力才有了本书的诞生！同时，还要特别感谢我们走访的多家房企董事长和总裁，例如旭辉董事长林中、金地总裁黄俊灿、中梁控股集团董事长杨剑、金科董事长蒋思海、蓝光总裁张巧龙、奥园董事长郭梓文等，一并表示感谢！

最后，衷心希望广大房企在政策新常态下，都能找到属于自己的战略破局之路。明源地产研究院愿与大家一道，共同见证中国经济与房地产业的美好明天。

徐　颖

明源地产研究院院长

2019 年 8 月